고대로부터의
통신

금석문으로 한국 고대사 읽기

고대로부터의
통신

한국역사연구회 고대사 분과 지음

푸른역사

삽화 1 | 1971년 7월 5일 공주.

배수로 공사를 하던 인부의 곡괭이에 뭔가가 걸렸다. 벽돌이었다. 파헤쳐 보니 백제시대의 벽돌무덤이 모습을 드러냈다.

여기서 총 108종 2,096점의 유물이 발굴됐는데, 이중 열두 점이 국보였다. 여간해선 볼 수 없는 화려한 유물 명세서가 아닐 수 없었다. 그러나 이 명세서를 더 빛나게 한 것은 번쩍이는 금관도, 금귀걸이도, 용봉환두대도도 아니었다. 그것은 바로 '백제 사마왕百濟斯麻王'이라고 적힌 네모난 돌판이었다. 이 돌판 하나가 왜 중요한지는 그 많은 삼국시대 고분 가운데 무덤 주인이 분명한 게 몇이나 되는지 살펴보면 알 수 있다. 무령왕 지석誌石이 중요한 이유도 여기에 있다. 실제로 이 지석에 씌어 있는 수십 개의 글자는 함께 묻힌 유물의 가치를 높이고, 더 나아가 《삼국사기》에 새로운 생명을 불어넣은 가장 소중한 금석문이었다.

삽화 2 | 1979년 4월 8일 충북 중원.

마을 입구 선돌에서 글씨가 발견되었다는 소식을 듣고 학자들이 모여들었다. 돌이끼를 걷어내고 탁본을 하자, 첫머리에 '고려 태왕高麗太王'이란 글자가 선명히 드러났다. 평범한 돌 하나가 갑자기 한반도 유일의 고구려 비로 탈바꿈하는 순간이었다. 비록 많은 글자가 세월의 풍상에 희미해졌지만, 고구려사에 좀더 다가갈 수 있는 또 하나의 열쇠가 우리 손에 주어진 것이다. 지금도 여러 학자들이 이 희미해진 비면을 더듬으며 글자 하나라도 더 읽어내려고 애쓰고 있다.

삽화 3 | 1989년 3월 경북 영일군 냉수리.

현재까지 가장 오래된 신라 비로 남아 있는 비 하나가 발견되었다. 이 비, 곧 냉수리비의 존재가 세상에 알려지게 된 것은 그 가치를 짐작한 어느 농촌 청년의 욕심(?) 덕분이었다. 그런데 우연인지 이 비의 내용 역시 누군가의 재산권을 보장해주는 일종의 공문서였다. 그리 거창한 목적으로 만들어진 비는 아니지만, 이 냉수리비는 바로 전해인 1988년에 발견된 울진 봉평비와 짝하여 고古신라 연구의 시금석이 되었다. 이 두 비의 출현으로 다시 씌어진 글이 한둘이 아니다.

삽화 4 | 1999년.

세상은 두 번째 밀레니엄을 기념하는 각종 해프닝으로 어수선했다. 이런 와중에서도 고대사 연구자들은 이제나저제나 새로운 금석문이 발견됐다는 소식을 기다리고 있었다. 앞의 에피소드들이 보여주듯 거의 10년 간격으로 국보급 금석문이 나타났기 때문이다. 갈망이 크면 기적을 낳는다고 하지 않던가. 그러나 아쉽게도 아직까지 기적은 나타나지 않았다. 대신 많은 학자들이 더 부지런히 발품을 팔며 글자 새긴 돌을 찾아다니고 있다. 이 책의 저자 중에도 있다. 이들에게는 돌 조각 하나 기와 조각 하나도 허투로 보이지 않는다.

고대사로 들어가는 열쇠, 금석문

이 책은 금석문金石文이라는 조금은 생소하게 느껴질 지도 모르는 소재를 가지고 한국 고대사를 얘기하고 있다. 우리가 한국 고대사를 연구하는 기본 자료는 잘 알다시피 《삼국사기》와 《삼국유사》이다. 그러나 이 두 책은 삼국시대로부터 오랜 시간이 흐른 뒤인 고려시대 때 여러 전승 자료를 모아 편찬한 사서이다. 다시 말해 일차 가공하여 기술한 책이다 보니, 고대의 모습을 있는 그대로 전하는 데에는 한계가 있었다.

반면 금석문은 뒷사람의 손길을 타지 않은 당시의 생생한 자료이다. 그래서 때로는 문헌자료에서는 찾아볼 수 없는 사실을 전해주기도 하고, 문헌자료의 잘못을 바로잡아주기까지 한다. 새로운 금석문이 발견되면 마치 고대사가 다시 씌어질 것처럼 호들갑을 떠는 이유도 바로 여기에 있다.

그러나 생생한 만큼 제약도 많다. 금석문은 후대인을 위해 남겨놓은 것이 아니라, 당시 사람들이 어떤 특정한 목적을 위해서 만든 것이다. 그래서 제한된 정보만 담고 있는 경우가 많아 반드시 기존 문헌자료와 비교 검토해야 한다. 또한 오랜 세월 속에서 조각나거나 희미해진 글자를 올바르게 읽어내는 작업도 여간 어려운 일이 아니다.

고대사 복원 과정이라는 '속살'을 드러내며

이 책은 고대사 연구자들이 금석문이라는 단편적인 자료를 어떻게 읽어내고 해석하여 한국 고대사의 구석구석을 복원해가는지, 그 고민과 추론의 과정을 담고 있다. 자료가 절대적으로 부족한 고대사라는 영역을 개척하려면 상상력이 필요하지만, 그것은 소설적 상상력과는 전혀 다르다. 주어진 자료를 냉정하게 분석 비판하고, 수도 없이 곱씹어보면서 조심스럽게 한 발 한 발 결론에 다가가는, 합리적이고 과학적인 상상력이 필요한 것이다. 이 책의 필자들은 이러한 고민과 사색의 과정을 독자들과 함께 나누고 싶어 이런 기획을 준비해왔다.

이 책을 만든 한국역사연구회 고대사 분과는 그동안 고대사에 대한 일반 대중의 관심에 답하려고 노력해왔다. 그 결과 《문답으로 엮은 한국 고대사 산책》(1994), 《삼국시대 사람들은 어떻게 살았을까》(1998)를 이미 펴낸 바 있다. 앞의 책은 고대사에 대한 잘못된 인식을 바로잡거나 많은 사람들이 궁금해하는 주제를 중심으로 엮었고, 두 번째 책은 고대인의 삶과 생활상을 구체적으로 드러내어 우리와 고대인 사이의 거리를 좁히려는 의도를 담고 있었다.

이 책은 세 번째 결과물이다. 앞의 두 책이 고대사 연구의 결과물만 달랑 보여준 것이라면, 이 책은 연구 과정이라는 속살을 담고 있다. 이 책을 읽는 독자들이 고대사를 좀더 가깝게 느낀다면 더 이상 바랄 것이 없다. 물론 이 책이 이런 의도를 얼마나 충족시켰는지는 독자들의 냉정한 평가를 받아야 하겠지만, 이 충정만큼은 기억해주기를 바란다.

본래 기획은 3년 전에 시작되었으나, 많은 연구자들이 참여하는 작업인 데다 좀더 나은 결과물을 내놓을 욕심에 많이 늦어졌다. 또 이 책에서는 18개의 주제 아래 관련 금석문만을 다루고 있지만, 여기서 미처 다루지 못한 중요한 금석문도 적지 않다. 본래 기획 단계에서는 포함되어 있었으나, 이러저런 사정으로 빼놓을 수밖에 없는 주제가 여럿이었다. 출간을 앞두고 생각하니 못내 아쉽지만, 이 허전함을 덜기 위해서라도 후속 작업을 서두르게 되리라는 막연한 기대를 위안으로 삼는다.

어렵사리 책이 나오게 되니 감사드릴 곳이 한두 군데가 아니다. 특히 두말없이 원고 청탁을 받아들이고 여러 차례 원고를 수정해준 집필자들, 3년이라는 시간을 기꺼이 기다려주고 또 이렇게 단정하게 책을 만들어준 푸른역사 박혜숙 대표와 편집부 여러분이 제일 먼저 떠오른다. 이 모든 분께 머리 숙여 인사를 올린다.

2003년 11월
한국역사연구회 고대사분과

《고대로부터의 통신》 차례 및 금석문 연표

연대가 분명한 것

| 신석기~청동기 | 4세기 | 5세기 | 6세기 |

연대가 분명하지 않은 것

〈561 · 568년 이후〉
11. 순수비에 담긴 진흥왕의 꿈과
    야망 | 강봉룡
    • '창녕비' (561년)
    • '황초령비' '마운령비' (568년)
    • '북한산비' (568년 이후)
229

〈525 · 526년〉
7. 지석에 새겨진 무령왕 부부의
    삶과 죽음 | 이한상
    • '무령왕 지석' (525년)
    • '무령왕비지석' (526년)
143

〈673년〉
15. 백제 유민의 숨결,
    계유명아미타삼존불비상
    | 조경철
    309

〈895년〉
17. 압수한 벽돌판과
    사라져버린
    토지문서 | 하일식
    • '해인사 묘길상탑기'
    347

〈525 · 539년〉
1. 신라 왕족의 로맨스, 그 현장을
    찾아서 | 강종훈
    • '천전리각석' 원명 (525년)
    • '천전리각석' 추명 (539년)
    13

〈654년〉
12. 백제 노귀족의 불심,
    사택지적비 | 문동석
    249

〈780 · 792년〉
16. 정혜 · 정효공주 묘지, 발해사를
    이야기하다 | 김종복
    • '정혜공주 묘비' (780년)
    • '정효공주 묘비' (792년)
    327

| 7세기 | 8세기 | 9세기 |

〈7세기 전반〉
13. 기와 조각에서 찾아낸 백제 문화,
    인각와 | 이병호
    265

〈8세기 전후〉
14. 목간에 기록된 신라 창고 | 김창석
    • 경주 황남동 376유적 출토 목간
    291

〈6세기 전반~7세기 중반〉
9. 조우관을 쓴 사절 그림 이야기 | 권덕영
    • 〈양직공도〉 中 '백제 사신도' (6세기)
    • 이현 묘의 〈예빈도〉
    • 아프라시압 궁전 벽화 中 고구려 사신 부분
    189

1

신라 왕족의 로맨스,
그 현장을 찾아서

각석刻石이란?

글이나 그림이 새겨진 돌을 '각석刻石'이라고 한다. 비석碑石도 각석의 일종이지만, 흔히 각석이라고 하면 비석을 제외하고 자연 암석 위에 그림이나 글이 새겨진 것을 일컫는다. 청동기시대 사람들이 새겨놓은 각종 암각화岩刻畵도 당연히 각석에 포함되며, 고대 이후 근대에 이르기까지 수많은 사람들이 곳곳의 바위에 글을 새긴 것들도 각석에 해당한다.

우리 나라의 유명한 각석으로는 그동안 '서석書石'이라는 명칭으로도 불린 '울주蔚州 천전리각석川前里刻石'이 있으며, 울주 반구대 암각화나 고령 양전동 암각화 등도 청동기시대에 만들어진 각석이다. 문자가 사용되지 않았던 시기의 각석은 동그라미나 마름모꼴, 나선 모양, 방패 모양 등의 추상적인 무늬를 새긴 것이 대부분이며, 반구대 암각화처럼 고래·호랑이 등의 동물 형상을 구체적으로 표현한 것들도 있다. 각석은 그곳에 새겨진 글이나 그림을 통해 그것을 제작한 사람들의 사유체계는 물론이고 당시의 사회상을 엿볼 수 있어, 역사 연구의 매우 귀중한 자료가 된다.

울주 천전리각석의 원명과 추명

천전리각석에 새겨진 각종 명문 가운데 가장 내용이 풍부
하면서도 중요한 사실을 담고 있는 부분이 원명과 추명이
다. 사진의 오른쪽에 보이는 네모난 구획이 먼저 새겨진
원명이고, 왼쪽의 네모난 구획은 뒤에 새겨진 추명이다.
원명의 오른쪽과 아래쪽의 끝 부분이 약간 떨어져 나간 상
태이다.

울주 천전리각석의 원명

【판독문】

〈원명〉

	…7	6	5	4	3	2	1	
	鄒	并	之	以	文	沙	乙	1
	女	遊	古	下	王	喙	巳	2
	郎	友	谷	爲	覓	部	〔…〕	3
	王	妹	无	名	遊	葛		4
	之	聖	名	書	來	〔…〕		5
		□	谷	石	始			6
		光	善	谷	得			7
		妙	石	字	見			8
		於	得	作	谷			9
		史	造	之	□			10
					□			11
								12

자연을 벗 삼아 노닌 흔적

신라의 수도였던 경주에서 남쪽으로 언양을 거쳐 양산 방면으로 통하는 국도는 비교적 넓은 골짜기를 따라 만들어졌다. 그다지 높은 고개도 없이 길이 평탄하게 쭉 뻗어 있어 차가 다니기에 적당하다. 이 길은 옛날 신라 시대에도 경주에서 낙동강 유역으로 나가는 주요 교통로 가운데 하나였다. 자연히 많은 사람들이 이용하였고, 그 흔적이 오늘날까지 여기저기에 남아 있다.

국보 제147호로 지정된 '울주蔚州 천전리각석川前里刻石'은 바로 이 도로에서 조금 비켜난 계곡에 자리잡고 있다. 이곳은 울산만으로 흘러 들어가는 태화강 상류 지역으로, 대곡천이라는 조그마한 하천이 흐르고 있다. 지금은 물이 많이 줄어들었지만 물줄기가 여러 차례 굽이쳐 흘러서 풍광이 제법 좋은 곳이다. 동쪽으로 산이 둘러쳐져 있어 해가 늦게 뜨고 햇볕이 내리쬐는 시간도 짧아, 더운 날에도 이곳에는 서늘한 기운이 감돈다. 게다가 계곡의 맑은 물까지 흐르고 있으니, 가히 한여름의 무더위를 피하기에는 안성맞춤이라고 할 수 있다.

경주에서 비교적 가까워, 천수백 년 전 신라시대에도 고관대작을 비롯하여 많은 사람들이 여름이면 이곳을 찾아 더위를 식혔을 것이다. 그 가운데 어떤 이들은 자신들이 와서 쉬고 간 흔적을 여기에 남겼으니, 천전리각석이 바로 그 흔적을 보존하고 있는 바위다.

현재 행정 구역으로 울산광역시 울주군 두동면 천전리 산 207-3번지에 있는 천전리각석에는 각종 암각화와 명문들이 전면 가득히 새겨져 있다. 높이 2.7미터, 폭 9.5미터의 편평한 바위가 지반에서 비스듬하게 기울어진 채 서 있어 글자나 문양을 새기기가 편하고, 암질 자체도 세일shale이라 하여 단단하지 않고 조각하기에 쉬운 재질이다. 그래서인지 오랜 세월 동안 많은 사람들이 바위 표면에 자신이 원하는 것들을 새겨넣었다.

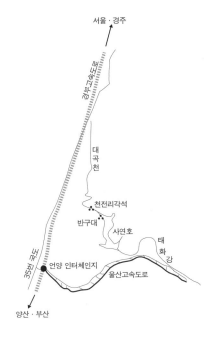

　　바위 상단부에는 동그라미와 마름모꼴로 된 갖가지 기하학적 문양들
이 새겨져 있는데, 이것들은 신라시대보다 훨씬 오래 전인 청동기시대
부터 이 지역에 살던 사람들이 만든 것으로 여겨진다. 글자를 모르던
시기에 사람들이 자신들의 염원이나 기원을 추상적인 무늬로 표현하려
한 것이리라.

　　하단부에는 각종 명문과 비교적 사실적인 암각화가 새겨져 있다. 특
히 명문들은 대체로 6세기 무렵부터 9세기 무렵에 걸쳐 씌어진 것으로
써, 왕족을 비롯하여 신분이 높은 자나, 불교 승려, 화랑들의 이름이 많
이 등장한다. 신라시대에 이곳을 다녀간 다양한 신분과 계층의 인물들
이 자기 흔적을 남겨놓은 것이다.

　　천전리각석은 어느 한 시기가 아닌 수백 년 또는 천수백 년에 걸쳐
만들어진 유적이라는 특징을 갖고 있다. 그리고 거기에 새겨진 갖가지
명문과 그림들을 통해 우리 조상들이 생활하던 모습과 사고방식 그리

고 사회 상황을 다양하고 생생하게 추측해낼 수 있어 대단히 귀중한 역사적 가치를 지니고 있다.

울주 천전리각석의 기하학적 문양들
동그라미와 마름모꼴로 된 이 문양들은 신라시대보다 훨씬 오래전인 청동기시대부터 이 지역에 살던 사람들이 만든 것으로 여겨진다.

벗으로 사귀는 오라비와 누이의 사랑 남기기

천전리각석에 새겨진 갖가지 명문과 그림들 가운데 가장 주목을 끄는 것은 바위 중간 부분 하단부에 있는 명문들이다. 사각형으로 테두리를 만들고 그 안에 글자를 새겨넣었는데, 형식이나 내용면에서 오른쪽과 왼쪽 부분으로 구분된다. 그중 오른쪽 부분이 먼저 새겨진 것으로 흔히 '원명原銘'이라고 부르며, 나중에 새겨진 왼쪽 부분은 '추명追銘'이라고 한다.

제대로 된 한문을 구사하지 못하고 우리말식 어순과 표현을 가미하고 있어, 오히려 정확한 의미 해독이 어려운 부분도 있지만 원명은 대략 다음과 같은 내용이다.

① 을사년(의 어느 날 어느 때에) 사훼부의 갈(문왕이신 누구누구 갈)문왕께서 찾아서 놀러오시었다가 처음으로 골짜기를 보시게 되었다.
② 오래된 골짜기인데 이름이 없는 골짜기여서, 좋은 돌을 얻어 (무엇인가를) 만들게 하시고는 '서석곡書石谷'이라 이름하고 글자를 쓰게 하셨다.
③ 함께 놀러온, 벗으로 사귀는 누이는 성스럽고 □하며 빛처럼 오묘하신 어사추여랑님이시다.

 명문 가운데 세 번 나오는 '지之' 자는 문장이 끝남을 알리는 종결사로 썼는데, 이를 통해 위의 명문이 세 문장으로 되어 있음을 알 수 있다. 그리고 세 번째 문장에서 '어사추여랑於史鄒女郞' 다음에 붙은 '왕王' 자는 왕조 국가의 최고 지배자를 말하는 것이 아니라 고귀한 신분을 가진 사람에게 붙이는 경칭으로, 요즘 표현으로 한다면 '님' 정도에 해당한다.

울주 천전리각석의 모습
고운 진흙이 오랜 기간 퇴적되어 형성된 셰일의 암질이어서, 마그마가 굳어지면서 형성된 단단한 화강암과 달리 글자나 문양들을 새기기가 쉽다. 또 약간 앞으로 기울어진 채로 서 있어, 받침대를 따로 쓰지 않아도 바위의 윗 부분에까지 손길이 미친다. 천전리각석의 건너편 바위에는 중생대 공룡의 발자국도 남아 있다.

결국 정리하면, 을사년 어느 때에 신라 사훼부沙喙部 소속의 어떤 갈문왕이 이 골짜기에 처음 놀러왔다가 무엇인가 오래된 흔적이 있는 골짜기임을 알고서 '서석곡'이라는 이름을 붙이고, 자신이 왔다간 사실을 적어놓게 했으며, 이때 함께 온 누이가 어사추여랑이었다는 내용이다.

여기서 을사년은 신라 법흥왕 12년(525)으로 여겨진다. 사훼부는 당시 신라의 수도에 있던 여섯 부部 가운데 하나로서 훼부喙部와 함께 가장 세력이 컸다. 갈문왕은 왕에 버금가는 최상급 신분으로서 주로 왕의

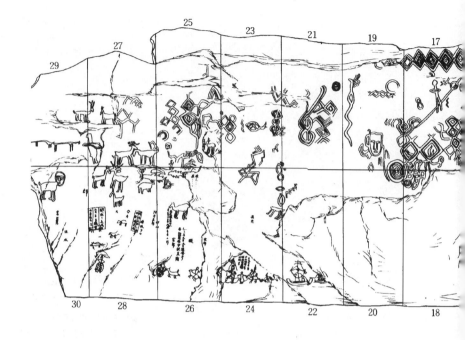

동생이나 가까운 혈족이 차지하였는데, 법흥왕대에 갈문왕은 왕의 친동생인 '사부지徙夫知'였다. 사부지는 《삼국사기》에 '입종立宗 갈문왕'으로 나오는 인물로, 입종은 '사부지'라는 우리식 이름을 한자의 뜻을 취하여 적은 것이다. 즉, '사'와 음이 유사한 '서(또는 섰)'의 한자 '립立'을 따고, 남성을 의미하는 '부(또는 보)'를 마루 '종宗'으로 한자화한 것이다. 마치 '거칠부居柒夫'를 거칠 '황荒'자와 '종'자를 써서 황종荒宗이라고 표기한 것과 똑같은 방식이다. 사부지의 마지막 글자 '지'는 최고 신분을 가진 이의 이름 끝에 붙이는 존칭어미로 보인다.

세 번째 문장에서 어사추여랑은 누구인지 확실히 알 수 없다. 다만 갈문왕의 '우매友妹'라고 적혀 있고 이름 앞에 성스럽고 빛처럼 오묘하다는 등 미사여구가 따라붙은 것을 보면 신분이 매우 높은 여성이었음이 틀림없다. 그런데 여기서 주목할 것은 단순히 갈문왕의 '매妹'가 아니라 '우매友妹'라고 표기되어 있다는 사실이다. 손아래 누이를 지칭하

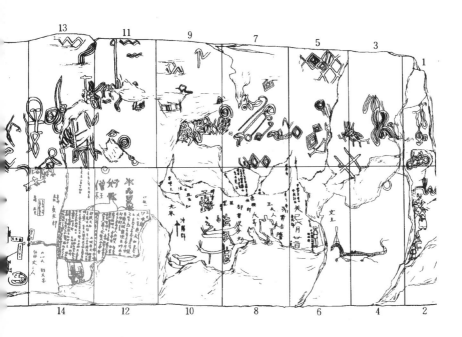

는 한자어인 '매' 하나로도 될 텐데, 왜 굳이 그 앞에 '우友'를 붙인 것일까?

신라시대에는 왕실 안에서 근친혼이 성행하였다. 이는 고귀한 혈통을 순수하게 보존하려는 의도에서 비롯되었는데, 사촌끼리는 물론 삼촌과 조카 사이에도 혼인을 했다. 이러한 근친혼 풍습 때문에 당시 사람들은 사촌과 같은 가까운 혈연관계에 있는 미혼 남녀를 가장 혼

울주 천전리각석에 새겨진 그림과 명문들
바위의 상단부에 새겨진 각종 문양은 청동기시대 사람들이 남긴 것으로 추정되며, 하단부의 그림과 명문들은 신라시대 사람들이 새긴 것으로 여겨진다. 중간 부분의 약간 아래 쪽에 글자가 빼곡이 채워진, 네모로 된 구획이 보이는데, 이것이 곧 천전리각석의 원명과 추명 부분이다.

인 가능성이 높은 짝으로 인식하였다. 따라서 아직 정식 혼인을 맺기 이전의 예비 커플이 서로 '벗으로 사귀는 오라비〔友兄〕'와 '벗으로 사귀는 누이〔友妹〕'로 부르며 가까이 지내는 것은 지극히 흔한 현상이었다. 사훼부의 사부지 갈문왕과 미지의 여성 어사추여랑은 바로 이러한 근친관계에 있던 남녀로, 525년 당시 장래를 기약하며 서로에 대한 사랑

을 키워갔으리라 여겨진다. 이들은 어느 날 경주에서 가까운 천전리계곡으로 '데이트'를 떠났고, 그 골짜기에서 갖가지 문양이 새겨진 신기한 바위를 발견하고서 자신들의 사랑의 흔적을 남기기 위해 위 글을 새긴 것이 아닐까?

죽은 남편에게 기쁜 소식을 전하다

천전리각석 원명의 내용을 통해 6세기 전반 신라 왕실에서 벌어진 로맨스의 한 단면을 엿보았는데, 사부지 갈문왕과 어사추여랑의 사랑은 과연 어떻게 결말이 났을까? 원명만으로는 자세히 알 길이 없고, 그 실상은 바로 뒤이은 '추명追銘'에 나타나 있다. 다음은 그 중요 부분이다.

① 過去乙巳年六月十八日昧 沙喙部 徙
　夫知葛文王 妹於史鄒女郎王 共遊來
　以後□□八□年過去
② 妹王考 妹王過人 丁巳年 王過去 其
　王妃只沒尸兮妃愛自思 己未年七月
　三日 其王與妹共見書石叱見來谷
③ 此時 共王來 另卽知太王妃 夫乞支
　妃 徙夫知王子郎 深□夫知共來

원명에 비해 내용이 많을 뿐더러 이두가 섞여 있고 역시 우리말식 어순을 취하여 해석하기가 쉽지 않다. 그래서 그동안 이 추명의 해석을 둘러싸고 다양한 설이 난무했는데, 필자의 해석은 다음과 같다.

① 지난 을사년 6월 18일 새벽에 사훼부의 사부지 갈문왕과 누이 어사추 여랑님께서 함께 놀러오신 이후 (몇) 년이 지나갔다.

② 누이님을 생각하니 누이님은 돌아간 사람이라. 정사년에는 (갈문)왕도 돌아가시니, 그 왕비인 지몰시혜비只沒尸兮妃께서 애달프게 그리워하시다가 기미년 7월 3일에 그 (갈문)왕과 누이가 함께 보고 글 써놓았다는 돌을 보러 골짜기에 오셨다.

③ 이때 함께 님 오시니, 무즉지 태왕의 비인 부걸지비와 사부지 (갈문)왕의 아드님이신 심□부지께서 함께 오셨다.

요지는 사부지 갈문왕과 어사추여랑이 천전리계곡을 찾은 지 14년이 지난 기미년(539)에 사부지 갈문왕의 부인인 지몰시혜비와 그 일가족이 다시 천전리를 찾아왔다는 것이다. 이 추명에서는 원명에서 알 수 없었던 갈문왕의 이름이 '사부지'로 확실하게 나타나 있고, 또 사부지 갈문왕과 어사추여랑이 계곡을 찾아 놀러왔던 시점이 정확하게 을사년(525) 6월 18일 새벽이라는 새로운 사실도 얻을 수 있다. 그들이 놀러온 날짜를 양력으로 바꾸어 생각한다면, 아마도 7월 하순에서 8월 초순 어느 날일 테니, 불볕 더위가 기승을 부리고 있을 때 이곳 천전리의 시원한 골짜기에 피서를 온 것으로 보인다.

추명을 해석할 때 가장 핵심이 되는 단어는 '과거過去' 또는 '과過'이다. 첫 번째 문장에서는 오늘날 우리가 흔히 쓰는 것처럼 '지나가다', '지나다'라는 의미로 사용하였지만, 두 번째 문장에서는 사정이 다르다. 여기서는 '과인過人'과 '왕과거王過去'라 하여 시간의 흐름을 설명하는 표현이 아니라 사람의 상태와 관련한 표현으로 쓰인 것이다. '過人' 곧 '지난 사람'과 '王過去', 곧 '왕께서 지나가셨다'라고 했을 때의 '지나가다'는 결국 이 인물이 더는 이 세상에 존재하지 않는다는 것, 즉 '돌아가셨다'는 의미로 보는 수밖에 없다. 영어에도 '죽다'라는 의미의

숙어 'pass away'가 있는데, 이것을 직역하면 '지나가다'가 되니, 천전리각석 추명에 나타난 '과거過去'와 딱 들어맞는 표현이라 할 수 있다.

요컨대 두 번째 문장에서 원명의 주인공 사부지 갈문왕과 어사추여랑이 539년에는 불행히도 둘 다 이미 사망한 상태였다는 사실을 확인할 수 있다. 사부지 갈문왕은 정사년에 사망했다고 하는데, 이 정사년은 추명이 작성되기 2년 전인 537년에 해당한다. 어사추여랑은 사망 사실이 사부지 갈문왕에 앞서 기록된 것으로 보아, 537년 이전의 어느 해에 사망했으리라 추정할 수 있다.

한편 두 번째 문장에서 사부지 갈문왕의 부인으로 나오는 '지몰시혜비'는《삼국유사》〈왕력편〉에 법흥왕의 딸이자 진흥왕의 어머니로 알려진 '지소부인只召夫人'이다. 사부지 갈문왕이 법흥왕의 아우라는 사실을 떠올려볼 때, 지몰시혜비와 사부지 갈문왕은 친조카와 삼촌 사이임을 알 수 있다.

사부지 갈문왕과 지몰시혜비가 언제 혼인하였는지는 확실히 알 수 없으나, 추명이 작성된 지 1년 만인 540년 7월 지몰시혜비의 아들 진흥왕이 일곱 살에 즉위하였다는《삼국사기》〈신라본기〉의 기록을 감안한다면, 대략 533년을 전후한 시기에 혼인했을 가능성이 크다.

525년 당시 사부지 갈문왕의 연인이던 어사추여랑이 실제로 사부지 갈문왕과 혼인하였는지는 알 수 없으나, 여하튼 525년부터 537년 사이 어느 시기에 사망하였고, 사부지 갈문왕은 조카인 지몰시혜를 부인으로 맞아들인 듯하다. 사부지 갈문왕과 지몰시혜의 혼인이 어사추여랑이 사망한 후 이루어졌는지, 아니면 어사추여랑이 살아 있을 때 사부지 갈문왕과 사이가 멀어져서 지몰시혜와 사부지 갈문왕이 혼인하였는지 알 길이 없다. 그러나 추명으로 보아 어사추여랑이 사랑하던 사람과 인연을 오래 지속하지 못한 비운의 여인이었던 것만은 분명한 듯하다.

한편 지몰시혜비를 따라 함께 온 사람들 가운데 부걸지비는 지몰시

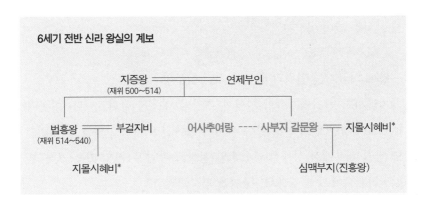

6세기 전반 신라 왕실의 계보

지증왕 ═══ 연제부인
(재위 500~514)

법흥왕 ═══ 부걸지비   어사추여랑 ---- 사부지 갈문왕 ═══ 지몰시혜비*
(재위 514~540)

지몰시혜비*   심맥부지(진흥왕)

혜비의 어머니이자 법흥왕의 왕비인 보도부인保刀夫人이며, 아들 '심□부지'는《삼국사기》에 '심맥부深麥夫'로도 나오는 진흥왕이다. 지몰시혜비와 그 일가족이 왜 하필 사부지 갈문왕이 죽은 지 2년이 지난 뒤 천전리계곡을 찾아왔는지 그 이유를 알기는 어렵다. 다만 바로 1년 뒤 일곱 살 난 진흥왕이 법흥왕의 뒤를 이어 왕위에 오른 것을 감안하면, 아마도 이 시기에 진흥왕이 차기 왕위 계승권자로 선정된 것은 아닐까라는 추측을 해볼 수 있다. 법흥왕에게 왕위를 이을 아들이 없었는지는 확실하지 않으나, 어쨌든 왕위는 법흥왕의 외손자이자 조카인 진흥왕에게 넘어갔다. 이 과정에서 왕족 내부에서 다소 논란이 일어났을 가능성도 배제하기 어렵다.

그렇지만 분명한 것은 진흥왕이 일곱 살의 어린 나이인데도 왕위에 올랐으며, 그것이 자기 힘으로 결정되었을 리 없다는 것이다. 이미 법흥왕대에 차기 왕위 계승을 놓고 결정이 내려진 것이 확실하며, 바로 그 시기가 추명이 작성된 539년 여름 무렵일지도 모른다. 추측컨대 지몰시혜비는 자신과 사부지 갈문왕 사이에 낳은 자식인 심맥부가 자기 아버지인 법흥왕의 뒤를 이어 왕위에 오르기로 결정된 후, 그 감격을 먼저 세상을 떠난 남편과 나누고 싶었으리라. 그래서 아들 손을 잡고 또 자신의 후원자였을 어머니와 함께 남편의 체취가 서린 이 천전리계곡으로 행차한 것이 아닐까?

왕에 버금가는 권력과 위상을 지닌 갈문왕

지금까지 천전리각석의 원명과 추명의 내용을 살펴보았다. 이를 통해 6세기 전반 당시 신라 왕족 사이에 벌어진 로맨스도 엿볼 수 있었고, 또 왕실 내부에서 성행한 근친혼의 실상도 확인할 수 있었다. 그렇다면 천전리각석에서 알 수 있는 사실은 그것뿐일까?

그렇지 않다. 천전리각석의 원명과 추명을 통해 우리는 6세기 전반 신라의 정치체제와 관련한 여러 가지 새로운 정보도 얻을 수 있다.

무엇보다도 천전리각석은 이 시기에 신라에서 '갈문왕'이란 존재가 어떤 위상을 지니고 있었는지 구체적인 정보를 알려준다. 추명에서 보듯이 사부지 갈문왕은 '왕'으로도 표기되었으며, 부인인 지몰시혜 역시 '왕비'라고 불렸다. 이는 같은 명문 뒷부분에서 일반 귀족들의 부인을 '처妻' 또는 '부婦'로 호칭한 것과는 매우 대조적이다. 여기에는 바로 갈문왕이 국왕 밑에 있는 한 신하가 아니라 국왕과 어깨를 나란히 할 수 있는 고귀한 존재라는 관념이 배어 있다.

그런데 천전리각석에서 더 주목해야 할 것은 사부지 갈문왕이 사훼부沙喙部 소속이라고 밝힌 점이다. 사훼부는 6세기 전반 당시 훼부喙部·본피부本彼部·잠훼부岑喙部·사피부斯彼部·한기부漢祇部 등과 함께 이른바 신라의 왕경 6부를 구성하는 중요 정치 세력이었다. 특히 훼부와 더불어 신라 최고 관등을 가진 귀족들이 소속된 부라는 것이 진흥왕대에 건립된 〈창녕비〉(561) 등에 드러나 있다. 바로 그 사훼부에 6세기 전반 왕에 버금가는 지위를 누린 갈문왕이 소속해 있던 것이다. 지난 1988년과 1989년에 연이어 발견된 〈울진봉평신라비〉(503)와 〈영일냉수리신라비〉(524)에서도 갈문왕이 사훼부 소속임이 재확인되었지만, 사훼부가 갈문왕을 비롯한 신라 김씨 왕실의 핵심 인물들이 포진한 최고 유력 부의 하나임은 이미 천전리각석의 원명과 추명을 통해 알려져 있었다. 바로 이 점이 천전리각석이 갖고 있는 사료적 가치라 하겠다.

한편 사부지 갈문왕의 소속 부가 사훼부였다는 사실은 〈울진봉평신라비〉에서 법흥왕의 소속 부가 훼부로 나오는 점을 연관지어 생각할 때, 중요한 문제를 제기한다. 즉, 형제 사이인 법흥왕과 사부지 갈문왕이 서로 다른 부에 소속된 까닭은 무엇일까. 또 〈영일냉수리신라비〉에서는 법흥왕과 사부지 갈문왕의 아버지인 '지도로갈문왕', 즉 지증왕이 소속된 부가 사훼부로 나오는데, 이는 곧 부자 사이인 지증왕과 법흥왕의 소속 부가 각기 달랐다는 것으로서 역시 같은 문제를 야기한다. 부자와 형제가 같은 족단族團에 속했으리라는 것은 불문가지이거늘, 이처럼 각자 소속 부가 다르게 나타나는 것은 과연 무엇을 의미할까?

신라의 왕경 6부

왕경 6부란 서기 5~6세기에 신라 지배층을 이루던 여섯 개의 정치 집단을 일컫는다. 신라 초기의 왕실을 구성한 박·석·김씨의 세 유력 족단族團을 비롯하여, 신라의 영역 확대 과정에서 새로이 신라 지배층으로 편입된 다양한 계통 사람들이 경주 분지에 나눠 살며 여섯 개의 집단을 형성하였다. 《삼국사기》 등에는 신라가 처음 국가로 성립할 무렵 경주 분지의 여러 곳에 자리잡고 있던 여섯 개의 촌락, 이른바 '사로斯盧 6촌'이 후대의 왕경 6부로 곧장 이어졌다고 적혀 있으나 확인하기 어렵다. 애초의 사로 6촌 세력은 박·석·김 세 족단과는 혈통적으로 아무런 관련이 없고, 후대의 왕경 6부의 중심에는 사로 6촌 세력이 아닌 박·석·김의 세 족단이 있기 때문이다.

훼부·사훼부·잠훼부·본피부·사피부·한기부의 6부 가운데 훼부와 사훼부는 김씨 족단이 장악한 부였고, 잠훼부는 박씨 족단, 그리고 한기부는 석씨 족단이 중심이 된 부였다고 알려져 있다. 나머지 두 부는 사로 6촌 세력과 신라가 진한을 통합하는 과정에서 신라의 지배층으로 편입된 세력들이 주된 구성원이었을 것으로 추정된다. 신라의 왕경 6부는 이사금 시기를 거쳐 마립간 시기에 접어든 5세기 초 눌지왕의 재위 연간에 완전히 그 모습을 갖춘 것으로 파악되는데, 이때는 김씨 족단이 신라의 왕위를 독점하며 연맹의 주도권을 확실하게 거머쥔 시기이다.

6부의 지리적 위치에 대해서는 여러 설들이 있으나, 대체로 훼부는 월성을 중심으로 한 현재의 경주 시가지 중심부에, 사훼부는 월성 남쪽의 오릉을 끼고 있는 지역에, 잠훼부는 경주의 서쪽 건천 방면에 있었던 것으로 추정되며, 나머지 본피부와 사피부·한기부는 각기 경주 분지의 동쪽과 북쪽 일대에 퍼져 있었던 것으로 보인다.

이에 대해서는 여러 가지 해석이 있을 수 있으나 적어도 훼부와 사훼 부가 혈연을 비롯한 여러 측면에서 대단히 강한 동질성을 지닌 집단이 었음을 인정하지 않을 수 없다. 이는 결국 6세기 전반 당시에 김씨 족단 이 신라 6부 중 가장 강력한 훼와 사훼, 두 부를 휘하에 두었다는 이야 기이고, 이를 바탕으로 신라 초기부터 라이벌 관계였던 박씨 족단이나 석씨 족단을 완전히 압도하고 있었다는 말이 된다.

왕에 버금가는 권력과 위상을 지닌 갈문왕은 원래 신라 초기만 하더 라도 왕과 소속이 다른 족단의 우두머리에게 주는 지위였다. 이는 어느 한 족단이 다른 족단을 확실하게 제압하지 못하는 상황에서 말미암은 것으로, 연맹장인 이사금을 배출한 족단이 갈문왕의 지위를 통해 다른 유력 족단과 연맹을 공고히 하여 궁극적으로는 신라 연맹체 전체를 효 과적으로 통솔하기 위해서였다. 그러다가 4세기 후반 이후에는 왕과 다 른 족단이 아니라 같은 족단, 즉 김씨 족단 내 인물이 갈문왕에 임명되 기 시작하였다. 특히 눌지왕의 아우인 복호가 갈문왕에 오른 이후 그의 후손인 습보, 지증, 사부지가 계속 갈문왕의 지위를 이어갔다. 이는 결 국 김씨 족단이 배타적으로 주도권을 차지하려는 의도에서 비롯하였는 데, 6세기 전반 법흥왕의 아우 사부지가 갈문왕위를 이어받은 것은 기 본적으로 이러한 관행의 연장선이라고 할 수 있다.

한편 천전리각석의 추명에 나오는 '무즉지태왕另卽知太王' 이라는 표현에도 주목할 필요가 있다. 524년에 세워진 〈울진 봉평신라비〉 단계에서 법흥왕은 '모즉지매금왕牟卽智 寐錦王' 이라는 칭호로 불렸는데, 15년이 지난 539년 에 새겨진 천전리각석의 추명 단계에서는 '매금왕' 이 아닌 '태왕' 이라는 존칭으로 불리고 있었다. 매금 왕이란 연맹장을 뜻하는 이사금, 또는 각 부의 우두머리인 간干 가운데 가장 높은 간을 의미하는 마립간에다 '왕' 이라는 글자를 접미사식으로 붙인 칭호로써 그 자체가 왕의 초월적 위상을 상징하지는 못한다. 그러나 태왕이라는 칭호는 국왕을 단지 경주를 중심으로 한 협소한 지역의 우두머리가 아니라 천하사방을 다스리는 대군주로 인식한 데서 나온 것으로서, 칭호 자체에 왕이 가진 절대적 위상이 반영되어 있다. 사실 같은 천전리각석의 을묘명乙卯銘 (535)에도 '성법흥대왕聖法興大王'이라 하여 태왕의 칭호가 보이는데, 법흥왕대 말기에 이처럼 태왕 관념이 확산된 것은 재위 기간 내내 추진한 왕권 강화책이 상당한 효과를 거두었음을 나타낸다.

성
법
흥
대
왕

역사의 공백을 메우는 금석문

천전리각석은 청동기시대부터 신라 말에 이르기까지 우리 선인들의 체취가 가장 진하게 남아 있는 유적이다. 한 유적에 이와 같이 오랜 기간에 걸쳐 사람의 흔적이 남은 것은 찾아보기 힘들다. 특히 신라시대의 각종 명문에는 문헌에서 찾아볼 수 없는 당시 사람들의 생생한 삶의 모습이 담겨 있다. 원명과 추명만 하더라도 사훼부의 갈문왕 일족이 천전리 계곡을 찾아왔다는 단편적인 기록에 불과하지만, 그 이면에는 신라 왕실 내부의 사정을 비롯하여 신라 사회의 여러 중요한 측면들이 반영되어 있다. 6세기 전반이라는 특정한 시점에서의 갈문왕의 성격, 정치 체제의 변동 양상, 왕권의 성장과 집권적 지배체제의 성립 과정 등 정치사와 관련한 주요 문제들이 바로 이 짧은 기록을 통해 해결의 실마리를 얻을 수 있다.

우리 고대사는 기록이 부족하여 그 실상을 제대로 파악하기가 무척 어렵다는 말을 자주 한다. 천전리각석을 포함한 고대 금석문 자료는 단편적인 기록이라는 한계가 있기는 하지만, 당시 사람들이 작성한 자료라는 점에서 사료로서 가치가 대단히 높다. 우리는 짧은 명문을 통해서 당시 사람들과 대화를 할 수 있으며, 이를 바탕으로 자료들을 하나씩 주워 담아 역사의 공백을 메울 수 있는 것이다. 그러니 물가나 길가에 버려진 바위 하나라도 선인들의 흔적이 남아 있는 것이라면, 어찌 중요하지 않겠는가!

— 글쓴이 강종훈

2

고구려 건국설화가
모두루무덤에 묻힌 까닭은

고구려 건국설화를 전하는 기록들

고구려의 주몽설화는 부여족이 공유하고 있던 동명설화東明說話를 바탕으로 만들어졌다. 동명설화는 1세기 말에 편찬된 《논형論衡》에 나오므로 늦어도 1세기에는 성립되었다고 볼 수 있다. 현재 주몽설화를 전하는 최초의 기록은 〈광개토왕릉비〉(414)이다. 435년 북위 사신 이오李傲의 견문을 바탕으로 편찬된 《위서魏書》나 〈모두루묘지〉에도 주몽설화가 나온다.

다만 동명설화와 5세기경의 주몽설화는 약간 차이가 있다. 동명설화에는 국왕의 시비侍婢가 천기天氣를 받아 바로 아이를 낳은 것으로 묘사된 반면, 주몽설화에는 수신水神인 하백의 딸이 햇빛에 감응되거나 천제天帝와 결합하여 알을 낳고, 그 알에서 주몽이 태어난 것으로 나온다. 주인공의 계통이 더욱 구체적으로 설정되고 난생卵生의 요소가 새롭게 첨가되었다.

5세기경의 주몽설화는 그 뒤 다시 변화를 겪는다. 〈동명왕편〉《삼국사기》《삼국유사》 등 고려 시기 문헌에 나오는 주몽설화는 이러한 변화를 겪은 것들이다. 5세기경과 비교할 때, 해모수解慕漱와 유화柳花라는 인격신이 새롭게 등장하며, 출생지도 북부여에서 동부여로 바뀌었다. 이러한 변화는 고구려사의 변천과 연관된 것으로 보이는데, 구체적 원인에 대해서는 의견이 분분하다.

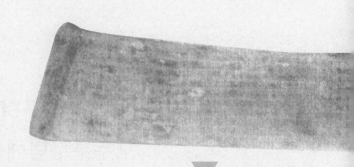

51 50 49 48 47 46 45 44 43 42 41 40 39 38

1 2 3 4 5 6 7 8 9 10

···	51	50	49	48	47	46	45	44	43	42	41	40	39	38	
	日	△	□	泊	牟	△	土	育	道	□	□	□	□	□	1
	不	□	□	之	教	恩	地	如	城	世	□	□	□	河	2
	□	奴	△	孫	遣	教	好	此	民	遭	大	於	△	泊	3
	□	客	昊	日	令	奴	太	遝	官	兄	彼	祖		日	4
	月	在	天	月	北	客	聖	至	國	恩	慈	喪	大	月	5
	不	遠	不	之	夫	牟	王	缾	領	恩	△	亡	兄	之	6
	□	哀	弔	子	餘	頭	緣	罡	領	△	大	△	冉	△	7
	明	切	奄	聖	守	婁	祖	上	前	祖	兄	由	牟	□	8
	△	如	便	王	事	□	父	大	王	之	□	祖	壽	□	9
	△	若	△	□	河	□	△	開	□	北	□	父	盡	□	10

모두루무덤 묘지墓誌

묘지의 웅혼한 필체는 1,500여 년의 세월을 뛰어넘어 모두루의 생애를 생생하게 전해준다.

부장품만 있고 명패는 없는 고대 무덤들

고대인들은 이승의 삶이 그대로 저승으로 이어진다는 내세관을 갖고 있었다. 이승의 지배자는 저승에서도 영생토록 권력과 부를 누리고, 많은 사람들이 저승까지 그를 따라가 봉사해야 한다고 생각한 것이다. 그래서 고대인들은 지배자나 유력자의 무덤을 만드는 데 온 정성을 기울였다. 규모를 장대하게 할 뿐 아니라 엄청난 양의 부장품을 묻었고, 때로는 죽은 자의 혼령을 돌보라고 산 자를 묻기도 하였다. 끔찍한 일이긴 하지만 이러한 풍습 덕분에 현재 고대사의 다양한 면모를 살필 수 있으니 다행이라 여겨야 할까?

이러한 고대인들도 무덤 주인공의 이름을 전하는 데에는 인색하였다. 고구려의 옛 도읍이었던 집안분지에는 지금도 1만여 기의 고분이 장대한 행렬을 이루고 있지만, 근년에 붙인 일련번호만 있을 뿐 주인의 명패는 어디에도 보이지 않는다. 광개토왕의 무덤조차 장군총인지 태왕릉인지 분간하기 힘든 실정이다. 그래서 만주 땅을 우회하여 집안분지로 들어설 때면 처음에는 고구려인을 만난다는 기대감에 온몸이 들떴다가도, 이곳저곳 답사한 후에는 어느새 주인 없는 무덤의 행렬이 주는 비장감만 남게 된다.

그렇게 많은 부장품을 묻고 화려한 벽화를 그리면서 왜 주인공의 이름은 전하지 않았을까? 묘지를 묻거나 묘비를 세우는 문자생활이 일반화되지 않았기 때문일까? 아니면 저승에서 영생을 누리면 그만이라는 생각에, 후세에 이름을 남기는 일 따위는 하찮게 여긴 때문일까? 이유야 어떻든 이로 인해 무덤을 통해 고대인의 세계를 들여다보는 데 많은 어려움을 겪을 수밖에 없다. 사실 주인 없는 무덤은 역사적 가치가 절반 이상 반감된다. 현재 위치만 알려줄 뿐 '누가 언제 왜 그곳에 조영하였는가'를 알 수 없기 때문이다.

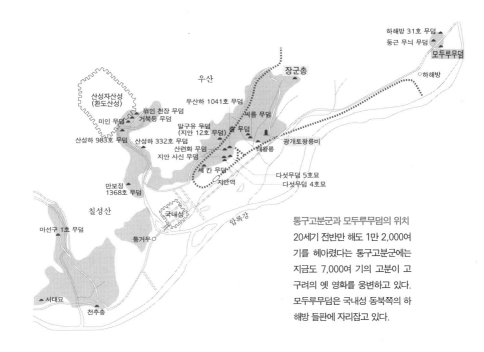

우산

하해방 31호 무덤
둥근 무늬 무덤
모두루무덤

산성자산성
(환도산성)

장군총

우산하 1041호 무덤

꺾인 천장 무덤
거북등 무덤

하해방

씨름 무덤
미인 무덤
말구유 무덤
(지안 12호 무덤)

산성하 983호 무덤
산성하 332호 무덤
산련화 무덤
지안 사신 무덤

광개토왕릉비
태왕릉

세 칸 무덤
지안역

만보정
1368호 무덤

다섯무덤 5호묘
다섯무덤 4호묘

칠성산

국내성

압록강

마선구 1호 무덤

통거우

통구고분군과 모두루무덤의 위치
20세기 전반만 해도 1만 2,000여 기를 헤아렸다는 통구고분군에는 지금도 7,000여 기의 고분이 고구려의 옛 영화를 웅변하고 있다. 모두루무덤은 국내성 동북쪽의 하해방 들판에 자리잡고 있다.

서대묘

천추총

염모묘 혹은 모두루묘라는 이름의 무덤

불행 중 다행으로 집안분지의 무수한 무덤 사이를 헤매다 보면 딱 하나 주인 있는 무덤을 만날 수 있다. 다만 보통 방문객이 이 무덤을 만나기란 그리 쉽지 않다. 이 무덤은 고구려 고분의 99퍼센트 이상이 몰려 있는 우산하禹山下 · 칠성산七星山 · 산성하山城下 · 만보정萬寶汀 · 마선구麻線溝 등의 고분군과 동떨어져 있기 때문이다. 집안 시가지에서 압록강을 거슬러 조금 올라가면 북한으로 가는 만포철교가 있는데, 이 철교 위에 서면 유유히 흘러가는 압록강과 그 품에 안긴 아담한 하해방下解放 들판이 비장감으로 가득 찼던 가슴을 포근하게 감싼다. 바로 이 하해방 들판에 30~40여 기의 무덤이 모여 고분군을 이루고 있는데, 그 중에 우리가 찾는 무덤이 있다.

철교를 내려와 들판을 한참 걷다 보면 10여 미터 간격을 두고 짝을 이룬 무덤 두 기를 만나게 된다. 들판 북쪽의 고분군과 떨어져 있어서

모두루무덤 전경

모두루무덤 앞에 두 개의 팻말이 나란히 서서 방문객을 맞는다. 돌을 쌓아 방을 꾸미고 흙으로 봉분을 입힌 돌방흙무덤(封土石室墓)이다. 규모는 둘레 70미터, 높이 4미터로 중간 정도이다.

애써 다리품을 팔지 않으면 찾기 힘들다. 두 기 가운데 동북쪽 무덤에 다가가면 '염모묘冉牟墓'라는 빛바랜 팻말과 '모두루묘牟頭婁墓'라는 선명한 팻말이 나란히 서서 방문객을 맞는다. 입구가 철문으로 굳게 닫혀 있어 더 이상 접근하기 어렵지만, 팻말 두 개가 예사롭지 않은 무덤임을 직감하게 한다.

이 무덤은 1935년 9월, 집안현중학교 왕영린王永璘 교사가 무덤 안에 글씨가 있다고 제보함으로써 세상에 알려지게 되었다. 당시 집안분지의 벽화 고분을 조사하던 일본 학자 일행이 제보를 받고 무덤을 찾았지만, 내부로 들어가는 구멍이 막혀 그냥 되돌아가야 했다. 일본 학자들이 떠난 직후, 만주국 안동성의 장학관으로 있던 일본인 이토우伊藤二八가 구멍을 열고 내부로 들어가는 데 성공하였다. 그는 묵서墨書 명문을 발견하고 사진을 찍어 이케우치池內宏에게 보냈다. 당시 조선의 고고 조사를 주관하던 이케우치는 이 무덤의 중요성을 직감하고 만 1년 뒤 다시 방문하였다. 이때 조사한 내용은 일제의 대륙 침략을 선도한 일만문화협회日滿文化協會에서 간행한《통구通溝》에 실려 있다.

중국 정부 수립 이후, 이 무덤은 하해방묘구 1호묘(JXM 001)라는 공식 번호를 부여받아 법적 보호를 받고 있다. 집안현 문물관리소에서 여러 차례 보수하고 조사하였는데, 봉분을 북돋웠다니 원형을 잃어버리지나 않았을지 염려되기도 한다. 1978년에는 명문을 보호하기 위해 화

학적인 조치를 했다고 하는데,
이것이 명문에 어떤 영향을 미쳤
는지 정확히 알 길이 없다.

　무덤의 외형과 내부 구조는 집
안분지의 여느 고분과 비슷하다.
돌을 쌓아 방을 꾸미고 흙으로
봉분을 입힌 돌방흙무덤〔封土石室
墓〕이다. 규모는 둘레 70미터, 높
이 4미터로 중간 정도이다. 현재
둥그스름한 외형을 띠고 있지만,
본래는 다른 고분처럼 위쪽이 평
평하고 네모진 절두방추형截頭方
錐形이었을 것이다. 방향도 다른
고분처럼 동북-서남으로 길쭉한
집안분지의 생김새를 쫓아 서남
쪽을 향하고 있다.

　높이 1.1미터인 나지막한 무덤
길을 따라 1.3미터 정도 들어가
면 무덤방 두 개가 나온다. 두 방
사이에 통로만 있을 뿐 다른 공

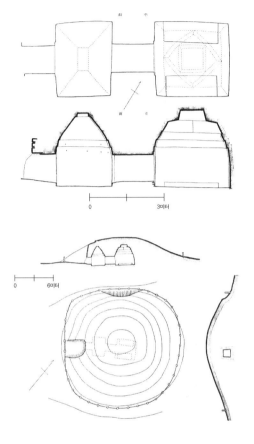

고분의 평면도와 단면도
모두루무덤은 앞방과 널방을 가진 돌방흙무덤이다. 앞방의 천장
은 아치형, 널방 천장은 고임식으로 마감했다.

간은 없다. 감실이나 측실이 딸리지 않은 가장 단순한 두칸무덤이다.
앞방은 좌우 2.9미터, 앞뒤 2.1미터로 좌우가 약간 긴 직사각형인 반면,
널방은 한 변이 3미터로 정사각형에 가깝다. 벽면은 돌을 쌓은 다음 백
회를 두껍게 입히고, 매끈하게 미장하여 정갈한 느낌을 준다. 들인 정
성으로 보아서는 벽화를 그렸을 법도 한데 그런 흔적은 없다.

　두 방의 천장은 아주 대조적이다. 앞방 천장은 아치형으로 좁아지다

가 꼭대기에서 자그마한 직사각형으로 변하는데, 마치 사자의 혼령을 저승으로 끌어들이는 블랙홀처럼 보인다. 앞방 벽면의 기다란 홈과 구멍은 선반을 올리고 휘장을 쳤던 자리로 사자의 혼령을 저승으로 인도하던 신성한 제의祭儀의 흔적이라고 한다. 반면 널방 천장은 사각고임과 삼각고임으로 공간을 알맞은 비례로 분할하여 사자의 혼령이 편히 쉴 안식처를 제공하며, 그 아래 바닥에는 주인공 부부가 이승에서 못다 한 사랑을 영원히 나누도록 관대 두 개를 나란히 놓았다.

이러한 무덤 구조는 다실묘에서 단실묘로, 복잡한 두칸무덤에서 단순한 두칸무덤으로 이행하는 양상을 보여준다. 4세기경에 출현한 돌칸흙무덤이 후기 단실묘로 변화하는 과정을 보여주는 것이다. 그러나 내부 구조만으로는 무덤의 시간성과 공간성을 정확히 알 수 없다. 이 무덤을 통해서 알 수 있는 내용이 이것뿐이었다면, 1936년 일본 학자 일행이 황급히 조사단을 꾸려 다시 찾지도 않았을 것이다. 또 중국 정부가 이 무덤에 '하해방묘구 1호묘(JXM 001)'라는 영광스러운 일련번호를 부여하지도 않았을 것이다.

염모와 모두루는 할아버지와 손자 사이

이 무덤의 역사성은 묵서 명문에 담겨 있다. '염모묘冉牟墓'와 '모두루묘牟頭婁墓', 하나의 무덤에 팻말이 두 개라. 그것도 한쪽은 빛바래고, 다른 쪽은 선명한 대조적인 모습으로 무덤을 지키고 있다니. 무덤 주인공을 통해 고구려인의 이야기를 듣는 것이 간단치 않음을 예감하게 한다.

묵서 명문은 널방으로 통하는 앞방의 정면 상단에 두루마리처럼 기다랗게 펼쳐져 있다. 오른쪽 모서리에서 36센티미터 떨어진 지점에서 시작하여 왼쪽 모서리를 돌아 왼쪽 벽으로 10센티미터 정도 이어지다가 끝맺는다. 첫머리 2행은 다른 행과 달리 괘선이 없고, 글자 간격도

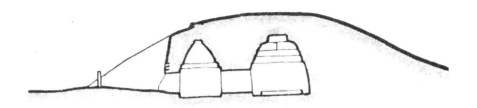

좁아 열두 자씩 적었다. 그 다음부터 79행이
이어지는데, 먹과 송곳으로 3센티미터 전후의
괘선을 네모반듯하게 긋고 행마다 열 자씩 빼
곡히 써내려갔다. 무덤 벽면에 적었지만 야외

모두루무덤의 천장
앞방 천장은 아치형으로 좁아지
다가 꼭대기에서 직사각형으로
변하고, 널방 천장은 사각고임과
삼각고임으로 안정감을 주었다.

의 석비를 옮겨놓은 듯하다. 글자 수도 800자가 넘는 방대한 분량으로
1,775자인 〈광개토왕릉비〉를 제외하면 삼국시대 금석문 가운데 단연
으뜸이다.

묵서 명문이 널방 앞에 위치한 사실에서 무덤 주인공의 묘지墓誌임을
쉽게 짐작할 수 있다. 아울러 관등과 인명(大使者 牟頭婁)만 판독되는 첫
머리 2행이 제기題記라는 것도 쉽게 알 수 있다. 그러나 무덤 앞에 팻말
이 두 개 서 있는 데서도 알 수 있듯이, 첫머리 2행을 주인공의 제기로
단정하는 문제는 그리 간단치 않다. 주인공의 생애를 담고 있을 본문의
800여 자 가운데 판독되는 명문은 300여 자 안팎에 불과하고, 전체 내
용과 등장인물의 관계를 정확히 파악할 수 없기 때문이다.

이로 인해 이 무덤의 주인공을 둘러싸고 오랫동안 논란이 벌어졌다.
주인공과 관련하여 가장 눈에 띄는 인물은 역시 염모와 모두루이다. 그
런데 두 사람 가운데 유독 모두루 앞에만 '노객奴客'이라는 비칭이 자주
등장한다. 그래서 중국 학자 라오깐勞幹은 모두루를 염모에게 예속된
가신家臣으로 파악하였다. 염모의 관등인 대형大兄이 6등급으로 모두루
의 관등인 대사자(7등급)보다 높다는 사실도 근거로 제시했다. 두 사람
의 관계를 이렇게 설정하면 주인공은 당연히 염모가 된다. 라오깐의 견
해는 중국 학계에 받아들여져, 지금도 중국 정부의 공식 간행물인 《집

안현문물지》등에는 '염모묘지'로 소개되고 있다. '염모묘'라는 빛바랜 팻말이 서 있는 이유도 그 때문이다.

그렇지만 묘지를 찬찬히 들여다보면 '노객'이라는 비칭만으로 두 사람의 관계를 설정하는 것이 왠지 불안하게 느껴진다. 염모는 15~39행, 곧 전반부에만 등장하며, 39행에 '수진壽盡', 곧 그의 죽음을 알리는 명문이 나온다. 반면 첫머리를 제외하면 모두루는 46행에 이르러 비로소 등장한다. 두 사람은 동시대가 아니라 각기 다른 시대에 활동하였을 가능성이 높은 것이다. 이를 염두에 두고 한 행씩 따라가다 보면 '奴客祖先'(7행), '祖大兄冉牟'(39행), '祖父□大兄慈△大兄□□'(41~42행) 등 조상을 뜻하는 용어를 차례로 만날 수 있다. 그리고 이러한 용어 사이사이에 등장하는 '대대로 관은을 입었다〔世遭官恩〕'는 표현은 이들이 동일한 혈연 계보에 속하는 인물임을 일깨워준다.

그러고 보니 추모성왕鄒牟聖王(3~4행), 강상성태왕罡上聖太王(10~11행), 전왕前王(43행), 국강상대개토지호태성왕國罡上大開土地好太聖王(44~45행) 등 고구려 왕의 이름도 이와 짝을 이루며 차례로 나타난다. 묘지는 시간의 흐름에 따라 서술된 것이다. 모두루의 생애 역시 '노객모두

노객奴客이란?

노객은 서기 3세기경부터 널리 사용된 용어로서 본래 노비와 같은 비천한 존재나 그와 비슷한 지위에 있는 신복臣僕을 지칭했다. 여기에서는 모두루의 신분이나 지위가 실제로 노비와 같았다는 뜻이 아니라, 고구려 왕과의 관계에서 자신을 낮추기 위해 사용되었다. 이와 비슷한 용례는 414년에 건립된 〈광개토왕릉비〉에서도 확인된다. 백제 왕이 고구려 왕에게 무릎을 꿇고 '지금 이후로는 영원히 노객이 되겠습니다'고 맹서하였다고 하며, 왜의 침공을 받은 신라 왕이 고구려에 구원을 요청하며 스스로 노객이라 칭하였다고 기술되어 있다. 이처럼 5세기경 고구려에서는 '노객'이 고구려 왕과 신하의 관계, 나아가 다른 나라 왕과의 관계를 표시하는 용어로 널리 사용되었다. 이러한 용례는 강대해진 고구려 왕이 국내뿐 아니라 국제적으로도 '태왕'으로 군림했음을 잘 보여준다.

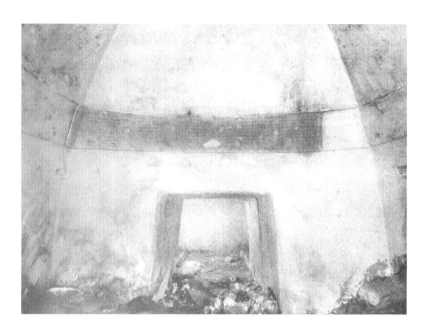

루노객루두루奴客牟頭婁'(46행)와 '노노객老奴客'(57행)에
서 보듯이 시간 순으로 적혀 있다. 사실 노객
이라고 낮추어 불렀지만, 모두루의 이름 앞에
는 '교敎'라는 왕명을 뜻하는 술어가 사용되고 있다. 즉, 모두루에게
명령을 내린 주체는 염모가 아니라 고구려 왕인 것이다. 더욱이 모두루
나 그의 조상 앞에는 '노객奴客'이라는 비칭을 쓴 반면, 고구려 왕은
'성왕聖王' '성태왕聖太王'이라는 극존칭으로 부르고 있어, '노객'이라
는 비칭이 신성한 고구려 왕실과의 관계를 나타내기 위해 사용되었음
을 알 수 있다.

한편 39행의 '조대형염모祖大兄冉牟'라는 명문은 염모와 모두루가 할
아버지와 손자(祖-孫) 관계임을 명확히 보여준다. 이를 두고 일본 학자
들은 발견 당시부터 주인공을 모두루로 파악하고, 첫머리 2행을 그의
제기로 보았다. '모두루묘'라는 선명한 팻말이 세워진 데에는 어떤 형
태로든 일본 학자의 영향력이 작용하였을 것이다. 그야 어떻든 주인공

이 모두루임은 명확하다. 44~51행을 보면 모두루는 광개토왕대에 북부여 지방장관(令北扶餘守事)으로 파견되었고, 그곳에서 왕의 죽음을 맞아 직접 조문하지 못함을 몹시 애통해하였다. '노노객老奴客'이라는 표현은 모두루가 광개토왕을 이은 장수왕대에도 상당 기간 활동하였음을 시사한다. 아울러 최종 관등이 대사자(7등급)라는 사실에서 중급 귀족이었음을 알 수 있는데, 중간 정도인 무덤 규모도 이와 관련될 것이다.

묘지에 나타난 모두루의 생애는 이 무덤에 5세기 중반이라는 시간성을 부여한다. 또한 당시는 평양 천도 이후이므로 '국내성이 별도別都로 바뀐' 역사의 공간성도 또렷이 부각된다. 이제 우리는 시공간성이 명확한 무덤을 하나 갖게 되었다. 이를 기준으로 내부 구조가 비슷한 다른 고분의 시공간을 설정하고, 나아가 구조가 다른 여러 무덤의 선후 관계를 추론할 수 있다. 만약 이 묘지가 도굴을 당하지 않았다면 무수한 고구려 유물의 시간대를 가늠하는 준거가 되었을 것이고, 이 묘지에 벽화가 잔뜩 그려져 있었다면 다른 고분벽화에 시간의 생명력을 불어넣을 수도 있었을 터이니, 아쉬운 마음을 금할 길이 없다.

외침을 막고 반란을 평정한 염모의 위대한 공적

아쉬움은 이 정도로 접어두고, 모두루와 그의 조상들을 통해 고구려인의 숨결을 좀더 생생하게 느껴보자. 앞서 예시하였듯이 묘지 전반부에는 모두루 조상의 이야기, 후반부에는 모두루의 생애가 기술되어 있다. 〈광개토왕릉비〉에서 건국설화, 유리왕[儒留王]과 대무신왕[大朱留王]의 사적을 기술한 다음 광개토왕의 훈적을 서술한 것과 동일한 형식이다. 그런데 내용이 채 절반도 판독되지 않은 상황에서도, 희미한 명문을 따라가다 보면 그 내용과 표현마저 〈광개토왕릉비〉를 빼닮은 사실에 다시 한 번 놀라게 된다.

제기 다음의 3~9행은 모두루 집안의 시조(奴客祖先)에 대한 이야기인데, '하백河泊의 손자이고 일월日月의 아들이신 추모성왕鄒牟聖王은 본래 북부여北扶餘로부터 나왔다'라고 하여 가문 전승에 앞서 건국설화를 가장 먼저 기술하였다. 더욱이 〈광개토왕릉비〉의 '천제지자天帝之子'라는 표현이 '일월지자日月之子'로, '모하백여랑母河伯女郎'은 '하백지손河泊之孫'으로 약간 바뀌었을 뿐, 천제(일월)나 하백과의 관계는 동일하다. 435년 고구려를 방문하였던 북위 사신 이오李傲의 전문을 바탕으로 기술한 《위서魏書》〈고구려전〉의 '日子', '河伯外孫'이라는 표현과도 상통한다.

이처럼 모두루 묘지는 왕실의 건국설화에서 시작하며, 그 다음 구절 역시 '천하 사방이 이 나라의 가장 성스러움을 알고 있을지니'라고 하여 고구려 국가의 성스러움을 기술하고 있다. 이것 역시 "은택이 황천皇天을 윤택하게 하였고, 위엄이 사해四海에 떨쳐 골고루 미쳤다"라는 〈광개토왕릉비〉의 구절을 보는 듯하다. 그 다음에야 "노객奴客의 조선祖先 □□이 북부여에서 성왕聖王을 따라왔다"고 하여 자기 집안 내력을 간략히 덧붙이고 있다.

마치 일개 귀족의 묘지가 아니라 고구려 왕실의 역사를 장엄하게 노래한 서사시를 보는 듯하다. 모두루 집안의 내력은 이 서사시를 풍부하게 만들기 위해 첨가된 양념에 불과하며, 모두루 집안은 고구려 왕실에 봉사하기 위해 시조 추모성왕과 함께 탄생한 것처럼 말이다. 모두루 집안의 시조를 그냥 '祖先'이라 하지 않고 '奴客의 祖先'이라고 낮추어 부른 것도 이 때문일 것이다. 모두루 집안이 존재하게 된 근원이 고구려 왕실에 있음을, 그래서 성왕-노객의 주종관계를 맺었음을 자랑스럽게 선언하고 있는 것이다.

10행 이후로 눈을 돌리면 고구려사의 또 다른 중요한 장면을 만날 수 있다. 이 부분은 대부분 지워져 내용을 파악하기 힘들지만, 단서가 전혀 없는 것은 아니다. 앞서 말했듯이 15·22·26·39행에 염모라는 동일 인물이 계속 등장하고, 39행 말미에 그의 죽음을 알리는 '수진壽盡'이라는 문구가 나온다. 이는 10~40행이 염모의 사적으로 장식되었음을 시사한다. 염모는 묘지 전반부 대부분을 차지할 정도로 모두루 집안에서 중요한 인물이었던 것이다.

39행의 '祖大兄冉牟壽盡'이라는 문구로 보아 염모는 모두루의 할아버지로서 최종 관등은 '대형'이었음을 알 수 있다. 그리고 그가 활동하던 무렵 고구려 왕은 '△罡上聖太王'이었다(10~11행). 모두루가 광개토왕·장수왕대 인물이므로 그보다 2대 앞선 염모는 대략 4세기 중반에 활동하였을 것이다. 4세기 중반이면, 고국원왕故國原王(재위 331~371년)의 치세이다. 44행 '國罡上' 명문에서 알 수 있듯이 '△罡上聖太王'의 '△'는 '國'자로 짐작된다. '△'에 '國'자를 채워넣고 보니 '國罡上聖太王'과 '故國原王'은 일맥상통한다. 그렇다면 염모는 실제 고국원왕대의 인물일까?

> 모용선비慕容鮮卑가 …… 하백의 손자이고 해·달의 아들이 태어나신 땅임을 알고 북부여로 와서 …… 이에 대형염모大兄冉牟가 …….(23~26행)

지워진 명문에 상상을 조금 보태면, 모용선비가 고구려 시조의 출자지出自地인 북부여를 침공하자 대형 염모가 물리쳤다는 내용임을 알 수 있다. '모용선비慕容鮮卑'란 3~4세기에 활약한 선비족의 세 지파인 모용부慕容部·우문부宇文部·단부段部 가운데 하나이다. 모용부는 3세기 후반 대릉하大凌河 방면으로 남하하여 세력을 확장하기 시작해, 4세기 초 서진西晉 붕괴 이후 고구려와 각축을 벌이다가 320년경 요동 일대를 점령했으며, 352년에는 화북 일대까지 석권하였다. 이 나라가 바로 '전연前燕'이다.

《진서》와 《자치통감》을 보면 모용부는 부여를 두 번 침공하였다. 첫 번째 침공은 285년에 일어났다. 모용외가 부여 도성을 함락시키자 왕 의려가 자살하고, 여러 왕족은 북옥저 방면으로 피난하였다. 부여는 이 듬해 서진 동이교위부東夷校尉府의 도움을 받아 겨우 나라를 수복하였 다. 그런데 285년은 염모의 활동 시기와 멀리 떨어져 있고, 고구려가 개 입한 흔적도 보이지 않는다. 묘지에 나오는 모용선비의 북부여 침공과 직접적인 연관성은 없다고 하겠다.

두 번째 침공은 346년에 일어났다. 모용준이 부여를 함락시키고 부 여왕 현玄과 5만여 구를 노획한 사건이다. 그런데 《자치통감》에 따르 면 '부여는 본래 녹산鹿山에 거주하다가 백제의 침공을 받고 서쪽으 로 옮겨 전연前燕과 가까워졌으며, 곧이어 모용준의 침공을 받았다' 고 한다. 여기서 '녹산'은 부여의 원거주지인 길림吉林 지역이고, 옮 겨간 곳은 농안農安 일대로 추정되며, '백제'는 '고구려'의 오기로 여 겨진다.

북부여北扶餘와 동부여東扶餘

본문에 서술한 대로 북부여는 4세기 전반 고구 려가 길림 방면의 원부여를 차지한 뒤 '고구려 도성인 국내성 북쪽에 위치한 부여'라는 뜻으로 사용한 명칭이다. 〈광개토왕릉비〉나 〈모두루묘 지〉 등 5세기 금석문에서는 시조 추모왕鄒牟王 의 출자를 북부여라고 적고 있는데, 이는 5세기 경 고구려인들이 시조가 북부여 땅에서 출자出 自했다고 인식했음을 보여준다.

그런데 〈광개토왕릉비〉에는 북부여와 다른 명칭 으로 동부여가 나온다. 동부여는 본래 추모왕의 속민屬民이었는데 중간에 반란을 일으켜 조공 을 하지 않아 광개토왕이 몸소 정벌했다는 것이 다. 북부여의 용례에 비추어볼 때, 동부여도 '고 구려 도성인 국내성'을 기준으로 삼아 명명한 명칭으로써 국내성 동쪽 방면에 위치하였던 것

으로 짐작된다.

이에 285년 부여인들이 선비 모용부의 침공을 받고 북옥저北沃沮 방면으로 피신한 사실과 연 관시켜 두만강 하류 일대에 자리잡았던 부여족 의 나라로 비정하기도 한다. 동부여라는 실체가 명확히 확인되므로 가능성이 상당히 높은 견해 라고 여겨진다. 다만, 능비에서 두만강 하류일 대는 '매구여賣句余'로 지칭된 만큼 동부여의 구체적인 위치는 좀더 신중하게 접근할 필요가 있다.

이처럼 5세기 고구려인들은 자신들의 국도인 국 내성을 기준으로 부여의 명칭을 명명했다. 부여 와 관련된 이러한 명칭은 당시 고구려인들이 국 내성을 천하의 중심으로 여겼음을 잘 보여준다.

346년 전연이 침공한 부여는 농안 일대의 후부여이며, 당시 원부여 지역은 고구려 수중에 있었던 것이다. 고구려인들은 길림 방면의 원부여를 차지한 뒤 '고구려 도성인 국내성의 북쪽에 위치한 부여'라는 의미에서 '북부여'로 일컬었던 것 같다. 이렇게 본다면 묘지에 기술된 상황은 346년에 일어났을 가능성이 높다. 전연이 농안 지역의 후부여를 공략한 다음 길림 방면의 원부여, 곧 북부여로 진격하자, 염모가 나가서 전연군의 침공을 물리친 것이다.

346년은 염모의 활동 시기로 추정되는 4세기 중반으로 고국원왕의 치세에 해당한다. 염모는 고국원왕대에 실제로 활동한 역사적 인물이며, 그것도 4세기 초 이래 각축전을 벌였던 전연의 침공을 물리친 위대한 인물인 것이다. 염모는 대외활동에 앞서 대내적으로도 중요한 공훈을 세웠다. 14 · 15행 첫머리에 나란히 놓인 '반역叛逆'과 '염모冉牟'라는 명문은 염모가 모종의 반역 사건을 평정하였음을 알려준다.

안팎으로 혁혁한 공훈을 세웠으니 중시조로 떠받들어지고도 남았을 것이다. 어디 그뿐이겠는가. 고구려 전체에서도 대단한 인물로 숭앙받았으리라. 염모의 이러한 공훈과 그에 따른 영화는 당대로 끝나지 않았다.

祖父의 □□로 말미암아 大兄 慈□와 大兄□□가 대대로 官恩을 입고, 祖의 北道 城民과 谷民을 은혜롭게 (내려받고) 아울러 영속하여 이와 같이 撫育하였다.(40~44행)

염모 다음에 대형 관등을 지닌 인물이 두 명 등장하는데, 이들은 모두루의 바로 선대로서 그의 아버지도 포함되어 있을 것이다. 이들은 '祖의 北道 城民과 谷民'을 다스렸다고 한다. 여기에서 '조祖'는 모두루를 기준으로 한 표현으로써 염모를 지칭하며, '북도北道'는 '북부여'처럼 국내성의 북쪽 방면, 곧 북부여에 이르는 교통로를 지칭한다. 곧, '祖의 北道'는 염모가 전연 침공을 격퇴하였던 북부여 방면 교통로를 가리키는 것이다.

모두루 선대의 인물들은 염모의 공훈을 이어받아 북부여 방면 교통로 주변의 성민城民과 곡민谷民을 다스렸던 것이다. '대대로 관은을 입었다[世遭官恩]'는 문구는 단순한 수식이 아니라 선대의 공훈과 그에 따른 영화를 승계하던 양상을 농축한 표현이다. 권력과 부가 혈연관계를 통해 세습되던 고대적 신분질서를 잘 보여주는 대목이다. 모두루 역시 '조부로 말미암아'(45행) 북부여 방면 지방장관에 임명된 것에서 알 수 있듯이 염모의 공훈은 3대째 이어졌다. 물론 '北道의 城民과 谷民'이란 문구나 '令北扶餘守事'라는 관직명에는 지방제도가 더욱 정비되는 양상도 반영되어 있는데, 이러한 지방제도의 정비도 모두루 가家의 참여를 바탕으로 했을 것이다.

시조의 탄생지이자 제2건국의 원천인 성스러운 북부여 땅

앞에서 검토한 묘지 내용을 간략히 정리하면 다음과 같다.

- • 1~2행 : 대사자 모두루 묘지의 제기題記.
- • 3~9행 : 모두루 집안 시조의 사적.
  시조 추모성왕을 따라 북부여에서 남하.
- • 10~40행 : 모두루 할아버지 염모의 사적.
  고국원왕대에 반역 평정, 전연의 북부여 침공 격퇴.
- • 40~44행 : 모두루 바로 선대의 사적.

염모의 공적을 이어 북부여 방면 백성을 다스림.

　•44~81행 : 모두루 자신의 사적.

　　　　광개토왕대에 북부여 지역 지방장관으로 파견 등.

　제기를 제외하면 네 단락으로 나뉘며, 단락마다 모두루 가의 인물과 고구려 왕이 등장한다. 그런데 묘지를 유심히 들여다보고 있노라면 모든 단락을 관통하는 두 가지 공통점을 발견할 수 있다. 하나는 반드시 북부여(북도)가 등장한다는 점이고, 다른 하나는 북부여가 '하백의 손자이고 일월의 아들이신' 시조 추모성왕의 신성한 출자지로 끊임없이 되풀이하여 찬양된다는 사실이다.

고자 가高慈家의 족조族祖 전승

고자高慈는 아버지 고문高文을 따라 당唐으로 망명한 고구려 유민인데, 700년에 씌어진 그의 묘지명에는 모두루 가와 비슷한 족조族祖 전승이 실려있다. 그에 따르면 고자의 선조는 주몽왕朱蒙王을 따라 해동海東 제이諸夷를 평정했으며, 고구려 건국 이후 대대로 공후재상公侯宰相을 배출했다고 한다. 특히 고구려가 선비 모용부와의 전쟁에서 패배하고 장차 멸망할 위기에 처했을 때, 20대 조인 고밀高密이 홀로 적진에 뛰어들어 적군을 격파하고 나라를 보존했다고 한다. 이로 인해 '고씨高氏'를 하사받고 자손 대대로 공후장상을 지냈다고 한다.

고자 가의 족조 전승은 시조가 주몽왕을 도와 건국에 참여했고, 중시조인 고밀이 선비 모용부의 침입을 물리쳤으며, 이로 인해 후손들이 대대로 높은 벼슬을 지냈다는 점에서 모두루 가의 전승과 거의 동일한 구조이다. 따라서 모두루 가나 고자 가의 족조 전승은 고구려 중후기 귀족가문의 일반적인 가계의식을 반영한다고 여

겨진다. 다만 《삼국사기》 고구려본기 초기 기사에서는 시조를 주몽왕과 관련짓지 않는 독자적인 족조 전승도 다수 확인된다. 이로 보건대 모두루 가나 고자 가와 같은 족조 전승은 고구려 왕이 일반 귀족을 초월하는 존재, 곧 태왕太王으로 부상하면서 각 귀족가문이 자신의 존립 근거를 왕실과의 관계에서 구함에 따라 형성된 것으로 여겨진다.

그러므로 왕권이 약해진 후기 귀족연립체제기에는 모두루 가나 고자 가와는 다른 족조 전승이 형성되었을 것으로 예상할 수 있다. 연개소문 가淵蓋蘇文家의 가계 설화는 이를 잘 보여준다. 즉, 연개소문 가는 원계遠系가 연못(淵) 또는 샘(泉)에서 유래했다면서 주몽왕이나 고구려 왕실과 관련짓지 않고 오히려 독자성을 강조한다. 이는 연개소문 가가 모두루 가나 고자 가와는 다른 성장 배경을 가진 신흥귀족이었을 가능성을 시사한다.

모두루 가는 이 북부여를 매개로 왕실과 관계를 맺었다. 모두루 가의 시조는 추모성왕을 따라 북부여에서 남하하였다. 또한 할아버지 염모가 북부여를 침공한 전연을 격퇴한 공으로, 모두루와 그의 선대는 대대로 북부여 방면 지방관으로 임명되었다. 북부여는 왕실의 출자지인 동시에 모두루 가의 존립 근거인 것이다. 왕실과 더불어 북부여에서 유래하였고, 대대로 그 신성한 땅을 외침으로부터 구하고 다스렸다는 자부심이 묘지 전체를 꽉 채우고 있다. 가장 첫머리에 건국설화부터 장황하게 기술한 것도 이와 동일한 맥락에서 이해할 수 있다.

북부여가 대체 어떤 땅이기에 일개 귀족의 묘지에 건국설화를 통째로 묻을 수 있었단 말인가? 단순히 고구려 왕실의 출자지이고, 그 신성한 출자지를 모두루 가의 중시조인 염모가 외침으로부터 방어하였기 때문인가? 아니면 또 다른 곡절이 있는 것인가?

앞서 말했듯이 길림 방면의 북부여 지역에는 본래 부여가 자리잡고 있었다. 부여는 285년 모용부의 침공을 받은 이후 급격히 쇠약해졌지만, 그 전에는 상황이 달랐다. 넓고 비옥한 평원을 배경으로 기원전부터 두각을 나타내, 기원전후에는 만주와 한반도 일대에서 가장 선진적인 문화를 이룩하였다. 고구려나 백제 왕실이 부여에서 유래하였다고 내세우는 이유도 여기에 있다. 실제 3세기 중반 고구려 제천 행사의 명칭을 '동맹東盟'이라 하여 부여 시조인 '동명東明'의 이름을 따온 데서 알 수 있듯이 고구려 왕실은 부여 방면에서 출자하였다.

그렇지만 고구려와 부여는 2세기 초반에 이미 적대관계로 돌변해 있었다. 부여는 121년 고구려가 현도군玄菟郡을 공격하자 2만 대군을 보내 현도군을 도와주었으며, 244년 조위曹魏가 고구려를 침공하였을 때에는 조위에 군량미를 제공하기도 하였다. 이처럼 양국은 일찍부터 적대관계를 이루었지만, 3세기 말경까지 고구려가 부여 지역으로 진출한 흔적을 찾아볼 수 없다. 오히려 부여는 285년 모용부의 침공 이전에는 큰 외침을 받은 적이 없었다.

그런데 《삼국사기》는 이와는 사뭇 다른 내용을 전한다. 대무신왕 5년 (22)에 고구려가 부여 도성의 남쪽까지 진격하여 부여 왕을 죽이는 등 심대한 타격을 주었고, 그로 인해 부여 왕족들이 대거 투항하였다는 것이다. 435년 평양성을 방문하였던 북위 사신 이오의 전문을 바탕으로 기술한 《위서》〈고구려전〉에도 주몽의 증손 막래莫來가 부여를 정벌하였다고 특기하고 있다. 414년에 건립된 〈광개토왕릉비〉에서 "대무신왕이 나라의 기틀을 이어받아 발전시켰다〔大朱留王紹承基業〕"고 강조한 것도 동일한 맥락이다.

이렇듯 5세기 고구려인들은 부여를 아주 특별한 땅으로 생각하고 있었다. 그들은 실제 역사적 상황과 달리 기원을 전후한 시점에 이미 부여 지역으로 진출하였음을 강조하고 있다. 고구려인들은 부여 땅을 단순히 시조의 출자지가 아니라 나라의 기틀을 다진 제2의 원천으로 인식했던 것이다. 그럼 5세기 고구려인들은 왜 실제 상황과 다른 역사 인식을 갖게 되었을까? 왜곡된 역사 인식은 특별한 계기 없이는 형성될 수 없다. 그 특별한 계기를 알기 위해서는 우리의 시야를 동아시아 전체로 넓힐 필요가 있다.

4세기 초 서진의 붕괴와 함께 동아시아 국제질서는 급변하였고, 북중국에는 5호16국이라는 격동의 시대가 전개되었다. 이러한 정세 변화는 만주와 한반도 일대에도 밀려왔다. 고구려도 낙랑·대방군을 접수해 한반도 서북 지역을 장악한 다음, 요동 진출을 도모하였다. 그러나 요동 지역에는 이미 선비 모용부(이하 전연前燕으로 칭함)가 강력한 영향력을 미치고 있었다. 고구려는 몇 차례 공격을 시도하였으나 번번이 격파 당하고 마침내 전연에게 요동의 패자 자리를 내주고 말았다.

형편이 이러하였으니 부여를 도모하는 것도 여의치 않았을 것이다. 더욱이 285년 이래 부여는 전연의 영향력 아래 놓여 있었다. 그러던 고

구려에게 절호의 기회가 왔다. 333년 모용외가
죽은 다음, 전연이 왕위를 둘러싼 내분에 휩싸
인 것이다. 고구려가 길림 지역의 원부여를 병
합한 것은 바로 이 무렵이었다. 이로써 고구려
는 한반도 서북 지역에 이어 또 다른 핵심 거점

길림시 부여의 도성 전경
길림 방면의 북부여 지역에는 본
래 부여가 자리잡고 있었다. 285
년 모용부의 침공을 받기 전까지,
부여는 이곳에서 선진적인 문화
를 구가했다.

을 확보하게 되었다. 더욱이 길림 지역은 서요하를 거쳐 곧바로 전연의
배후를 급습할 수 있는 중요한 전략적 요충지였다.

전연으로서도 가만히 있을 수 없었다. 내분을 수습한 전연은 342년
고구려 정벌에 나섰다. 당시 전연 조정에는 두 가지 기류가 있었다. 하
나는 고구려의 부여 점령을 분쇄하자는 주장이고, 다른 하나는 중원 진
출에 앞서 배후의 위험 요소를 제거하는 차원에서 고구려를 급습하자
는 견해였는데, 342년에는 후자의 전략이 채택되었다. 이때 고구려는
전연의 전략을 제대로 읽지 못하고 부여로 나아가는 북도 방면 방어에
치중하다가, 도성을 함락당하고 미천왕의 시신과 왕모, 왕비 등 5만여
명이 잡혀가는 수모를 겪었다. 그렇지만 고구려는 부여 방면에서 5만의
정예 병력을 보전함으로써 후일을 기약할 수 있게 되었다.

전연은 344년 우문부까지 멸망시켜 중원으로 진출할 만반의 태세를
갖추었다. 그런데 무슨 미련이 남았는지 아니면 고구려라는 배후의 위
험 요소가 못내 마음에 걸렸는지, 전연은 346년 1월 농안 일대의 후부
여를 공략한 다음 길림 방면으로 진격해 왔다. 바로 이때 염모가 전연

군을 물리침으로써 고구려를 무력화시키려는 전연의 전략을 물거품으로 만들었다. 반면 고구려는 국력을 온전히 보전하고 전연을 급습할 전략 거점도 유지하였다. 전연이 352년 중원의 화북 지역을 석권한 뒤에도 고구려의 움직임을 예의 주시한 것은 그 때문이었다.

그렇지만 양국은 무력이 아니라 외교를 통해 적대관계를 해소하였다. 355년에 조공-책봉 관계를 체결한 것이다. 당시 조공-책봉 관계는 한대漢代나 수당대隋唐代와 많이 달라, 천자국의 권위를 주변국에 일방적으로 강요하는 것이 아니라, 각국의 현실적 지배력을 상호 인정하는 형태였다. 두 나라도 황제국이라는 전연의 위상과 고구려의 현실적 지배력을 인정하는 가운데 조공-책봉 관계를 맺었다. 이 과정에서 고구려는 북부여 방면의 지배권을 인정받는 대신, 전연을 급습하지 않는다고 약속했을 것이다. 양국으로서는 최선의 선택이었다. 전연은 배후에 고구려라는 위험 요소를 남긴 채 동진東晋이나 전진前秦과 마음놓고 대결할 수 없었고, 고구려로서도 전연이 국력을 기울여 침공해 온다면 생존을 장담할 수 없었기 때문이다.

실제 조공-책봉 관계를 체결한 후부터 전연이 멸망한 370년까지, 두 나라 사이에는 무력충돌이 없었다. 고구려는 전연에 이어 화북 지역을 장악한 전진과도 이러한 외교관계를 유지하였다. 고구려는 수십 년간 중국 세력과 평화 관계를 유지함으로써 국가체제를 새롭게 가다듬고 중흥의 기틀을 다질 수 있었다. 광개토왕·장수왕은 이를 바탕으로 활발한 대외활동을 벌여 동북아시아에 독자 세력권을 구축하였다. "천하 사방이 이 나라가 가장 성스러움을 알고 있을지니"라는 묘지의 명문은 동북아의 패권을 차지한 고구려인의 자부심을 잘 보여준다.

건국설화를 통째로 묻은 묘지
결국 346년 전연의 북부여 침공을 물리친 염모의 전공, 그리고 그가

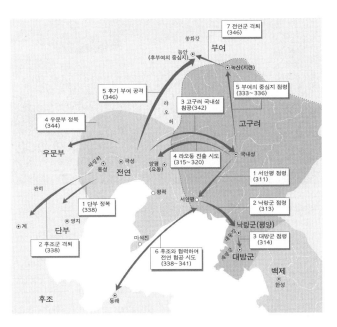

7 전연군 격퇴
(346)

송화강

농안
(후부여의 중심지)

부여

녹산(지린)

5 후기 부여 공격
(346)

랴오허

3 고구려 국내성
침공(342)

5 부여의 중심지 점령
(333~336)

고구려

4 우문부 정복
(344)

4 라오둥 진출 시도
(315~320)

국내성

우문부

비여현
용성

극성

양평
(요동)

1 서안평 점령
(311)

전연

관히

평곽

서안평

2 낙랑군 점령
(313)

1 단부 정복
(338)

영지

낙랑군(평양)

3 대방군 점령
(314)

2 후조군 격퇴
(338)

계

단부

마석진

대방군

백제

6 후조와 협력하여
전연 협공 시도
(338~341)

한성

후조

동래

지킨 북부여 땅은 몰락 직전까지 내몰린 고구 려를 중흥시킨 디딤돌이 되었다. 염모라는 위 대한 영웅과 함께 북부여 땅은 제2건국의 원천 이 된 것이다. 묘지에서 시종일관 북부여를 거

4세기 전반 동북아시아 형세도 서진이 붕괴한 다음, 고구려는 동북아의 패권을 놓고 선비족 전연과 격돌하였다.

명한 것은 바로 이 때문이다. 여기에 시조의 출자지라는 상징성이 겹쳐 지면서 북부여 땅은 더욱 신성한 땅으로 각인되었을 것이다. '북부여' 라는 명칭 앞뒤에 "河泊의 손자이고 日月의 아들인 추모성왕이 탄생하 신" 신성한 곳임을 끊임없이 되풀이하여 찬양한 이유는 이 때문일 것이 다. 그러니 어찌 추모성왕이 신성한 북부여에서 나왔다는 건국설화를 묘지 첫머리에 통째로 묻지 않을 수 있겠는가. 고구려 왕실과 북부여 땅의 신성성을 강조하면 할수록 모두루 가의 위상은 더욱 높아질 텐데 말이다.

기원 전후에 부여를 함락시켰다는 5세기 고구려인의 왜곡된 역사 인 식도 북부여를 영원히 신성한 땅으로 간직하고 싶은 염원이 응집된 결

국동대혈
하백의 딸이자 추모성왕의 어머
니인 유화부인의 신주가 모셔져
있다.

과일 것이다. 그래야 불과 얼마 전에 겪었던 국
가적 수모를 말끔히 걷어내고 '한 점 오점 없는
천하 사방의 중심국'임을 자부할 수 있을 테니
까. 이러한 염원은 〈광개토왕릉비〉에도 담겨 있다. 능비의 후반부에는
고구려 발상지인 압록강 중류 일대를 제외한 점령 지역의 백성을 동원
하여 왕릉을 지키도록 한 사실이 적혀 있는데, 유독 북부여는 빠져 있
다. 아마 고구려를 중흥시킨 신성한 북부여 땅의 백성을 묘지기라는 천
한 역에 동원하면 그 신성성이 훼손될까 염려하였던 모양이다.

그러고 보니 무덤의 위치도 예사롭지 않다. 무덤이 자리잡은 하해방
들판은 산골짜기를 급류하던 압록강이 완만한 포물선으로 자태를 바꾸
며 집안분지를 감싸는 첫머리에 해당한다. 그 첫머리에서 조금 더 거슬
러 올라가면, 산중턱에 수신隧神, 곧 하백의 따님이자 추모성왕의 어머
님이신 유화부인의 신주를 모셨다는 국동대혈國東大穴이 있다. 고구려
인들은 매년 가을마다 풍성한 수확을 거둔 다음 국동대혈에서 유화부
인의 신주를 모셔다가 유유히 흐르는 압록강 위에서 하늘의 햇빛과 감
응시키며 건국설화를 재현하는 제천의례를 거행하였다. 고구려 왕들은
해마다 이 제천의례를 주관하며 하백과 일월의 권능을 부여받은 추모
성왕의 신성한 계승자로 거듭 태어났다.

모두루는 죽은 뒤에도 이 신성한 제장祭場을 지키겠다는 염원을 세운

것인가. 다른 고분들과 떨어져 있는 것을 보면 무덤 위치를 잡을 때도 필시 곡절이 있었으리라. 최소한 북부여를 지키고 다스리면서 그 땅을 더욱 신성하게 만들었다는 자부심을 사후 세계에서도 영원히 간직하고 싶었을 것이다. 그래서 무덤 속에 당시로서는 거의 유일하게 건국설화를 통째로 묻은 묘지를 남겼다. 그와 더불어 평양으로 천도한 뒤이기 때문에 이제 더 이상 성대한 제전은 열리지 않았겠지만, 추모성왕의 신성한 권능을 재현했던 그리고 이를 통해 북부여 땅의 신성성을 고구려인들에게 각인시켰던 이곳에서 영생을 누리기를 소망하였을 것이다.

— 글쓴이 여호규 🐾

모두루묘지의 판독문과 해석문

행	판독문	해석문
1	大 使 者 牟 頭 婁 ————	대사자 모두루
2	△	
3	河 泊 之 孫 日 月 之 子 鄒 牟	하백의 손자이고 해와 달의 아들이신 추모성왕은
4	聖 王 元 出 北 夫 餘 天 下 四	본래 북부여로부터 나왔다. 천하 사방이
5	方 知 此 國 △ 最 聖 △ □	이 나라의 △가 가장 성스럽다는 것을 알고 있다.
6	治 此 △ 之 嗣 治 □ □ □ 聖	
7	王 奴 客 祖 先 □ □ □ 北 夫	노객의 조상 ( )은 북부여에서 성왕을 따라왔다.
8	餘 隨 聖 王 來 奴 客 □ △ □	
9	之 故 △ □ □ □ □ □ □	
10	世 遭 官 恩 □ □ □ △ 罡 上	대대로 관은을 입었다.
11	聖 太 王 之 世 △ □ □ □ △	△강상성태왕이 다스리던 때에는
12	祀 侃 △ □ □ □ □ □ □	
13	非 △ 枝 □ □ □ □ □ □	
14	叛 逆 △ □ 之 △ □ □ □ △	반역
15	冄 牟 □ △ □ □ △ △ □ □	염모
16	遣 招 □ □ □ □ □ □ □	
17	拘 雛 □ □ □ □ □ □ □	
18	曁 農 □ □ □ □ □ □ □	
19	△ □ □ □ □ □ □ □	
20	恩 △ □ □ □ □ □ □ □	
21	官 客 之 □ □ □ □ □ 冄	
22	牟 令 彡 靈 □ □ □ □ □	염모가 삼령으로 하여금
23	慕 容 鮮 卑 □ △ 使 人 □ 知	모용 선비가 ( )
24	河 泊 之 孫 日 月 之 子 所 生	하백의 손자이고 해 · 달의 아들이 태어나신 땅임을
25	之 地 來 □ 北 夫 餘 大 兄 冄	알고 북부여로 와서 ( ). 이에 대형 염모가
26	牟 △ □ □ 公 △ 彡 □ □	
27	△ △ □ □ □ □ □ □	
28	牟 婁 □ □ △ □ □ □ □	
29	命 遣 □ □ △ □ □ □ □	
30	□ □ □ □ □ 守 □ □	
31	□ □ □ □ □ □ □ □	
32	□ □ □ □ 造 世 □ □	
33	□ □ □ □ 苑 罡 □ □	
34	□ □ □ □ □ □ □ □	
35	□ □ △ △ △ □ □ □	
36	□ △ 河 □ □ □ □ □	
37	□ 夫 △ □ □ □ □ □	
38	□ 河 泊 日 月 之 △ □ □ □	하백과 해 · 달의

행	판독문	해석문
39	□□ △ 祖 大 兄 冉 车 壽 盡	조인 대형 염모가 목숨을 다하니 (　)
40	□□ 於 彼 喪 亡 △ 由 祖 父	장사를 치렀다. 조부의 □□로 말미암아
41	□□ 大 兄 慈 △ 大 兄 □ □	대형 자□와 대형 □□가
42	□ 世 遭 官 恩 恩 △ 祖 之 北	대대로 관은을 입고, 조의 북도 성민과 곡민을
43	道 城 民 谷 民 幷 領 前 王 □	은혜롭게 (내려받고) 아울러 영속하여 (전왕)
44	育 如 此 遷 至 國 罡 上 大 開	이와 같이 무육하였다. 국강상대개토지호태성왕
45	土 地 好 太 聖 王 緣 祖 父 △	대에 이르러 조부의 △△로 말미암아
46	△ 恩 教 奴 客 牟 頭 婁 □ □	노객 모두루와 □□모에게 은혜롭게 교를 내려
47	车 教 遣 令 北 夫 餘 守 事 河	영북부여수사로 보내셨다.
48	泊 之 孫 日 月 之 子 聖 王 □	하백의 손자이고 해·달의 아들이신 성왕이 (　)
49	□□ △ 昊 天 不 弔 奄 便 △	하늘이 어여삐 여기지 않았는데[왕이 돌아가셨는데]
50	△ △ 奴 客 在 遠 哀 切 如 若	노객은 먼 곳에 있어 애통한 마음이
51	日 不 □ □ 月 不 □ 明 △ △	해가 (　) 못하고 달이 밝히지 못하는 것 같았다.
52	△ □ □ □ □ □ □ □ □ □	
53	□ □ □ □ □ 國 □ □ □ □	
54	知 □ △ △ 在 遠 之 □ □ □	먼 곳의 □□에 있어
55	遷 □ □ 教 之 △ △ □ □ □	
56	□ 潤 太 隊 踊 躍 □ □ □ □	태대[큰 무리]가 용약
57	△ 令 教 老 奴 客 □ □ □ □	나이든 노객에게 교를 내리시어
58	官 恩 緣 □ □ 道 □ □ □ □	(대대로) 관은을 (입어)
59	使 △ 西 國 □ □ □ □ □ □	
60	勉 極 言 教 △ 心 □ □ □ □	
61	□ □ □ △ □ □ □ □ □ 逑	
62	□ □ □ □ □ □ □ □ □ □	
63	□ □ □ △ 不 △ 大 兄 □ □	
64	□ △ △ □ □ □ □ □ □ □	
65	□ □ 一 □ □ □ □ □ □ □	
66	□ △ 依 如 若 □ △ □ □ □	
67	知 △ △ △ □ □ □ □ □ □	
68	可 △ △ □ 如 □ □ □ □ □	
69	□ □ □ 朔 月 □ □ □ □ □	삭월
70	□ □ □ △ △ □ □ □ □ □	
	(71~81행은 생략)	

* 판독문은《譯註 韓國古代金石文》1(한국고대사회연구소 편) 참조
* △은 자획이 남아 있지만 이견이 많은 글자, □는 판독이 불가능한 글자

3

고대 한일 관계사의
민감한 화두, 칠지도

칠지도七支刀란?

1874년 일본 나라현 이소노카미 신궁의 궁사 스가 마사토모가 창고에서 한 자루의 칼을 발견했다. 칠지도 七支刀였다. 칠지도는 길이 약 74센티미터의 대형 창 모양 철기로, 날 양쪽에 가지가 세 개씩 어긋나게 솟아 있고, 그 날 앞뒤 넓적한 면에 금으로 상감한 명문 총 61자가 새겨져 있다. 그 내용은 백제 왕세자가 왜 왕에게 이 칼을 준다는 것이다. 그런데 상당수의 일본 학자들은 칠지도를 4세기 후반에 왜군이 임나를 성립시킨 증거물로 내세우고 있다. 그러나 여러 가지 고고학적 자료로 보아 현존하는 칠지도는 4세기 후반의 것이 아니라 5세기 후반에서 6세기 전반의 것일 가능성이 높다. 따라서 칠지도의 존재가 임나일본부설을 보증해줄 수는 없으며, 다만 백제와 왜 사이에 긴요한 외교적 교류가 있었음을 보일 뿐이다.

泰
□

泰
□
四
年
五
月
十
六
日
丙
午
正
陽
造
百
練
鉃

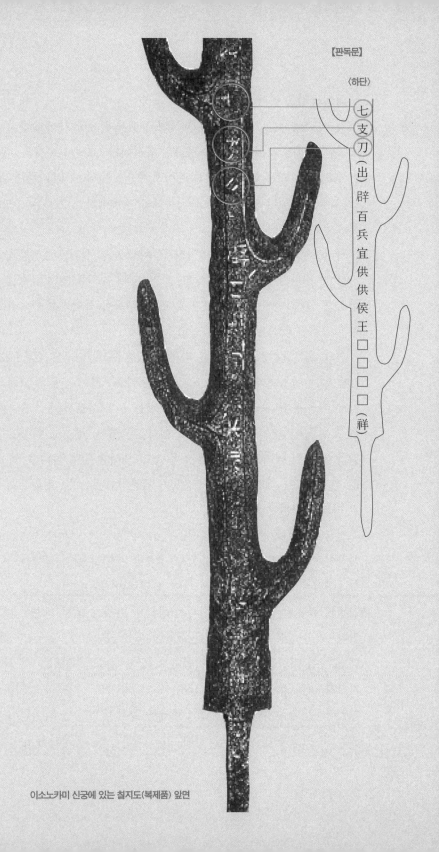

七
支
刀
（出）
辟
百
兵
宜
供
供
侯
王
□
□
□
□
（祥）

이소노카미 신궁에 있는 철지도(복제품) 앞면

의심스러운 태생

칠지도七支刀는 고대 한일 관계사에서 백제와 왜국 사이에 맺고 있던 특별한 관계를 보여주는 매우 중요한 유물이다. 그러나 이것을 다룰 때는 몹시 조심해야 한다. 왜냐하면 이것이 일본에서는 임나일본부설任那日本府說, 즉 왜가 가야 지방을 정복하고 지배했다는 견해를 증명하는 자료로 쓰이기 때문이다.

칠지도는 길이 약 74센티미터의 대형 창 모양 철기로, 날 양쪽에 가지가 세 개씩 어긋나게 솟아 있고, 그 날 앞뒤 넓적한 면에 금으로 상감한 명문 총 61자가 새겨져 있다. 바로 그 내용을 둘러싸고 한국과 일본이 날카롭게 맞서왔다.

칠지도를 발견한 곳은 일본 나라현奈良縣 텐리시天理市 후루쵸오布留町에 있는 이소노카미 신궁石上神宮이다. 이소노카미 신궁은 고대 일본 건국 때 사용했다는 전설적인 칼을 모시는 큰 신사로서, 군사를 관장하던 모노노베物部 씨가 관리하였고 야마토 정부의 무기고 역할도 함께 했다. 거기서 칠지도를 발견한 것은 그리 오래된 일이 아니며, 그 경위는 한편으로는 대견하고 신비로우나, 다른 한편으로는 음습하고 은밀한 범죄의 기운이 느껴진다.

일본에서 한창 근대화를 추진하던 1874년, 스가 마사토모菅政友라는 사람이 이소노카미 신궁의 대궁사大宮司로 부임하였다. 국학을 공부하고 《대일본사大日本史》 편찬에 참여한 경력이 있는.그는, 신궁 창고의 겹겹이 봉인된 나무상자 속에서 이상하게 가지가 돋친 쇠창을 발견하였다. 그 쇠창은 전면에 두꺼운 쇠녹이 슬어 있었지만, 잘 보면 군데군데 금색이 어렴풋이 빛나고 있었다. 신궁의 물품 목록에는, 이 쇠창이 가지가 여섯 개 달린 투겁창이라는 뜻의 "육차모六叉鉾"라고 기록되어 있었다. 원래 투겁창이란 창날의 아래쪽 끝이 나무 봉을 감싸면서 덮어 끼울 수 있도록 만들어진 창인데, 이 쇠창은 그렇게 생기지 않고 오히려 뾰족하고 긴 슴베(칼 등의 자루 속에 들어박히는 부분)가 달려 나무 손잡이에 꼽도록 되어 있는 걸로 보아, 투겁창은 아니었다. 그냥 창이거나 아니면 양날 검으로 볼 수 있었다.

칠지도가 발견된 일본의 이소노카미 신궁
이소노카미 신궁은 고대 일본 건국 때 사용했다는 전설적인 칼을 모시는 큰 신사이다.

신궁의 전통에 따르면, 신의 몸체에 버금가는 신궁의 보물을 조사하는 것은 대단히 불경스러운 일이었다. 그러나 스가는 금빛 글자를 보기 위하여 남몰래 끌 같은 것으로 쇠녹을 갈아냈다. 그 결과 그는 앞면에서 "泰□四"등 10여 자를 판독하였고, 그 밑에 있는 글자와 뒷면 글자들은 군데군데 읽을 수는 있어도 전체 내용을 알 수는 없었다. 그런데 그는 이 상태에서 작업을 중단하고 말았다. 중단한 까닭은 알 수 없지만, 그는 당시에 알아낸 글자 위치를 대략 그려 '이소노카미 신궁 보고 소장 육차도명'이라는 제목으로 메모해 보관하였고, 이는 훗날 그의 문집 《스가 마사토모 전집》(1907)에 실리게 된다. 그러나 스가는 4년 동안 이소노카미 신궁에 재임한 자신이 육차모에 손을 댄 사실을 일체 함구하였다.

그로부터 18년이 지난 1892년, 도쿄제국대학 호시노 히사시星野恒 교수가 당시 이소노카미 신궁 궁사였던 스즈키鈴木眞年한테서 '육차도' 메모를 받아, 이것이 곧 《일본서기日本書紀》 신공황후기神功皇后紀에 나오는 '칠지도'라는 연구 결과를 《사학잡지》에 발표하였다. 최초로 공개된 칠지도 명문의 판독문은 다음과 같다.[1]

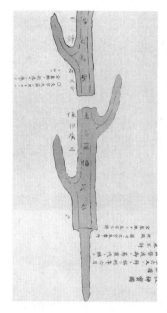

호시노의 칠지도 스케치 부분도
이 스케치에 따르면 칠지도는 아래에서 3분의 1 지점에서 부러져 있다.

그 메모가 스즈키가 쓴 것인지, 아니면 스가가 신궁을 떠날 때 메모를 한 부 더 만들어서 육차모 상자에 함께 넣어둔 것인지는 확실치 않다. 그런데 호시노의 논문에 실린 스케치를 보면 그 칠지도는 아래에서 3분의 1 정도 위치에서 부러져 있다. 그런데 한 가지 이상한 점은 이를 가장 먼저 발견한 스가가 어디서도 부러진 사실을 얘기한 적이 없었다는 사실이다. 그가 발견한 당시에 부러져 있었다면, 이 문제를 언급했어야 옳다. 혹시 스가에게 칠지도를

임나일본부설의 요점

왜가 4세기 중엽에 가야 지역을 군사 정벌하여 임나일본부라는 통치 기관을 설치하고 6세기 중엽까지 가야·신라·백제 등의 한반도 남부를 경영했다는 학설이다. '남선경영론南鮮經營論'이라고도 하는데, 이는 일제가 한국에 대한 침략과 지배를 역사적으로 정당화하기 위해 조작해낸 식민사관 중에서, 한국사가 고대부터 외세의 간섭과 압제 속에서 전개되었다고 설명하는 타율성 이론의 대표적인 산물이다.

그러나 임나일본부설의 주요 근거 사료인 《일본서기》는 8세기 초에 일본 왕가를 미화하기 위하여 편찬된 책으로, 원사료 편찬 과정에 상당한 조작이 있었다고 보이고, 특히 5세기 이전 기록에 대해서는 대체로 그 신빙성을 인정하기 어렵기 때문에 〈광개토왕릉비문〉이나 《송서》 〈왜국전〉의 문헌기록은 과장되게 해석된 것으로 보인다. 게다가 만일 왜가 임나를 200년 동안이나 군사 지배했다면 그 지역에 일본 문화 유물의 요소가 강하게 나타나야 하는데, 가야 지역 고분 발굴 자료들을 보면 4세기 이전 이 지역의 독특한 유물 문화가 5,6세기까지도 연속적으로 계승되는 양상이 나타난다. 즉, 일본에 의해 지배당했다는 사실이 문화 유물에 반영된 바가 없으므로, 임나일본부설의 문헌사료 해석이 크게 잘못되었음이 입증된다.

부러뜨린 혐의가 있는 것은 아닐까?

어쨌든 그것이 칠지도라는 사실이 세상의 주목을 끌자, 스가는 지난 경력 덕분으로 이소노카미 신궁 궁사가 현장을 지켜보는 가운데 그 보검을 다시 손에 들고 전에 미처 다 갈지 못한 부분까지 갈아서 금 상감 글자를 모두 드러나게 하였다. 이때는 과학 장비가 발달하지 않았기 때문에 안타깝게도 거친 연마 작업 중에 일부 글자가 훼손되어 알 수 없게 되고 말았다. 그 결과 스가는 대부분의 글자를 판독하여 이를 두 번째 메모로 남겼고, 그 제목을 '야마토국 이소노카미 신궁 소장 칠지도'라고 하였다. 이 메모에서 그는 연호의 두 번째 글자는 분명치 않지만, 서진西晉 무제武帝 태시泰始 4년(268)에 만들어진 것이라고 추정하였다. 그리고 이 메모를 쓴 뒤, 〈임나고任那考〉[2]라는 논문에서, 이소노카미 신궁의 칠지도는 《일본서기》 신공황후기에서 백제가 헌상했다는 그 칠지도임이 틀림없다고 확신하였다. 스가의 처신에 다소 미심쩍은 점이 있기는 하나, 여하튼 이런 과정을 통해서 칠지도는 세상에 모습을 드러냈다.

문헌사료에서 칠지도의 그림자를 좇다

그 뒤 여러 학자들이 칠지도의 명문을 정밀하게 추적하였는데, 그 결과 가장 사실에 가깝다고 보이는 석문은 다음과 같다.

〈앞면〉

(泰)□四年五月十六日丙午正陽造百練 鐵七支刀 (出)辟百兵宜供供侯王 □□□□(祥)

칠지도의 앞면

〈뒷면〉

先世以來未有此刀百(濟)王世(子)奇生聖音故爲倭王旨造傳示後世

* 괄호 안의 글자는 다른 자로 볼 수도 있는 것

　　이 석문은 2000년에 기무라木村誠가 판독한 원문[3]을 필자가 일부 수정한 것으로써, 앞면이 34자, 뒷면이 27자로서 총 61자가 된다. 기무라는 앞면 다섯 째 글자인 '五'를 '十(一)'의 두 글자로 판독하였으나, 이는 글자 간격으로 보아 따르기 어려워서, 여기서는 '五'로 고쳤다. 앞면 두 번째 글자는 대개 '和' 또는 '始'로 보는 글자이나, 여기서는 알 수 없다고 처리하였다. 또한 앞면 마지막 글자는 왼쪽에 'ㅣ'이 홈의 상태로 보이고 그 오른쪽의 중간 하단에 'ㅜ' 모양의 금박이 남아 있다.[4] 그러므로 이것은 '作'이 될 수는 없고,

오히려 '祥'일 가능성이 높다. 그 밖에 확실치 않은 글자들은 괄호 안에 표시해두었다. 이처럼 여러 가지 해석 가능성을 남겨둔 채로 번역하면 다음과 같다.

〈앞면〉 태□ 4년 5월 16일 병오날 12시에 백 번 제련한 쇠로 칠지도를 만들었으니 나아가 온갖 병사를 물리치리라. 후왕에게 적합하다. ……상서로우리라.

〈뒷면〉 예전에는 이런 칼이 없었으나, 백제 왕세자가 기이하게 태어나 성스러운 덕이 있기 때문에 왜 왕을 위해서 일부러 만들었다. 후세에 전하여 보여라.

철지도의 뒷면

　　위의 해석을 보면, 이 칼의 이름은 '칠지도'

이고, 이는 백제 왕세자가 왜 왕을 위해 만들어준 것임을 알 수 있다. 그런데 그 칠지도가 《일본서기》 신공황후기 52년 조에 다음과 같이 나온다.

신공황후 섭정 52년(252) 가을 9월 정묘삭 병자에 구저久氐 등이 치쿠마나가히코千·熊長彦를 따라와서, 칠지도七枝刀 한 구口, 칠자경七子鏡 한 면面 및 갖가지 귀중한 보물을 바치고 나서 아뢰었다.

"신의 나라 서쪽에 강물이 있는데 그 원류는 곡나철산谷那鐵山에서 나옵니다. 그곳은 멀어서 7일을 가도 미치지 못합니다. 이 물을 마시고 이 산의 철을 가져다가 성스러운 조정을 영원히 받들겠습니다. 그래서 손자 침류왕枕流王에게 일러, '지금 우리가 통하는 바다 동쪽의 귀한 나라는 하늘이 인도해주신 것이다. 그리하여 <u>하늘의 은혜를 내리시어 바다 서쪽을 떼어 우리에게 주셨다.</u> 이로 말미암아 나라의 기반이 굳건히 다져졌다. 네가 화친을 잘 닦고 토산물을 거두어들여 끊임없이 공물을 바친다면, 죽은들 무슨 한이 있겠느냐?' 하고 말하였습니다."

이 뒤로부터 해마다 계속해서 조공하였다.

이 기사에서 밑줄 친 '하늘(일본)이 바다 서쪽을 떼어 우리(백제)에게 주었다'는 구절은 《일본서기》 신공황후기 49년(249) 조의 기사 내용을 가리킨다. 이를 요약하면, 신공황후가 군사를 보내 비자발·남가라·탁국·안라·다라·탁순·가라의 일곱 나라를 평정하고, 군사를 옮겨 서쪽으로 돌아 고해진古奚津에 이르러 남녘 오랑캐 탐미다례忱彌多禮를 잡아 백제에게 주었으며, 그 왕 초고(近肖古王)와 왕자 귀수도 군사를 거느리고 와서 모이니, 비리·벽중·포미지·반고의 네 읍이 저절로 항복하였다는 것이다. 그리하여 백제 왕이 앞으로는 언제나 봄·가을로 조공하겠다고 맹세했다고 한다.

그러므로 신공황후 52년에 백제가 일본에 칠지도를 준 것은, 왜국이 임나 7국을 평정하고 탐미다례를 잡아 백제에게 준 보답이라는 것이다. 즉, 임나일본부설을 주장하는 사람들은 현재 존재하는 칠지도가 왜국이 임나를 지배한 사실을 뒷받침하는 증거물이라고 보고 있다.

한편 이 기사에 해당되는 사건이 《고사기》에서는 다음과 같이 나온다.

> 응신천황應神天皇의 시대에 (중략) 백제국주 조고왕照古王이 아지길사阿知吉師를 보내 암수 말 한 쌍을 바치고 또 큰 칼[橫刀]과 큰 거울[大鏡]을 바쳤다.

여기서 아지길사, 즉 아직기가 가져간 큰 칼과 큰 거울이 곧 칠지도와 칠자경을 가리키는 것일까? 그렇게 보기에는 몇 가지 걸리는 문제가 있다.

우선 칠지도를 주었다는 백제 왕이 《일본서기》에는 '초고왕肖古王'으로 되어 있고 《고사기》에는 '조고왕照古王'으로 되어 있다. 또한 이를 가지고 간 백제 사신이 《일본서기》에는 '구저등久氐等'으로, 《고사기》에는 '아지길사阿知吉師'로 되어 있으며, 이를 받았다는 왜 왕이 《일본서기》에는 신공황후인 반면 《고사기》에는 응신천황으로 나와 있다.

이처럼 두 기록에 등장하는 인물들의 이름이 각각 일치하지 않으며, 무엇보다 신공황후가 실제 인물인지 단정할 수 없다는 점이 문제이다. 다만 응신천황은 270년부터 310년까지 재위한 것으로 되어 있으나 대개 5세기 초의 인물로 보고, 백제의 조고왕, 즉 근초고왕은 346년부터 375년 사이에 재위한 왕이니, 시기상 앞뒤가 맞지 않는다. 도대체 어디까지가 사실일까?

칠지도의 제작 연대에 대한 기존 설들

칠지도와 관련하여 가장 중요한 문제는 제작 연대이다. 제작 연대를 밝히는 데 중요한 열쇠인 연호의 첫 번째 글자는 대개 '태泰' 또는 그와 유사한 글자로 보이고, 두 번째 글자는 거의 보이지 않는다. 이를 칠지도 발견 초기의 연구자들[5]은 대개 '태초泰初'로 판독하여, 칠지도 제작 연도를 서진西晉 태시泰始 4년(268)으로 보았다. 이는 당시 학자들이 이른바 《일본서기》에 기록된 신공황후의 삼한 정벌 연대를 249년으로 보았기 때문에, 그와 가장 가까운 시기에서 '태泰'로 시작되는 중국 연호를 찾은 결과이다.

그러나 스에마쓰末松保和의 《임나흥망사》[6]가 나온 이후 《일본서기》의 신공기 기년을 2주갑(120년) 내리는 것이 타당하다는 수정론이 널리 퍼지자, 후쿠야마福山敏男가 이를 '태화泰和'로 판독하고 칠지도 제작 연도를 동진東晉 태화太和 4년(369)으로 보는 연구 결과를 내놓았으며,[7] 그 뒤 대부분의 연구자들이 이를 따르고 있다. 칠지도 연대를 369년으로 보는 것은 《일본서기》 신공황후기 기사를 신뢰하는 것이고, 그렇게 되면 이른바 '임나일본부설'에서 말하는 고대 왜국의 임나 7국 평정 사실을 부인하기 어렵게 된다. 왜냐하면 '임나일본부설'이란 왜군이 369년에 임나를 정벌하여 거의 200년 가까이 지배하다가 562년에 신라에게 이를 빼앗겼다고 보는 학설이기 때문이다. 일본 학계에서 칠지도를 연구하는 의미는 바로 거기에 있다. 한국에서 일부 학자가 이 편년을 인정한 것은,[8] 가야사는 크게 신경을 쓰지 않고 다만 백제 근초고왕의 영광을 높이려는 의도였다고 생각한다.

반면 한국 쪽에서는 이를 백제 고유의 연호인 '태화泰和'로 보는 것이 일반적이다. 먼저 이를 제기한 것은 이병도이다. 그는 태화를 백제 근초고왕의 연호로서 서기 372년일 것으로 보았다.[9] 그러나 이 견해는 여전히 칠지도를 신공황후의 삼한 정벌과 연관시켜 보는 관점에서 벗어나지 못하였다.

이 문제에 대해 새로운 관점을 제시한 사람은 북한의 김석형이다. 그는 백제 연호가 실전失傳되어 구체적인 연대는 알 수 없으나 5세기 무렵으로 추정하였다.[10] 그리고 손영종은 날짜 간지를 중시하여 고증한 결과, 태화 4년을 전지왕腆支王 때인 408년으로 보았다.[11] 연민수는 이를 원천적으로 좀더 면밀하게 고찰하여 백제 고유 연호인 '봉□奉□'로 보고 구체적인 연대를 무령왕 4년인 504년으로 보았다.[12]

한편 일본의 미야자키宮崎市定는 중국사 관점에서 이 문제를 검토하여, 동진 태화 4년설을 부정하고 중국 남송南宋 태시泰始 4년(468)설을 내놓았으며,[13] 이진희는 처음에 북위北魏 태화太和 4년(480)설을 주장하다가,[14] 후에 미야자키의 설에 동조하였다.[15]

칠지도 제작 이유에 대한 각양각색의 해석

칠지도 명문에서 또 하나 중요한 문제는 '백제왕세자기생성음百濟王世子奇生聖音'이라는 구절을 어떻게 해석하는가이다. 이것 역시 각자 입장에 따라 서로 다른 견해를 보인다. 칠지도를 발견한 초기에는 이 구절을 거의 해석하지 못하다가, 후쿠야마가 '백제 왕세자가 목숨을 왜왕의 은혜에 의지하고 있기 때문에'라고 해석하였고,[16] 카야모토榧本杜人는 '음音'을 '진晉'으로 판독하여, '백제 왕세자가 목숨을 성스러운 진나라에 의지하고 있기 때문에'라고 해석하였다.[17] 후쿠야마와 카야모토는 이런 문구 해석을 근거로 백제 왕세자가 왜 왕에게 칠지도를 헌상했다고 보았다. 백제 헌상설은 그 외에도 많은 사람들이 주장하여 과거에는 일본 학계에서 주류를 차지하였으나, 요즘은 그렇게 보는 사람이 없다. 쿠리하라栗原朋信는 동진이 백제를 통하여 왜 왕에게 하사했다고 보았으나,[18] 마찬가지로 이에 동조하는 사람은 없다.

니시타西田長男는 '기생奇生'은 근초고왕 때의 왕세자인 '귀수貴須'를 가리키며 '성음聖音'은 존칭이라고 보았는데,[19] 미시나三品彰英는 이를 받아들이면서 '성음聖音'은 왕자의 경칭인 '세시무'로 훈독해야 한다고 보았다.[20] 미시나가 내놓은 견해는 그 뒤로 많은 지지를 얻었다. 그러나 '기생奇生'과 '귀수貴須'의 한자가 너무 다르기 때문에, '기奇'한 자만을 '귀수'의 약칭으로 보기도 하고,[21] 혹은 이 '기奇'를 '곤지昆支'의 약칭으로 보기도 한다.[22]

또 하나의 주류는 '성음聖音'을 '성스러운 덕'을 표시한다고 보거나,[23] '성스러운 계시'를 받은 것으로 보아,[24] 이 구절이 백제 왕세자를 훌륭한 사람으로 표현한 것이라고 내세운다. 이들은 백제 왕세자가 왜 왕보다 높은 위치에서 칠지도를 하사했다는 백제 하사설이나 대등한 위치에서 주었다는 백제 증여설의 계보에 속한다. 혹은 '성음聖音'을 불교 '석가세존의 은택'으로 보거나,[25] 도교 '신선의 가르침'으로 보아,[26] 백제 왕세자의 신앙 생활을 표시한다고 본 견해도 있다.

이처럼 기존의 연구 성과들을 살펴볼 때, 칠지도는 백제 왕세자가 만들어 왜 왕에게 주었다는 것 외에는 정확한 사실을 알 수 없는 상태이다. 고대 한일 관계사를 밝히는 매우 중요한 역사 자료인 칠지도가 현재까지 일본 이소노카미 신궁에 남아 보존되어왔고, 그 금 상감 명문이 거의 남아 있는 것은 기적에 가깝다. 그런데도 정작 그것을 언제, 왜 주었는지 알 수 없어 안타깝기 그지없다. 그 근본 까닭은 일본에 남아 있는 고대 문헌사료들이 상당히 조작되었고, 한국에 신라 관련 사료는 제법 있어도 백제나 가야 등 다른 나라 사료가 너무 부족하기 때문이다.

칠지도의 모델 '원가도元嘉刀'와 '중평도中平刀'

지금까지 칠지도와 관련한 연구 상황으로 볼 때, 백제의 어떤 왕세자가 왜 왕에게 칠지도를 주었다고 볼 수 있다. 그런데 그 이유와 시기가 《일본서기》나 《고사기》에 나오는 내용과 같은지가 문제이다. 만약 칠지도가 실제로 4세기 후반에 만들어진 것이 입증되면,《일본서기》신공황후 관련 기사의 사료적 가치를 상당히 신뢰할 수밖에 없게 된다.

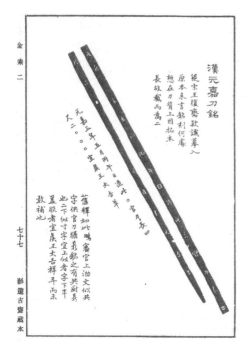

중국 칼 '원가도'의 명문 탁본
실물은 현존하지 않고 《종정관식》 등에 탁본만 실려 있다.

그런데 칠지도의 제작 연대를 추정하는 데 참고가 될 만한 유물이 있으니, '원가도元嘉刀'라는 중국 칼이다. 그 명문 앞머리에 '원가元嘉'라는 연호가 나온다. 원가도의 실물은 현존하지 않고, 명문을 탁본해놓은 것만 송나라 왕후 지王厚之의 《종정관식鐘鼎款識》과 이를 전재하여 실은 청나라 풍운붕馮雲鵬의 《금색석색金索石索》에 나올 뿐이다. 거기서 그들은 원가도를 후한後漢 원가 연간의 것이라고 보았다. 그 명문의 전문이다.

元嘉三年五月丙午日造此(供)官刀長四尺二(寸服者)宜侯王大吉祥

* 괄호 안의 글자는 추정한 것

원가 3년 5월 병오날에 이 '공관도'를 만들었고, 길이는 네 자 두 치며, 이를 몸에 지니는 자는 후왕에게 적합하니, 크게 길하고 상서로울 것이라는 내용이다. 내용도 내용이지만, '연호＋몇 년＋5월＋병오＋造 ……刀＋宜侯王'과 같이, 칠지도와 문장 구조가 같고 중요한 대목에 들어가는 주요 어휘도 같은 것으로 보아, 칠지도는 '원가도'를 본받아 만들어졌다고 보인다.

그렇다면 원가도는 언제 만들어졌을까? 일반적인 통설은 원가도를 후한 환제桓帝 원가 3년의 것으로 보나, 반드시 그렇게만 보기는 어렵다. '원가'라는 연호를 쓴 중국 왕은 하나 더 있으니, 남조의 송나라 문제文帝이다. 남조의 송나라는 흔히 유송劉宋이라고 부른다. 그렇다면 후한 원가 3년(153)이 맞을까, 아니면 유송 원가 3년(426)이 맞을까?

이에 대해서 미야자키宮崎市定는 매우 설득력 있는 이유를 내놓아, 원가도를 유송 원가 3년(426)에 제작된 것이라고 하였다. 그 까닭은 첫째로 후한 환제 시기는 나라가 매우 어지러워 원가 3년 5월에 연호를 영흥永興으로 바꾸었기 때문이다. 둘째로 가장 먼저 도검에 금 상감 명문을 새긴 것은 기원전 5세기 춘추시대이나, 그 뒤 한나라나 삼국시대까지는 명문이 대개 두 자 내지 네 자 정도로 짧아 대략 4세기 말까지는 긴 명문이 새겨진 도검이 세상에 없었다. 셋째로 지금까지 알려진 바로는 도검에 긴 명문을 새긴 것은 5호16국시대 말기 대하천왕大夏天王 혁연발발赫連勃勃이 용승龍昇 2년(408)에 만든 용작도龍雀刀이며, 그 칼에는 4언 절구 8줄 32자로 된, 지금까지와는 사뭇 다른 긴 명문이 새겨져 있다는 것이다. 그러므로 이에 맞서 유송의 문제가 426년에 27자를 새긴 원가도를 만들었을 가능성은 충분히 있다고 보았다.[27]

그러나 최근에 필자는 미야자키의 연구가 잘못되었다는 것을 일본 동경국립박물관에서 발견하였다. 일본 나라현 텐리시 이치노모토정櫟本町 도다이지야마東大寺山 고분(1960년 조사)에서 출토된 유물 중에 후한 영제靈帝 때의 연호 중평中平(184~189)을 포함한 스물네 자가 금

도다이지야마 고분에서 출토된 중평명 환두대도

상감으로 새겨진 쇠칼이 있었다. 그 명문을 살펴보면 다음과 같다.

中平□年五月丙午造作支刀百練淸剛上應星宿下辟不祥[28]

중평 □년 5월 병오날에 백 번 제련한 맑은 쇠로 '작지도'를 만들었으니 위로는 별들에 응하고 아래로는 상서롭지 못한 것을 물리친다는 뜻이다. 칼의 이름인 '작지도'는 '칠지도'와 비슷하나, 보존 상태가 좋지 않아 어떤 모양의 가지가 있었는지는 확인할 수 없다. 이 명문도 '연호+몇 년+5월+병오+造……刀'까지의 형식이 칠지도와 같고, '宜侯王'이라는 구절은 없지만 '百練'이나 '辟'과 같은 글자가 일치하고 있다. 이 칼은 날 부분은 쇠로 만들어져 길이가 110센티미터나 되고, 명문은 그 날의 넓은 부위 한쪽으로만 새겨져 있다. 그렇다면 앞의 원가도도 그에 앞서는 후한 환제 때의 것이라고 해도 무방할 듯하다.

중평명 환두대도, 즉 중평도의 자루는 청동으로 따로 만들어 붙였는데, 끝이 둥근 고리 모양이고 고리 안에 이른바 '삼엽문三葉文'이 들어있으며 고리 밖에는 서로 다르게 생긴 꽃잎 모양 장식 다섯 개가 대칭을 이루며 붙어 있다. 이 청동제 고리는 일본에서 제작된 것으로 추정된다.[29] 도다이지야마 고분에서는 쇠칼이 모두 열세 자루 출토되었고 그 가운데 다섯 자루에는 청동으로 만든 둥근 고리가 붙어 있었는데,[30] 중평도는 그중 하나이다.

게다가 이 고분에서는 청동제 화살촉〔銅鏃〕, 바람개비형 청동기〔巴形銅器〕, 벽옥제 돌화살촉〔碧玉製石鏃〕, 돌팔찌〔石製腕飾〕, 가죽제 갑옷〔革製短甲〕 등이 출토되었다. 이 유물들은 일본 고고학의 편년에서 4세기 중엽 내지 후반의 것으로 추정되므로, 중평도는 중국 후한의 쇠칼에다가 일본에서 4세기 중후반에 청동 고리자루를 붙여서 만든 것이라고 생각된다. 그 밖의 유물들은 모두 전형적인 일본 무기와 장신구들이다.

그렇다면 칠지도는 2세기 후반 후한대의 원가도와 중평도를 모델로 삼아 만든 것일까? 명문의 형식으로 보아 그럴 가능성은 없지 않다. 적어도 중평도는 4세기 후반까지 세상에 전하고 있다가, 일본에서 고분의 부장품으로 묻힌 것을 확인할 수 있다. 그러므로 백제에서 칠지도를 만든 사람들도 상당히 후대까지 그런 칼을 소장하고 있으면서 이를 모델로 삼았을 수 있으나, 그 제작 시기는 언제였을까? 특히 칠지도는 중국이 아닌 백제에서 만든 것이라는 점이 중요하다.

칠지도의 제작 시기를 밝혀라

지금 한국과 일본에 남아 있는 금 또는 은 상감 명문이 있는 쇠칼들, 즉 한국 창녕 교동 11호분 출토 환두대도,[32] 일본 동경박물관 소장 환두대도,[33] 사이타마현埼玉縣 사키타마埼玉 이나리야마稻荷山 고분 출토 금 상감 신해명辛亥銘 철검,[34] 구마모토현熊本縣 에다江田 후나야마船山 고분 출토 은상감 대도[35] 등은 모두 5세기 후반 내지 6세기 전반에 만든 것으로서, 동아시아에서 그 유행 시기가 언제였는지를 보여주고 있다. 쇠칼에 상감 명문을 새기는 전통이 2세기 후반의 후한 말기 이후 한동안 보이지 않다가, 5호16국시대 말기인 5세기(408) 들어 용작도가 만들어진 것은 그런 문화의 시작을 알리는 것일 가능성이 높다. 그러므로 연호가 확실치 않은 상태에서, 그 연호를 증거로 삼아 칠지도의 제작 시기를 5세기 후반보다 훨씬 앞선 369년으로 추정하는 것은 무리하다.

또한 《일본서기》에 백제 사신이 칠지도와 함께 가져갔다고 나오는 칠자경은 원형 거울의 언저리에 작은 원이 일곱 개 새겨진 청동거울이다. 그런데 이렇게 생긴 거울은 한나라 때에는 만들어진 적이 없고, 근래 무

**무령왕릉에서 출토된 청동제 철
자수대경**
원형 거울의 바깥쪽 테두리와 안
쪽 테두리 사이에 원형 꼭지가 도
드라진 원형 무늬 일곱 개를 두고
그 사이에 가는 선으로 새긴 사신
과 삼서수를 하나씩 배치하였다.

령왕릉에서 출토된 바 있다. 그 모습을 보면
청동제 원형 거울의 바깥쪽 테두리와 안
쪽 테두리 사이에 원형 꼭지가 도드라진
원형 무늬 일곱 개를 두고 그 사이에 가
는 선으로 새긴 사신四神과 삼서수三瑞獸
를 하나씩 배치하였다. 무령왕은 523년에
붕어하였고, 3년상을 거쳐 525년에 매장되었
으니, 이 거울은 6세기 전반의 것이라고 하겠
다. 백제에서 왜국으로 칠자경을 보냈다면 무
령왕릉의 거울과 비슷한 것이었다고 생각한
다. 그렇다면 칠지도는 525년 무렵 또는 그보
다 앞서는 가까운 시기에 만들어진 것으로 보
아야 한다.

이것이 의미하는 바는 무엇일까?《일본서기》신공황후기 46년 조부
터 52년 조까지 이어지는 기사군은 임나일본부설, 즉 '남한경영론'의
핵심으로서, 조작된 것일 가능성이 높다. 그러나 거기에는 근초고왕의
남방 경략과 관련된 기사가 포함되어 있어서, 백제사 연구자 중에 이것
만은 믿으려는 사람들이 많다. 칠지도 증여 기사는 현존하는 칠지도와
맞물려 이를 입증하는 빌미로 이용되어온 것이다.

그 기사들은《일본서기》편찬자가 훼손한 부분도 있으나, 그 원전인
《백제기百濟記》는 상당 부분 일본 거주 백제 유민들의 입장을 반영하여
만든 것이고, 거기에는 후대의 관념으로 인한 조작이 많다. 그렇다고 해

*＿《일본서기》권19 흠명천황 2년 여름 4월 조 '성명왕聖明王이 말하였다. "(중략) 옛날
　나의 선조인 속고왕速古王·귀수왕貴首王의 시대에 안라安羅 한기旱岐, 가라加羅
　한기旱岐, 탁순卓淳 한기旱岐 등이 처음으로 사신을 보내 서로 통하고 친교를 두터
　이 맺어, 자제로 삼아 항상 융성하기를 바랐소."'

서 근초고왕 때 백제와 왜 사이에 교류가 시작되었다는 것까지 부인할 필요는 없다. 이와 관련해서는 《일본서기》 흠명천황기에 성왕聖王이 근초고왕 때의 백제와 가야 제국 사이의 통교에 대하여 언급한 기사가 있기 때문이다.

그러나 칠지도의 연대가 위와 같이 5~6세기 무렵이라면, 《일본서기》 신공황후기 기사는 대부분 믿을 수 없고, 또 그와 비슷한 사건이 근초고왕 때의 일이라고 볼 근거도 없게 된다. 그러므로 백제가 칠지도를 왜국에 보낸 경위에 대해서는, 지금까지 발견된 여러 가지 고고학적 증거에 따라 5세기 후반 내지 6세기 전반의 시점에서 다시 살펴 보아야 한다. 일본 사학계에서 칠지도를 발견한 당시인 1892년 이래 그 제작 연대를 268년으로 보다가 1951년 이후에는 거의 일제히 369년으로 보는 것은, 임나일본부설의 전개 상황에 맞추어 이를 그 증거로 이용하려는 불합리한 욕망의 표현일 뿐이다.

일본에 전해진 설화로 볼 때, 칠지도를 보내준 백제 왕이나 이를 받은 왜 왕의 이름은 모두 어느 시기의 왜인들이 알고 있던 가장 오래된 왕들이다. 이는 그 시기와 경위를 고대 《일본서기》 편찬자들도 몰랐다는 점에 대한 고백이다. 칠지도는 그동안 《일본서기》 신공황후기 49년 조의 기사와 그를 바탕으로 한 임나일본부설을 합리화시키기 위한 금석문 자료로 널리 이용되어왔으나, 그에 걸맞은 다른 고고학적 자료가 발견되지 않는 한, 칠지도는 그에 적합하지 않은 사료라고 하겠다. 칠지도가 369년이 아닌 후대의 것이라면, 임나 문제와 관계없이, 5~6세기의 어느 백제 왕세자가 대등한 입장에서 왜 왕에게 칼을 만들어준 사례로서 이용될 수 있을 것이다.

— 글쓴이 김태식 🦭

4

무늬와 그림에 담긴
청동기인들의 메시지

암각화란?

암각화라는 단어에는 '각刻'과 '화畵'가 함께 들어 있는
데, 마지막에 '화'라고 한 것이 새긴[刻] 그림[畵]임을 강
조한 것이다. 우리말로는 바위그림이 제일 적당한 듯하다.
울주 천전리와 반구대 암각화에는 뾰족하게 도드라진 부
조浮彫는 전혀 없고 모두 선조線彫(선으로 긋는 방식)와
요조凹彫(움푹하게 새기는 방식) 기법이 사용되었다. 그림
의 제재는 아직도 풀리지 않는 기하학적이고 추상적인 기
호가 파노라마처럼 펼쳐져 있고, 여러 자세를 취한 사람들
을 비롯하여 사실적으로 표현된 여러 물고기와 갖가지 동
물들이 등장한다.

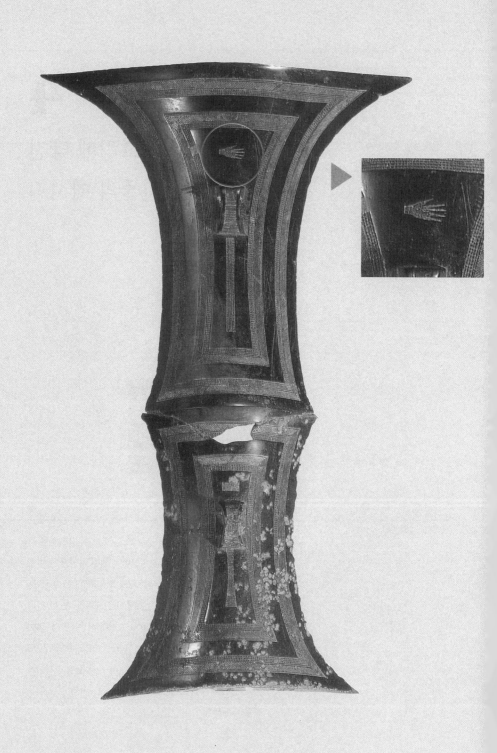

칼손잡이형 청동기
대나무를 세로로 쪼개놓은 것 같은 모양의 청
동기로 지금까지 충청남도의 세 유적에서만
각각 석 점씩 출토되었다. 아산 남성리 · 예산
동서리 출토품 중 각 한 점씩에 사슴과 사람의
손이 표현되어 있어 시베리아 일대의 샤머니
즘과 밀접한 관련이 있음을 시사한다.

그림과 부호에 담긴 수수께끼

돌과 나무로 만든 도구를 가지고 자연에 대처하던 원시인들은 청동기를 발명하면서 생활에 급격한 변화를 겪게 되었다. 이전에 평등했던 관계가 가진 자와 못 가진 자 사이에 계급으로 나뉘었고, 갈등과 대립으로 전쟁이 자주 일어났다. 사람들은 서로 지배하고 지배받으면서 살게 되었다.

청동기시대 사람들은 그 전과 얼마나 다르게 살았을까? 무엇을 먹고, 어떤 곳에서 살았으며 어떠한 옷을 입었을까? 사실 청동기인들의 삶을 엿볼 수 있는 자료는 양이 턱없이 부족할 뿐만 아니라 관련 자료를 분석하는 것도 매우 고된 작업이다. 무엇보다 가장 큰 어려움은 당시 사회를 명확하게 보여주는 문자 기록이 없다는 데 있다.

그동안 연구자들은 옛날 사람들이 사는 모습을 구체적으로 그리는 작업이 문자가 사용된 이후 시기부터 가능하다고 생각하였다. 따라서 역사가들은 문자를 사용했느냐 안 했느냐를 기준으로 역사시대와 선사시대로 구분하기도 한다. 그만큼 역사를 재현하는 데 기록 자료가 중요하다는 반증이기도 하다.

그렇다면 문자가 기록되기 이전인 청동기시대와 그 이전의 신석기시대, 구석기시대 사람들이 사는 모습은 어떻게 알아낼 수 있을까? 이때 필요한 학문이 고고학이다. 고고학은 문자 기록이 나타나기 이전에 사람들이 사는 모습을 발굴이라는 기술을 통해 복원해낸다. 원시시대 사람들도 종교나 예술 같은 차원 높은 의식과 정신세계를 갖고 있었고, 기호나 문양 등의 형태로 자기 생각을 표시하고 남겼을 것이다. 바로 그러한 흔적을 찾아 당시 사람들이 어떤 생각을 했는지 읽어내는 것이 고고학이 하는 중요한 일이다.

그렇다면 문자를 사용하기 이전 사람들이 남긴 기호는 주로 어떤 형태일까? 글자의 생성을 미리 알려주는 싹 가운데 하나가 바로 기하학무늬다. 기하학무늬는 무엇이든 있는 그대로 묘사하다가, 점차 규격이 생기고 규칙적으로 변해가면서 나타났다. 그런데 그것들 가운데 일부는 점점 더 상징화되고, 또 부호의 성격을 띠면서 일정한 대상이나 그 특징들을 넌지시 알려주는 구실을 하게 되었다.

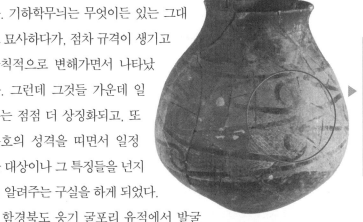

함경북도 웅기 굴포리 유적에서 발굴한 신석기시대 질그릇에 새겨진 무늬를 비롯하여 다양한 모습으로 나타나는 타래무늬들은 단지 미술적 효과만이 아니라, 매듭·결속·엉킴의 뜻을 담고 있기도 하다. 또한 평안북도 용천군 신암리 청등말래 유적에서 나온 신석기시대 그릇에 새겨진 무늬를 비롯하여 다양한 번개무늬들은 때에 따라 눈에 보이는 사물의 모양이나 상태를 퍼뜨리거나, 자연이 주는 신비로움을 나타내기도 한다. 이러한 그림과 무늬들은 그림 글자, 기호 글자와 같은 초기 글자로 되지는 않았지만, 초기 글자를 나오게 만든 예비 단계의 것들이었다.

웅기 굴포리(위) 및 신암리 청등말래(아래) 출토 토기
토기 표면에 그려진 타래무늬는 매듭·결속의 뜻을 담고 있고, 번개무늬는 눈에 보이는 자연 현상을 나타낸 것으로 보인다.

한자가 들어오기 이전 원시 사회의 문자 자료는 거의 모두가 회화문자라 할 수 있는 것들이다. 특히 울산 반구대 암각화를 비롯하여 청동기에 새겨진 여러 무늬들은 청동기 사람들이 사는 모습을 엿볼 수 있는 무척 흥미로운 자료다. 최근에는 고령 양전동, 울주 천전리, 경주 금장대 등에서 여러 암각화가 발견되고, 부호가 새겨진 토기들도 여러 점 발견되었다. 청동기시대 종족 구성원들 사이에서 사용된 상징기호로 추정되는 이 기호와 문양 그리고 그림들을 통해, 삶을 다양하게 꾸려나 간 그들의 모습들을 엿볼 수 있을 것이다.

청동기인들은 과연 문자를 사용했을까?

청동기시대 유적인 중국 요동반도의 윤가촌 유적(12호 무 덤)에서는 접시 바깥 면에 '火'자 모양의 부호가 새겨진 굽이 달린 높은 접시가 비파형 동검과 함께 출토되었다. 이 굽접시는 부드러운 바탕흙으로 만들어진 회색 질그 릇으로서 원통형의 굽 부분에 돌림판(물레)을 쓴 흔적이 보인다. 접시 바깥면에 보이는 부 호는 그릇을 구워낸 다음 새긴 것으로, 관직 명이나 인명이 아닌가 생각하고 있다. 북한 학계에서는 이 부호가 지금까지 알려진 한문에서는 찾아 보기 힘들다는 점을 들어, 고조선에 도 고유한 글자가 있었음을 알려주는 중요한 자 료 가운데 하나로 보고 있다. 이것을 고조선 문 자로 보는 까닭은 간단하다. 윤가촌 유적이 기 원전 5~4세기경에 해당하고, 요동반도 지역이 청동기시대 때 고조선 땅이었기 때문에 고조선 의 문자라는 것이다. 그러나 이 토기 외에는 고 조선시대 문자 사용을 뒷받침할 부호나 기호 자 료가 없어, 윤가촌에서 출토된 토기 부호를 단 순하게 고조선 문자로 보는 것은 무리다.

청주 내곡동 출토 가락바퀴(위)와 요령 지방 윤가촌에서 출토된 굽 접시
표면에 'X'자 비슷한 기호가 새 겨져 있다. 이를 문자로 보는 견 해가 있으나 확실하지 않으며, 다 만 무엇인가를 표시한 것이 틀림 없다고 생각한다.

윤가촌에서 출토된 토기 외에 청동기시대 토기와 토제품에 새겨진 기호로는 함경북도 나진 초도 유적에서 출토된 속이 깊은 토기 벽에 새겨진 'X'자와 비슷한 기호와 충북 청주 내곡동 유적에서 출토된 가락바퀴(방추차)에 새겨진 기호가 있다.

초도에서 출토된 토기의 배 부분에는 놀랍게도 문자로 보이는, 뽀족한 연장으로 새긴 장구 모양(▷◁) 부호가 새겨져 있다. 《라진 초도 원시 유적 발굴 보고서》를 쓴 이는 "마치 요즘 장인들이 소박하게 가마(窯) 표지로 긋듯이 ▷◁를 덧쓴 것, 장구 못같이 그은 것, 'ㅋ'자같이 그은 것이 있다"고 하였다. 초도 유적의 연대

초도 유적에서 출토된 속이 깊은 단지
왼쪽은 문양이 없는 면이고, 오른쪽이 문양이 있는 면 사진이다.

는 청동기시대로 기원전 1,500년 내지 1,000년 무렵이다.

초도 유적에서 발견된 문제의 장구형 문자(▷◁)는 갑골문자를 사용하기 이전의 은나라 수도 은허에서도 출토된 바 있는데, 이는 '五'자와 같은 숫자로 썼다고 한다. 그러나 중국 신석기 문화의 하나인 앙사오[仰韶]문화의 토기 문양이나 고문에서는 '五'자를 'X'자로 쓴다. 그리고 허신許慎이 쓴 〈설문說文〉에는 초도 유적의 장구형 문자를 세워놓은 듯한 실패 모양(X̄)으로 쓰고 있는데, 허신은 이를 음양이 하늘과 땅 사이에서 서로 엇갈리는 현상이라 하였다.

초도 유적보다 이른 시기의 신석기시대 기호 자료로는 평양 남경 유

적 31호 주거지에서 출토된 바리〔鉢〕모양 토기 바닥에 새겨진, 선으로 된 기하도형 뿐이다. 일부러 새긴 것이 틀림없다고 하니 어떤 기호나 부호를 나타내고자 한 것은 분명하다. 그러나 역시 자료가 없어 그 의미에 대해서는 알 수 없다.

옆의 표는 북한의 한 학자가 원시시대 부호문자의 발전 과정을 상상해본 것이다. 사실성 여부를 전혀 검증할 수 없는 것이기는 하나, 독자들 나름대로 글자의 탄생 과정을 상상해보는 데는 도움이 될 것이다.

어떤 이는 토기에 새겨진 모든 부호를 문자로 보기도 하지만, 아직까지는 딱 잘라 말하기 어렵다. 다만 새겨진 형태로 보아 우연히 그어진 것은 아니고, 무엇인가를 표시하거나 의미하고자 한 것만은 틀림없다. 분명한 것은 토기 겉면을 장식하는 과정에서 부호가 등장했다는 점이다. 제작자의 소유를 표시하거나 토기를 만든 개수를 표시한 것일 수도 있다. 토기 부호에 감추어진 의미를 좀더 찾아내기 위해서는 같은 시기 다른 지역에서 출토된 여러 유물들에 새겨진 부호와 회화를 살펴볼 필요가 있다.

중국의 양샤오문화

양샤오문화는 1921년 스웨덴의 지질학자 앤더슨Johan Gunnar Andersson이 중국의 하남성 민지현 양샤오촌에서 처음으로 발견한 신석기시대 문화이다. 또한 양샤오촌을 비롯한 유사 유적 등에서 대량의 채도彩陶가 특징적으로 발견되어 '채도문화'로도 알려져 있다.

양샤오문화의 발견은 중국 문명의 요람인 황하 유역에 존재했던 신석기시대 문화 및 고대 문명에 대한 고고학 발굴의 서막을 열어주었다는 데 그 의의가 있다. 지금까지의 탄소 연대 측정 결과에 의하면 양샤오문화는 대체로 기원전 5000~기원전 3000년까지 2,000년간 지속되었다. 분포 범위는 황하 유역의 섬서 · 감숙 · 산서 · 하남 · 하북성 등지였으며, 현재까지 모두 5,000여 곳의 유적들이 발견되었다. 대표적인 유적으로는 서안 반파西安半坡, 임동 강채臨潼姜寨, 섬현 묘저구陝縣廟底溝, 정주 대하촌鄭州大河村 등을 들 수 있다.

양샤오문화의 가장 큰 특징은 대량으로 출토된 채색토기를 들 수 있다. 채도는 그 제작 기법이 상당히 발달된 수준이고 기물의 종류도 다양하다. 색채가 화려하고 다양한 기물에 인물, 식물, 기하문 등이 그려져 있다.

원시시대 부호문자의 발전 과정(북한의 한 학자가 만든 상상도)

1단계	2단계	3단계

청동기 무늬 그리고 상징

토기뿐 아니라 청동의기青銅儀器에도 청동기시대 사람들의 생각을 담은 그림이나 특수한 무늬가 많다. 청동의기는 그 쓰임새를 정확히 알 수 없어 이형異形 청동기라 하지만, 대개 당시 지배자·권력자들이 몸에 차거나 종교 의식에 쓰던 물건들로 짐작한다. 그런 까닭에 더 위엄 있게 보이려고 그 안에 여러 무늬를 넣었던 것이다.

일제시대 많은 골동품을 수집한 오쿠라小倉 수집품 가운데 어깨 덮개 모양의 청동기가 한 점 들어 있었다. 수소문한 결과 경주에서 출토되었다고 전해지는 이 청동의기는 마치 어깨를 덮는 갑옷처럼 생겨서 견갑형 청동기라 부르는데, 무늬 구성으로 보아 의례에 쓴 의기로 볼 수 있다. 문제는 용도였다. 처음에는 모양으로 보아 제사장이 입는 복장의 어깨에 부착한 것으로 생각했다. 이 궁금증을 풀어준 것은 한반도가 아

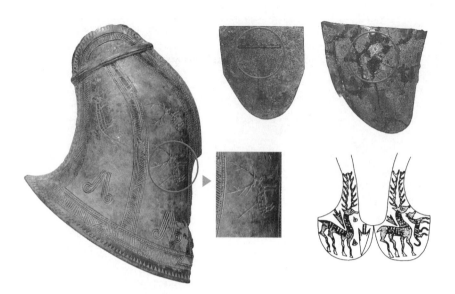

견갑형 청동기(왼쪽)와 정가와자
청동 칼집(오른쪽 위), 코반 문화
전투용 도끼 도안(오른쪽 아래)
일본인에 의해 수집되어 현재 일
본 동경국립박물관에 소장되어
있는 견갑형 청동기는 북코카서
스 코반 문화의 도끼에 새겨진 문
양과 유사하며, 사냥 의식과 관련
된 의기로 생각된다. 요령 지방
정가와자 유적에서는 이러한 도
끼가 단도를 담는 주머니 장식으
로 출토되었다.

닌 중국 요동 땅에서 발굴된 한 무덤이었다. 같
은 모양을 한 청동기가 요령 지방 심양시 정가
와자 유적에서 출토되었다. 그런데 그 안에 소
형 칼이 담긴 채로 출토되어 칼을 넣는 주머니
로 특별히 만들어진 것임을 알 수 있었다.

견갑형 청동기에는 무늬 띠가 가로지르며
위쪽에는 표범과 같은 짐승 한 마리가, 아래쪽
에는 뿔이 큰 사슴 두 마리가 그려져 있는데,
그중 한 마리는 등에 화살을 맞은 모습이다. 따라서 이 청동기가 수렵
과 관련해 특수 의기로 사용된 것임을 쉽게 알 수 있다. 즉, 견갑이 아
니고 무기 주머니로서, 많은 짐승이 잡히길 바라는 기원이 화살 맞은
사슴 그림에 들어 있는 것이다.

이러한 동물 모양을 한 형상은 스키타이 미술에서 많이 나타난다. 북
코카서스 지방 청동기문화인 코반 문화의 한 무덤(기원전 9~7세기)에서
출토된 전투용 도끼를 보면, 한쪽 면에 사슴 등에 화살이 꽂히는 장면

이 새겨져 있고, 다른 쪽 면에는 같은 그림과 사냥개가 그려져 있다. 화살이 꽂히는 위치까지 경주에서 출토된 견갑형 청동기와 비슷하다. 이 도끼는 전투용이지만 동시에 제사의 상징물로 사용되었다고 한다.

일본에는 뿔 달린 사슴을 묘사한 토기가 있다. 많은 학자들은 이 토기가 가을에 열리는 수확제에 사용한 것이라고 보고 있다. 그러나 한국 고대 부여의 경우를 보면, 겨울에 행하던 제사와 관련이 있을 가능성이 크다. 부여는 고구려나 동예와 달리 추수감사제인 영고迎鼓 행사를 본격적인 사냥철이 시작되는 은정월(12월)에 거행하였다. 이는 씨족 전원이 공동 수렵을 행하던 전통을 계승한 것으로, 이때에는 대대적인 제천 의식을 행하였다고 한다. 아마도 이때 견갑형 청동기가 제사 의식에 사용되지 않았을까?

표범 역시 스키타이 미술에서 자주 등장하는 동물 형태다. 스키타이 문화에서 표범과 같이 강하고 공격적인 야수의 형상은 이를 가진 이들에게 동물의 용맹함과 민첩함을 옮겨주고 재앙이나 곤경을 막아낼 수 있는 마력을 지닌 하나의 벽사辟邪(요사스러운 귀신을 물리침)로 여겨졌다. 견갑형 청동기에 새겨진 무늬도 그러한 의미를 지녔을 것이다. 또 동물 형상 무늬가 지닌 상징성이 단순히 풍요와 안전 그리고 용맹성을 표시한 것만은 아닐 수 있다. 이 밖에 수렵 의례 등을 통해 사슴 사냥은 어느 계절에 하는 것이 좋다거나 어디에 무슨 짐승이 많다거나 하는 정보들을 주는 역할을 하였다면, 회화문자와 같은 원시적 기록 방법 가운데 하나로 보아도 큰 무리가 없을 것이다.

샤먼의 권위를 상징한 사슴과 손무늬

청동기시대 지배자들이 사용한 청동기 가운데 검손잡이 모양을 한 동기가 몇 점 출토되었다. 학자들은 이것을 칼손잡이형 청동기(검파형 동기)라고 하는데, 현재까지 대전 괴정동, 예산 동서리, 아산 남성리 유적에서 각각 세 점씩 출토되었다. 그 가운데 동서리 유적과 남성리 유적에서 출토된 칼손잡이형 청동기에는 한눈에 띄는 상형문이 그려져 있다. 그것은 바로 사슴과 사람 손무늬다.

칼손잡이형 청동기에 그려진 사람 손과 사슴무늬는 무엇을 뜻할까. 이를 파악하려면 먼저 칼손잡이형 청동기의 쓰임새부터 생각해보아야 한다. 칼손잡이형 청동기를 자세히 살펴보면, 겉면에 단위가 지워진 무늬와 둥그런 고리(유환遊環)들이 있다. 이는 칼손잡이형 청동기가 보통 청동기가 아니라 제사장 역할을 하던 사람이 몸에 지녔던 의기임을 말해준다. 최근 내몽골 영성현 소흑석구 유적에서도 사람 얼굴이 장식된 비슷한 모양의 청동기가 나왔는데, 이 역시 같은 성격을 띤 청동의기였을 가능성이 높다. 그렇다면 이러한 청동의기에 특히 사슴과 손의 무늬를 새긴 까닭은 무엇일까?

사슴은 유목 민족이 갖고 있는 물건들에 나타나는 동물무늬 가운데 가장 흔하고 특징 있는 문양이다. 스키타이 문화에서는 추장의 방패무늬로 사용되어 민첩함과 벽사 그리고 지휘자의 강력한 힘을 상징한다. 현재 시베리아 샤먼의 모자에도 사슴 뿔을 장식하는데, 사슴에는 샤먼이 지닌 권위라는 뜻이 들어 있기 때문이다. 이와 비슷하게 알타이 사람들 사이에는 사슴이 흔히 샤먼의 조수인 정령으로 나타난다.

남성리 칼손잡이형 청동기에 그려진 사슴도 그러한 내용을 담고 있을 것이다. 역사 기록을 보면 남성리 유적이 있는 지역에서 칼손잡이형 청동기가 사

사슴 뿔을 장식한 시베리아 샤먼의 모자
사슴에는 '샤먼이 지닌 권위' 라는 뜻이 들어 있다.

용된 시기에는 마한이 존재했다. 마한에서는
왕 외에 제사를 주관하는 천군天君이 사는 소
도蘇塗라는 신성 구역이 있어 죄수가 들어가도
함부로 잡지 못하였다고 한다. 바로 이 소도에
서 활동하던 천군 같은 제사장이 벽사의 의미

로 몸에 지니던 것이 칼손잡이형 청동기이고, 거기에 그려진 사슴무늬
가 그런 의미를 더해주었다고 생각한다.

　사람 손무늬도 사슴무늬와 의미상 큰 차이가 없을 것이다. 손무늬는
시베리아 샤머니즘에서 흔히 볼 수 있는 것으로, 샤면의 기이한 능력을
강조하기 위하여 손가락을 여섯 개로 표현하기도 한다. 칼손잡이형 청
동기 자체가 제사 의식에 사용되었고, 손바닥무늬 또한 일정한 의례의
의미가 있다면, 점치는 사람의 손을 표현한 것으로 보면 좋을 듯 싶다.

　이처럼 칼손잡이형 청동기에 표현된 사슴과 사람 손무늬는 시베리아
일대에 퍼진 샤머니즘에서 많이 보이는 형상으로, 샤머니즘과 대단히
밀접한 관련이 있음을 일러준다. 이들 그림은 모두 상징기호로 볼 수
있으며, 그 속에는 지배자가 제사장으로서 기능도 담당하였던 당시 사
회 모습이 담겨 있다.

　전지전능한 태양과 같은 힘을 바라다

　고대인들에게 천체는 신비로우면서도 두려운 대상이었다. 번개무
늬·별무늬·햇빛무늬는 천체에 관심이 있는 고대인의 생각을 반영한
것이다. 번개무늬는 번개 빛을 도안한 것으로 청동 거울뿐 아니라 토기
에도 나타난다. 별무늬는 별 모양을 본뜬 것으로 보이는데, 여기에는

이론의 여지가 있다. 고대인들이 우리처럼 별을 5각 또는 8각으로 봤을지가 분명하지 않기 때문이다. 고구려 벽화에도 별은 점 아니면 원으로 표시되어 있다. 한편 햇빛무늬는 단추에서 방울까지 다양하게 쓰였다. 이 가운데 십자햇빛무늬는 세련되면서도 안정감을 주어 청동기인들이 갖고 있던 미의식뿐 아니라 심성까지 엿볼 수 있게 해준다.

자연을 인식하는 수준이 낮았던 고대인들에게 태양은 전지전능한 존재였다. 청동기에 가장 많이 새겨진 동심원이나 삼각무늬는 모두 태양과 그 빛을 나타냈다. 어떤 이는 우주를 상징하는 것이라고도 한다. 고대인들은 이러한 청동기를 소유함으로써 태양과 같은 강력한 힘을 얻을 수 있다고 믿었다. 고대 사회에서 강력한 힘을 발휘하는 지배자들이 다양한 햇빛무늬가 새겨진 청동 거울을 몸에 지니며 위엄을 과시하였던 것이다. 따라서 원형 청동기나 거울에 새겨진 번개·별·햇빛 등 천체무늬는 넓은 의미에서 고대 지배자들의 권위를 상징하는 기호로 볼 수 있다.

농경문 청동기에 농경의 중요성을 강조하다

대전의 한 고물상에서 한국 청동기시대를 이해하는 데 너무도 중요한 청동기 한 점이 수집되었다. 모양은 방패 같으나 그곳에 그려진 그림이 농사와 관계되어 농경문 청동기라 불린다. 농경문 청동기에는 앞뒷면 양쪽에 그림이 있다. 한쪽 면에는 한가운데 세로로 그은 무늬 띠를 사이에 두고 오른쪽에는 두 남자가 따비와 괭이로 밭을 가는 장면이, 왼쪽에는 여자로 보이는 사람이 그릇에 무언가(수확물)를 담고 있는 장면이 묘사되어 있다. 다른 면에도 가운데에 세로로 난 무늬 띠를 경계로 왼쪽과 오른쪽에 각기 Y자형 나뭇가지에 새(매 또는 독수리)가 마주 보고 있는 장면이 있다.

이 청동기에 그려진 인물과 동물 그리고 여러 형상은 아주 간결하면

서도 사실적으로 표현되어
있다. 남성의 긴 머리 장
식과 성기, 농기구인 따비와
괭이, 밭의 이랑과 고랑, 토기 그
리고 새의 주둥이·꽁지·다리에
이르기까지 자세하게 그려져 있다.
앞면(옷에 부착하는 고리가 달린 부분
이 뒷면이 된다)에는 사람이 주인
공이다. 특히 오른쪽 위에
서 따비와 같은 농기구를 잡
고 경작하는 사람은 머리가 두
가닥으로 갈라졌고, 다리 사이에
성기가 과장되게 표현되어 있다.
성기를 드러내놓고 밭을 가는 사람은
보통 사람이 아닐 것이다.

농경문 청동기의 앞면(위)과 뒷면
대전의 한 고물상에서 수집된 이
청동기는 청동기시대 말기의 농
경 양상과 농경 의례의 실상을 구
체적으로 보여주고 있다.

　중국 내몽골이나 내륙의 암각화에도 성기를
드러내놓고 손·발을 벌린 인물상이 많다. 이
인물 그림을 현지 학자들은 샤먼상으로 해석
한다. 반구대 암각화에 그려진 성기를 드러낸 인물상도 인간의 세계와
영혼의 세계를 오가며 인간과 신의 사이를 연결해주는 특별한 능력을
갖는 샤먼으로 해석한다. 농경문 청동기에
그려진 이 인물도 농경과 제례를 주관하던
샤먼을 나타내었을 것이다. 따비와 괭이를
들고 밭을 가는 장면은 파종 시기를, 토기에
무언가를 담는 것은 추수기에 수확과 저장
을 의미하는 듯하다. 깨어진 부분의 그림은

여름의 김매기, 겨울의 생활(수렵?) 모습일 가능성이 크다.

뒷면에 그려진 나무 위의 새는 여러 의미로 해석해볼 수 있다. 풍요를 기원하는 농경 의례와 관련 깊은 목간木竿과 곡령신을 불러오는 목조木鳥를 올려놓은 솟대와 같은 것이거나, 날렵하고 용맹스러운 매 혹은 독수리를 표현하여 견갑형 동기에 새겨진 표범처럼 소유자에게 마력의 이미지를 부여한 것일 수도 있다. 고대인들은 새가 인간에게 풍요를 가져다주는 곡령신穀靈神을 나르는 매개자로 인식했다. 요즘 농촌에서 풍년을 바라는 뜻에서 마을 앞 성스러운 장소에 세워두는 솟대는 농경문 청동기의 나무와 새(솟대)의 관념이 계승된 것이다.

이처럼 농경문 청동기는 내용으로 보아 풍요로운 농업 생산을 기원하는 주술의 의미를 담은 의기가 분명하다. 아마도 곡식 파종기와 추수기에 치러지는 농경 제례 때 제례 주제자가 옷에 매달고 사용하던 의기였다고 생각된다. 그리고 농경문 청동기에 묘사된 상형문이 의례를 통하여 농경이 중요하다는 것을 전달하고 파종기와 추수기가 중요함을 강조하는 교육 기능을 지녔다고 한다면, 딱 잘라 회화문자라고 말할 수는 없겠지만 그러한 역할을 하였다고 볼 수 있다.

천전리와 반구대, 한국 최초의 회화 작품

신석기시대 토기들에 새겨진 무늬들은 그림글자의 초기 형태라고 볼 수 있다. 이러한 무늬에서 한 걸음 나아가 대상의 내용이나 특성을 나타내고 전달하는 기능이 더.많은 그림글자, 모양을 본뜬 글자, 부호글자와 같은 글자 유물들도 있다. 그림 · 도형 · 무늬 자료들은 글자 형태를 맹아적으로 보이는 단계에서 나아가 일정한 글자가 나타나는 시초 글자의 단편 자료들로 볼 수 있다.

바위에 새겨진 글자를 비롯
하여 청동기시대 암각화는 대
부분 강가의 절벽이나 강에 인
접한 바위에 새겨져 있다. 암각
화 밑에는 대개 제사를 지내거
나 의식을 치를 수 있는 넓은
터가 있다. 이는 암각화가 의례
를 치르기 위한 특정한 장소에
제의의 대상으로 만들어졌음을
시사한다. 한국미술사에서 첫 장을 장식하는
장엄한 미술로 울주 천전리와 대곡리 반구대盤
龜臺 암각화가 두드러진다.

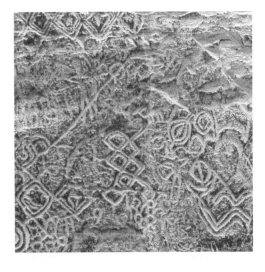

천전리 암각화
반구대 유적에서 1킬로미터쯤 떨
어진 바위 면에 암각화가 있다.
너비 9.5미터, 높이 2.7미터 크기
의 벽면 윗부분에 사슴 등의 동물
상과 인물상, 추상적인 도형들이
표현돼 있고, 아래 부분에 가는
선각의 글씨들과 인물, 동물 또는
추상적 도형들이 새겨져 있다.

천전리 암각화는 깎아 세운 듯한 낭떠러지
의 편평한 암벽에, 아직도 풀리지 않은 기하학
적이고 추상적이며 상징적인 기호가 질서정연
하게 연결되면서 파노라마처럼 펼쳐져 있고,
그 아랫부분에는 훨씬 훗날 신라 화랑들이 쓴 낙서가 가득하다. 신라
법흥왕이 다녀갔다는 낙서도 보인다.

천전리 암각화에는 다른 암각화와 비슷하게 기하학적 무늬가 많이
그려져 있다. 무늬 중에는 눈과 눈동자를 그린 듯한 동심원도 있고, 패
찰과 같은 모양인 패형牌形무늬도 있으며, 남성의 성기 형태를 그린 것
도 있다. 이는 그릇이나 조소품에 새긴 무늬와도 통한다. 기하학무늬는
기원이나 소원을 담아 표현한 것일 수도 있고, 사유를 담아낸 형태였다
고도 볼 수 있다. 어쩌면 중국으로부터 고대 한자가 들어오기 전에 쓰
던 고유 문자의 한 형태일 수도 있다.

울산 태화강 지류의 바위 면에 그려진 반구대 암각화(왼쪽)와 암각화 실사도
고래 같은 바다짐승이나, 배를 타고 집단으로 고기잡이를 하는 어로에 관한 내용이 중심이다.

울산 반구대에는 여러 자세를 취한 사람들을 비롯하여 사실적으로 표현된 여러 가지 물고기와 배, 갖가지 동물들이 역시 파노라마처럼 장대하게 펼쳐져 있다. 여기서 물고기는 고기잡이를, 동물은 사냥을 나타낸다. 반구대 암각화는 한 사람이 작업했다기보다는 공동체가 나선 대규모 사업이라고 할 수 있다. 이것을 그린 시기는 확실치 않지만, 아주 오랜 세월 동안 이 지역에 살던 사람들이 대를 이어 창작한 걸작임은 분명하다.

반구대 바위 그림은 안료를 칠하는 방식이 아니라 날카로운 도구로 바위면을 긁어서 새긴 일종의 '부조'이며, 오른편 그림들은 돌칼로 선을 그어 형체를 만든 것이 아니라 판화처럼 형체 부분을 끌 같은 것으로 파내는 방식을 썼다. 바위 그림의 높이가 3미터 가까이 되니 맨 위에 새겨진 '춤추는 샤먼' 그림은 틀림없이 사다리를 동원했을 것이다. 곧, 이 그림들은 상당한 재주를 가진 그림꾼들이 조직적으로 달려들지 않고서는 결코 나올 수 없는 작품이다.

이러한 바위 그림은 원시 · 고대인들의 예술혼이 담긴 회화로서 하나의 드라마라고 할 수 있다. 삶의 흔적을 뚜렷히 구체적으로 펼쳐 보이는 바위 그림을 통해, 우리는 조상의 숨소리와 말소리를 들을 수 있

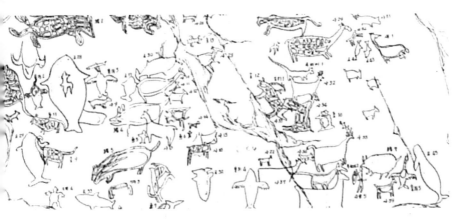

다. 어느 미술사가의 말처럼 반구대 암각화는 조형 의지造形意志가 가장 분명하게 드러난 우리 민족 최초의 미술 작품이라고 할 만하다. 그런데 이것이 그림인가 조각인가라는 물음 앞에서는 잠시 생각이 필요하다.

요즘 우리가 쓰는 암각화라는 용어 안에는 '각刻'과 '화畫'가 함께 들어 있는데, 마지막에 '화'라고 한 것이 새긴[刻] 그림[畫]임을 강조한 것이다. 천전리와 반구대 암각화에는 뾰족하게 도드라진 부조浮彫는 전혀 없고 모두 선조線彫(선으로 긋는 방식)와 요조凹彫(움푹하게 새기는 방식) 기법이 사용되었다. 이러한 기법은 가장 이른 시기에 나오며 역사시대에 들어와서야 비로소 부조와 덩어리째 만드는 환조가 등장한다고 한다. 이 역시 울주의 암각화가 그림임을 알려주는 증거들이다.

반구대, 청동기인들의 교육 장소

울산 대곡천 주변에 있는 반구대와 천전리 암각화는 모두 깊은 계곡, 물 맑은 곳에 자리잡고 있다. 반구대 암각화에는 배 · 그물 · 작살 · 방패와 사람 얼굴을 비롯하여 개 · 멧돼지 · 호랑이 · 사슴 · 고래 · 물개 · 거북 등 200여 개의 문양이 그려져 있다. 일상생활 도구가 아니라 사냥과 어로에 필요한 도구와 뭍짐승, 물고기들이 중심을 차지하고 특히 고

래와 같은 바다짐승 그리고 배를
타고 집단으로 고기잡이를 하는 어
로를 다룬 내용이 중심이다. 너비
10미터, 높이 약 3미터 정도되는
깎아지른 편평한 바위 절벽에 작살
이 꽂힌 고래, 새끼를 가진 고래,
배를 타고 있는 사람들이 주로 등장한다.

그렇다면 그들은 무엇을 위해 그 힘든 작업을 하였을까? 그림에서 바
닷고기와 뭍짐승이 가장 많이 나오고 또 이를 잡는 도구와 무기들이 함
께 그려진 것을 볼 때 사냥과 고기잡이를 가르치기 위해 만들었다고 보
는 것이 합리적이다. 짐승을 가두어 기르는 울타리를 그려놓은 것으로
보아 그 연대도 농사와 어로를 병행할 때인 청동기시대로 추정하는 편
이 무리가 없다.

그림을 보면 이 마을 사람들은 여름에는 주로 고래 사냥을 하고 살았
던 게 틀림없다. 공동체 성격으로 보아 바위 그림을 그리는 작업은 마
을 사람들 모두가 자신의 염원을 담는 일이었을 텐데, 그 염원이란 고
래 사냥에서 기대하는 풍요로운 수확이었을 것이다. 그리고 고래가 많
이 나타나는 절기가 되면 그림 앞에 모여 풍어제를 지냈으리라. 또한
바위 그림은 새로 자라나는 세대에게 고래의 모든 것을 알려주며 고래
잡는 기술을 가르치는 교재 역할도 톡톡히 했을 것이며, 세월이 흐른
뒤에는 먼 조상과 후손들을 정신적으로 연결해주는 징검다리 구실을
하면서 끊임없이 덧그려졌을 것이다. 고래가 많이 잡히는 동해안과 가
까운 이곳에서 풍어와 안전을 기원하는 의례가 있었음은 쉽게 알 수 있
다. 물론 사람이나 호랑이 그리고 다른 짐승들이 등장하는 그림도 있는
것으로 보아 주변 환경이 어떠했다는 것을 알려주려는 목적도 있었을
것이다.

이처럼 암각화의 내용이 나름대로 상징을 지니고 있고 또 의례나 의식을 통해 집단 내부의 성원들에게 무엇인가를 전달하는 역할을 했다면, 이 암각화 자체가 바로 종족 개개인은 물론 다음 세대까지 정보를 전달하는 역할을

고령 양전동 암각화
경북 고령읍 회천 강기슭에 있는 암각화는 동심원과 신상 등이 선각 도형처럼 새겨져 있다. 동심원은 천전리 암각화에도 나타나는데 태양을 상징하는 것으로 보인다.

한 그림 문자 또는 기호체계를 지닌 것이 아닐까 한다. 고령 양전동 암각화와 같이 다른 암각화에서는 그림의 내용을 알아볼 수 없는 가면 모양이나 동심원 또는 삼각형 같은 추상적인 기호라고 한다면 그 자체가 정보를 저장하고 전달하는 시스템의 하나라고 할 수 있겠다.

아이들은 어른들을 따라다니며 사냥이나 물고기 잡는 법을 배운다. 창 던지는 법, 그물 치는 법, 짐승의 종류와 물고기 모양을 하나씩 터득해 나간다. 산과 들에서 자라는 먹을 수 있는 식물과 독성이 있는 풀과 열매를 구분하는 방법, 강이나 바다에서 나는 해초와 조개를 비롯하여 얕은 펄에서 손쉽게 잡을 수 있는 물고기 종류와 독성이 있는지 없는지를 알아내는 지식을 낱낱이 배우게 된다.

때로는 체계 있는 이론 교육이 필요하다. 뭍사람이 물고기를 잡을 경우나 바다 사람이 짐승을 사냥할 때에는 더욱 교육이 필요했을 것이다.

반구대가 그러한 교육의 장이었다는 사실은 하나도 이상할 것이 없으며, 교육은 여기에 그린 그림처럼 시청각을 활용하는 방법이 효과적이었으리라.

고대 세계에서 문자는 문명권별로 다양한 목적을 지니며 발전해왔는데, 그 가운데 가장 중요한 것이 제의 수행이었다. 제의에는 여러 과정을 통해 종족 구성원을 통제하는 행위 규범이 한데 모여 있다. 즉, 종족 구성원을 얽어 매는 제의를 통해 우두머리가 종족을 통제할 수 있었다. 이는 요즘으로 보면 사회교육의 기능이라고 할 수 있다. 청동기시대의 여러 유물을 살펴보면 청동기시대 사람들이 지녔던 의식 세계와 그들이 사회 구성원에게 무엇을 가르치려 했는지를 엿볼 수 있다.

예술은 생활 속에서 발전하고 또 일정한 표현 양식을 갖는다. 당시 미술은 다행히 여기저기 흔적이 남아 있지만 음악이나 무용의 편린을 찾아 볼 수 없는 것은 문자가 없는 시대에 무형으로 전수되었기 때문이다. 문자가 출현하기 이전에 그려진 미술품과 부호 · 그림은 그 시대를 이해하는 귀중한 기재의 하나이다.

— 글쓴이 송호정 ⟨⟩

5

역사의 블랙홀,
동수묘지

묵서명墨書銘이란?

옛 무덤 내부에 무덤 주인의 삶과 종교 신앙, 무덤 주인이 살
던 시대와 사회에 관한 정보를 글로 써서 남긴 것을 말한다.
묵서명이 남겨진 고구려 고분벽화로는 중국 문화의 영향이
강하게 남아 있던 평양과 안악 지역의 초 · 중기 고분의 벽화
가 있는데, 각 장면에 해당 그림의 내용과 의미를 설명하거
나, 또는 개별적으로 그려진 제재를 밝히는 묵서가 남겨져
있다.

그러나 고구려의 원래 중심지이던 집안 지역이나 중기 이후
에 제작된 평양 일원의 고분벽화에는 더 이상 묵서가 씌어지
지 않았다. 글로 기록을 남기기보다는 기억과 구술에 의한
전승을 중요시하던 고구려인의 관습과, 벽화 자체로 의미 전
달이 가능하다고 본 벽화 제작자들의 의식이 상호작용한 결
과라고 하겠다.

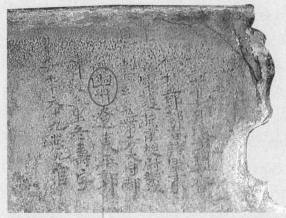

묵서명 부분

【판독문】

7	6	5	4	3	2	1	
□	縣	鄉	相	平	癸	永	1
安	都	侯	昌	東	丑	和	2
年	鄉	幽	黎	將	使	十	3
六	敬	州	玄	軍	持	三	4
十	上	遼	菟	護	節	年	5
九	里	東	帶	撫	都	十	6
薨	冬	平	方	夷	督	月	7
官	壽	郭	太	校	諸	戊	8
	字		守	尉	軍	子	9
			都	樂	事	朔	10
				浪		廿	11
						六	12
						日	13

안악3호분 앞방 오른 벽 벽화(오른쪽 곁방의 입구에 해당)의 장하독과 묵서명
묵서명 아래에 서 있는 인물은 장하독으로 불리는 호위무인이다. 북한 학계는 묵서명의 주인공 동수가 이 호위무인일 것으로 보고 있다.

안악3호분의 주인공은 누구인가

일제에서 해방되면서 고구려 고분벽화 연구의 주도권이 일본 학자들에게게서 중국과 북한 학자들 손으로 넘어온 지 얼마 되지 않은 1949년, 황해도 안악군에서 고구려 벽화고분 세 기가 발견되었다. 이중 특히 눈길을 끈 것은 안악3호분(옛 황해도 안악군 용순면 유설리, 현 황해남도 안악군 오국리)이었다. 무덤 규모도 크고 벽화가 보존된 상태도 좋았을 뿐 아니라 무덤 안에서 250여 명이 나오는 대大행렬도와 함께 묵서명墨書銘 7행 68자를 발견하였기 때문이다.

대개 무덤 안이나 바깥에서 발견되는 명문銘文에는 무덤 주인공의 생애가 담겨 있는 법이다. 따라서 이 명문을 발견한 이들 역시 당연히 묵서명에서 무덤 주인공이 누구이며 언제 태어나 무엇을 하다가 어떻게 죽었는지, 무덤에 묻힌 때는 언제인지 알 수 있으리라 예상했다. 실제 묵서명에는 발견자들이 기대한 대로 한 사람의 생애가 간략히 정리되어 있었다.

영화 13년 초하룻날이 무자일인 10월 26일 계축癸丑에 사지절 도독제군사 평동장군 호무이교위이자 낙랑상이며, 창려·현도·대방태수요 도향 후인 유주 요동 평곽현 도향 경상리 출신 동수는 자가 □안인데, 나이 69세로 벼슬하다 죽었다.

언뜻 별 문제가 없어 보이는 이 묵서명은 뜻밖에도 50여 년이 지난 지금까지도 끝나지 않은 길고 지루한 논쟁의 불씨가 되었다. 숨겨진 사실을 밝혀주고, 수수께끼로 남은 역사를 풀어주어야 할 '기록'이 오히려 궁금증을 더 부풀리고 진실을 미궁迷宮 속으로 밀어넣은 것이다. 해독 불가능한 부분이 거의 없는 생생한 당대 기록이 블랙홀이 되어 20세기 중반 홀연 무덤을 발견한 이들, 연구자들, 그리고 고구려를 배우는 모든 이들을 끌어들이게 된 까닭은 무엇일까.

영화永和는 동진東晋의 연호年號로서 12년으로 마감했으며, 이어 승평升平이 연호로 쓰였다. 그런데 이 묵서명에서는 이미 지난 연호를 사용하여 영화 13년이라 기록하고 있다. 이 연도를 서력으로 바꾸면 357년으로 고구려 고국원왕 27년, 동진 목제穆帝 13년, 승평 1년에 해당한다. 연호의 착오, 여기서 작은 의문이 시작된다. 게다가 무덤 주인공의 직급인 도독제군사는 군사를 도독하는 자를 말하므로 그 구역이 함께 분명히 적혀 있어야 할 텐데 그렇지 않다. 또한 중국에서 군郡 규모 정도 되는 왕국에서는 장관을 289년 이전에는 상相, 이후에는 내사內史라 일컬었는데, 낙랑내사樂浪內史가 아닌 낙랑상樂浪相이라 표기한 것도 의문스럽다.

한편 묵서명의 주인공 동수는 336년 요동의 전연前燕에서 고구려로 망명한 동수佟壽와 같은 사람으로 추정된다. 동수는 전연의 왕 모용황慕容皝 밑에서 사마司馬로 있던 인물로, 모용황이 왕위를 계승한 데 불만을 품은 모용인慕容仁이 반란을 일으키자 이를 진압하러 나갔다가 패하고 오히려 모용인의 부하가 된다. 훗날 모용황이 다시 군대를 일으켜 모용인 세력을 무너뜨리자 동수는 곽충郭充 등과 함께 고구려로 망명하였다. 이후 동수의 행적은 문헌에서 더 이상 나오지 않는다.

안악3호분 묵서명에 나오는 인물을 이 동수와 같은 사람으로 보는 근거는 여럿 있다. 묵서명의 주인공이 출신지가 요동遼東 평곽현平郭縣 도향都鄉 경상리敬上里로 기록된 점, 생존 시기와 이름이 비슷한 인물이 요동에서 고구려로 망명한 점, 고구려에서 전연으로 송환된 인물 명단에 동수가 있지 않은 점 때문이다. 그렇다면 안악3호분의 주인공은 정말 묵서명의 주인공인 망명객 동수일까.

동수의 묘지에 귀를 귀울이다

묘지는 묘지를 보는 법으로 분석해야 하고, 벽화는 벽화를 읽는 법으로 이해해야 한다. 묘지 특유의 체제와 형식에 대한 지식 없이 묘지를 보려 하거나, 벽화 나름의 제재와 구성·표현을 분석할 능력도 갖추지 않은 채 벽화를 읽으려 한다면, 보고 싶은 것만 보이고 읽고 싶은 것만 읽히게 될 것이다. 안악3호분과 같이 현재 갖고 있는 효용성과 현실적으로 이해가 얽혀 있는 유적일 때, 연구자든 아니든 이런 위험에 노출되기 쉽다.

안악3호분에서 나온 동수 묵서명은 확실히 4세기 묘지가 갖고 있는 체제와 형식을 갖추고 있다. 그러나 '유주 요동 평곽현 도향 경상리'라는 출신지 표기법은 4세기 전후 고구려의 행정체계가 아닌 중국 행정단위를 바탕으로 나온 것이다. 무덤 주인공이 고구려 왕인지 망명객 동수인지를 가릴 것 없이 묵서명은 이 무덤이 중국식 묘지임을 확인해주고 있다.

그러나 동수 묵서명에 기록된 관직과 작위 '사지절 도독제군사 평동장군 호무이교위이자 낙랑상이며, 창려·현도·대방태수요, 도향후'는 고구려에서 받았는지, 동진에게서 받았는지 혹은 망명하기 전 전연前燕에서 그곳 기준과 방식에 따라 받았는지, 그렇지 않으면 고구려에 망명한 뒤 본인이 스스로 그렇게 불렀는지 뚜렷하지 않다. 이 가운데 가장 믿을 만하다고 평가받는 자칭설도 현재는 가능성일 뿐 뚜렷한 근거는 없다. 당시 변화무쌍한 국제 정세와 국가별 관직체계가 꽤 복잡했음을 고려할 때, 망명객이 자칭하는 부분을 인정하면서 국가마다 필요에 따라 작위나 관직을 더하여 복잡하고 비현실적인 칭호가 탄생했을 수도 있기 때문이다. 백제가 왕, 혹은 태왕太王을 전제로 왕이 수여하는 작위에 왕, 후를 포함한 뒤 이를 승인해줄 것을 중국 측에 요구한 점은 잘 알려진 사실이다. 큰 틀 안에서 여러 갈래의 질서와 체계를 능동적으로

안악3호분 앞방 오른쪽 곁방 오른 벽 벽화의 무덤 주인 초상
관후 인자한 인상을 주기 위해 양미간을 넓혀 다시 그리는 등 얼굴의 세부 표현을 여러 차례 수정하였다. 이 인물이 묵서명의 주인공 동수인지, 묵서명과는 관계없는 무덤 주인인지는 아직 논쟁 중이다.

적용할 수밖에 없던 당시의 역동적인 국제 관계를 짐작할 수 있는 부분이다.

묵서명을 둘러싼 논쟁에다 벽화 분석이 부분적으로 더해지면서 안악 3호분 벽화는 오히려 더 얽혀드는 경향도 보인다. 그러나 논쟁 참여자들이 빠짐없이 언급할 정도로 집중적인 관심을 받은 회랑의 대행렬도는 묵서명과 달리 아직 충분히 분석되지 않은 상태이다. 묵서명 논쟁이 50여 년을 넘어선 것을 고려하면 이점 또한 모순이다.

안악3호분의 회랑은 널방의 북쪽과 동쪽을 감싸고 있는데, 대행렬도는 전체 길이 10.13미터, 높이 2.01미터인 회랑의 동벽 남쪽에서 출발하여 북벽 서쪽을 향하고 있다. 행렬은 크게 북벽의 전렬前列과 동벽의 중렬中列로 구성되어 있고, 무덤 주인은 중렬 가운데 소가 끄는 수레에 타고 있다. 벽화는 좁게는 5열, 넓게는 8~9열에 달하는 종대 행렬을 위

고구려 묘제의 변천 과정

고구려인들은 처음에는 돌무지무덤(적석묘)으로 저승세계를 꾸몄다. 강돌이나 산자갈로 묘단을 만들고 그 위에 석곽을 만들어 시신을 안치한 다음 돌로 덮었는데, 시신을 지상에 안치하고, 묘단부터 봉분까지 모두 돌로 쌓은 것이 특징이다. 다만 봉분한 돌이 자꾸 흘러내리자, 이를 막기 위해 무덤 가장자리를 거대한 돌로 쌓았다. 무덤의 기단이 만들어진 것이다. 그래서 기단이 없는 것을 무기단식 돌무지무덤, 있는 것을 기단식 돌무지무덤이라고 한다. 기단식 돌무지무덤은 무덤 축조 기술의 발달과 유력한 세력가의 성장을 반영하는데, 점차 아래층뿐 아니라 2층과 3층 가장자리까지 거대한 돌로 쌓은 계단식 돌무지무덤으로 발전했다.

서기 300년경, 고구려 묘제는 커다란 변화를 겪는다. 돌방흙무덤이라는 새로운 묘제가 도입된 것이다. 돌방흙무덤은 돌로 널방을 만든 다음 흙으로 덮은 무덤이다. 종전의 돌무지무덤에 비해 시신을 안치하는 공간이 넓어졌고, 널방 문을 통해 시신을 추가로 매장할 수 있게 되었다. 또한 널방의 넓은 벽면에 화려한 그림을 그려 저승 세계를 꾸밀 수 있게 되었다. 돌방흙무덤의 도입은 기존의 돌무지무덤에도 영향을 미쳤다. 왕릉급 돌무지무덤의 경우, 무덤을 더욱 거대하게 조영하는 한편 잘 다듬은 돌로 방을 꾸며 부부를 같은 널방에 안치하였다. 계단식 돌방돌무지무덤이라는 것인데, 천추총·태왕릉·장군총 등 대표적인 돌무지무덤이 모두 이러한 형식에 속한다. 한편 돌방흙무덤의 무덤방은 처음에는 여러 개였으나, 점차 줄어들어 후기에는 단실묘로 통일된다.

에서 비스듬히 내려다본 자리에서 조감도식
으로 그려 행렬 구성이 잘 드러난다. 행렬 한
가운데 배치된 무덤 주인이 탄 수레를 중심으
로 여러 기능과 역할을 담당하는 사람들이 동
심원 형태로 길게 겹으로 둘러싸고 있다. 기

안악3호분 회랑 대행렬도
무덤 주인이 탄 수레와 호위 행
렬. 고구려의 초기 고분벽화로 보
기 어려울 정도로 행렬 구성원들
의 공간 배치와 세부 묘사가 뛰어
나다.

수旗手 · 시녀 · 기악대 · 기마대가 무덤 주인을 태운 수레 앞과 뒤를 따
르고, 궁전수弓箭手 · 부월수斧鉞手 · 환도수環刀手 등이 주인 수레의 좌
우를 감싸고 있으며, 다시 이들 무리 전체를 도보창대徒步槍隊와 기마창
대騎馬槍隊가 호위하고 있다.

　등장인물 250여 명 가운데 다수가 회랑 동벽의 중열, 특히 무덤 주인
이 탄 수레 둘레에 4~5명씩 가로로 비스듬히 열을 지어 겹치게 묘사되
었는데, 이러한 겹침 표현은 대행렬이 차지하는 공간의 너비 혹은 깊이
를 잘 드러낸다. 고구려 고분벽화가 등장하기 시작한 시기에서 그리 멀
지 않은 4세기 중엽 작품으로는 대단히 수준 높은 표현 기법으로 행렬
을 묘사했다. 또한 행렬 속 인물들은 윤곽이 부드럽고 필선筆線이 세련
되고 채색이 선명할 뿐 아니라 사람들의 몸짓이나 자세도 매우 사실에
가깝게 표현되었다. 그뿐만 아니라 행렬의 구성과 배치가 한눈에 들어

오는 까닭에 대행렬도는 벽화 발견 당시 조사자들의 뇌리에 매우 뚜렷한 인상을 남겼다. 초기 고분벽화로 보기에는 규모·내용·기법 모두 일정 수준을 넘어서기 때문에, 묵서명에 357년이라는 기년紀年이 없었다면 연구자들은 안악3호분 벽화가 제작된 시기를 실제보다 100여 년 늦은 5세기 중엽 전후로 보았을지도 모른다. 인물들의 옷차림은 비슷하지만 벽화 규모나 표현 기법에서 그보다 뒤떨어진 5세기 편년 고분벽화들이 요양遼陽이나 주천酒泉 등 북중국 변두리 지역에서 발견되기 때문이다.

묵서명의 기년 부분
영화 13년은 서력으로 357년이다.

대행렬도를 포함한 안악3호분 벽화는 내용·구성·기법 등에서 4세기 중엽 즈음의 고구려 회화 수준을 그대로 반영하였다고 보기는 어렵다. 무덤 주인을 비롯해 등장인물들이 걸치고 있는 복식도 집안을 중심으로 형성된 고구려 고유의 것과는 거리가 있으며, 무덤 주인의 부인과 시녀들의 풍만한 얼굴은 한~위진대 중국 여인의 것이지 갸름한 고구려 여인 특유의 모습과 거리가 있다. 벽

안악3호분 회랑 대행렬도 부분
행렬 한가운데 배치된 무덤 주인이 탄 수레를 중심으로 여러 기능과 역할을 담당하는 사람들이 동심원 형태로 길게 겹으로 둘러싸고 있다.

안악3호분 내부 투시도

장대한 규모를 자랑하는 안악3호분의 내부 구조와 벽화의 배치 상태 등이 잘 드러난다. 투시도 왼편 끝에 반 세기에 걸친 국제적 논쟁거리를 제공한 동수의 묵서명과 무덤 주인의 호위무인 그림이 배치되어 있다.

안악3호분 벽화 제재와 구성 방식

위치/방향		널방 안벽을 기준으로 한 방향				회랑	주제
		왼쪽	앞쪽	오른쪽	안쪽		
널길	천정						
	벽						
앞방	천정	해, 달, 별					하늘세계
	고임	장식무늬					장식무늬
	벽	수박희,부월수	의장대,부월수	시위무인, 묵서명	(기둥)		생활풍속
곁방	왼쪽 방벽	부엌, 고기창고,차고	외양간	마구간, 디딜방아	우물		생활풍속
	오른쪽 방벽	시위무사	무덤 주인의 부인	무덤 주인			생활풍속
널방	천정	연꽃					하늘세계
	고임						
	벽	무악대	(기둥)	?	(기둥)	대행렬	생활풍속

안악3호분 앞방 오른쪽 곁방 앞벽 벽화의 무덤 주인 부인과 시녀들 화려한 복장과 머리장식이 눈에 띄는 이 여인들의 풍만한 얼굴에서는 군살 없이 갸름한 얼굴선과 간소한 복장 등을 특징으로 하는 고구려 여인의 모습을 찾기 어렵다.

화를 제작한 이들이 원 고구려인이 아니라 낙랑계이거나 북중국에서 흘러든 한인 화가일 가능성을 고려해볼 수 있는 부분이다. 안악3호분의 주인공이 고구려 왕이라면 국가가 고분벽화라는 장의미술 장르를 새롭게 받아들이면서 낙랑계나 중국계 화가들을 고용하여 벽화 제작을 맡겼다고 해석할 수 있다. 무덤 주인공이 망명객 동수라면 이미 전연에 있을 때부터 알던 장의미술인 고분벽화를 자기 무덤에 그리도록 중국계나 낙랑계 화가에게 의뢰했다고 볼 수도 있다.

끝나지 않는 논쟁의 시작

모든 역사는 현재의 역사라는 말이 있다. 지나온 역사를 밝혀내고 알리는 데 현재의 관심과 시각이 강하게 작용한다는 뜻이다. 한국과 일본이 《일본서기日本書紀》에 기록된 '임나일본부任那日本府'가 존재하는지를 놓고 치열한 논쟁을 벌인 일이나, 북한과 중국이 요동반도의 강상묘崗上墓·누상묘樓上墓를 고조선 유적으로 볼 것인지를 놓고 외교 갈등까지 빚었던 것도 그런 예다. 안악3호분의 주인공이 누구인지를 둘러싼 논쟁 역시 이른바 '현재'의 역사적 관심과 이해관계가 낳은 결과라고 할 수 있다.

안악3호분을 발견한 이들은 예상치 않은 묵서명이 나오자 크게 흥분했지만, 묵서명이 망명객 '동수'의 것으로 밝혀지면서 이후 북한 역사학계는 술렁이기 시작하였다.

위대한 고구려의 문화유산이라고 믿었던 대형 벽화고분에 16국시대 북중국의 강자 전연前燕 망명객의 묵서명이 있다니. 이 묵서명이 무덤 주인의 묘지명이라면, 안악3호분은 전연 출신 망명객의 무덤이 아닌가. 그렇다면 4세기 중엽까지도 안악 일대는 고구려 직할지가 아니었다는 말

안악3호분 고분벽화 속 여인(왼쪽)과 덕흥리 고분벽화 속 여인(오른쪽) 비교
5세기 고구려 귀족 집안 여인들의 나들이를 표현한 덕흥리 고분벽화 속 여인들의 갸름한 외양과 달리 안악3호분의 여인들은 풍만한 모습이다.

인가. 중국 군현인 낙랑, 대방을 멸망시킨 4세기 초 이후에도 재령강 유역을 요동 출신 망명객에게 맡길 만큼 고구려의 지배력에는 한계가 있었던 것일까. 더구나 무덤 내부를 가득 채운 세련된 고분벽화도 고구려인이 아닌 낙랑이나 요동 출신 화가들의 작품일 수 있다는 것인가.

아마 이러한 말들이 무덤을 발견한 뒤 수년 동안 북한 역사학계 안팎에서 오고갔으리라. 일제 식민지 지배에서 벗어나 독자적인 학문 활동을 펼치려고 하는 때에 이런 일이 일어났으니 북한으로서는 대단히 곤혹스러울 수밖에 없었을 것이다. 당시 북한은 일제 식민 잔재 청산을 정책의 중심 기조로 설정하고 각 분야에서 이를 정력적으로 추진하고 있었다. 그러한 때에 정치가와 학자들이 이심전심으로 자주·자립적 역사의 모델로 상정하던 고구려의 멋진 문화유산이 발견되었다는 소식

을 듣고 들떠 있었는데, 곧 그 유적의 주인공이 고구려 사람이 아닌 듯
하다는 우울한 소식을 들은 셈이었다. 참으로 이런 상황과 마주친다면
누구라도 혼란스럽지 않겠는가. 이후 북한 역사학계는 무덤의 주인공
을 둘러싸고 여러 가지 설을 내놓았다.

　1949년 무덤이 발견된 뒤, 김광진은 묵서명을 묘지명으로 보고 안악3
호분의 주인공은 망명객 동수라는 견해를 내놓았다. 한국전쟁을 거친
뒤, 전쟁책임론을 둘러싼 권력 투쟁 과정에서 남로당 계열 인사가 대거
숙청당하는 소용돌이 속에서 1955년 리여성은 안악3호분은 동수묘라는
기존 설을 비판하면서 '고국원왕릉설故國原王陵說'을 제시한다. 1956년
에는 고고학 및 민속학연구소가 주최한 '안악3호분의 연대와 피장자에
대한 학술 토론회'에서 앞서 나온 두 견해에 더하여 '미천왕릉설美川王
陵說'을 박윤원이 새롭게 내놓았다. 안악3호분의 복잡한 내부 구조와
다양한 벽화 제재를 개별적인 분석과 종합적인 고찰로 체계 있게 다루
기도 전에 무덤 주인공을 둘러싼 논쟁에 연구자들의 관심이 쏠리게 된
것이다.

　1957년 화가이자 미술사가로 이름을 날렸던 김용준은 묵서명 주인공
의 직명과 벽화 속 무덤 주인공의 시종에 해당하는 인물들의 직명이 서
로 대응되는 점, 무덤 구조가 요양 석곽묘와 계통으로 보아 맞닿아 있
는 점, 벽화 속 인물이 걸치고 있는 복식이 고구려답지 않은 점을 들어
'동수묘설'을 다시 제기하였다. 결국 1958년 책으로 출간된 안악3호분
발굴보고서에서 안악3호분 주인공을 단정하지 않음으로써 북한 학계는
무덤 주인공을 둘러싼 논쟁을 슬그머니 비켜갔다.

　그러나 학계의 이러한 유보적인 태도에도 불구하고 논쟁은 수그러들
지 않았다. 고구려가 역사와 문화를 독자적으로 전개해나갔다는 사실
과 안악3호분을 연관지으려 하는 북한 학계 한쪽에서 계속 강박증에 가
까운 역사 인식에 사로잡혀 있었기 때문일 것이다. 1959년 전주농은 무

덤 규모와 벽화 중 대행렬도의 규모가 왕릉급이며, 그림 속에 '성상번聖
上幡'이라는 글이 쓰인 기旗가 보이고, 벽화 주인공의 옷차림이 왕을 나
타낸다는 점을 들어 안악3호분은 왕릉이라는 견해를 내놓았다. 1963년
에는 여기에서 한 걸음 더 나아가 박윤원, 주영헌, 전주농이 '미천왕릉
설'을 동시에 제시하였다. 이후 이들이 내놓은 설은 별다른 반박 없이
북한 학계에서 통설로 굳어졌다. 이를 확인시켜주는 것이 1966년 간행
된 안악3호분 연구논문집인 《미천왕무덤》이다.

1970년대까지 유력하던 '미천왕릉설'은 1980년대에 다시 막연한 왕
릉설로 후퇴하는 듯한 기미를 보이다가, 1990년대에는 박진욱이 발표
한 '고국원왕릉설'을 계기로 바뀌었다. 박진욱이 내놓은 이 설은 북한
학계가 1980년대 말부터 주장한 '황해도 신원 하성 일대가 고구려 남평
양'이라는 설과 밀접한 관련이 있다. 남평양설은 고구려가 삼국통일을
추진하기 위해 4세기 후반 고국원왕 때부터 황해도 신원 일대를 남방
진출의 전진기지로 개발했다는, 북한 학계가 독자적으로 내놓은 견해
이다. 이 설을 받아들이면 재령강 유역인 안악 일대에 평양성 전투에서
전사한 고국원왕 무덤이 있다고 보아도 큰 무리가 없다. 따라서 '고국
원왕릉설'은 안악3호분에 담긴 역사·문화적 정보 자체를 분석하고 종
합하여 내린 결론이라기보다는 남평양설과 연관시켜 내놓은 견해인 셈
이다. '고국원왕릉설'은 이후 손영종이 《고구려사》를 통해 더 뚜렷히
밝혔고 북한 학계에서 새로운 통설로 자리잡았다.

이처럼 북한 학계가 안악3호분의 구조나 벽화, 무덤 안에서 발견한
묵서명 자체보다 무덤 주인공이 누구냐는 문제에 지나치게 매달려온
것은, 이미 말했듯이 현실의 필요를 바탕으로 과거를 이해하려고 했기
때문이다. 이른바 주체사관을 바탕으로 정리된 고구려 정통론이 안악3
호분 연구자들의 발목을 잡고 있는 셈이다. 정치적으로 김일성 계열에
대항할 수 있는 세력이 대부분 제거된 1960년대 중반에 이르러 '미천왕

릉설'이 통설로 굳어진 것과, 주체론을 중심으로 지도이념 정리가 끝난 뒤 고구려가 중심인 삼국통일 추진설이 본격적으로 제기된 지 얼마 안 된 1990년대 초부터 '고국원왕릉설'이 다시 부상하여 새로운 통설로 굳어지는 현상이 이를 잘 말해준다.

꼬리에 꼬리를 무는 의문

북한 학계가 현실 정치의 압력 속에서 수십 년째 '안악3호분 주인공' 문제에 붙잡혀 있는 것과 견주어 볼 때, 한국과 일본 학계는 상대적으로 자유롭게 안악3호분의 묵서명에 접근하는 편이다. 물론 한국의 역사 학계 역시 겉으로는 잘 드러나지 않으나 민족주의를 내세운 고대사 해석을 강하게 요구하는 사회 분위기에서 완전히 자유롭지는 않다.

한국 학계는 1959년 재일在日 사학자 이진희가 소개하고 안악고분군 조사에 참여했다가 남으로 내려와 교편을 잡은 채병서가 보고함으로써 안악3호분 묵서명에 대한 구체적인 정보를 접하게 되었다. 이후 1960년 김원룡이 채병서의 견해에 동의하며 내놓은 '동수묘설'을 별다른 이의 없이 받아들이고 있다. 좀더 정확히 표현하면 고구려 유적·유물을 직접 접근한다는 것이 사실 불가능했을 뿐 아니라, 접근 시도조차 사회주의와 관련하여 오해받을 수도 있던 당시 정치 상황 때문에 안악3호분의 묵서명에 적극적으로 관심을 갖기가 어려웠던 연구자들은 '동수묘설'에 대해 다른 의견을 제시할 수 없었던 것이다. 1989년 공석구가 묵서명을 치밀하게 고찰한 결과로 '동수묘설'을 다시 내놓기 전까지 안악3호분 묵서명을 다룬 글로는 1978년 김정배가 북한 역사학계와 관련 있는 논쟁을 정리하며 소개한 것이 유일할 정도다. 안악3호분 주인공 문제는 한국 학계가 관심을 가지는 대상에서 사실상 제외되었던 것이다.

공석구는 안악3호분의 묵서명 자체를 진지하게 검토함으로써 앞선 연구에 배어 있던 경향과 모호함에서 한 걸음 벗어난 모습을 보였다.

동수의 묵서명이 갖추고 있는 묘지墓誌로서의 성격을 확인하기 위해 4세기 전후 중국과 한국에서 씌어진 유사한 묘지들의 체제와 형식을 비교·분석하였으며, 묵서명과 무덤 주인공 밑에 있는 속료屬僚들의 직명을 세부적으로 검토하였다. 그 결과 동수의 관직과 작위는 자칭한 것이며, 묵서명은 태수급太守級 관료의 속관屬官인 장하독帳下督의 것이 아닌 무덤 주인의 묘지라는 결론을 내렸다. 1998년 공석구는 안악3호분 무덤 주인공이 쓴 관모冠帽를 분석한 결과를 발표하여 자신의 '동수묘설'을 더 구체적으로 뒷받침하였다.

안악 3호분 오른쪽 곁방에 그려진 장하독
묵서명은 태수급 관료의 속관인 장하독의 것이 아닌 무덤 주인의 묘지라는 견해가 있다.

안악3호분이 말하는 것과 말하지 않는 것

고구려의 옛 땅에서 벽화고분들이 발견되지 않았다면 우리는 고구려의 역사와 문화를 어떻게 이해하였을까. 고분벽화가 없었다면 금석문과 문헌자료만으로 고구려 사람들의 얼굴과 복식, 생활, 그들이 믿던 하늘세계의 모습과 존재들을 읽어내고 그려낼 수 있었을까. 고구려 남·북 문화의 차이와 시대에 따른 변화나 관심 따위를 짚어낼 수 있었을까.

70여 년에 걸친 대 수·당 전쟁에서 결국 고구려가 패배하자 수도 평양을 비롯한 주요 도시들은 잿더미가 되었다. 살아남은 주민 가운데 일부는 포로가 되어 수천 리 떨어진 전승국 당나라의 내지나 혹은 가까운 신라의 구석진 곳으로 붙잡혀 가고, 다른 일부는 초원 지대나 삼림 지대로 숨어들었다. 몇 안 되는 남은 자들도 이제는 동아시아의 강국 고구려 국민이 아니라 패전으로 무너져 없어진 나라의 사람으로서 역사의 폐허에 기대어 목숨을 겨우 이어갈 뿐이었다.

고분벽화는 어떤 의미에서는 잊혀진 역사, 지워진 문화를 기억해내고 되살려내는 마술도구와 같다. 고분벽화 속 명문은 이것에 시·공간을 부여함으로써 구체적인 형태와 발 딛을 자리를 마련해주는 타임머신에 해당한다. 그러나 영화에서도 타임머신이 기기 결함이나 운전자의 부주의 등 여러 가지 이유로 오작동하여 등장인물들이 원하지 않거나 예상치 못한 시간대에 떨어져 낭패에 빠지듯이, 고분벽화의 명문도 정확한 시·공간의 범위를 제공해주지 않는 까닭에 고분벽화로 읽어내고 볼 수 있는 한 사회의 모습 역시 일정하지 않을 수 있다. 고분벽화라는 역사문화 자료에 탑승한 사람은 자신이 어느 시대로 갔는지 명확히 알지 못하기도 한다.

안악3호분 벽화는 4세기 중엽에 제작된 것이 확실하지만, 당시 고구려 사회에서는 낯선 기법의 장의미술 작품이었을 가능성이 높다. 무덤 형태 역시 돌무덤이 중심인 고구려 고유의 묘제와는 거리가 있는 돌방무덤이며, 무덤 구조도 이후 고구려에서 유행하는 돌방무덤에서는 거의 찾아 볼 수 없는 회랑식回廊式이다. 더구나 안악3호분은 고구려가 북쪽으로 올라오는 백제와 맞부딪쳐 일진일퇴를 거듭하던 시기에 전장에서 그리 멀지 않은 안악 지역에 축조되었다. 낙랑ʹ·대방 지역을 안정감 있게 점령·지배하지 못하던 357년 전후에 고구려는 정말 대방의 옛 땅 한가운데에 왕릉을 만들었을까. 굳이 만들었다면 그 이유는 무엇일까. 안악3호분을 놓고 풀리지 않는 의문이 꼬리에 꼬리를 물고 이어진다.

묵서명은 왜 무덤 주인의 초상이 있는 앞방이 아니라 오른쪽 곁방 어귀에 그려진 두 장하독 곁에 씌어 있었을까. 이 묵서명은 무덤 주인의 묘지일까. 장하독의 묘지일까. 무덤 주인의 묘지라면 왜 어귀 위쪽이 아닌 장하독 곁에 썼을까. 다른 장하독 곁에 있는 묵서 흔적도 무덤 주인 묘지의 일부일까. 망명객 동수가 무덤 주인이라면 고구려에서 얼마나 극진한 대우를 받았기에 총면적 46m²에 이르는, 중국 위진魏晋대에

규모가 중급이 넘는 돌방무덤을 고구려 땅 안에 짓고 대규모 벽화를 남길 수 있었을까. 묵서명의 관직과 작위는 동수가 살아 있을 때부터 자칭한 것일까, 죽은 뒤 망자가 생전에 가졌던 바람을 담은 것일까. 스스로 일컫는 칭호가 아니라면 고구려에서 동수에게만 허용한 것일까. 고구려가 함께 망명한 다른 주요 인사들은 전연으로 돌려보내면서 동수를 남게 한 이유는 무엇일까. 동수에게 어떤 특별한 역할을 맡긴 것일까. 그렇다면 그의 무덤이 그토록 크게 축조된 것은 그가 맡은 어떤 일을 훌륭히 치른 데 대한 보답일까.

읽을 수는 있으나 이해하기 어렵고, 볼 수는 있으나 설명하기 어려운 문제가 아닐 수 없다. 많은 연구자들이 여러 가지 연계 고리를 찾아 이어보면서 역사의 진실에 접근하고자 하지만 아직은 '동수설', '고구려 왕릉설' 모두 상대를 설득하는 데에는 성공하지 못하였다. 묵서명의 주인공 망명객 동수는 실제 어떠한 삶을 살았을까. 안악3호분이라는 무덤의 주인의 삶과 동수의 삶은 하나일까, 둘일까. 함께 헤쳐나가야 할 길이 멀기만 하다.

— 글쓴이 전호태

고구려는 정말 유주를 지배했는가
― 유주자사 진묘지

묵서명 논쟁, 그 이후

안악3호분과 덕흥리 벽화분은 지금까지 100여 기가 발견된 고구려 벽화고분 가운데 벽화고분의 축조와 벽화 제작 시기를 알 수 있고, 무덤주인이 누구인지를 알거나 짐작할 수 있는 드문 사례에 해당한다. 이것은 물론 두 고분의 내부에서 발견된 묵서명 덕분이다.

그러나 두 고분의 묵서명은 발견과 동시에 그치지 않는 논란의 불씨를 제공하였다. 1,500여 년 전에 씌어진, 옛사람들의 이력에 관한 이 길지 않은 글들을 어떻게 해석하느냐에 따라 동아시아 각국의 이해관계가 갈리기 때문이다. 북한은 이들 묵서명을 고구려시대부터 우리 민족이 자주적인 역사를 꾸려왔다는 증거로 삼고 싶어하는 반면, 중국은 이를 통해 고구려가 중국 영토 안에서 꾸려진 변방에 불과했다고 설명하려 한다. 또 일본은 고구려사를 동북아시아의 북방사로 서술하려 하고, 한국은 만주와 한반도를 포괄한 역사로 인식하려 한다.

덕흥리 벽화분 앞방 천장고임 안쪽 하단에 있는 묵서 묘지명
14행 154자로 된 이 묵서명 가운데 무덤 주인 유주자사 진의 정체를 밝히는 데 큰 도움을 줄 출신 군의 이름
과 성씨 부분은 판독되지 못하였다.

1 □□郡信都[縣]都鄉[中]甘里

2 釋加文佛弟子□□氏鎭仕

3 位建威將軍[國]小大兄左將軍

4 龍驤將軍遼東太守使持

5 節東[夷]校尉幽州刺史鎭

6 年七十七薨[焉]永樂十八年

7 太歲在戊申十二月辛酉朔廿五日

8 乙酉成遷移玉柩周公相地

9 孔子擇日武王[選]時歲使一

10 良葬送之後富及七世子孫

11 番昌仕宦日遷移至庶王

12 造藏萬功日煞牛羊酒宍米粲

13 不可盡掃旦食鹽豉食一椋記

14 [之][後]世寓寄無疆

격동기의 5호16국시대

□□군 신도현 도향 □감리 사람으로 석가문불의 제자인 □□씨 진은 역 임한 관직이 건위장군 국소대형 좌장군 용양장군 요동태수 사지절 동이 교위 유주자사였다. 진은 77세로 죽어 영락18년 무신년 초하루가 신유일 인 12월 25일 을유일에 (무덤을) 완성하여 영구를 옮겼다. 주공이 땅을 보고 공자가 날을 택했으며 무왕이 때를 정했다. 날짜와 시간의 택함이 한결같이 좋으므로 장례 후 부는 7세에 미쳐 자손이 번창하고 관직도 날 마다 올라 자리는 후왕에 이르기를. 무덤을 만드는 데 1만 명의 공력이 들 었고, 날마다 소와 양을 잡아서 술과 고기, 쌀은 먹지 못할 정도이다. 아 침에 먹을 간장을 한 창고 분이나 두었다. 기록하여 후세에 전한다. 무덤 을 찾는 이가 끊이지 않기를.

덕흥리 벽화고분의 주인공 유주자사 진鎭의 묘지 해석문이다. 오랜 시간 인적이 끊긴 때도 있었지만, 묻힌 자와 남은 자의 바람대로 지금 은 이 무덤을 찾는 이들의 발걸음이 끊이지 않는다. 일세의 영웅 국강 상광개토경평안호태왕國岡上廣開土境平安好太王, 일명 영락대왕의 시대 에 왕을 모시고 전장을 누볐을 한 인물의 삶이 14행 154자 묵서가 되어 1,500여 년을 견딘 벽화와 함께 무덤 안에서 후세 사람들을 맞고 있다.

이 무덤의 주인공 진은 과연 어떤 사람이었기에 무덤을 만드는 데 1 만 명의 공력을 들일 수 있었을까. 한 시대를 호령했을 법한 주인공의 행적을 더듬기에 앞서 그가 살던 시대는 어떠했는지 한 번 살펴보자.

묘지명에 나오는 영락永樂 18년 무신년戊申年은 408년이지만, 초하루 가 신유일辛酉日은 12월 25일, 을유일乙酉日은 양력으로 409년 1월 26일 이다. 이때는 광개토왕의 시대, 하룻밤 사이에 중원의 주인이 바뀌는 열국흥망의 시대, 영웅호걸과 풍운아의 시대였다. 오늘 중원을 제패했다고 선언하며 일어선 나라가 다음날이 오기 전, 뒤이어 일어선 나라에 무너져 자취도 없이 사라지는 일이 수두룩했다. 이른바 5호16국의 쟁패 시대다.

391년 열아홉 살에 왕좌에 오른 광개토왕 담덕談德은 타고난 전략가 이자 뛰어난 장수였으며 이름 그대로 덕德을 지닌 인물이었다. 중원의 혼란으로 동아시아 전체가 새로운 질서를 세우기 위한 소용돌이에 빠져든 상태에서 고구려 역시 이 험한 물살에 휩쓸리지 않을 수 없었다. 게임의 법칙을 몸소 체험하여 터득하고, 수시로 적절한 선택과 결단을 내려야 하는 리더의 역할이 무엇보다도 중요한 시기였다. 광개토왕은 부친 고국양왕故國壤王의 뒤를 이어 16국시대 북중국에서 밀려드는 파고를 막아내는 한편, 고구려를 동북아시아의 패자이자 동아시아 강국으로 자리잡게 하는 소임을 맡았다. 실제로 광개토왕이 재위 20년 동안 펼친 정치 · 군사 · 문화 활동에 힘입어 5세기 중엽부터 고구려는 중국 남조와 북조, 초원지대의 강자 유연柔然과 함께 동아시아 4대 강국의 하나로 떠오르게 되었다.

열국의 흥망이 엇갈리던 5세기 전후 동아시아에서 고구려와 주로 겨루던 상대는 선비족鮮卑族 모용씨慕容氏가 세운 연燕이었다. 4세기 초부터 갈족羯族의 후조後趙, 저족氐族의 전진前秦과 적절히 교섭 관계를 이어갔지만, 모용씨가 세운 전연 · 후연 등과는 주로 요동 지역 쟁패를 둘러싼 갈등이 계속되고 있었다. 요하遼河 유역을 근거로 서쪽으로 중원 진출을 도모하던 연으로서는 요동으로 뻗어 나오려는 동방의 강국 고구려가 걸릴 수밖에 없었고, 요동을 손아귀에 넣어 서방을 안정시키려던 고구려로서는 연이 계속 세력을 확장해나가자 경계하지 않을 수 없었다. 충돌은 피할 수 없었고, 전투마다 그 결과가 두 나라에게는 흥망으로까지 이어질 수 있어 정예군까지 동원해 대규모 전투를 거듭 치렀다. 격렬한 전투가 이어지면서 두 나라 국경은 끊임없이 바뀌었고, 그 지역에 사

덕흥리 벽화분 투시도
위는 동쪽에서 서쪽을, 아래는 서쪽에서 동쪽을 투시한 그림이다. 벽화 제재의 배치 상황으로 볼 때, 무덤 주인의 저택은 바깥채와 안채로 구분되었고, 바깥채에서는 무덤 주인의 공적 지위와 관련한 일부 업무를 처리했으며, 안채는 사적인 생활을 하는 공간으로 보호되었다고 할 수 있다.

덕흥리 벽화분 벽화 제재와 구성 방식

위치/방향		널방 안벽을 기준으로 한 방향				회랑	주제
		왼쪽	앞쪽	오른쪽	안쪽		
널길	천정						
	벽	수문장, 인물, 연못		수문장, 괴물, 인물, 나무			생활
앞방	천정	연꽃					
	고임	해, 별자리, 상금서수, 사냥	별자리, 은하수, 견우직녀, 상금서수, 사냥	달, 별자리, 선인옥녀, 상금서수	북두칠성, 별자리, 상금서수, 묘지명		하늘세계
	벽	대행렬	행렬, 관리, 봉물	13태수 배례	무덤 주인 행렬	기둥	생활풍속
이음길	천정						
	벽	무덤 주인의 부인 출행		무덤 주인 출행			생활풍속
널방	천정	연꽃					
	고임	무늬, 도리, 보, 활개	무늬, 도리, 보, 활개	무늬, 도리, 보, 활개	무늬, 도리, 보, 활개		하늘세계
	벽	연못, 칠보공양	연못, 마구간, 외양간	마사희, 누각, 고상창고, 말, 마부	무덤 주인, 시종, 우교차	기둥	생활풍속

는 주민들은 잦은 영역 변동으로 소속이 바뀌거나 처지가 달라졌다.

336년 전연에서 고구려로 망명한 송황, 곽충, 동수도 같은 운명이었다. 이들 가운데 일부는 전연의 요구로 347년 송환되지만, 동수는 끝까지 고구려에 남았다. 이후 392년 거란을 친 고구려군은 거란인을 포로로 잡아오는 데 그치지 않고 거란에 붙잡혀 갔던 백성 1만 명을 되찾아 왔으며, 400년 후연後燕은 고구려 땅 700리를 쳐서 빼앗은 뒤 그곳의 민호民戶 5,000여 호를 요서遼西로 옮기게 했다. 전쟁과 잦은 영역 바뀜, 인적 이동이 극심하던 당시 상황을 잘 보여주는 사례들이다.

덕흥리 벽화분의 주인공 유주자사 진鎭은 이러한 시대를 산 광개토왕대 인물로, 그 역시 시대의 풍운아였을지 모른다. 묘지에서 풍기는 여운이 그러하다. 이곳 묘지와 벽화는 이미 현대 한국사 연구에서 풍운아로, 시대의 수수께끼로 자리매김한 지 오래다. 어떠한 점들이 이런 평가를 내리게 했을까. 왜 덕흥리 벽화분의 주인공은 수수께끼 속 인물이 된 것일까.

최고의 정보 창고, 덕흥리 벽화분을 발견하다

1976년 관개수로 공사 중에 발견한 덕흥리 벽화분(남포시 강서구역 덕흥리)은 벽화의 내용이 풍부할 뿐

평안남도 남포직할시 강서구역
덕흥리에 위치한 덕흥리 벽화분
408년에 제작된 이 무덤은 생활
풍속도가 그려진 두칸 무덤이다.

아니라 무덤 주인공의 묘지까지 남아 있어 조사자들을 흥분시켰다. 앞방과 널방으로 구성된 전형적인 두 방무덤의 벽과 천장고임 가득 벽화가 그려진 데에 더하여 벽화마다 묵서로 된 설명문이 있어 벽화 내용을 이해할 수 있었다. 또한 앞방 안벽 가운데 상단에서 묵서로 쓰인 무덤 주인의 묘지까지 발견됐다. 무덤

덕흥리 벽화분 앞방 안벽과 천장고임 안쪽의 묵서명 및 벽화

묵서명은 무덤 주인이 '석가문불제자'임을 밝히고 있다. 앞방 천장고임에 그려진 하늘세계의 구성원들은 동아시아의 전통적인 별자리 신앙 및 신선 신앙과 관계가 있다.

안 56곳에 쓰여진 600여 자에 달하는 고구려시대의 묵서 기록이 세상에 얼굴을 드러낸 것이다.

이 정도라면 1949년 안악3호분을 발견한 이래 가장 큰 성과라고 해도 지나친 말이 아니리라. 무덤 속 묵서명의 주인공을 놓고 지금까지 논란의 불씨가 꺼지지 않는 안악3호분에 견주면, 묘지가 무덤 주인의 것이 분명하고 이에 더하여 무덤 주인공 진이 '유주자사'를 지냈음을 알리는 일부 내용은 북한 학계 연구자들을 한껏 들뜨게 했다. 고구려가 4세기 후반 어느 시점에 하북河北과 산서山西 지역을 포함한 유주 일대를 지배했다니, 이 얼마나 놀랍고 반가운 소식이었을까.

127쪽 표에서 잘 드러나듯이 덕흥리 벽화분 벽화는 생활풍속이 주제이다. 무덤에 묻힌 이가 살아 있을 당시의 생활을 잘 정리하여 무덤 안에 재현해놓음으로써 내세에서 더 나은 삶을 살기를 기원했다. 벽화에서 특히 눈길을 끄는 것은 앞방 안벽의 주인공이 오른쪽 벽에 그려진 유주 13군 태수의 배례를 받는 장면이다. 묘지 중 '유주자사'라는 관직을 무덤 주인공 진이 실제 지냈는지를 밝혀줄 중요한 열쇠이기 때문이다.

덕흥리 고분벽화 속 하례 장면
앞방 안벽의 주인공이 오른쪽 벽에 그려진 유주 13군 태수의 하례를 받는 장면이다.

또 하나 관심을 모으는 벽화는 널방 윈벽에

그려진 칠보행사七寶行事 장면이다. 그림에서 행사의 중심 인물인 듯한 사람 곁에 씌어진 묵서 설명문에 '중리도독中裏都督'이라는 직명이 보이는데, 이 직명은 무덤 주인공의 묘지에는 나타나지 않기 때문이다. 이 직명의 정체가 무엇인지, 무덤 주인공이 역임한 직명인지, 그렇다면 묘지에 등장하지 않는 까닭은 무엇인지, 묘지 관위와 직명은 허직虛職인지 아니면 실직

덕흥리 벽화분 널방 왼벽 벽화에 그려진 칠보공양 장면
불교도임을 자처한 무덤 주인이 실제 불교와 관련한 행사를 열고 이에 참여했음을 알 수 있다. 문제는 칠보공양 당시 무덤 주인의 직책이 고위직이라고 할 수 있는 '중리도독'으로 명기되어 있는데, 묘지명의 역임 관직명에는 이 직명이 나오지 않는다는 사실이다.

實職인지 등을 검토해보아야 한다. 무덤 주인공 진은 중리도독과 유주자사를 모두 역임하였을까. 만일 그렇다면 두 직명 모두 고구려와 관련된 다른 역사 기록에는 등장하지 않는 까닭은 무엇일까. 두 직명이 허구라면 허구의 직명이 벽화에 등장하는 이유는 무엇인가. 진은 어떤 인물이며 어떤 삶을 살았기에 역사에도 기록되지 않은, 그러나 그 비중이 결코 가볍지 않은 이러한 직명들을 묘지와 묵서 설명문 속에 남겨놓았을까.

덕흥리 벽화분 묵서 설명문 배치도

위치/방향		널방 안벽을 기준으로 한 방향			
		왼쪽(동)	앞쪽(남)	오른쪽(서)	안쪽(북)
널길	천정				
널길	벽	童□□端 卅□ 道者□□□ 笑		太歲在己酉二月二日辛酉成關此 埡 戸大吉吏	
앞방	천정				
앞방	고임	①飛魚□象 ②靑陽之鳥一身兩頭 ③陽□之鳥履火而行	①仙人之蓮 ②吉利之象 ③牽牛之象 ④□□之象 ⑤富貴之象 ⑥猩猩之象	①千秋之象 ②萬歲之象 ③玉女之幡 ④玉女之□ ⑤仙人持幢	①地軸一身兩頭 ②天馬之象 ③灾雀之象 ④□毒之象 ⑤搏位之□頭生四耳 □有(得)自明在於右 ⑥賀鳥之象學道 不成背負藥□ ⑦零陽之象學道 不成頭生七□ ⑧喙遠之象 墓誌: □□郡信都「縣」都鄉「中」甘里 釋加文佛弟子□□氏鎭仕 位建威將軍「國」小大兄左將軍 龍驤將軍遼東大守使持 節東「夷」校尉幽州刺史鎭 年七十七薨焉永樂十八 年 太歲在戊申十二月辛酉朔卅五 日 乙酉成遷移玉柩周公相地 孔子 擇日武王「選」時歲使一 良葬送之 後富及七世子孫 番昌仕宦日遷移 至庚王 造藏萬功日煞牛羊酒宍 米粲 不可盡掃旦食鹽鼓食一椋記 「之後」世寓寄無疆
앞방	벽	①鎭□刺史司馬 ②御使導從時 ③治中別駕 ④使君出遊時	오른쪽 벽: 鎭□「府長」史「司」馬參軍典軍錄事□曺僉史諸曺職「吏」故銘記之 왼쪽벽: 薊縣令捏軒弩	上端: ①此十三郡屬幽州部縣七十五 州治廣薊今治燕國去洛陽二千三百 里都尉一部幷十三郡 ②六郡太守來朝時 通事吏 ③奮威將軍燕郡太守來朝時 ④范陽內史來朝論州時 ⑤魚陽太守來論州時 ⑥上谷太守來朝賀時	

			⑦廣寧太守來朝賀時 ⑧代郡內史來朝□□□ 下端:①諸郡太守通使吏 ②〔北平〕太守來朝賀時 ③遼西太□□朝賀時 ④昌黎太守來論州時 ⑤遼東太守來朝賀時 ⑥玄兔太守來朝□□ ⑦潫良太守來□□□ ⑧□□□□□□□□	
이음길	천정			
	벽			
널방	천정			
	고임			
	벽	①此人爲中裏都督典知七寶自然音樂自然飲食有□之燔□□□□ ②此人與七寶俱生是故儉嗫吓之 ③此二人大廟作食人也 ④此二人持刀侍〔衛〕七寶□時 ⑤此二人持菓□食時	此是 前廚養馬子	①此爲西蘭中馬射戲人 ②射戲注記人	

유주자사 진은 고구려인일까 망명객일까

진은 □□군郡 신도현信都縣 도향都鄉 □감리〔甘〕里 사람이다. 신도현 위치를 북한 연구자들은 《고려사》〈지리지 3〉의 '가주嘉州 본고려신도 군本高麗信都郡'이라는 기사를 근거로 평북 운전·박천 일대로 본다. 반면 중국 연구자들은 《진서晉書》〈지리지(상)〉에 보이는 '기주冀州 안평 국安平國 신도현信都縣'에 관한 기사를 근거로 신도현이 하북河北의 안평安平(284년 이후의 장락長樂)에 있었다고 주장한다. 출신 군郡의 이름을 확인할 수 없는 상태여서, 어느 설에 무게를 두는가에 따라 주인공 진鎭이 엮어 낸 삶의 궤적에 대한 이해는 달라지게 된다.

북한 연구자들이 내세우는 견해대로라면 고구려 땅에서 태어나 성장한 인물이 되는 반면, 중국 연구자들 해석대로라면 16국시대 전연前燕 땅에서 태어나 선비족 모용씨 정권에서 관료를 지낸 사람이 된다. 도향都鄉은 군이나 현의 중심 관청이 있던 향鄉을 가리키는데, 고구려에 이러한 행정 단위가 도입되었는지의 여부는 알 수 없다. □감리〔甘〕里 역시 어디인지 확실하지 않다. 북한 학자 손영종은 리里 앞의 글자를 감甘으로 읽으면서 현재 평북 운전군 삼광리에 중감리라는 지명이 남아 있음을 근거로 '신도＝고구려 지명설'을 뒷받침하려 하였다. 하지만 고구려에서 향리제鄉里制가 실시되었는지 확인되지 못한 상황임을 고려하면 '중감리설'에 대한 판단을 내리기에는 아직 이르다.

묘지가 발견되었는데도 불구하고 출신 지역을 명확히 알 수 없는 진이 역임한 관직은 '건위장군 국소대형 좌장군 용양장군 요동태수 사지절 동이교위 유주자사'다. 용양장군까지는 무덤 주인공이 획득한 위계이고, 요동태수부터는 역임한 관직이다. 4세기 중국에서 통용되던 진晉의 관위체계를 기준으로 삼을 경우, 건위장군은 4품, 좌장군과 용양장군은 3품이다. 국소대형은 덕흥리 벽화분에 처음 나오는 것으로 대형大兄에서 파생된 고구려 관등명이 확실하다. 요동태수는 요동군遼東郡의 장관을 가리키는 명칭이고, 사지절은 주州의 장관이나 장군에게 주는 칭호이며, 동이교위는 조위曹魏 때에 중국 북방과 동방의 이민족에 관한 업무를 처리하기 위해 설치된 관직이다. 유주자사는 유주幽州의 장관을 가리키는 명칭이다. 이러한 위계와 관직명은 덕흥리 벽화분의 주인공 진이 전연 혹은 고구려의 중앙 정부에서 비교적 높은 위계에 오르고, 외관으로서도 주요한 자리에 이르렀음을 보여준다.

불제자佛弟子를 자임한 진의 성씨는 알 수 없다. 이미 372년 고구려에서 불교를 공인한 뒤 불교 신앙을 적극 장려하였음을 고려하면, 진이 불제자라 일컫은 것은 자연스럽게 받아들여질 수 있다. 그러나 무덤 터를 잡기 위해 상지相地, 택일擇日, 선시選時했다는 기록에는 위진魏晉대 중국인의 장지葬地 선정과 관련한 관습 및 관념이 짙게 배어 있다. 석가문불, 곧 석가모니여래의 제자라고 선언했는데도 재래의 계세적繼世的 내세관과 관련이 깊은 장지풍수관葬地風水觀이 장의 과정에 적용되고

고구려 관등제의 변천

고구려 관등제는 시기별 정치 운영 방식을 잘 보여준다. 3세기경의 《삼국지》〈동이전〉 고구려조에는 상가相加·대로對盧·패자沛者·고추가古鄒加·주부主簿·우태優台·사자使者·조의皂衣·선인先人 등의 관명이 나오는데, 대부분 《삼국사기》〈고구려본기〉에서 확인된다. 이들 관명은 대체로 각 나부那部의 여러 세력에게 수여한 것(패자·우태·조의), 계루부 왕권을 뒷받침하던 것(주부·사자), 그리고 각 나부가 자치권을 행사하기 위해 설치한 것(사자·조의·선인) 등으로 분류된다. 계루부가 자치권을 보유한 각 나부와 함께 정치를 운영하던 양상을 잘 보여주는 것이다.

초기 관등제는 3세기 후반 이후 왕권 강화와 나부의 해체에 따라 변모한다. 종래 나부의 유력 세력에게 수여하던 관등이나 나부의 자치권을 뒷받침하던 관등은 소멸하거나 변질되었다. 그리고 왕권을 중심으로 중앙귀족을 일원적으로 편제하는 과정에서 형계兄系와 사자계使者系를 중심으로 하는 새로운 관등제가 성립되었다. 형계·사자계 중심의 관등제는 중앙귀족과 관원의 증가에 따라 여러 단계의 분화를 거쳐 5~6세기경에는 12등급으로 정비되었다(大對盧, 太大兄, 主簿, 太大使者, 位頭大兄, 大使者, 大兄, 拔位使者, 上位使者, 小兄, 諸兄, 先人 등). 이러한 관등제는 후기까지 지속되었는데, 다만 6세기 중반경 귀족 연립체세의 성립에 따라 제1등인 대대로大對盧가 최고 실권직으로 부상하고, 5등급인 위두대형位頭大兄 이상이 국가의 기밀을 장악하게 되었다.

있는 것이다. 이러한 관습과 관념이 위진에서 고구려로 소개되어 고구려 귀족인 진의 장의에 반영된 것인지, 아니면 전연과 후연後燕의 관료 출신인 진이 익히 알고 있는 대로 따른 것인지 현재로서는 알기 어렵다. 출신을 파악하는 보조 자료이자 때로는 결정적인 정보가 될 수 있는 성씨 역시 묘지에서 확인되지 않기 때문이다. 씨 앞의 두 글자, 혹은 한 글자가 심하게 흐려져 거의 읽을 수 없는 상태다.

일흔일곱에 죽어 408년 장사를 치렀다고 하니 빈殯의 기간 등을 고려하지 않은 채, 진이 408년 사망한 것으로 보고 태어난 해를 단순 계산하여 추정하면 332년 정도가 된다.

고구려 고국원왕 2년 고구려의 신도에서 태어나 3품 관위까지 오르고 고구려가 새롭게 개척한 광대한 땅 유주의 자사를 역임한 한 사람이 생을 마치고 새 수도로 정비되던 평양에서 멀지 않은 남포의 산기슭에 묻힌 것이다.

혹은 중국 동진 성제 7년 전연의 신도에서 태어난 한 인물이 전연 모용씨 정권의 중심 관료로 성장하여 전연 혹은 후연에서 유주자사까지 차례로 지냈지만 나라가 망하자 동방의 고구려로 망명, 남포 근처에서 벼슬살이를 하다가 죽음이 임박하자 좋은 무덤 터를 마련한 뒤 그곳에서 고단한 수십 년 타향살이를 갈무리한 것이다.

과연 어느 쪽이 진실일까. 어느 쪽이 □□씨 진이 실제 꾸렸던 삶일까.

풀리지 않는 수수께끼 - 고구려는 유주를 지배하였는가

덕흥리 벽화분 묘지와 벽화 사진을 외부 세계에 처음 소개한 것은 일본이었다. 발견 2년 뒤인 1978년 《조일그라프あさひぐらふ》와 《매일그라프毎日ぐらふ》를 통해 북한 학계가 무덤 주인 진을 광개토왕대에 유주자사를 역임한 인물로 보고 있다고 외부에 알린 것이다. 그러나 고구

려 벽화고분에 관한 새로운 자료에 접한 한국 학계는 북한 측이 보여준 시각과 해석에 회의적인 반응을 보였다. 1979년 김원룡은 일본 잡지에 소개된 자료를 국내에 소개하면서 덕흥리 벽화분의 주인공 진을 중국인으로서 유주자사를 지내다가 고구려로 망명해 온 인물로 보는 견해를 내놓았다. 같은 해 북한 학자 김용남은 이 무덤의 구조와 벽화 내용을 상세히 소개하는 한편, 진은 고구려에서 출생하였으며, 4세기 말 고구려가 요하 유역에서 산서 북부에 이르는 지역에 걸쳐 설치한 유주의 자사刺史로 임명받은 인물이라고 주장하는 글을 발표하였다. 덕흥리에서 발견된 고구려시대 벽화분 하나가 4세기 말에서 5세기 초에 고구려의 영역과 통치체계뿐 아니라 동아시아 정세 전반을 이해하는 방식과 관련한 새로운 논쟁의 불씨를 제공한 것이다.

1979년 북한 학계는 《조선전사》3(고구려 편)을 간행하면서 고구려의 '유주 진출설'을 좀더 구체적으로 펼쳐놓았다. 370년 전연이 멸망하자 북중국 일부가 혼란에 빠진 틈을 타 고구려가 유주를 점령하였으며, 이로 말미암아 13군 75현을 거느리게 되었다는 것이다. 1981년 출간된 발굴 보고서는 이러한 인식을 바탕에 깐 학술 고증의 성격을 강하게 띠고 있다. 덕흥리 벽화분의 구조와 벽화 내용 등이 인접 지역에 자리한 한족과 선비족의 것과는 차이가 있는 반면, 다른 고구려 고분과 계통이 닿아 있는 부분이 많다는 주영헌의 글, 덕흥리 벽화분에 나오는 유주가 중국 역대 왕조의 유주와는 군의 구성 단위와 총수 등에서 차이를 보이며, 이 유주는 376년까지 유지되었다는 박진욱의 글이 함께 담겨 있어 발굴 보고서가 가진 의도를 강하게 드러내고 있다.

북한 학계가 보여준 이러한 인식과 서술을 놓고 흥미롭게도 북한과 사회주의 동맹 관계를 강조하는 중국 역사학계에서 먼저 적극적으로 반론을 펼치기 시작했다. 1982년 유영지劉永智는 덕흥리 벽화분이 주로 적석총인 고구려 묘제가 아니고, 다실多室 위주의 평면 구조와 삼각고

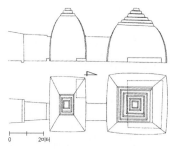

덕흥리 벽화분 실측도
다실 위주의 평면 구조와 삼각고
임이 주된 천장짜임이 중국 위진
대 중원 묘제와 닮았다 하여 '진
=중국인설'을 주장하는 견해가
있다.

임이 주된 천장짜임 등에서 위진대
중원 묘제와 닮았으며 묘지와 설명문
의 형식이 중국 것과 같은 점, 그리고
370년에서 376년 사이 전진前秦이 유
주 지역에서 활동한 기록이 보이는
점 등을 들어 '진=중국인설'을 제기
하였다. 이어서 강첩은 1986년 덕흥리 벽화분
의 유주는 후연後燕의 유주라는 설을 내놓았
다.

　일본 학계 역시 '진=중국인설'을 제기했
다. 1987년 사에키 아리키오佐伯有淸는 진이라는 이름을 고구려인의 이
름으로 보기 어렵다는 점, 덕흥리 벽화분 묘지명의 형식과 내용이 같은
시대 인물인 모두루牟豆婁의 묘지명과 다른 점 등을 들어 진이 망명객이
라는 견해를 제시하였다. 그러자 같은 해 북한의 손영종은 묘지명이나
벽화에 보이는 외래 요소는 활발한 문화 교류의 결과이며 고구려에 분
화된 장군호將軍號가 있을 가능성이 높고, 370년 전진이 전연의 평주平
州를 다 차지하지 못했음을 시사하는 기록을 들어 '진=고구려인설'로
이에 맞섰다. 그러자 1989년에 다케다 유키오武田幸男가 반론을 들고 나
왔다. 진이 역임한 직위 가운데 일부는 망명 전의 것이며 대부분 자칭
한 것이고, 고구려가 요동에 진출한 때는 385년에서 395년 사이이므로
그 이전에 유주에 진출했을 가능성은 매우 낮다고 주장한 것이다.

　이후 1990년에는 한국의 공석구가 묘지명 분석을 바탕으로 '진=중
국인 망명객설'을 지지하는 글을 발표하였고, 1991년에는 북한의 손영
종이 요하遼河 이동의 요동군은 370년 이전에 고구려 영역에 속하며, 봉
건시대에 국왕 밑에 있는 신하가 허호·허직을 자칭하기는 어렵다는
점, 그리고 4세기 남평양을 세우게 되어 평양 남방에 중국인 망명객이

덕흥리 벽화분 앞방 오른벽 벽화의 행렬도(위)와 안악3호분 회랑 벽화의 대행렬도 비교
덕흥리 벽화분은 인물들을 개별적으로 펼쳐서 그린 결과 행렬의 밀도가 떨어진 반면, 이보다 반세기 앞서 그려진 안악3호분 대행렬도는 인물들을 겹쳐서 그려 공간감을 확보하는 동시에 행렬의 밀도를 최대한 높이는 데 성공하였다.

유주 13군태수 하례도 부분
덕흥리 벽화분에 그려진 진은 고구려인일까 중국인일까. 진에게 붙은 유주자사 등의 관직을 허직으로 보기에는 하례도의 기록화적 성격이 너무 강하다.

중심인 반독립 세력이 존재하기 힘든 점 등을 들며 '진=고구려인설'을 다시 제기했다.

이처럼 의견이 분분할 뿐 논쟁은 아직 끝나지 않았다. 진이 고구려 사람임을, 혹은 중국 사람임을 논증하는 글들이 앞으로도 계속 발표될 것이다. 그러나 이런 논쟁 가운데 몇 가지 짚고 넘어갈 부분이 있다. 우선 유주자사를 포함한 여러 관직을 진이 자칭한 허구의 관직이라 하기에는 벽화에서 나오는 유주 13군태수 하례도賀禮圖가 전하는 기록화적記錄畵的 성격이 너무 강하다는 사실이다. 13군 75현으로 구성되었다는 유주 관련 묵서명의 내용도 사실이나 허구 가운데 하나로 단정짓기보다는 동아시아 역사에서 '교치僑治'라는 형태로 흔히 나타나는 실제 영역과 관념의 영역을 조합시키는 태도를 염두에 두고 이해할 필요가 있다. 중국 남북조시대에 남북 왕조들이 상대국 영역까지 포함해 반 허구, 반 실제를 바탕으로 행정체계를 짰던 사실도 참고할 수도 있다.

회화적 측면에서 덕흥리 벽화분 벽화의 제재·구성·기법을 살펴보면 안악3호분 벽화 이래 50여 년 동안 진행된 '고구려화'의 흔적을 짚어낼 수 있다. 안악3호분 벽화가 정제된 제재들을 짜임새 있게 배치한 뒤 세련된 기법으로 표현했다면, 덕흥리 벽화분 벽화는 가능한 한 많은 제재를 곳곳에 펼쳐놓으려 하되 상대적으로 거칠고 투박한 표현으로 마감하였다. 안악3호분과 비교할 때, 덕흥리 벽화분 벽화의 등장인물들은 행렬 속에서 상대와 겹쳐 보이지 않으며, 더 말랐고, 똑같은 가면을

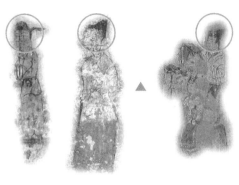

쓴 듯 표정이 없다. 부드러운 질감을 가진 소재로 풍성하게 만든 옷을 걸치는 대신 소매가 좁고 아래 단이 허리 아래까지 내려오는 긴 저고리와 좁은 주름치마를 입었다. 상대적으로 소박하고 건실한 분위기가 벽화 전체를 휘감고 있다. 안악3호분 벽화 제작에 적용된 기법과 제재 구성 방식을 그대로 계승·발전시키기보다는 회화적인 측면에서 후퇴로 비쳐질지라도 재검토·재구성을 거친 결과일 것이다. 이 그림은 무덤 주인

덕흥리 벽화분 속의 인물(왼쪽)과 안악3호분 속 인물 비교
안악3호분 벽화와 비교할 때 등장인물들이 더 마르고 표정이 없으며, 긴 저고리와 좁은 주름치마를 입은, 상대적으로 소박한 분위기다.

진을 따라 유주에서 흘러든 화가가 그린 것일까. 아니면 고구려에서 성장한 새로운 세대의 화가가 남긴 작품일까.

북한은 4세기 말 고구려가 오늘날 북경을 포함한 중국 하북 일대를 중심으로 서쪽으로는 산서, 동쪽으로는 요녕에 이르는 지역에 유주를 설치할 정도로 강성했다고 역사서에 서술하고 있다. 그 근거 자료로 덕흥리 벽화분 묘지와 벽화, 묵서 설명문을 들고 있다. 그런데 중국이나 일본 학자들은 같은 자료를 바탕으로 고구려는 유주를 설치한 적이 없다는 연구 결과를 내놓았다. 어떤 이는 "역사적 진실은 하나다. 고구려가 유주를 영역으로 삼은 적이 있거나 없거나 둘 중 하나일 뿐이다"라고 할지 모른다. 그러나 문제는 그리 간단하지 않다. 실제 역사에서 '유주의 영역'이 바뀔 가능성이 대단히 많기 때문이다. 당시가 16국시대라는 열국흥망의 시기이기에 더욱 그러하다. 어떤 왕조가 어떻게 시작하여 어떻게 끝나는지조차도 미궁에 빠진 부분이 많은데, 그 영역 문제야 오죽하겠는가. 더욱이 끊임없는 전란으로 말미암아 제대로 씌어지지도

못하던 역사 기록조차 불태워지던 시기임에야. 중국의 후한後漢이 멸망한 뒤 200여 년 동안 옛 유주가 몇 개로 나누어지고 어떻게 꾸려졌는지, 왕조마다 영역으로 상정한 유주, 혹은 평주의 실제 지배지와 관념에서의 지배지 사이에 얼마나 큰 차이가 있는지 거의 알지 못하는 상태에서, 고구려의 유주 진출설을 '주장' 수준을 넘어 판단할 수 있겠는가. 덕흥리 벽화분의 무덤 주인 진의 성씨는 무엇이며, 출신지가 어디인지만 밝혀진다면 진의 삶이 그 실체를 드러낼까.

―글쓴이 전호태

7

지석에 새겨진
무령왕 부부의 삶과 죽음

지석誌石이란?

지석이란 '묘지墓誌를 새긴 돌'이다. 무덤 속에 사자死者의 생전 이력을 기록하여 함께 묻어주는 것이 묘지이며, 중국 후한後漢대에 시작되어 위진남북조시대에 크게 유행하였다. 백제의 경우, 중국 남조와 긴밀한 관계를 유지했던 웅진 시기에 벽돌무덤 등의 묘제와 함께 받아들인 것으로 보인다.

1971년 우연히 발견된 송산리의 벽돌무덤에서 지석이 출토되어 이 무덤의 주인공이 백제 제25대 무령왕과 왕비임을 알게 되었으니, 고고학 연구에서 지석이 얼마나 중요한지를 알수 있다. 특히 이 지석에는 《삼국사기》《일본서기》 등의 사서에는 기록되어 있지 않은 빈殯에 관한 내용이 새겨져 있어 백제 상장례喪葬禮 연구에 중요한 실마리를 제공해주었다.

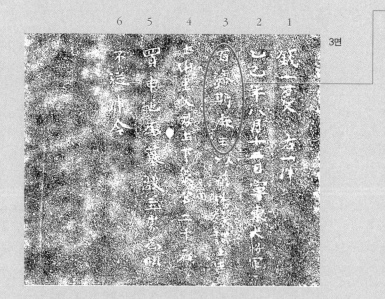

무령왕릉에서 출토된 지석의 1면과 3면 탁본

寧東大將軍百濟斯
麻王年六十二歲癸
卯年五月丙戌朔七
日壬辰崩到乙巳年八月
癸酉朔十二日甲申安厝
登冠大墓立志如左
□

錢一万文右一件
乙巳年八月十二日寧東大將軍
百濟斯麻王以前件錢詢土王
土伯土父母上下衆官二千石
買申地爲墓故立券爲明
不從律令

세기의 발견, 무령왕릉

660년 나당연합군의 말발굽이 사비 도성을 짓밟으면서 백제는 역사 저편으로 아득히 사라졌고, 세상 사람들의 기억 속에서도 잊혀져갔다. 그 뒤 1,000년도 더 지난 1971년 여름 장마비가 억수같이 쏟아지던 날이었다. 어둠 속에서 고요히 침묵하던 백제 역사에 서광이 비추었으니, 바로 무령왕릉이 발굴된 것이다. 무령왕릉, 당대에 '사마왕릉斯麻王陵'이라 불렸던 이 왕릉은 숱한 우여곡절을 겪으면서 세상에 모습을 드러냈다.

이 무덤의 주인공인 무령왕은 어떤 인물이었을까? 백제 25대 왕인 그는 생시에 사마斯摩[麻] 혹은 융隆으로 불리웠고, 죽은 뒤에는 시호로 무령武寧을 받았다. 다만 그가 누구 아들인지에 대해서는 역사책마다 몇 가지 전승이 있어 분명하지 않다.

501년 11월 선왕인 동성왕이 사냥터에서 백가苩加가 보낸 자객의 칼에 찔려 중상을 입고 그해 12월에 사망하자, 사마는 마흔의 나이로 왕위를 계승하였다.

즉위 후 먼저 백가 세력을 처단하여 왕권을 확립하였으며, 민생을 안정시키고 고구려와 전쟁을 치러 잃어버렸던 옛 땅을 다시 찾았다. 이러한 자신감을 바탕으로 신라·왜·중국 남조와 활발하게 교류하였으며, 특히 남조 양나라에서 선진 문물을 적극 받아들였다. 나이 62세 되던 서기 523년 사망하였고, 27개월 동안 빈장殯葬을 거친 후 왕릉에 안장되었음이 지석에 기록되어 있다.

무령왕릉을 비롯한 백제 왕릉을 찾는 작업은 일본인들이 먼저 시작하였다. 그들은 우리 나라 전역에 걸쳐 중요 유적을 마구잡이로 파헤쳤다. 학문 조사라는 탈을 쓴 채 '보물캐기식' 약탈을 위한 조사를 진행한 것이다. 공주의 유적도 예외가 아니었다.

그들이 공주에서 주목한 유적은 송산리宋山里의 야트막한 능선에 위치한 무덤군이었다. 일본인들은 1920년대부터 1930년대까지 이곳에서 무덤 약 30여 기를 조사하였으나 기록이 남아 있는 것은 조선총독부박물관에서 조사한 몇 기에 불과하며, 가루베지온輕部慈恩이 임의로 조사한 경우는 기록도 거의 없고, 출토품 역시 대부분 일본을 비롯한 각처로 흩어졌다.

그중 1933년에 발굴된 송산리 6호분이 특별히 주목을 받았다. 중국 남조풍南朝風 벽돌무덤인 이 무덤은 네 벽에 청룡·백호·주작·현무·해와 달이 그려져 있었다. 일본인들은 이 무덤이 무령왕릉이라고 단정하면서 정기적으로 제사도 지냈고, 시민들이 둘러볼 수 있도록 시설을 갖추기도 하였다. 이 무덤은 해방이 된 뒤에도 계속 시민들에게 공개되었는데, 해마다 여름이 되면 무덤 속에 습기가 많이 차서 사신도가 훼손될 위기에 처하게 되었다. 이에 1971년 문화재관리국은 송산리 6호분 뒤쪽에 배수로를 파기로 결정하고 공사를 시작하던 중 벽돌무덤 1기를 우연히 발견하였다. 그때까지만 하더라도 이 무덤이 무령왕릉일 줄은 아무도 상상하지 못하였다고 한다.

당시 발굴조사단장이던 고 김원룡 중앙박물관장을 비롯하여 이호관, 조유전, 지건길 등 발굴단원들이 남긴 회고담을 참고하여 그때 상황을

도굴 위험에서 벗어난 무령왕릉

지석誌石이 출토됨으로써 우리 나라에서 가장 중요한 무덤으로 자리잡은 무령왕릉. 이 왕릉은 우연한 출현과 너무나 짧았던 발굴 때문에 아직도 많은 점이 수수께끼로 남아 있다. 그런데 일제시대의 조사 기록을 찾아보면 흥미로운 내용이 있다. 일본인들은 송산리 고분군을 조사하며 송산리 6호분의 뒤쪽에 봉긋한 부분, 바로 무령왕릉이 있던 부분을 무덤으로 보고 파려는 사람

이 있었다고 한다. 그러나 고분군을 도굴한 일본인 가루베지온은 이곳을 무덤으로 보지 않고, 6호분 뒤쪽에 죽은 이의 영혼이 머물도록 만든 인공 언덕으로 오판했다. 만일 가루베지온도 이를 무덤으로 여겼다면 일제의 삽날에 무령왕릉의 중요 유물은 대부분 일본으로 넘어갔거나, 각지로 흩어졌을 가능성이 매우 높다. 다행이 아닐 수 없다.

무령왕릉 발굴 모습
발굴조사단장인 김원룡 관장과
안승주 공주사대 교수 등이 인부
들과 함께 무덤 입구를 정리하고
있다.

되돌아본다.

벽돌무덤의 입구가 발견된 것은 1971년 7월 5일이었다. 이틀이 지난 다음 조사단이 구성되어 본격적으로 조사를 진행하였다. 그러나 이날 큰 비가 내리는 바람에 조사단은 밤을 새워 무덤 앞에 도랑을 파서 무덤 속으로 빗물이 들어오지 못하도록 조치하였다.

이튿날인 8일 비가 그쳐 조사를 다시 시작해 아치형 널길을 막고 있던 벽돌을 걷어낸 것은 오후 늦은 시간이었다. 무덤 속을 함께 들여다본 김원룡 관장과 공주박물관 김영배 관장의 눈에 낯선 침입자들을 노려보는 돌짐승 한 마리가 들어왔다. 바로 석수가 무덤 입구를 지키고 있었던 것이다. 무덤 속은 썩어서 흩어진 목관 부재와 벽돌 틈에서 뻗어 내린 나무 뿌리가 마치 수세미처럼 바닥을 덮고 있어 유령의 집과도 같았다. 덜컹 내려앉는 마음을 누르고 두 명의 고고학자는 벽돌을 들어낸 뒤 무덤 속으로 발을 들여놓았다. 돌짐승 앞에 가지런히 놓인 돌판을 내려다본 순간 '영동대장군백제사마왕寧東大將軍百濟斯麻王……', 비록 먼지는 쌓여 있으나 너무나 뚜렷한 이 글귀는 이 무덤 주인이 백제 제25대 무령왕이라는 사실을 알려주었다.

밖으로 나온 김원룡 관장은 흥분을 가라앉히기 위하여 잠시 호흡을 가다듬은 다음 그 사실을 발표하였다. 이 이야기는 신문과 방송을 타고 전국으로 퍼졌고, 무덤 둘레는 삽시간에 구경꾼과 신문 기자가 구름같이 모여들어 현장이 아수라장처럼 변해가고 있었다.

발굴단은 사람들이 더 모여들어서 이 상황을 수습하기가 곤란해지기

무령왕릉이 처음 열리는 순간(왼쪽) 왕릉 내부 모습
무덤 입구를 막고 있던 폐쇄전을 들어내고 무덤 속을
들여다보았을 때, 무섭게 생긴 돌짐승이 낯선 침입자
들을 노려보고 있다.
왕릉 내부에는 무너져내린 왕의 목관, 옻칠된 관재
표면에 은제 연꽃 장식이 가득 붙어 있다. 머리맡에
넘어진 중국 도자기도 보인다.

전에 빨리 발굴을 끝내기로 합의한 뒤, 발전기로 밝힌 백열등 불빛 아래서 12시간 동안 철야 작업으로 발굴을 끝냈다. 세기적인, 앞으로 다시 나오기 어려운 이 발견을 12시간 동안의 짧은 발굴로 끝내버린 것이다. 이 발굴은 한국 고고학사에 큰 획을 그었지만 그만큼 아쉬움을 남겼다. 다만 이 발굴을 교훈 삼아 이후의 발굴 조사는 치밀한 계획 아래 진행되었으며, 한국 고고학사가 새로운 단계로 도약하는 데 바탕이 되었다는 점에서 나름대로 의미가 있었다고 평가받고 있다.

조사 결과 왕릉은 비스듬한 산비탈을 파고 그 속에 벽돌을 쌓아 만들어진 것으로 밝혀졌다. 봉분은 대개 20미터 안팎이었을 것으로 추정되며 축조 때에도 그리 높지는 않았던 것 같다. 무덤방은 직사각형이며 남북 4.2미터, 동서 2.72미터, 높이 3.14미터 크기다. 내부는 남쪽 일부를 제외하고 모두 바닥보다 21센티미터 높게 쌓아 왕과 왕비의 합장관 대合葬棺臺로 만들었다. 네 벽 가운데 남·북벽은 비교적 반듯하게 쌓아 올렸고, 동·서벽은 차츰 안으로 기울여 쌓아 터널처럼 만들었다.

벽돌 표면에는 아름다운 연꽃과 인동초 무늬를 올록볼록 장식하여 무덤 속이 마치 불국토인 듯한 느낌을 주었다. 벽돌은 두 가지 방법으로 겹겹이 쌓았는데, 한 줄은 세워서 쌓고 그 위에 다른 한 줄은 벽돌 네 장씩을 뉘여 쌓아 견고함을 더하였다. 무덤방 세 벽에는 모두 다섯 개의 감龕(무덤 벽에 복숭아 모양으로 난 홈)이 있었다. 북쪽 벽에 한 개, 동·서벽에 두 개씩 배치된 이 감에는 백자 등잔이 하나씩 올려져 있었고 타다 남은 심지가 원래 모습 그대로 발견되었다. 감 가장자리에는 활활 불꽃이 타오르듯 붉은색 안료로 그린 불꽃무늬[火焰紋]가 선명했다.

널길 어귀를 막고 있던 폐쇄전 가운데 '사임진년작士壬辰年作'이라는 글자가 새겨진 벽돌 조각이 발견되었는데, 임진년이란 왕이 죽기 11년 전인 512년이다. 이론의 여지는 있지만 무령왕이 생전에 무덤을 미리 만들었을 가능성도 고려할 수 있을 것 같다.

이런 벽돌무덤은 원래 중국에서 크게 유행한 무덤 형식이다. 국내에서는 평양 일대 낙랑 무덤에서 그 예를 찾을 수 있다. 백제도 웅진 도읍기에 중국 남조한테서 받아들였으나 크게 유행하지는 않은 듯 하다. 그동안 발굴 조사된 예로는 무령왕릉과 송산리 6호분, 그리고 송산리와 이웃해 있는 교촌리 2호분과 3호분이 있다.

무령왕릉에서 출토된 유물은 모두 108종 2,906점 이상이다. 널길에는 왕과 왕비의 지석 두 매가 가지런히 놓여 있고, 그 위에 오수전五銖錢 한 꾸러미가 얹혀 있었다. 지석 뒤에는 석수가 무덤 밖을 향해 남쪽으로 우뚝 서 있었다.

무덤방의 관받침대 위에는 왕과 왕비의 목관재가 가득 놓여 있고, 목관의 판재들 밑에서 왕과 왕비가 차고 있던 각종 장신구와 부장품이 여러 점 출토되었다. 중요 장신구로는 금제 관식金製冠飾, 금귀걸이, 금은제 허리띠, 금동 신발金銅飾履, 금은제 팔찌 등이 있고 왕의 허리춤에서는 국왕의 권위를 상징하는 용봉문환두대도龍鳳紋環頭大刀가 출토되었다. 그 밖에 왕과 왕비가 벤 나무베개[頭枕]와 발받침[足座]이 목관 안에 놓여 있었고, 그 밖에도 청동거울 3면과 동탁은잔銀製托盞 등 중요 부장품이 있다.

사마, 그는 누구인가?

왕릉 출토품 중 특히 눈길을 끄는 유물이 바로 지석이다. 이 지석이 출토되었기에 왕릉의 주인공이 무령왕과 왕비임을 알 수 있게 된 것이다. 이 지석은 가로 41.4센티미터, 두께 5센티미터 돌판으로, 앞뒷면에 모두 글자가 새겨져 있다.

제1면에는 백제의 사마왕이 계묘년(523) 5월에 사망하니 27개월 뒤 왕릉에 모셨다고 기록되어 있다. 제2면에는 방위표가 새겨져 있다. 제3면에는 왕이 사망하자 지신들한테서 무덤터를 샀다는 내용이, 제4면에는 병오년(526) 12월 백제국 왕태비(무령왕비, 당시 아들 성왕이 즉위하여 모친을 태비로 칭함)가 돌아가시니 역시 27개월 뒤인 기유년(529) 2월 왕릉으로 옮겨 장사지냈다는 내용이 기록되어 있다.

지석의 제1면에 새겨진 글이다.

영동대장군寧東大將軍이신 백제의 사마왕斯麻王께서 나이 62세 되던 계묘년 5월(초하루의 간지는 병술) 7일 임신일에 돌아가셨다〔崩〕. 을사년 8월(초하루의 간지는 계유) 12일 갑신일에 대묘에 잘 모시었다〔安厝登冠大墓〕.

영동대장군이란 무령왕이 재위 21년(521, 양무제 보통 2년) 중국 남조의 양무제한테서 받은 '사지절도독백제제군사영동대장군使持節都督百濟諸軍事寧東大將軍'의 약칭으로, 양나라가 주변국에 내려준 작호 가운데 2품에 속한다. 사마왕은 무령왕의 생전 이름이다. 사서에 기록된 무령왕의 이름으로는 사마(斯麻 혹은 斯摩)와 여융餘隆이 있으나, 평소 사마로

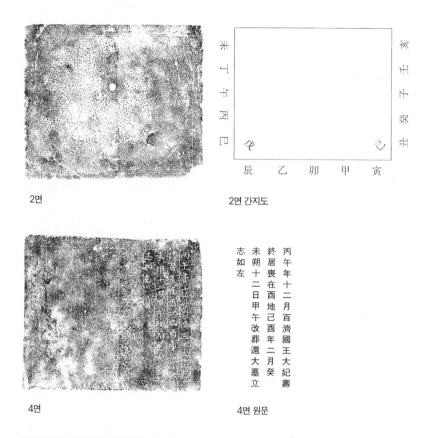

2면	2면 간지도
4면	4면 원문

丙午年十二月百濟國王大妃壽
終居喪在酉地己酉年二月癸
未朔十二日甲午改葬還大墓立
志如左

무령왕릉에서 출토된 지석의 2면과 4면 탁본
1~3면은 왕 매장시, 4면은 왕비 매장시 새겼다. 1면은 왕의 묘지, 2·3면은 1면과 관련한 방위표 매지권이다. 4면은 왕비의 묘지인데 소략하다.

불린 것 같다. 사마라는 이름이 생겨난 연유에 대하여 《일본서기》에 다음과 같은 설화풍의 기록이 남아 있다.

군군軍君(곤지)은 "상군의 명령에 어긋남이 없도록 하겠습니다. 원컨대 군의 부인을 내려 뒤에 (왜로) 보내주십시오"라고 답하였다. 가수리군(개로왕)은 임신한 부인을 즉시 군군에게 취하게 하여 "내가 임신시킨 부인은 이미 산달이 다 되었다. 만약 도중 낳으면 바라건대 그 아이와 산모를 같은 배에 태워서 어느 곳에 도착하든 서둘러 속히 나라로 돌려보내라"고 말하였다. (중략) 6월, 임신한 부인은 과연 가수리군이 말한대로 축자의 각라도에서 아들을 낳았다. 그래서 이 아이를 이름하여 도군嶋君이라 불렀다. 이에 군군은 즉시 부인과 같은 배로 도군을 나라에 돌려보냈다. 이가 무령왕이다. 백제인은 이 섬을 일러 주도라고 일컬었다. - 〈웅략천황雄略天皇〉 5년 조

461년 4월 개로왕의 동생인 곤지昆支가 왕명을 받들어 왜국으로 가면서 임신 중에 있던 왕의 부인을 왜로 보내줄 것을 요청, 왕의 허락을 받아 동행하였다고 한다. 이해 6월에 부인이 일본 왕경에 도착하기 전 축자筑紫의 각라도各羅嶋에서 아들을 낳으니 왕이 지시한 대로 배에 실어 본국으로 돌려보냈는데 그가 뒤에 무령왕이 되었으며, 백제인들은 왕이 태어난 이 섬을 주도主嶋로 부른다고 한다.

이 기록에 따르면 무령왕은 개로왕 7년인 461년에 태어났다고 볼 수 있다. 그런데 지석에는 사망 당시 왕의 나이가 예순둘이었다고 하므로 출생 연도는 백제 개로왕 8년인 462년이 된다. 이 두 기록 사이에 1년이라는 시간차가 왜 나는지, 어느 쪽이 사실에 가까운지 논란이 되고 있다. 무령왕의 출생과 관련한 《일본서기》의 기록이 매우 자세하고 사마의 글자 표기가 《삼국사기》보다는 지석과 같은 점 등을 보면 《일본서기》 웅략 5년 조의 기사를 부정하기만은 어려울 것 같다.

이 기록에는 사마왕을 개로왕의 아들이라고 했지만, 그의 가계를 알려주는 기록이 다양하여 확정지어 말하기 어렵다. 《삼국사기》 〈백제본기〉 기록이다.

무령왕의 이름은 사마(혹은 융이라고도 함)로 모대왕의 둘째 아들이다.

백제 25대 무령왕은 선왕인 모대왕, 즉 동성왕의 둘째 아들이라는 것이다. 백제의 왕통을 부자 상속의 입장에서 서술하였기 때문에 이런 기술이 생겨났다고 보인다. 지석에 따르면 무령왕은 삼근왕三斤王이나 동성왕보다도 나이가 많으며 또 왕위에 오를 때 이미 마흔이었으므로 동성왕의 아들로 보기는 어렵다.

《일본서기》에 인용된 〈백제신찬百濟新撰〉에서는 또 다른 가계를 찾아볼 수 있다.

① 〈백제신찬〉에 이르기를 말다왕은 무도하여 백성들을 가혹하게 다스렸다. 국인들이 함께 제거하고 무령왕을 추대하였다. 휘는 사마왕이다. ② 이가 곤지왕자의 아들로 말다왕의 배다른 형이다. 곤지가 왜로 향할 때 축자도에 이르러 사마왕을 낳았다. 섬으로부터 (한성으로) 돌려보냈다. (왜의) 도성에 도달하지 못하고 섬에서 낳아서 (사마라는) 이름이 붙여졌다. 지금 각라해 가운데에 주도가 있는데, 왕이 태어난 곳이라 하여 백제인들은 주도라고 부른다. ③ 지금 생각하면 도왕嶋王은 개로왕의 아들이고, 말다왕은 곤지왕의 아들이다. 이것을 배다른 형이라고 한 것인지 미상이다.

이 기록은 세 부분으로 나뉘어 있다. ①은 〈백제신찬〉의 본문으로 추정되며, ②과 ③은 세주細注인 듯하다. ②은 곤지의 아들로, ③은 웅략천황 5년 조 기사처럼 개로왕의 아들로 추정하고 있어 혼란스럽다.

한국 학계에서는 오랫동안 무령왕을 개로왕의 아들 혹은 곤지의 아들이라고 기록한 《일본서기》 기사를 불신해왔다. 《일본서기》의 기년과 내용을 의심했기 때문이다. 그러나 무령왕릉 지석의 기년이 웅략천황 5년 조 기사와 정확히 일치하고 있어, 적어도 《일본서기》의 무령왕과 관련한 기사만은 사실일 가능성이 제기되고 있다. 아직 어느 쪽이 정확한

지 알 수 없으나, 무령왕을 곤지의 아들이자 동성왕의 배다른 형으로 보는 연구가 주목을 끌고 있다.

지석 1면에 기록된 바 무령왕은 523년 5월 7일 사망하여, 525년 8월 12일 무덤에 안장되었다. 즉, 사후 만 2년 3개월 5일째 되는 날 매장된 것이다. 이 기록에서 주목할 만한 사실은 왕의 사망을 천자의 죽음을 뜻하는 '붕崩'으로 표현하였다는 점이다. 《삼국사기》 등 후대 기록에서 제후의 죽음을 뜻하는 '훙薨'으로 표기한 것과는 서로 대비가 된다.

왜 무령왕은 사후 약 27개월이 지나 무덤에 매장되었을까? 이 기간이 바로 빈殯이다. 죽은 이를 바로 매장하지 않고 일정 기간 가매장하였다가 정식으로 장례 지내는 풍습은 중국을 비롯하여 동아시아 각 나라에서 흔히 있었다. 《수서》〈동이전〉에 따르면, 고구려의 경우 사람이 죽으면 집 안에서 빈을 하는데 3년이 지나면 길일을 택하여 장사지냈다고 하며, 광개토왕도 412년에 죽었으나, 414년 9월에 산릉에 옮겨 장사지냈다고 한다.

빈은 죽은 이를 추모하는 기간이다. 각처에서 조문을 받기도 하며, 후계자가 차기 국왕으로 등극하는 과정과도 밀접한 관련이 있다. 아마도 선왕의 위엄을 빌어 정국을 안정시키는 데 필요한 기간으로 활용되었을 것이다.

간지도干支圖와 매지권買地券의 비밀

 왕의 지석인 1면 바로 뒷면인 제2면에는 간지도가 새겨져 있다. 이 간지도가 무엇을 의미하는지 아직 분명하지 않은데, 방위도로 보기도 하고 능역도로 보기도 한다.

사각형의 네 변 가운데 세 변에 간지가 새겨져 있고, 서쪽으로 조금 치우쳐 둥근 구멍이 뚫려 있다. 이 구멍은 남북을 나타내는 자오선子午線과 동서를 나타내는 묘유선卯酉線이 엇갈리는 지점에 뚫려 있다. 이 구멍을 왕궁의 위치로 보기도 하고 왕릉으로 보기도 한다. 구멍을 기준으로 동쪽에는 정동을 의미하는 묘卯를 비롯하여 인寅과 진辰을, 남쪽에는 정남을 의미하는 오午를 비롯하여 미未와 사巳를, 북쪽에는 정북을 의미하는 자子를 비롯, 축丑과 해亥를 배치하였다. 12지 사이에는 10간을 배치하여, 동쪽에는 갑甲·을乙, 남쪽에는 병丙·정丁, 북쪽에는 임壬·계癸, 중앙에는 무戊·기己를 차례로 새겼다.

그런데 이 간지도에 왜 서쪽을 나타내는 12지의 유酉·술戌·신申과 10간의 경庚·신辛이 빠져 있는지 의문이다. 이에 대하여 음양방위 사상과 관련하여 일부러 절단하였다고 보는 견해가 있었으나, 최근 왕릉과 빈전이 각기 신지와 유지에 해당한다는 점과 어떤 관련이 있을 것으로 보는 견해가 나오고 있다. 이와 비슷한 견해로 왕릉이 이미 서쪽에 있으므로 그곳에서 동·남·북쪽 방위를 표기하였다고 보기도 한다.

그런데 제2면만으로는 간지도의 성격을 파악하는 데 부족하다. 왕의 지석은 왕의 사망과 장례일을 기록한 1면과 지신에게서 무덤터를 샀음을 증명하는 제3면, 그리고 매지권에 등장하는 능역의 위치도로 추정되는 제2면이 합쳐져야만 비로소 하나의 문권으로 완성된다.

지석의 제3면에는 다음과 같은 기록이 새겨져 있다.

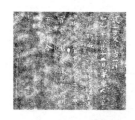

돈 1만 문, 오른쪽 1건. 을사년 8월 12일에 영동대장군 백제 사마왕은 전건의 돈으로 토왕·토백·토부모 상하의 여러 2,000석 관리에 아뢰어 (왕궁의) 서남쪽 땅을 사서 무덤을 썼으므로 문권을 만들어 밝히니 율령에 따르지 않는다.

돈 1만 문(혹은 매)는 토지의 매매 대금인데, 지석 제4면 위에 놓여 있던 철제 오수전이 바로 그 현물로 추정된다. 이 철제 오수전은 약 98점 가량 출토되었는데, 양무제 때 제작되어 백제로 들어온 것으로 보인다. 그러나 오수전 가장자리가 전혀 다듬어지지 않고 주물 흔적이 그대로 남아 있는 점으로 보아 백제에서 제작하였을 가능성도 배제하기 어렵다.

525년 8월 12일은 왕의 장례일이다. 이 날짜로 계약을 체결하였는데 매수인은 돌아가신 사마왕이고, 토왕·토백·토부모는 토지신이며, 상하 2,000석의 관리는 천상천하의 여러 관인을 의미한다.

서남쪽 땅인 '신지申地'란 바로 왕궁에서 본 방향을 가리킨다. 이 방위가 얼마나 정확한지는 알 수 없으나 지석에 신지와 유지를 비롯하여 방위표를 나타내는 간지도가 표기되어 있는 점을 주목한다면 당시 방위에 대한 개념은 상당히 정확했을 것으로 추정된다. 그렇다면 당시 왕궁은 송산리 무령왕릉의 동북쪽인 '인지寅地'에 자리하고 있었을 것이다. 왕릉 동북쪽에는 금강이 있으며, 강을 따라 성이 있으니 바로 공산성 자리다. 웅진 시기 백제 왕궁의 위치를 놓고 논란이 있었지만 왕릉 지석의 방위로 본다면 공산성이 분명한 것으로 추정된다. 다만 공산성 내에 왕궁이 있었는지 아니면 그 바깥에 있었는지, 안에 있었다면 쌍수정 앞 광장인지 아니면 현재의 취락지 부근인지를 놓고 아직 논란이 많다.

맨 끝에 나오는 '부종율령不從律令' 네 글자는 아직도 정확한 의미를 파악하지 못한 부분이다. 여기서 율령을 지하 세계의 율령으로 보는 견해와 현세의 율령으로 보는 견해가 있다. 전자의 경우 이 율령은 천제의 율령으로서, 모든 것을 지배하는 율령도 이 묘에 관한 한 미치지 못한다는 뜻으로 오직 매지권의 내용에 따른다는 의미로 해석하고 있다. 후자의 경우 초인간적인 계약이므로 속세의 인간을 상대로 한 현행 율령에는 따르지 않는다는 의미로 해석하고 있다.

그런데 중국의 매지권은 '여율령如律令'이

지석 제3면의 네 글자
'부종율령不從律令' 네 글자는
아직도 정확한 의미를 파악하지
못한 부분이다.

나 '급급여율령急急如律令'으로 마무리되는 예가 흔히 있어, 이 네 글자가 어떤 특별한 의미를 지니고 있다기보다는 상투적인 표현이 아닐까 추정하는 견해도 있다. 특히 중국 남경 서선교西善橋에 위치한 보국장군輔國將軍 묘지에 나오는 '부종후령不從後令'이 '부종율령不從律令'을 잘못 쓴 것이라고 밝히고 있어 주목된다.

이 매지권의 내용은 도교적인 성격이 매우 강하며, 이 시기 백제가 도교문화를 이해하는 수준을 보여주고 있다는 점에서 더 중요하다.

빈전에서 보낸 3년의 세월

지석 제4면은 1~3면과 서체도 다르거니와 더 날카로운 도구로 깊게 새겼다. 1~3면은 왕이 사망한 시점에 새겨 매납하였고, 그 뒤 왕비가 사망하여 매장하게 되자 비어 있던 제4면에 글자를 몇 줄 새겼기 때문이다. 4면에 기록한 내용이다.

> 병오년 12월 백제국 왕태비께서 천명대로 살다 돌아가셨다〔壽終〕. 서쪽의 땅에서 빈장을 치르고〔居喪在酉地〕 기유년 2월 12일에 다시 대묘로 옮기어 장사지내며 기록한다.

병오년 12월은 526년 12월로 무령왕이 무덤에 안장된 뒤 1년 4개월이 지난 시점인데, 사망일은 기록되어 있지 않다. 왕비는 왕과 마찬가지로 사후 빈전에 안치되었다가 529년 2월 12일 왕릉에 합장되었다. 빈전에 있던 기간은 정확하지 않으나 왕과 마찬가지로 2년 3개월 정도였으리라 추정한다.

여기서 무령왕비를 왕태비라 부르고 있는데, 이는 왕비가 사망한 당시 무령왕의 아들인 성왕이 즉위하여 무령왕비를 태비로 칭하였기 때문으로 보인다.

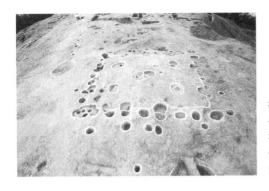

정지산 기와 건물지
산 정상부를 평편하게 만들어 몇 채의 건물을 정연하게 배치하였다. 기와 건물지에는 수십 개의 구멍이 빼곡히 나 있어 일반 건물로 보기 어렵다.

이 기록은 왕의 지석보다 훨씬 간단하여 왕비 나이가 나타나 있지 않다. 다만 '천명대로 살다 돌아가셨다'라고만 표현하였을 뿐이다. 왕릉 안에서는 여성의 어금니 한 개가 출토되었다. 치의학자들의 분석에 의하면 사랑니라고 하며, 이 치아만으로 정확한 나이는 추정하기 어렵다고 한다.

이 지석에서 눈여겨보아야 하는 내용은 '서쪽 땅에서 빈장을 치르었다'는 부분이다. 이 내용을 이해하기 위해서는 요즈음에 나온 공주 정지산艇止山 유적의 조사 성과를 살펴볼 필요가 있다.

무령왕릉이 발굴된 지 25년의 세월이 흐른 1996년, 무령왕릉에 인접한 정지산 꼭대기에서 백제 웅진 시기의 제사 유적이 발굴되었다. 산 정상부에 인위적으로 만들어진 약 800여 평의 평지가 있고 그 중심에 기와 건물 한 채가 배치되어 있었다.

그런데 이 건물은 당시 국가의 중요한 시설에만 사용되던 연꽃무늬 수막새[蓮花紋圓瓦當]가 사용되는 격조 높은 건물이었지만, 지붕의 무게를 받쳐주는 적심積心이나 초석礎石이 없는 허약한 구조를 지니고 있었다. 또한 건물의 내외부에는 3열로 모두 45개의 기둥을 빼곡히 세워, 매우 비실용적인 구조를 보이고 있었다.

조사를 담당했던 필자는 이 건물을 '단기간 국가적인 의례를 거행하던 공간'으로 추정하였다. 특히 이 건물 주변에서 다량 출토되고 있는 장고 모양 그릇받침이나 세발토기가 제사 관련 유물일 가능성을 더 높인다.

그런데 이 유적의 성격을 추정해볼 만한 기록이 지석 3면과 4면에 있다. 지석에 따르면 무령왕비는 사후 왕궁의 서쪽 땅 빈전에서 3년을 보냈다고 한다. 왕궁에서 서쪽을 바라보면 정지산 언덕을 제외한 거의 모든 지역은 금강변 저습지이다. 저습지에 빈전을 만들 수 없었을 터이니 정지산 유적의 특이한 기와 건물이 바로 무령왕비의 빈전이 아니었을까? 최근 이 유적에서 검출된 특이한 형태의 구덩이를 얼음 창고로 보면서 빈전을 지탱하는 데 필요한 얼음 보관 장소로 파악한 연구가 나와 주목을 끌고 있다.

무령왕릉 지석을 발견해 백제사 연구가 큰 전환점을 맞은 것은 사실이지만, 아직도 우리가 지석을 이해하는 수준은 매우 낮은 편이다. 지석 속에는 '백제인의 삶'이라는 큰 실타래가 우리를 기다리고 있다. 그 실마리를 풀어 내기 위해서는 차분하면서도 진지하게 지석과 대화를 새롭게 시작해야 할 것이다.

— 글쓴이 이한상

8

신라사의 새로운 열쇠,
냉수리비와 봉평비

신라 6부란?

상고기 신라의 6부는 다양한 계층을 포괄하고 부내부라는 하위 단위체를 누층적으로 편제하는 구조를 갖춘 지역 집단으로, 그 대표자가 내부의 통치에 대하여 일정한 자치권을 행사하였다. 부는 그보다 상위 정치권력인 왕권의 통제를 받으며 신라를 구성하는 하위 단위정치체로서의 성격을 지녔다. 또 신라 전체를 망라하는 지배 구조상에서는 지방의 복속 소국이나 읍락 집단을 집단적으로 통치하는 지배자 집단으로서의 위상을 지니기도 했다. 이렇게 단위정치체인 6부를 중심으로 국정이 운영된 정치체제를 6부체제라고 부른다.

신라의 6부체제는 6세기 전반에 부가 왕경의 행정구역 단위로 바뀌면서 왕권 중심의 집권적 정치체제로 전환되었다. 〈냉수리비〉와 〈봉평비〉는 상고기 신라 6부의 성격이 단위정치체였음을 입증해주는 결정적인 증거일 뿐만 아니라, 6세기 전반에 있었던 정치체제의 변동을 추적하게 해주는 귀중한 사료이다.

【판독문】　〈앞면〉

12	11	10	9	8	7	6	5	4	3	2	1	
												1
此	教	死	得	爲	支	本	喙	王	癸	痲	斯	2
二	耳	後	之	證	此	彼	尒	斯	未	村	羅	3
人	別	令	教	尒	七	頭	夫	德	年	節	喙	4
後	教	其	耳	取	王	腹	智	智	九	居	斯	5
莫	末	弟	別	財	等	智	壹	阿	月	利	夫	6
更	鄒	兒	節	物	共	干	干	干	廿	爲	智	7
遵	斯	斯	居	盡	論	支	支	支	五	證	王	8
此	申	奴	利	令	教	斯	只	子	日	尒	乃	9
財	支	得	若	節	用	彼	心	宿	沙	令	智	10
		此	先	居	前	暮	智	智	喙	其	王	11
		財		利	世	斯	居	居	至	得	此	12
					二	智	伐	伐	都	財	二	13
					王	干	干	干	盧	教	王	14
					教		支	支	葛	耳	教	15
									文		用	16
											珍	17
											而	

〈뒷면〉

	7	6	5	4	3	2	1	
事	事	蘇	喙	爾	智	典	若	1
	煞	那	沙	喙	奈	事	更	2
	牛	支	夫	眈	麻	人	導	3
	拔	此	那	須	到	沙	者	4
		七	斯	道	盧	喙	教	5
		人	利	使	弗	壹	其	6
		張	沙	心	須	夫	重	7
		踪?	喙	訾	仇		罪	8
		所		公			耳	9
		白						10
		了						11
	語							
	故							
	記							

〈윗면〉

	5	4	3	2	1	
	故	了	今	支	村	1
	記	事	智	須	主	2
			此	支	臾	3
			二	壹	支	4
			人		干	5
			世			6
			中			7

〈영일 냉수리 신라비〉

〈냉수리비〉는 앞면 · 뒷면 · 윗면에 글씨를 새긴 자그마한 비이다. 그러나 가장 오래된 신라의 고비로, 글자가
전부 판독되어서 신라사 연구의 귀중한 자료가 된다.

논밭에서 극적으로 발견한 고대 비석 둘

과거를 재현하고, 추정하는 데 중요한 다리 역할을 하는 유적이나 유물이 우연한 사건을 계기로 그 모습을 드러내는 경우가 가끔 있다. 고대사 연구의 신기원을 이룬 〈울진 봉평 신라비〉(〈봉평비〉라 줄여 부름)와 〈영일 냉수리 신라비〉(〈냉수리비〉라 줄여 부름)가 바로 그런 경우다.

경북 울진군 죽변면 봉평 2리 118번지 주두원 씨 논둑에는 예전부터 큰 암반으로 보이는 돌 일부가 땅 위에 드러나 있었다. 논 주인인 주씨는 여러 차례 그 돌을 없애려 했으나 꿈쩍도 하지 않아 포기하고 있었다. 그러다가 1988년 1월 20일, 마침 봉평들에 객토를 하기 위해 동원된 포클레인이 있어 그 돌을 들어 작은 도로 옆 개울가에 던져버렸다. 주씨는 이 돌이 장차 국보가 되리라고는 상상도 못하고, 단지 논둑에 있는 성가신 바위덩어리를 제거했다는 사실에 흐뭇한 마음이었을 것이다.

하찮은 바위덩어리에 불과한 돌을 국보로 만든 일등 공신은 이장 권대선 씨였다. 권씨가 버려진 돌을 정원석으로 쓰려고 포클레인으로 옮기던 도중에 한쪽 면에 희미하게 새겨진 글자를 발견하고, 곧바로 죽변면사무소와 울진군 공보실에 신고한 것이다. 신고를 받은 공무원들이 몇 차례 비석을 조사하여 고비임을 확인하였으며, 학자들이 세밀하게 판독한 결과 524년에 건립된 신라비로 밝혀졌다. 이 비석은 그 뒤 국보 242호로 지정되었다. 시골 마을 이장의 예리한 눈매와 문화재를 사랑하는 투철한 시민정신 덕분에 신라사 연구에 새 장을 연 〈봉평비〉가 세상에 알려지게 된 것이다.

〈냉수리비〉가 발견된 것 역시 한 편의 드라마였다. 비를 처음 발견한 사람은 경북 영일군 신광면 냉수 2리에 사는 이상운 씨였다. 사업에 실패하자 고향에 내려와 소일하고 있던 이씨는 할아버지가 70여 년 전에 어떤 비를 발견한 일을 기억해냈다. 그 비가 법적으로 시비에 휘말렸다가 얼마 뒤 없어진 것이다. 할아버지가 그것을 밭에 파묻었을 것으로 짐작한 그는 문제가 된 비를 1989년 3월 초쯤 쉽게 찾아냈다.

이씨는 비를 손수레로 자기 집 감나무 아래에 옮겨놓았다. 그리고 날마다 옥편을 옆에 끼고 글자를 하나씩 읽어 모사본을 만든 다음, 여러 학자들을 찾아다녔다. 이렇게 해서 비가 세상에 알려졌다. 학자들이 세밀히 판독한 결과 503년에 건립한 신라비로 밝혀졌고, 이 비는 국보 264호로 지정되었다.

재물은 절거리의 소유니라

〈냉수리비〉는 화강암 자연석에 특이하게 앞면 · 뒷면 · 윗면에 글씨를 새긴 3면비다. 앞면은 글씨를 새기기 위하여 다듬었으나 뒷면과 윗면은 전혀 다듬지 않고 그대로 글자를 새겼다. 앞면에만 글자를 새기려고 하다가 글자가 많아지면서 뒷면과 윗면에도 글자를 새긴 것으로 보인다. 비석은 폭 70센티미터, 높이 60센티미터, 두께 30센티미터로, 비석치고는 작은 편에 속한다. 글자는 앞면에 12행 152자, 뒷면에 7행 59자, 윗면에 5행 20자씩 새겼다. 그때까지 발견된 비석들은 글자가 닳아 없어지거나 일부가 떨어져 나가 전체 내용을 알기 힘든 경우가 많은데, 다행히 〈냉수리비〉는 모든 글자를 판독할 수 있고, 그 내용도 정확하게 알 수 있어 더욱 가치가 높다. 이미 나와 있는 판독과 번역을 참조한 〈냉수리비〉 전문이다.

〈냉수리비〉 탁본(전면)
〈냉수리비〉는 오늘날로 치면 어떤 재물에 대한 소유권을 명시한 등기문서라고 말할 수 있다.

앞면

사라斯羅 훼부 사부지왕과 내

지왕 두 왕의 교시로써 진이마촌에 사는 절거리가 그 재물을 얻는 증거로 삼으라고 하명하시었다.

계미년 9월 25일에 사훼부 지도로갈문왕·사덕지아간지·자숙지거벌간지·훼부 이부지일간지·지심지거벌간지·본피부 두복지간지·사피부 모사지간지 등 일곱 왕들이 함께 의논하여 교시하시었다. 전세 두 왕의 교시를 증거로 삼아 재물을 모두 절거리가 얻게 하라고 하명하시었다.

별도로 교시하시기를, 만약에 절거리가 먼저 죽으면 후에 그 댁의 아이인 사노가 이 재물을 얻게 하라고 하명하시었다. 또다시 교시하셨으니, 미추와 사신지 이 두 사람은 후에 다시 이 재물에 대하여 트집을 잡지 말아라.

뒷면

만약 다시 트집을 잡으면 중죄로 처벌하겠다고 하명하시었다. 일을 맡은 사람[典事人]은 사훼부 일부지나마·도로불·수구이·훼부 탐수도사 심체공·훼부 사부·나사리·사훼부 소나지다. 이 일곱 사람이 삼가 무릎을 꿇고 공손하게 일을 마쳤다고 아뢰었다. 얼룩소를 잡아서 (하늘에) 널리 알렸다. 이에 기록한다.

윗면

촌주 유지간지와 수지일금지 이 두 사람이 이해에 일을 마쳤다. 이에 기록한다.

비문은 크게 네 단락으로 나뉜다. 첫 번째는 지도로갈문왕을 비롯한 일곱 왕들이 전세前世의 사부지왕과 내지왕의 교시를 증거로 진이마촌의 재물을 절거리의 소유로 인정한다는 사실을 교시한 부분이다. 두 번째는 일곱 왕들이 별도로 교시를 내려 절거리가 죽으면 그 재물은 그

댁 아이인 사노가 가지며, 미추와 사신지 두 사람은 재물에 대하여 더 이상 트집을 잡지 말라고 천명한 부분이다. 그리고 세 번째 단락은 이상 일곱 왕들이 합의한 내용을 비에 새기고 그것을 건립한 사람들을 적었으며, 네 번째 단락은 거기에 관여한 진이마촌 현지인들을 표기한 부분이다.

《삼국사기》나 《삼국유사》에서 신라 22대 지증왕을 지대로왕智大路王 혹은 지도로왕智度路王 혹은 지철로왕智哲老王이라고도 불렀다고 하니, 비문에 나오는 지도로갈문왕至都盧葛文王은 지증왕智證王이 틀림없다. 따라서 비를 건립한 계미년은 지증왕 4년(503)이 된다.

〈냉수리비〉는 간단히 말해 503년 무렵 진이마촌에 사는 절거리와 미추, 사신지 등이 어떤 재물을 둘러싸고 다투자, 지도로갈문왕을 비롯한 일곱 왕들이 앞서 두 왕인 사부지왕斯夫智王(제18대 실성왕으로 추정)과 내지왕乃智王(제19대 눌지왕)이 내린 교시를 증거로 그 재물을 절거리 소유라고 결정하였다는 내용을 담고 있다.

비문의 앞부분은 지도로갈문왕을 비롯한 일곱 왕들이 합의하여 교시를 내린 내용을 간략하게 줄인 것이다. 앞에 교시 내용을 축약하고, 본문에 그 내용을 자세히 적는 형식으로 비문을 작성한 듯하다. 이렇게 볼 때, 절거리는 503년 무렵에 생존한 인물로 보아야 마땅하니 실성왕과 눌지왕대에 재물의 소유권을 인정받은 사람은 절거리의 선조가 된다. 이들 왕대에 진이마촌에서 어떤 재물을 둘러싸고 절거리, 미추와 사신지의 선조가 서로 다투자, 왕과 6부 귀족들이 의논하여 그것을 절거리 선조의 소유로 결정하고, 그 사항을 교시로써 천명한 듯싶다. 이때 교시 내용은 문서로 기록하거나 비석에 새겨서 보존하였을 것이다.

그런데 503년에 다시 절거리와 미추, 사신지 등이 재물을 둘러싸고 다투자, 지도로갈문왕을 비롯한 일곱 왕들이 앞의 두 왕이 내린 교시를 증거로 문제의 재물을 절거리의 소유로 결정하고, 그 사항을 비석에 새겨 영구히 보존하려고 하였다. 이에 중앙에서 비석을 건립할 관리 7명을 냉수리 지역에 파견하였고, 그들은 진이마촌의 촌주 유지간지와 수지일금지 등 현지인의 협조를 받아 그 일을 끝마쳤던 것이다. 〈냉수리비〉는 오늘날로 치면 어떤 재물에 대한 소유권을 명시한 등기문서라고 말할 수 있다. 절거리와 그의 후손들은 〈냉수리비〉를 대대로 집안에 간직했을 것이다. 만약에 어떤 사람이 재물에 대해 시비를 걸면, 이들은 〈냉수리비〉를 증거로 제시해 재물이 자신들의 소유임을 입증했다고 보인다.

비문에서 소유권 분쟁에 휘말린 재물은 철광산이나 거기에서 생산된 철이었을 것으로 추측한다. 4~6세기에 철제 농기구가 널리 보급되었고, 이것을 농사에 활용하면서 농업 생산이 크게 증대되었다. 이래서 당시 지배층은 철제 농기구를 앞다투어 소유하려고 하였다. 4~6세기 삼국시대 지배층 고분에서 철제 농기구들이 많이 발견되는 것으로 보아 그들에게 얼마나 중요한 재산 품목이었는지를 알 수 있다. 이처럼 철제 농기구가 경제적 부를 확대하는 데 직접 도움이 되었기에 그 재료인 철을 확보하는 일에 당시 지배층이 크게 관심을 기울였던 것이다. 100여 년에 걸쳐 진이마촌에서 철광산이나 그곳에서 생산된 철을 둘러싸고 소유권 분쟁을 벌인 까닭도 바로 여기에서 찾을 수 있다.

나머지는 여러 노인법奴人法에 따라 처벌하라

한편 〈냉수리비〉보다 1년 전에 발견되어 고대사 연구자들을 흥분시켰던 비석이 바로 〈봉평비〉다. 이 비는 변성화강암으로 길이 204센티미터에, 사면이 서로 다른 모양을 하고 있으며, 〈냉수리비〉와 달리 앞면에만 글자를 새겼다. 글자는 모두 10행 397 또는 398자이며, 행마다 글자 수는 둘쑥날쑥하다. 기존의 판독과 번역을 참조한 전문이다.

갑진년 정월 15일에 훼부 모즉지매금왕, 사훼부 사부지갈문왕, 본피부 □

부지간지, 잠훼부 미흔지간지, 사훼부 이점지태아간지, 길선지아간지, 일독부지일길간지, 훼부 물력지일길간지, 신육지거벌간지, 일부지태나마, 일이지태나마, 모심지나마, 사훼부 십부지나마, 실이지나마 등이 (함께) 교시하신 일이다.

별도로 교시하셨으니, 거벌모라의 남미지는 본래 노인奴人이었다. 비록 노인이었으나 전에 왕이 크게 법을 교하시었다. (이어지는 28글자는 판독이 어려워 구체적인 내용을 알 수 없다. 대체로 거벌모라 남미지촌 사람들이 국가에 커다란 잘못을 저질렀다는 내용으로 이해한다). 대노촌大奴村은 그 대가를 치러야 한다. 나머지는 여러 노인법種種奴人法에 따라 처벌하라고 하시었다.

신라 6부가 얼룩소를 잡아서 (하늘에 제사를 드리고 고하였다). 일을 맡은 대인□事大人은 훼부 내사지나마, 사훼부 일등지나마, 구사사족지, 훼부 비수루사족지, 거벌모라도사 졸차소사제지, 실지도사 오루차소사제지이다. 거벌모라 니모리일벌, 미의지파단(피일), □지사리일□지, 아대혜촌사인 나이리는 곤장 60대, 갈시조촌사인 나이리거□척, 남미지촌사인 익□, □□□근리는 곤장 100대다. 실지군주 훼부 개부지나마.

이 글을 쓴 사람은 모진사리공길지지와 사훼부 선문길지지다. 글을 새긴 사람新人은 훼부 술도소오제지와 사훼부 모리지소오제지다.

비석을 세운 사람은 훼부박사다. 이때에 교시하시기를, 이와 같은 자는 하늘로부터 벌을 받을 것이다라고 하시었다.

거벌모라 이지파하간지와 신일지일척. 세중자世中子 398인.

〈울진 봉평 신라비〉
〈봉평비〉를 발견할 때의 모습을 찍은 것이다. 고
대사 연구의 신기원을 여는 데 기여한 이 비는 원
래 논둑에 박혀 있었다.

봉평비 탁본

1　甲辰年正月十五日喙部牟卽智寐錦王沙喙部徙夫智葛文王本彼部□夫智

2　干支岑喙部美昕智干支沙喙部而粘智太阿干支吉先智阿干支一毒夫智一吉干支喙勿力智一吉干支

3　慎肉　智居伐干支一夫智太奈麻一尒智太奈麻牟心智奈麻沙喙部十夫智奈麻悉尒智奈麻等所教事

4　別教令居伐牟羅男弥只本是奴人雖是奴人前時王大教法道俠陜不所恩城失火口城致大軍起若右

5　者一行白之又悔主尊口大奴村負共値□其餘事種種奴人法

6　新羅六部煞斑牛謂連口事大人喙部內沙智奈麻沙喙部一登智奈麻具沙邪足智喙部比須婁邪足智居伐牟羅道

7　使卒次小舍帝智悉支道使烏婁次小舍帝智居伐牟羅尼牟利一伐弥宜智波旦□只斯利一□智阿大兮村使人

8　奈尒利杖六十葛尸粲村使人奈尒利居□尺男弥只村使人翼□□酉?卽?斤利杖百悉支軍主喙部介夫智奈

9　𪢮節書人牟珍斯利公吉之智沙喙部善文吉之智新人喙部述刀小烏帝智沙喙部牟利智小烏帝智

10　立石碑人喙部博士于時教之若此者獲罪於天　居伐牟羅異知巴下干支辛日智一尺世中子三百九十八

1
2
3
4
5
6
7
8
9
10
11
12
13
14
15
16
17
18
19
20
21
22
23
24
25
26
27
28
29
30
31
32
33
34
35
36
37
38
39
40
41
42
43
44
45
46

신라 제23대 법흥왕을 무즉지태왕另卽智太王 또는 모진募秦이라고도 불렀다. 따라서 모즉지매금왕은 법흥왕을 가리킨다. 법흥왕대의 갑진년은 524년(법흥왕 11)뿐이다. 〈봉평비〉는 신라 비석 가운데 〈냉수리비〉에 이어 두 번째로 오래된 것이다.

〈봉평비〉는 내용이 크게 네 단락으로 나뉜다. 첫 번째 단락은 갑진년(524) 정월 15일에 모즉지매금왕과 6부 귀족 열세 명이 함께 논의한 어떤 내용을 교시한 부분이다. 교시 내용은 모즉지매금왕과 6부 귀족들이 죄를 지은 아대혜촌사인이나 갈시조촌사인 등에게 곤장 60대, 100대를 판결하고, 일을 맡은 대인大人들에게 그것을 집행하도록 지시한 다음에 그 사실을 비석에 새겨서 영구히 보존하라고 결정한 사실이다. 두 번째 단락은 모즉지매금왕과 6부 귀족들이 죄를 지은 거벌모라 남미지의 주민에게 그 대가를 치르도록 명령하고, 나머지는 노인법대로 처벌하라고 별도로 교시한 부분이다. 이 부분은 글자를 정확하게 판독할 수 없어 판독이나 해석을 둘러싸고 다른 견해가 많다. 특히 거벌모라 남미지

신라 6부 구분과 그 구체적 역할

고조선 멸망 후에 고조선 유민들이 경주 분지로 대거 이주하여 정착하였고, 중국계 주민들의 이주도 잦았다. 그들은 경주의 토착 세력을 아울러서 여러 개의 지역 집단을 형성하였다. 시간이 흘러감에 따라 지역 집단 사이에 이합집산이 계속됐고, 결국 3세기 후반에 여섯 개의 지역 집단, 즉 훼·사훼·잠훼·본피·사피(습비)·한기 집단으로 정리되었다. 이들을 흔히 6부라고 부른다.

각 부는 다양한 계층을 포괄하고 부내부라는 하위 단위 정치체를 누층적으로 편제시킨 구조를 갖추고 있었다. 나아가 각 부는 내부의 통치에 대하여 자치권을 행사하였고, 그보다 상위 정치

권력이자 가장 강력한 부의 대표인 왕권의 통제를 받으며 신라 국가를 구성하는 단위 정치체로 기능하였다. 이때 6부는 국가 전체의 영역을 망라하는 지배 구조상에서 지방의 종속 집단들을 집단적으로 지배하는 지배자 공동체의 위상을 지녔다. 상고기는 바로 이와 같은 성격을 지닌 6부를 중심으로 국정이 운영되었기 때문에 당시의 정치 체제를 흔히 6부체제라고 부른다. 530년대에 신라의 각 부는 자치성을 상실하고, 왕경의 행정구역으로 재편되었다. 이에 따라 정치체제도 6부체제에서 국왕 중심의 집권적 정치체제로 전환되었다.

촌이 죄를 지은 실상을 둘러싸고 더욱 그러한데, 대체로 실수로 성에 화재가 나서 대군大軍을 동원할 수밖에 없었던 상황이 발생한 것으로 이해한다. 이에 대노촌에게 화재 때문에 생긴 손실의 대가를 치르도록 명령하고, 아울러 나머지는 여러 노인법에 따라 처벌하라고 판결한 듯하다. 남미지는 거벌모라라는 큰 촌 안에 속한 작은 촌락을 말하며, 대노촌은 거벌모라를 가리키는 것으로 보인다. 여기에 보이는 노인奴人은 새로 신라 영토로 편입된 변방 지역 주민으로 보이고, 대노촌은 이들이 집단으로 거주하던 큰 촌을 가리킨다. 노인들은 국왕의 교시에 따라 일반 공민으로 신분이 개선되기도 한다.

세 번째 단락은 6부 관리들이 모즉지매금왕을 비롯한 열네 명이 교시한 내용을 현지에 가서 직접 이행한 사실을 기술한 부분이다. 즉, 6부가 얼룩소를 잡고 하늘에 제사를 지낸 다음, 여섯 대인이 판결을 집행한 내용이 단락의 요지다. 이 단락 마지막에 실지군주가 나오는데, 그가 비를 세우거나 지방민 처벌을 총괄한 책임자인 것으로 본다.

네 번째 단락은 비석 건립에 관여한 관리들과 비석을 세울 당시의 포고문, 비석을 세우기 위하여 동원한 현지인들을 기록하고 있다. 여기에 박사博士는 비문을 작성하거나 글을 새길 때 중요한 역할을 수행하고, 동시에 비를 세우는 목적을 지방민에게 포고하는 역할도 맡은 듯하다. 한편 '이와 같은 자는 하늘로부터 벌을 받을 것이다'라고 천명한 구절은 암호 같기도 하여서 선뜻 이해가 되지 않는다. 미루어 짐작해보건대, 거벌모라 남미지촌이 저지른 잘못을 다시 범하는 사람이나 비석을 훼손하는 사람은 하늘에서 벌을 받을 것이라는 의미인 듯하다. 마지막 구절에 거벌모라의 지배자를 기록하고, 이어서 '세중자卅中子 삼백구십 팔三百九十八'이라는 표현이 보이는데, 이 역시 정확한 뜻을 알 수 없다. 대체로 이해에 비석을 세우면서 동원한 인원을 가리키는 것 같지만, 확실치는 않다.

간지를 칭한 인물들은 부의 지배자다

〈냉수리비〉와 〈봉평비〉에는 신라의 비밀을 밝힐 수 있는 새로운 내용이 많이 담겨 있다. 예를 들어서 지도로(지증왕)가 500년에 왕에 올랐으면서도 여전히 갈문왕이라고 불리던 사실이라든지, 노인법이라든지 그리고 국왕과 6부 귀족들이 의논하고 공동으로 교시를 내렸다든지, 520년에 17관등을 정비하였는데도 524년에 여전히 간지干支라고만 일컬어지는 인물들이 있었다는 사실 등이 바로 그런 사례다.

〈냉수리비〉가 건립된 503년 9월까지 지도로를 갈문왕이라고 부르던 까닭은 신라의 장례 의식에서 찾아볼 수 있다. 대체로 국왕과 부모가 돌아가시면 3년상을 치렀다. 고구려의 광태토왕과 백제의 무령왕도 3년상을 치렀다. 그런데 묘하게도 503년 10월에 '신라'라는 국호를 공식적으로 채택하면서 왕호도 마립간에서 왕으로 바꾸었다. 물론 후자의 경우는 마립간에서 매금왕寐錦王으로 왕호를 바꾼 사실을 말한다. 매금왕은 '마립(간)왕'과 통하는 것으로, 왕 가운데 으뜸 왕이란 뜻이다.

530년대에 왕호가 매금왕에서 대왕으로 바뀌었다. 503년 10월부터 지도로를 매금왕으로 불렀다고 보인다. 이때는 전왕인 소지왕이 사망한 지 딱 3년이 되는 시점이었다. 지도로는 소지왕을 애도하기 위하여 공식적으로 마립간, 즉 국왕 자리에 오르지 않고 갈문왕에 머물렀던 것이 아닐까 추측한다. 신라 초기 갈문왕의 성격은 분명하게 알 수 없지만, 국왕의 친동생이나 가까운 친척이 갈문왕에 임명된 마립간 시기에는 부왕副王으로서 국왕의 자리가 비었을 때 그를 대신하여 국가를 통치할 수 있는 존재였다.

한편 〈봉평비〉에 보이는 노인이나 노인법은 6세기 전반 신라가 새로 영토로 편입한 변방 주민들을 국가의 공민公民들과 차별했음을 전해주는 자료다. 당시 신라는 2원적 관등제, 즉 경위京位와 외위外位를 두어서 왕경에 살던 6부인과 지방에 거주하던 주민들을 차별하였고, 나아가

지방민들을 다시 공민과 노인으로 구분하여 차별한 것이다. 노인과 노인법은 6세기 신라 지방 통치의 구체적인 양상을 알려주는 새로운 자료로서 학자들에게 많은 주목을 받고 있다.

〈냉수리비〉와 〈봉평비〉에서 고대사 체계를 정립하는 데 큰 도움을 준 내용이 바로 단지 간지라고만 일컫는 본피부·사피부·잠훼부 소속 인물들의 존재다. 신라에 6부가 있었는데, 양부梁部·사량부沙梁部·모량부牟梁部(또는 점량부)·본피부本彼部·습비부習比部·한기부漢祇部가 바로 그것이다. 그런데 두 비문에서는 양부를 훼부喙部, 사량부를 사훼부, 그리고 모량부를 잠훼부岑喙部, 습비부를 사피부斯彼部라고 표기하였다. 시대에 따라 부를 표기하는 방식이 달랐던 것이다. '훼喙'의 신라 발음은 '탁(톡)' 또는 닥(독), 달(돌)이다. 여기서는 편의상 한자음으로 '훼'라 읽었다.

뒤의 표들을 자세히 살펴보면, 훼부와 사훼부 소속 인물들은 관등을 보유하고 있으나, 사피부·본피부·잠훼부 소속 인물들은 단지 간지만

〈냉수리비〉(왼쪽)와 〈봉평비〉의 간지를 확대한 부분

〈냉수리비〉와 〈봉평비〉에 간지만을 칭하는 인물들이 나오는 부분으로 〈냉수리비〉는 '本彼頭腹智干支斯彼慕斯智干支'이고, 〈봉평비〉는 '本彼部□夫智干支岑喙部美昕智干支'로 판독된다. 위 〈봉평비〉 부분은 필사본을 이용하여 확대한 것이다.

〈냉수리비〉에 보이는 6부 인명

부 명	인 명	관 등	관 직	부 명	인 명	관 등
사훼	지도로	갈문왕	전사인(典事人)	사훼	일부지	나마
사훼	사덕지	아간지(아찬)		사훼	도로불	
사훼	자숙지	거벌간지(급찬)		사훼	수구이	
훼	이부지	일간지(이찬)	(탐수도사)	훼	심체공	
훼	지심지	거벌간지(급찬)		훼	사부	
본피	두복지	간지		훼	나사리	
사피	모사지	간지		사훼	소나지	

〈봉평비〉에 보이는 6부 인명

관직	부명	인명	관등
	훼	모즉지	매금왕
	사훼	사부지	갈문왕
	본피	□부지	간지
	잠훼	미흔지	간지
	사훼	이점지	태아간지(대아찬)
	사훼	길선지	아간지(아찬)
	사훼	일독부지	일길간지(일길찬)
	훼	물력지	일길간지
	훼	신육지	거벌간지(급찬)
	훼	일부지	태나마(대나마)
	훼	일이지	태나마(대나마)
	훼	모심지	나마
	사훼	십부지	나마
	사훼	실이지	나마
□사대인	훼	내사지	나마
	사훼	일등지	나마
	사훼	구사	사족지(조위)
	훼	비수루	사족지
(거벌모라도사)	훼	졸차	소사제지(사지)
(실지도사)	훼	오루차	소사제지
실지군주	훼	개부지	나마
서인	훼	모진사리공	길지지(길사)
서인	사훼	□문	길지지
신인	훼	술도	소오제지(소오)
신인	사훼	모리지	소오제지
입석비인	훼		(박사)

을 칭하고 있음을 알 수 있다. 〈냉수리비〉에 훼부와 사훼부 소속 인물 가운데 관등을 보유하지 못한 인물들이 보이는데, 그 비를 건립한 503년까지 17관등이 모두 정비되지 않아서 그들은 관등을 받지 못한 것으로 추측한다. 17관등은 520년(법흥왕 7)에 정비하였다. 그런데 〈봉평비〉에 본피부와 잠훼부 소속 인물들은 17관등이 아니라 단지 간지만을 칭하고 있을 뿐이다.

학자들은 이러한 사실에 매우 놀랐다. 이제까지 6부인은 모두 관등을 갖고 있어야 한다고 생각했기 때문이다. 일부 학자는 간지는 이찬(일간지)이나 이벌찬을 가리킨다고 주장하기도 하였다. 그러나 간지는 관등이 아니었다. 지금까지 상식과는 다른 내용을 봉평비는 전해주고 있다. 그러면 간지는 과연 무엇일까?

간지, 자치적으로 부를 지배한 자

'간지干支'는 다른 사서에서 '간干', '한기旱岐', '간기干岐'라고도 표현하였다. 여기서 '지支', '기岐'는 간干과 한旱 뒤에 붙는 존칭어미일 뿐이다. 관등 명칭에 자주 보이는 '찬飡'이란 표현도 간이나 한과 의미가 같다. 이 계열의 관등은 '간(지)'을 칭하던 사람들을 순서대로 늘어세운 것일 뿐이다. 그러면 간(지)이란 무슨 뜻일까?

13세기 세계를 뒤흔든 몽골 제국의 영웅이 바로 칭기즈 칸이다. 그는 본래 이름이 테무친인데, 1206년에 쿠릴타이라는 부락 추장회의에서 추대를 받아 카간可汗(Khan)에 취임하면서부터 칭기즈 칸成吉思汗으로 불렸다. 몽골 어로 '강한 군주' 또는 '대양의 군주'라는 의미다. 카간은 군주를 뜻하는 몽골 용어로, 돌궐이나 유연, 위구르 제국 같은 북방 유목민족의 군주들을 대대로 카간이라고 불렀다. 돌궐의 무한 카간木汗可汗, 계민 카간啓民可汗, 위구르 제국의 카를륵 카간葛勒可汗 등이 대표적인 예다.

신라나 가야에서도 군주를 간(간지)이나 또는 한(한기)이라고 불렀다. 《삼국사기》에 신라의 복속국인 음즙벌국音汁伐國 왕의 이름이 타추간陁鄒干이었다고 전한다. 음즙벌국은 경북 경주시 안강읍 근처에 위치한 소국小國이었다. 여기서 왕의 이름은 타추이고, 간은 군주를 뜻하는 용어다. 한편 《일본서기》에 6세기 가야 소국과 그 왕 이름으로 탁순국왕卓淳國王 말금한기末錦旱岐, 가라국왕 기본한기己本旱岐 등과 같은 예가 보인다. 또한 '~한기'를 '~군君'으로 바꾸어 졸마한기卒麻旱岐를 졸마군으로, 사이기한기斯二岐旱岐를 사이기군으로 부른 예도 있다. 이런 사례들이 신라나 가야에서 소국을 다스린 군주를 '~간지(한기)'라고 불렀음을 전해주는 증거들이다.

그런데 신라에서는 촌주도 '~간(지)'이라고 불렀다. 예를 들어 냉수리비에 '유지간지'라는 촌주가 나오는데, 유지는 이름이고, 간지는 전통적으로 군주를 뜻하는 용어다. 《삼국사기》에 5세기 전반에 눌지왕에게 박제상을 추천한 수주촌간 벌보말, 일리촌간 구리내, 이이촌간 파로에 관한 이야기가 나온다. 여기서 촌간村干들은 촌주를 말하며, 그들을 벌보말간, 구리내간, 파로간 등으로 불렀을 것이다. 신라는 지방의 복속국이나 읍락을 촌으로 재편하고, 그 지배자를 촌주에 임명하였다. 그들을 '~간(지)'으로 부르던 관행은 여기에서 비롯되었다. 촌주는 촌을 자치적으로 다스리면서 지방관인 도사나 나두 등의 수취 업무를 보조하였다. 소국의 지배자인 왕, 촌을 자치적으로 다스리던 촌주를 '~간지(한기)'라고 부르던 실상은, 냉수리비와 봉평비에서 '~간지'라고 일컬은 본피부·사피부·잠훼부 소속 인물들의 성격을 조사할 때에 매우 소중한 자료가 된다.

〈냉수리비〉에서 인명을 표기하는 순서는 소속 부에 따랐다. 반면에 봉평비는 매금왕, 갈문왕, 간지를 칭한 인물 그리고 관등의 서열에 따라 인명을 표기하였다. 〈봉평비〉 건립 단계에 매금왕은 법흥왕이었고,

갈문왕은 그의 동생인 입종(비
문의 사부지갈문왕)이었다. 당
시 두 사람은 국가의 최고 지
배자였다. 그리고 그 다음에
본피부와 잠훼부 소속으로서
간지를 칭한 인물들을 기재하

신라 왕궁이 있던 월성
월성은 성의 모양이 마치 반달을
닮았다고 하여 붙인 이름이다. 파
사니사금대부터 신라 말기까지
여기에 왕궁이 있었다. 월성이 훼
부의 중심이었다.

였다. 인명을 써넣은 순서를 보면, 이들은 분
명히 서열로 보아 17관등을 보유한 훼부와 사
훼부의 귀족들보다 높은 위치에 있었다고 추
측할 수 있다. 그렇다면 당시 부의 지배자는
어떻게 불렸을까? 앞서 말한 원칙대로라면 부
대표들도 '~간지'라고 불렀다고 봐야 한다. 여기서 문제는 6세기 전반
에 부 대표가 자기 부를 자치적으로 다스릴 수 있었느냐는 점이다. 이
와 관련해 초기 고구려 5부의 성격을 참조할 필요가 있다.

초기에 고구려 왕은 5부 가운데 하나인 소노부 출신이었다. 소노부는
비류나부라고도 한다. 그 부가 계루부에게 왕위를 빼앗긴 다음에 그 부
의 대표, 즉 부장의 적통適統을 이은 대인大人을 대대로 고추가라고 불
렀다. 이때 소노부의 대표는 독자적인 종묘와 사직을 세우고 제사를 지
냈다. 종묘는 천자나 제후의 시조와 역대 왕들의 위패를 모신 곳이고,
사직은 토지와 오곡 신을 가리킨다. 옛날에 천자와 제후는 반드시 종묘
와 사직을 세우고 제사를 지냈기 때문에 이들에 대한 제사가 끊기는 것
을 왕조나 국가의 멸망과 동일시했다. 따라서 소노부의 대표가 종묘를
세우고 제사를 지냈다면, 그것은 시조와 역대 대표를 제사지냈다는 것
을 뜻하며, 따라서 이는 소노부의 대표가 그 지위를 대대로 물려받았음
을 알려주는 증거다. 더구나 소노부가 왕조나 국가 그 자체를 상징하는
'사직'을 세우고 제사를 지내기까지 하였으니, 대표의 지위를 대대로

물려받은 적통대인은 부를 자치적으로 통치하였음이 틀림없다.

한편 절노부(연노부) 대표들은 왕실 측과 대대로 혼인을 하였다고 전하는데, 이를 통해서 절노부 역시 대표가 부를 자치적으로 다스렸음을 추측할 수 있다. 나아가 각 부의 대표들은 사자, 조의, 선인이라는 관인들을 임명할 수 있는 권한을 가지고 있었다. 이것은 나머지 관노부(관나부), 순노부(환나부)의 대표도 부를 자치적으로 다스리던 존재였음을 암시하는 것이다. 고구려 초기에 대표가 자치적으로 다스리던 부의 성격을 단위정치체라고 부른다. 2세기 후반에서 3세기 후반 사이에 고구려 5부의 성격이 단위정치체에서 왕경의 행정구역 단위로 변하였다고 알려졌다.

고구려 5부의 대표처럼 그 지위를 세습하면서 부를 통치하던 지배자의 인명은 과연 어떻게 표기하였을까? 고구려의 경우 구체적인 실례는 발견되지 않는다. 그러나 질문에 대하여 쉽게 답할 수 있다. 북방 유목민족의 지배자, 가야의 왕, 음즙벌국의 왕, 그리고 촌주를 모두 '이름+간(간지 또는 카간)'이라고 표기하였으니, 자치적으로 부를 다스린 지배자, 즉 부주部主 역시 같은 방식이었을 터이다. 그런데 〈냉수리비〉와 〈봉평비〉에 등장하는 본피부·사피부·잠훼부 소속 인물들의 인명 표기도 이러한 방식과 동일하였다. 즉 본피부 두복지간지, 사피부 모사지간지, 본피부 □부지간지, 잠훼부 미흔지간지처럼 말이다. 이들의 인명 표기 방식이 촌주나 작은 나라 왕들의 방식과 같았음을 주목할 때, 그들은 부를 대표하는 존재, 즉 각각의 부를 자치적으로 다스리던 지배자였다고 보아야 합당하다. 이것은 6세기 전반까지 신라의 6부는 단위정치체적인 성격을 그대로 지니고 있었다는 의미이기도 하다. 고구려 소노부의 대표가 그랬던 것처럼 그들 역시 대표의 지위를 세습하였을 것이다. 후대까지 부 대표의 조상들이 하늘에서 내려왔다는 자기들만의 전승을 가지고 있던 까닭도 바로 여기에서 찾을 수 있다. 물론 국왕이 그들을 부주로 임명했을 가능성도 한 번 생각해볼 수 있다. 이러한 가정은 간지가 관등이라면 설득력을 지닐 수 있다. 그러나 간지는 분명 관등이 아니었기 때문에 더 이상 재론할 필요는 없다.

훼부와 사훼부만 국왕이 직접 다스려

〈냉수리비〉와 〈봉평비〉에 등장하는 본피부·사피부·잠훼부에 속한 이들이 각 부를 자치적으로 다스린 지배자였으니, 자연히 당시 국왕은 6부 가운데 이들을 제외한 나머지 훼부(양부)·사훼부(사량부)·한기부를 다스렸거나 또는 그 일부만을 다스린 셈이다. 그러면 6세기 전반에 국왕이 직접 다스린 부는 무엇이었을까? 〈냉수리비〉와 〈봉평비〉에 등장하는 6부인들은 대부분 훼부와 사훼부 소속이며, 한기부 소속은 한 명도 보이지 않는다. 이때 이들 부를 대표하는 사람이 매금왕과 갈문왕이었다. 그리고 냉수리비에 나오는 전세의 두 왕(사부지왕과 내지왕)은 훼부 소속, 지도로갈문왕과 사부지갈문왕은 사훼부 소속이었다. 이들 사례를 가지고 대대로 매금왕은 훼부, 갈문왕은 사훼부 소속이었다고 추측할 수 있다.

그런데 여기서 매우 의아한 현상 한 가지를 발견할 수 있다. 지도로갈문왕(지증왕)과 모즉지매금왕(법흥왕)이 부자 사이였고, 모즉지와 사부지갈문왕은 친형제인 동시에 장인과 사위였지만, 각각 소속 부가 다르다는 점이 그것이다. 의문은 여기서 끝나지 않는다. 특이하게도 국왕이 소속된 훼부뿐만 아니라 사훼부 소속 귀족들도 한결같이 관등을 보유하고 있다는 사실이다. 도대체 훼부와 사훼부가 어떤 관계이기에 이런 현상이 나타난 것일까? 이 궁금증은 의외로 간단하게 풀 수 있다. 훼부와 사훼부의 대표격인 모즉지매금왕과 사부지갈문왕이 모두 지도로갈문왕의 아들이었기 때문이다. 그들은 모두 김씨 왕가의 일원이었다. 따라서 6세기 전반 훼부와 사훼부는 김씨 왕가가 직접 다스린 부인 셈이다. 그런데 법흥왕대에 김씨 왕가의 핵심은 왕 자신이었고, 또 그가 동생인 갈문왕을 사훼부의 대표로 임명하였다고 보이기 때문에 당시에는 국왕이 훼부와 사훼부를 직접 통괄하였다고 봐야 합당하다. 그러한 전통은 마립간 시기까지 거슬러 올라갈 수 있다.

눌지왕대부터 국왕의 동생이나 가까운 친척을 갈문왕으로 삼았다. 예를 들면 눌지왕은 동생인 파호巴胡를 갈문왕으로 삼았는데, 그는 실성왕대에 고구려에 인질로 잡혀 있다가 눌지왕대에 귀환한 복호卜胡를 가리킨다. 이 밖에 기보期寶나 습보習寶, 지도로갈문왕 역시 자비왕이나 소지왕과 가까운 친척이었다. 이때에도 6세기 전반처럼 마립간, 즉 매금은 훼부 그리고 갈문왕은 사훼부 소속이 원칙이던 것 같다. 따라서 적어도 눌지왕대부터 김씨 왕가가 훼부와 사훼부를 직접 통괄하였다고 말할 수 있겠는데, 어쩌면 마립간이란 왕호를 처음으로 사용한 내물왕이 재위한 시기부터 그러했을지도 모르겠다.

국왕은 일찍부터 왕궁이 있는 월성에 거주하였다. 그렇기 때문에 국왕들은 본래 훼부에 속하였다고 말할 수 있다. 김씨 왕가의 경우도 예외는 아니었을 것이다. 그런데 니사금 시기에 왕비의 아버지나 왕의 외할아버지를 갈문왕으로 삼다가 마립간 시기부터 국왕의 동생이나 가까운 친척을 갈문왕으로 삼기 시작하였다. 이런 까닭에 김씨 왕가가 훼부와 사훼부를 동시에 통괄하기 시작한 시점을 마립간 시기 이전으로 거슬러 올라가기는 곤란하다. 니사금 시기에는 사훼부 역시 본피부 등과 마찬가지로 그 부의 지배자가 자치적으로 다스렸고, 나물왕 또는 눌지왕 대에 훼부에 기반을 둔 김씨 왕가가 사훼부의 통치권을 장악하였을 것이라는 얘기다. 통치권을 빼앗긴 사훼부의 대표는 국왕의 신료로 편입되었거나 도태되었을 것이다.

훼부와 사훼부는 김씨 왕가가 통괄하였으므로 그 부에 속한 귀족들은 모두 국왕의 신료였다고 보아야 한다. 훼부·사훼부 소속 귀족들은 모두 관등을 갖고 있는데, 관등은 본래 국왕이 신료들에게 내리는 것이 원칙이었다. 군주가 그에게 충성을 다하여 섬긴 사람이나 또는 여러 가지 공적을 쌓은 사람에게 관등을 준 것이다. 군주와 신료는 관등을 매개로 일종의 주종관계를 맺은 셈인데, 고구려 광대토왕대에 모두루가 스스로 낮추어서 노객奴客이라고 불렀던 실상은 삼국시대 국왕과 신료 사이의 주종관계를 상징적으로 보여주는 하나의 실례다. 6세기 전반 국왕이 훼부와 사훼부를 통괄했다고 한다면, 한기부는 어떠하였을까. 〈냉수리비〉와 〈봉평비〉에 관등을 가진 한기부 소속의 인물이 보이지 않기 때문에 그 부의 사정 역시 본피부와 거의 비슷하였다고 생각한다.

국정 운영은 6부의 합의를 기초로

〈냉수리비〉와 〈봉평비〉에 국왕과 6부 귀족, 부의 대표들이 회의를 열어 무엇인가를 결정하고, 그것을 교시로 공포하는 내용이 나온다. 〈냉수리비〉에 등장하는 회의 구성원은 훼부와 사훼부 소속이 다섯, 본피부와 사피부 소속이 한 명씩 모두 일곱이다(앞의 표 참조). 한편 〈봉평비〉에는 훼부와 사훼부 소속이 열두 명, 본피부와 잠훼부 소속이 각각 한 명씩이다(앞의 표 참조). 〈봉평비〉에서 사부지갈문왕은 모즉지매금왕(법흥왕)의 동생이었고, 나머지 훼부와 사훼부 소속 귀족들은 그의 신료였다. 6세기 전반에 국정을 논의하는 회의는 국왕이 주재하는 것이 원칙이었다. 국왕의 처지에서 그가 의도하는 방향으로 합의를 이끌어내려고 한다면, 그와 주종관계인 훼부와 사훼부 소속 귀족들만을 회의 구성원으로 편성하는 것이 가장 유리했을 것이다. 하지만 국왕은 그렇게 하지 못하고 부의 대표들을 회의 구성원에 끼워넣었던 것이다. 아마 그리하지 않으면 안 되는 불가피한 까닭이 있었을 것이다.

신라는 6부가 서로 연합하여 구성한 국가였다. 6세기 전반까지 국왕은 훼부와 사훼부만 직접 다스렸고, 나머지 4부는 그 대표들이 자치적으로 통치하였다. 물론 니사금 시기에는 사훼부마저 그 대표가 통치하였다. 이러한 상황에서 전쟁이 일어나거나 또는 여러 가지 대외적인 사안이 발생하였을 경우, 국왕은 본피부나 사피부 · 잠훼부 · 한기부의 대표와 협의하여 일을 처리하였을 것이다. 신라는 상고기에 6부군部軍을 동원하여 주변 소국을 정복하거나 외적의 침략을 막았다. 이것은 6부에서 군사를 징발하여 편성한 군대라는 의미다. 전쟁에 필요한 군사를 징발할 때에 국왕은 부를 다스리는 지배자들 도움을 받아야 했다. 여기다가 각 부 사이의 이해관계가 엇갈릴 경우, 마립간 시기조차 겨우 훼부와 사훼부만 직접 통치할 수 있었던 국왕이 그 문제를 해결하기가 그리 쉽지 않았을 것이다. 이 때문에 6세기 전반까지 대내적, 또는 대외적 사안에 대하여 각 부 대표가 모여서 서로 의견을 조정하는 회의가 관례적으로 열렸는데, 〈냉수리비〉와 〈봉평비〉는 이러한 사실을 증명해주는 귀중한 증거다. 각 부 대표들이 모여서 국가의 현안을 논의하였던 관행은 6세기 전반까지 국정 운영이 그들이 합의한 것을 바탕으로 이루어졌음을 말해준다.

다만 여기서 그냥 지나쳐서 안 될 사항은 〈냉수리비〉와 〈봉평비〉에서 보듯이 국정 현안을 논의하는 회의에 국왕뿐 아니라 그와 주종관계를 맺은 신료들이 대거 참여하였다는 점이다. 아울러 일부 부 대표들이 회의에서 배제된 사실도 눈에 띈다. 〈냉수리비〉에서는 한기부와 잠훼부 대표가, 〈봉평비〉에서는 한기부와 사피부 대표가 회의에 참석하지 못한 것으로 나온다. 회의 구성원 가운데 훼부와 사훼부 소속 인사들이 월등히 많았고, 나머지 부 대표들은 겨우 둘뿐이기 때문에 훼부와 사훼부의 발언권이 그만큼 강하였을 것이다. 이는 회의에서 훼부와 사훼부의 입김이 강하게 반영될 공산이 크다는 의미와도 통한다. 그러면 언제부터 훼부와 사훼부의 발언권이 강화되기 시작하였을까?

니사금 시기에 사훼부는 그 대표가 자치적으로 다스렸다. 훼부 소속 국왕이 사훼부의 통치권을 장악한 시기는 눌지왕대 또는 바로 그 이전 마립간 시기였다. 니사금 시기에 훼부와 사훼부 두 부가 다른 부를 압도하고 국정 운영에서 발언권을 강하게 행사하였다고 보기 어렵다. 이를 바탕으로 당시 6부 사이에 역학관계가 비교적 균형을 이루며 국정을 운영하는 정황도 충분히 예상해볼 수 있다. 그러다가 마립간 시기부터 훼부의 김씨 왕가가 사훼부까지 직접 통치하게 되면서 이들 두 부가 가진 영향력이 늘어나고, 이는 국정 운영에서 훼부와 사훼부의 발언권 강화로 이어졌을 것이다. 동시에 이와 비례하여 다른 부의 발언권은 약화되었을 것이다. 국가 현안을 논의하는 회의에 훼·사훼부 소속 인물이 다수 참여하고, 세력이 약한 부의 대표는 아예 거기에 참석하지 못하는 형태가 이런 현상을 반영한다. 그런데도 각 부 대표들이 합의를 바탕으로 국정을 운영하는 기본 원칙만은 여전히 지켜졌다. 이는 회의에서 합의한 사항을 국왕 단독 명의가 아니라 회의 구성원 공동 명의로 교시를 내렸다는 사실에서 확인할 수 있다.

고대사 연구의 새 장을 연 〈냉수리비〉와 〈봉평비〉

〈냉수리비〉와 〈봉평비〉에 숨겨진 수수께끼는 한두 가지가 아니다. 그러나 〈냉수리비〉와 〈봉평비〉에 담긴 여러 내용 가운데 6세기 신라사의 단면을 밝힐 수 있는 핵심 열쇠는 본피부·사피부·잠훼부 소속 인물들의 정체를 밝히는 것이라고 단언하고 싶다. 그들의 정체를 추적한 결과, 6세기 전반에 각각 부를 자치적으로 다스리던 부의 지배자, 즉 대표였음을 밝힐 수 있었다. 이를 뒤집어 말하면 국왕은 6부 가운데 훼부와 사훼부만 직접 통치하던 존재였음을 알 수 있었다. 아울러 6세기 전반에 훼부와 사훼부·본피부·사피부·잠훼부·한기부가 연합하여 신라라는 국가를 구성한 사실도 밝힐 수 있었다. 이렇기 때문에 6부 대표들의 합의를 바탕으로 국가를 운영할 수밖에 없었고, 회의에서 합의한 내용을 그 구성원 공동 명의로 교시를 발표하는 것이 관례가 된 것이다. 여기다가 6세기 전반은 부 사이에 우열이 명확하게 드러난 시기였음을 알 수 있었다. 이를 바탕으로 앞서 6부 사이에 우열이 그리 심하지 않던 시기에 단위정치체로써 부를 중심으로 국정을 운영한 시기의 정치체제를 밝히는 것이 가능하고, 나아가 그 뒤 정치체제가 변화하는 과정을 추적할 수 있는 실마리를 얻을 수 있다. 특히 6세기 전반까지 신라의 정치체제를 6부체제라고 정의할 수 있고, 그 전개 과정을 구체적으로 밝힐 수 있는 단서도 제공해주었다.

이렇듯 간지를 칭한 본피부 · 사피부 · 잠훼부 소속 인물들의 정체를 추적하는 과정에서 얽힌 실타래를 하나하나 풀듯이 신라사의 단면을 조금씩 밝히는 희열을 맛볼 수 있었다. 자료가 매우 영세한 현실에서 6세기 전반 신라의 정치체제나 국가 운영 모습, 부가 가진 성격을 이해할 수 있어 고구려나 백제 초기의 모습을 접근할 때에도 상당히 유익한 참고 자료가 될 것이다. 이렇게 볼 때 냉수리비와 봉평비 발견은 고대사 연구의 새 장을 연 계기가 되었다고 평가할 만하다.

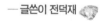

— 글쓴이 전덕재

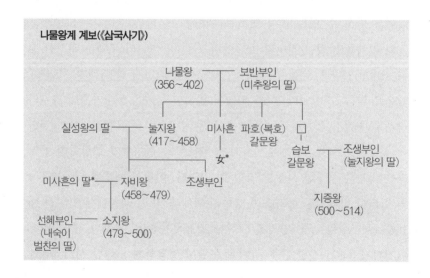

나물왕계 계보(《삼국사기》)

나물왕(356~402) —— 보반부인(미추왕의 딸)

실성왕의 딸 —— 눌지왕(417~458) 미사흔 파호(복호) 갈문왕 □

女*

미사흔의 딸* —— 자비왕(458~479) 조생부인

습보 갈문왕 —— 조생부인(눌지왕의 딸)

선혜부인(내숙이 벌찬의 딸) —— 소지왕(479~500)

지증왕(500~514)

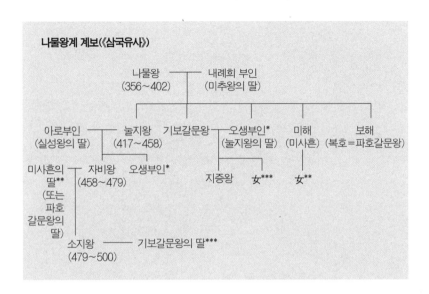

나물왕계 계보《삼국유사》

나물왕 ——— 내례희 부인
(356~402)   (미추왕의 딸)

아로부인 ——— 눌지왕   기보갈문왕   오생부인*   미해   보해
(실성왕의 딸)   (417~458)   (눌지왕의 딸) (미사흔) (복호=파호갈문왕)

미사흔의 ——— 자비왕   오생부인*   지증왕   女***   女**
딸** (458~479)
(또는
파호
갈문왕의
딸)

소지왕 ——— 기보갈문왕의 딸***
(479~500)

실성왕 계보

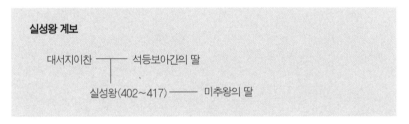

대서지이찬 ——— 석등보아간의 딸

실성왕(402~417) ——— 미추왕의 딸

지증왕계 계보

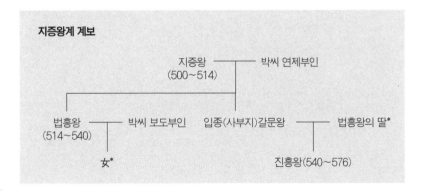

지증왕 ——— 박씨 연제부인
(500~514)

법흥왕 ——— 박씨 보도부인   입종(사부지)갈문왕 ——— 법흥왕의 딸*
(514~540)

女*   진흥왕(540~576)

9

조우관을 쓴 사절 그림 이야기

조우관鳥羽冠이란?

고대 한국인들은 새의 깃털 혹은 그 모형을 모자에 부착
하는 습속을 갖고 있었다. 외국에 사신으로 나갈 때에도
새 깃털로 장식한 모자, 곧 조우관을 착용했다. 그래서
중국을 비롯한 외국인들은 조우관을 고대 한국인의 표징
으로 여겼다.

조우관을 쓴 삼국의 사절들은 중국의 강남江南과 장안長
安, 중앙아시아의 돈황敦煌과 사마르칸트Samarkand
등지에 그림으로 그려져 전하고 있다. 그들은 천수백 년
동안 낡은 화첩 속에, 어두컴컴한 묘실과 석굴 안에, 그
리고 퇴락한 궁전 벽화 속에 갇혀 있었다.

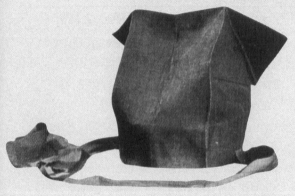

고대인들이 착용한 다양한 모자류
(맨 왼쪽부터 시계방향으로)고깔, 금제
관모, 복두, 건.

고대 고분벽화 속에 등장하는 조우관들
(위로부터)쌍영총, 무용총, 덕흥리 벽화분.

조우관, 고대 한국인의 상징

어느 민족이든 자기들만의 독특한 의상과 생활풍습을 가지고 있다. 코밑수염을 기르고 터번turban을 머리에 두르고 있다면 그는 아랍 인일 것이고, 기모노를 입고 있는 여성이라면 일본인임이 틀림없다. 그리고 단아한 한복이나 두루마기를 입고 있다면 그 사람은 분명 한국인일 것이다. 한복과 두루마기는 오늘날 한국인의 외형적 표상인 셈이다. 그렇다면 고대 한국인의 외형적 표상으로는 어떤 것이 있었을까? 여러 가지가 있겠지만, 그 가운데 가장 두드러진 것은 새의 깃털을 모자 양쪽 혹은 앞쪽에 꽂은 이른바 조우관鳥羽冠이다.

절풍건을 쓴 남자
고구려 고분벽화에서는 두건의 모서리에 새의 깃을 꽂은 고깔 모양의 절풍건을 쓴 남자의 모습을 많이 볼 수 있다. 신분에 따라 새의 깃털을 좌우에 꽂는데, 빛깔로 품계를 구분했다.

고대 한국인이 깃털 혹은 그 모형을 모자에 부착한 사실은 중국과 우리 나라의 여러 문헌에서 확인된다. 예를 들면 《위서》〈고구려전〉에 "머리에 절풍건折風巾을 쓰는데, 그 모양이 고깔과 같고 두건의 모서리에 새의 깃을 꽂는다"라 하였고, 《주서》《북사》《수서》《당서》《삼국사기》 등에도 이와 비슷한 내용이 나온다. 이는 고구려 고분벽화와 신라·백제·가야 고분에서 나온 출토품에서 실물로 확인된다. 고대 한국인이 조우관을 착용하게 된 유래와 사상적 배경을 여기서 일일이 소개할 필요는 없지만, 고대 한국인이 공통적으로 조우관을 착용하는 습속을 가지고 있었던 것만은 분명한 사실이다. 따라서 조우관은 고대 한국인의 상징이라 말할 수 있다.

고대 한국인은 사절로서 외국에 나갈 때도 조우관을 썼다. 그런 사람은 지금까지 10여 명

정도 확인되는데, 이들은 중국 강남江南에서부터 장안長安, 돈황敦煌 그리고 멀리 우즈베크 공화국의 사마르칸트까지 넓은 지역에서 골고루 발견되고 있다. 어떤 이는 화첩에 묘사되어 있고, 또 어떤 이는 묘실과 궁전 혹은 석굴 벽에 그려져 있으며, 심지어 그릇 뚜껑과 사리함의 벽면에 부조의 형태로 조각되어 있기도 하다.

그들은 아무런 말도 하지 않는다. 그러나 그들이 그곳에 있는 것만으로도 우리는 그들에게서 많은 메시지를 전해 받을 수 있다. 이제 조우관을 쓴 사절을 따라 고대 속으로 들어가보자.

화첩 속의 백제인

중국 남경박물관에 〈양직공도梁職貢圖〉라는 화첩이 1점 소장되어 있다.* 중국에서는 옛부터 외국에서 사절단이 오면 그 모습을 묘사하고 간단한 메모를 붙여 화첩으로 보존하는 전통이 있었다. 그러한 그림을 '직공도', '왕회도王會圖', '조공도朝貢圖', '술직도述職圖' 등이라 하였는데, 〈양직공도〉는 중국 남북조시대에 양나라를 방문한 외국 사신의 모습을 그린 그림이다.

종래 이 〈직공도〉는 당나라 화가 염립덕閻立德의 작품으로 알려져왔다. 그런데 1960년에 중국 학자 김유락金維諾이 〈양직공도〉는 염립덕이 그린 것이 아니라 그 이전 양나라 소역蕭繹의 작품이라는 사실을 밝혀냈다. 그의 논문에 의하면, 이 그림은 소역이 형주자사荊州刺史로 재임할 당시 형주에 온 외국 사신들의 용모와 습속을 직접 관찰하고, 형주에 들르지 않은 사절에 대해서는 따로 사람을 보내 조사하여 그린 것이라 한다. 그러한 노력 끝에 소역이 이 화첩을 완성한 시기는 대략 서기

* __ '양직공도' 란 중국 남북조시대에 양나라를 방문한 외국 사신의 모습을 그리고, 옆에 그 나라에 대한 간단한 해설을 붙인 일종의 기록화이다.

530년대 후반이었다.

〈양직공도〉에는 원래 약 35개 국의 사신 그림이 수록되어 있었으나, 후대에 모사를 거듭하는 과정에서 절반 이상이 소실되고 현재는 12개 국의 사신 그림만이 남아 전해진다. 그 런데 남아 있는 그림 가운데 '백제 사신 도'가 있어 우리의 관심을 끈다. 약간 왼 쪽으로 비껴선 자세로 발을 나란히 하고 서 있는 단아한 용모의 백제 사신은 머 리에 관모冠帽를 착용하고 있다. 그림이 낡아 관모의 윗부분을 자세히 알 수 없 으나, 앞면 장식이 새 깃털을 모아서 꽂

은 듯한 모양이고, 그 옆에는 다른 사신도와 마찬가지로 백제 사정이 간략하게 씌어져 있다. 그 내용으로 보아, 〈양직공도〉의 백제 사신은 서 기 521년에 백제 무령왕武寧王이 파견한 사절이었음을 알 수 있다.

521년은 무령왕이 즉위한 지 21년째 되는 해로, 웅진으로 도성을 옮 긴 뒤 어수선한 백제 왕실이 비로소 안정을 되찾아가던 시기였다. 무령 왕은 이전에도 양나라에 사신을 파견한 적이 있었다. 그러나 이번 사절 파견은 여느 때와 다른 특별한 의미가 있었다. 즉, 백제의 강성함을 해 외에 알려 국제적인 지위를 인정받고, 안으로는 왕실의 권위와 정통성 을 확립함으로써 백제 중흥의 기틀을 마련하기 위해서였다. 이처럼 중 차대한 임무를 맡은 화첩 속의 백제 사신은, 사절로 선발된 것이 한편 으로는 영광스러웠지만 다른 한편으로는 부담스럽게 느껴졌다.

521년 늦가을 백제 사절단은 웅진 도성을 나와, 지척에 있는 금강 나 루에서 배를 타고 물길을 따라 하류로 내려갔다. 그 배에는 신라 사절 단도 함께 타고 있었다. 얼마 전 무령왕이 신라에 사신을 보내, 백제가 양나라에 사절단을 파견하는데 이 기회에 신라도 함께 사신을 보내 양

나라와 외교 관계를 열어
보라고 제안한 적이 있었
다. 이에 신라는 내심 백
제를 이용하여 양나라와
국교를 맺은 뒤 장차 독자
적으로 외교 교섭을 진행
할 속셈으로 이번 사행에
따라 나선 것이다. 그러나
무령왕의 호의적인 제안
뒤에는 국제 정세에 무지
한 신라 사신을 백제 사절
단에 동참시켜, 신라를 백
제의 부용국(큰 나라에 딸

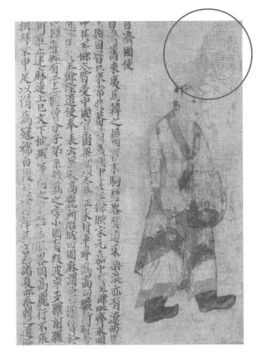

린 약소 국가)으로 소개함으로써 자국의
위세를 높이려는 의도가 숨어 있었다. 따
라서 이번 여행은 '오월동주吳越同舟'가
아닌 '나제동주羅濟同舟' 였던 셈이다.

〈양직공도〉 중 '백제 사신도'
중국 남북조시대의 형주자사 소역이 양
나라를 찾아온 외국 사절을 그린 〈양직공
도〉 속에 백제 사신의 모습이 들어 있다.

　금강 하구에 도착한 사절단은 뱃머리를 남쪽으로 돌려 황해 연안을
따라 남하하였다. 그들은 영산강 하구까지 내려가 거기서 중국 장강長
江 하구를 향하여 서남쪽으로 비스듬히 황해를 횡단할 계획이었다. 당
시 한반도에서 중국으로 가던 거의 모든 선박은 황해 연안을 따라 북상
하여 압록강 하구를 거쳐 요동반도 남쪽 해안을 끼고 서쪽으로 나아가
다가 묘도열도廟島列島를 징검다리 삼아 산동반도에 이르고, 다시 강남
으로 가려면 거기서 연안을 따라 남하하는 루트를 이용하였다. 이 항로
는 시간과 노력이 비교적 많이 들긴 하나, 항해 도중 난파와 조난 등의
위험이 비교적 적은 항로였다. 그런데 이 사절단은 왜 안전한 항로를

버리고 굳이 위험한 횡단 항로를 택하였을까? 거기에는 그럴 만한 까닭이 있었다.

475년 9월 고구려 장수왕이 대군을 이끌고 백제로 쳐들어와 한성을 함락하고 개로왕을 전사시켰다. 이에 백제는 궁벽한 웅진으로 서울을 옮기지 않을 수 없었다. 그 뒤 백제와 고구려는 불구대천의 원수가 되었으므로, 백제 사절단의 배가 고구려 영해를 통과하는 것은 매우 위험한 모험이었다. 실제로 그 전에 문주왕과 동성왕이 보낸 사절단이 고구려군에게 길이 막혀 사명을 완수하지 못하고 되돌아온 경험이 있었다. 그래서 이번 백제 사신은 비록 난파와 조난의 위험이 높긴 하나, 운이 좋으면 오히려 북쪽 연안 항로보다 쉽고 빠르게 중국에 갈 수 있는 이 길을 택한 것이다.

영산강 하구에 도착한 사절단은 순풍이 불기를 기다렸다. 며칠 뒤 순풍이 불자, 그들은 바다에 배를 띄워 서남쪽으로 나아갔다. 낮에는 해, 밤에는 달과 별자리를 나침반 삼아 3, 4일 동안 항해한 끝에 그들은 마침내 중국의 장강 하구에 무사히 도달하였다. 출발 전 비장한 모습을 보이던 사절단은 배가 황해를 무사히 건너자 비로소 안도의 숨을 내쉬었다. 거기서 그들은 다시 장강을 따라 거슬러 올라가, 양나라 수도 건강建康에 도착하였다. 그때가 521년 11월이었다.

강남에서의 한 달

건강에 도착한 며칠 후 백제 사신은 양나라 무제를 만났다. 백제 사신은 양무제의 명성을 익히 들어 잘 알고 있었다. 양무제는 사람됨이 검소하고 백성을 사랑하는 마음으로 정치에 임하였다. 그래서 한겨울에도 사경四更(새벽 1시부터 3시까지)이면 촛불을 들고 도성을 둘러보았고, 식사는 콩국과 궂은 쌀로 지은 밥이 전부였으며, 베옷을 즐겨 입었다. 또한 그는 박학하고 문장에도 능하였으며, 학문에 힘을 기울여 예전에 유명무실하던 국학을 확충하고 학술을 장려했다고 한다.

백제 사신이 양무제를 면담하는 자리에 신라 사신도 함께 참석하였다. 백제 사신은 우선 무령왕의 친서를 무제에게 전달하고, 유창한 중국어로 백제가 처한 국내외 정세를 자세히 설명하였다. 특히 지금의 백제는 옛날처럼 고구려에 핍박당하는 쇠약한 나라가 아니라, 고구려와 맞붙어 대승을 거둘 정도로 강대한 나라가 되었음을 역설하였다. 그러면서 함께 온 신라 사신을 자신들의 부용국 사절이라 소개하고, 백제는 신라를 포함하여 여덟 소국을 거느리고 있다며 일일이 나라 이름을 거론하였다. 마지막으로 백제 사신은 대국으로 성장한 백제 왕에게 걸맞는 작호를 내려줄 것을 요청하여, 무제에게 긍정적인 대답을 얻었다. 이때 그 자리에 배석한 양나라 관리는 백제 사신이 말하는 내용을 빠짐없이 기록하였다.

독실한 불교 신자로서 중국 강남의 불교 전파에 힘쓴 양무제의 초상
양무제는 박학하고 학문에 능하였으며, 오로지 백성을 위한 정치를 펼쳤으나, 후경侯景의 반란으로 사원에 유폐되었다가 굶어 죽고 만 비운의 군주이다.

한편 무제는 처음 찾아온 신라 사신들에게도 관심을 보이며, 신라의 정세와 풍습에 대하여 물어보았다. 하지만 신라 사신은 중국어를 할 줄 몰랐기 때문에, 백제 사신의 통역을 통하여 양무제의 물음에 겨우 답하였다. 백제 사신을 통해서야 비로소 의사를 소통하는 신라 사신을 본 양나라 관리들은, '신라에서는 아직 문자를 사용하지 않는 모양이다'라고 생각하였다.

양무제를 면담하고 왕궁에서 물러나온 백제 사신은 건강의 시가지와 각종 관청들을 둘러보고, 양나라 관리들을 만나 중국 정세를 탐문하였

다. 얼마 전 그가 백제를 떠나올 즈음, 9년 전 사신 자격으로 양나라를 다녀왔던 어떤 사람이 "양나라는 북위와의 전쟁이 끊이지 않아 국내가 매우 어수선할 것이다"고 하였다. 그런데 직접 와서 보니, 뜻밖에 양나라는 정치가 청명하고 국내는 안정되어 있었다. 어찌된 일인지 궁금해하던 그는 양나라 관리와 대화하는 과정에서 그 이유를 알게 되었다. 사실 양나라는 몇 년 전까지만 하더라도 북위와의 전쟁으로 평안한 날이 없었다. 그런데 지난해 양국이 화친을 맺고 전쟁을 그만두었기 때문에 나라가 태평하게 되었다고 한다.

건강에 도착한 지 한 달여가 지난 12월 어느 날, 백제 사신은 양무제의 부름을 받고 다시 왕궁으로 들어갔다. 그 자리에서 무제는 지난번 요청에 응하여 무령왕에게 '행도독백제제군사진동대장군백제왕行都督百濟諸軍事鎭東大將軍百濟王'이라는 관작을 내려주었다. 자신의 요청이 받아들여지지 않을까 내심 초조해하던 백제 사신은 비로소 안심할 수 있었다.

무령왕에게 전할 양무제의 조서를 받은 백제 사신은 서둘러 귀국 채비를 한 후, 장강에 배를 띄워 본국으로 향하였다. 1년 중 가장 춥다는 12월인데도, 강남의 날씨가 그렇게 춥지만은 않게 느껴졌다.

벽화 속의 신라 사절

1971년 중국 섬서성 박물관과 건현乾縣 문교국에서 건릉에 배장된 장회태자 이현李賢* 묘를 발굴하였다. 이번에 발굴한 이현 묘는 원래 파주巴州 화성현化城縣에 있던 것을 706년 장안 서북쪽에 있는 건릉 옆으로

---

*__ 이현은 당고종의 여섯째 아들로, 675년 5월에 황태자 이홍李弘이 죽자 뒤를 이어 같은 해 6월 황태자가 되었다. 이에 따라 이현은 황태자가 된 675년 6월부터 그 자리에서 쫓겨난 680년 8월까지 고종을 대신하여 외국 사절을 접견하였다. 〈예빈도〉에 등장하는 외국 사절들은 바로 이 시기에 당에 들어가 이현을 만난 사람들이다.

옮겨 조성한 무덤이다. 이 묘는 앞뒤로 묘실이 두 개 있고, 묘실에서 지상까지 비스듬히 널길이 나 있다. 그리고 널길 양측에 각 세 개씩 곁방이 만들 어져 있고, 널길의 좌우와 묘실 등의 벽에는 50 여 폭의 그림이 그려져 있다.

여기서 우리가 주목하는 것은 널길 동쪽 벽 에 그려진 이른바 〈예빈도禮賓圖〉이다. 이 그 림에는 당나라 관리 세 사람이 앞쪽에 서 있고, 그 뒤에 외국 사절로 보이는 세 사 람이 2열 종대로 서 있는 모습이 묘사 되어 있다. 그런데 외국 사절 세 명 가운데 맨 앞줄 오른쪽에 서 있는 사람은 소매가 넓은 반 코트식 두루마기와 넓은 통바지를 입고, 머리

아현 묘 〈예빈도〉 속의 신라 사절 이 사절이 머리에 쓴 것이 새 깃 털을 꽂은 두건형 모자, 곧 조우 관이다.

에는 새 깃털을 꽂은 두건형 모자, 곧 조우관을 쓰고 있다.

이 벽화가 처음 소개되었을 때, 일부 학자들은 조우관을 쓴 사절을 일본 견당사라 하였다. 그러나 현재는 그림 속 인물이 조우관을 쓰고 있다는 점에서 그를 고대 한국인으로 보는 데 이론의 여지가 없다. 그가 한국인이라면, 과연 어느 나라 사람이었을까? 그를 신라인, 고구려인, 발해인으로 보는 다양한 견해들이 있다. 특히 최근에 그를 고구려 사절 로 보아야 한다는 주장이 설득력 있게 제기되기도 하였다. 그러나 그를 신라인으로 보는 견해가 아직까지 일반적이므로, 여기서는 이현 묘 벽 화에 보이는 조우관을 쓴 인물을 신라 사절로 간주한다. 그러면 이현 묘 벽화* 속의 신라 사신은 도대체 누구일까?

* __ 이현 묘의 널길 입구 동·서쪽 벽면 그림은 생전에 이현이 집 바깥에서 활동한 내용을 그 려놓은 것이다. 동쪽과 서쪽 두 군데 외국 사절이 여섯 명 그려져 있는 〈예빈도〉도 그 가 운데 하나이다. 그렇다면 이현은 적어도 여섯 나라의 사절을 접견했음을 알 수 있다.

앞에서 언급하였듯이 675년 6월에 황태자가 된 이현은 680년 8월까지 고종을 대신하여 외국 사절을 접견하였다. 그런데 이 기간 중 신라가 당나라에 한 차례 사신을 파견한 적이 있다. 675년 9월 문무왕이 보낸 견당사가 바로 그것이다. 그러므로 이현 묘 벽화에 등장하는 조우관을 쓴 사람은 신라 문무왕이 당에 보낸 사신이었다고 할 수 있다. 물론 그림 속 신라 사절을 675년의 신라 사신 모습 그대로라고는 단정할 수 없으나, 그때 당에 들어간 신라 사신을 나타내고자 한 것임은 틀림없다.

서라벌에서 장안까지

675년 늦여름 한 무리의 신라 사절단이 당나라 장안으로 출발하였다. 여느 때 같으면 수개월 전부터 채비하여 완벽하게 진영을 갖춘 후 여유롭게 당으로 떠났을 터인데, 이번 사절단은 어수선한 국내외 정세 속에서 충분한 준비 없이 급하게 떠나는 길이었다. 그만큼 당시 국내외 정세가 급박하게 돌아가고 있었다. 서라벌을 떠나는 사신의 머릿속에는 지난 십수 년 동안에 일어났던 여러 사건들이 주마등처럼 지나갔다.

무열왕 김춘추가 왕위에 오르기 전, 그는 백제에 대한 원한을 갚고 이 땅에서 전쟁을 영원히 종식시키기 위하여 당나라에 건너가 군사동맹을 맺고 돌아왔다. 그 뒤 신라는 당과 연합하여 백제와 고구려를 멸망시켰다. 그러나 당은 예전에 한 약속을 어기고 백제와 고구려의 옛 땅뿐만 아니라 신라까지도 차지하려 하였으므로, 신라는 무력으로 한반도에 주둔하고 있던 당나라 군대를 공격하였다. 이에 당은 군사를 보내 신라를 치는 동시에 사신을 파견하여 신라를 회유하였으며, 급기야 문무왕을 신라왕으로 인정하지 않고 당시 장안에 머물고 있던 김인문을 신라왕으로 임명하여 군사를 대동해 신라로 보냈다.

처음에 신라는 당이 토번吐藩 방어에 총력을 기울이고 있다는 정보를 입수하고, 당이 신라에 신경 쓸 겨를이 없으리라는 계산 아래 전쟁을

이현 묘의 〈예빈도〉
당고종의 여섯째 아들로서 황태
자가 되었다가 나중에 폐위되어
스스로 목숨을 끊은 장회태자 이
현 묘의 널길 동쪽 벽에 그려진
그림으로, 오른쪽 두 번째의 조우
관을 쓴 이가 장회태자와의 면담
을 기다리고 있는 신라 사절이다.

감행하였다. 그런데 의외로 당에서 강하게 나
오자 신라 조정은 다급해져, 올해 초에 사죄사
를 파견하였다. 이로써 당은 문무왕을 다시 신
라왕으로 인정하기로 하였으나, 이근행李謹行
이 이끄는 20만 대군을 매소성 부근에 주둔시
켜고 신라를 압박해 왔다. 신라는 어쩔 수 없
이 재차 당에 사신을 보내, 문무왕을 다시 신라왕으로 인정해준 것에 대
하여 감사를 표하고 아울러 주둔하고 있는 당군을 철수시켜줄 것을 요
청하지 않을 수 없었다. 이번 사절단은 이런 연유로 급조된 것이었다.

양국 관계가 험악한 상황에서 당으로 떠나는 신라 사신의 마음은 착
잡하였다. 6년 전인 669년에 이번과 비슷한 목적으로 당나라에 들어갔
던 파진찬 김양도金良圖는 그곳 감옥에 갇혀 있다가 마침내 불귀의 혼이
된 바 있었다. 이런저런 생각을 떠올리니 신라 사신의 발걸음은 무거워
질 수밖에 없었다.

이번 사절단은 여느 때보다 규모가 단출했기 때문에 나아가는 속도

가 빨랐다. 그들이 서라벌을 출발하여 일선군(지금의 경북 선산군) · 상주 · 계립령 · 국원경(지금의 충북 충주시)을 거쳐 출항지인 당은포까지 가는 데 보름이 채 걸리지 않았다. 급한 사안을 가지고 가는 사신인지라 당은포에서 머뭇거리지 않고 곧바로 승선하였다. 그들이 탄 배는 황해 연안을 따라 북상하여 덕물도(지금의 덕적도), 교동도를 거쳐 장구진長口鎭에서 잠시 진열을 가다듬은 후 곡도鵠島(지금의 백령도)를 거쳐 중국 산동반도로 직행하였다. 고구려가 건재할 때 이 항로는 고구려 영해를 통과해야 하기 때문에 신라 사신들이 이용하기에 많은 위험 부담이 있었다. 그러나 지금은 그런 걱정을 할 필요가 없었다.

어쨌든 바다를 무사히 건넌 사절단은 등주登州 관아에 들러 입국 수속을 마치고 육로로 장안을 향해 나아갔다. 등주에서 장안까지는 3,000리 길이다. 비록 당에서 파견한 관리가 길을 안내하고 물건을 옮길 수레와 말 등이 지급되었으나, 2개월 동안 쉬지 않고 걷는 것은 여간 고통스러운 일이 아니었다. 가을의 문턱에 들어섰다고는 하나 아직도 더위가 기승을 부렸고, 음식과 토양이 달라 풍토병에 걸린 환자가 속출하였다. 심지어 도중에 죽는 사람도 생겼다. 그러한 우여곡절 끝에 청주 · 치주 · 제주 · 변주 · 낙양 등지를 두루 거쳐 장안성에 도착할 즈음, 성에서 5리 정도 떨어진 장락역長樂驛에서 영접 나온 당 왕실의 관리를 만났다. 신라 사절단은 그들의 안내를 받으며 춘명문春明門을 통하여 성 안으로 들어가 예빈관禮賓館에 여장을 풀었다.

국제도시 장안 풍경

그해 9월 신라 사신은 당고종을 면담하고자 하였으나 여의치 않았다. 지난 3월 이후 고종은 풍질에 걸려 정무를 거의 볼 수 없었기 때문이다. 대신 크고 작은 나랏일은 황태자 이현을 통하여 황후인 측천무후가 재가하는 형식으로 이루어졌다. 이에 신라 사신은 황태자 이현을 면담할 수밖에 없었다.

신라 사신이 만난 이현은 용모가 단아하고 일을 처리하는 데 사리가 분명하였으며,《후한서》에 주석을 붙일 정도로 학문에도 뛰어났다. 이현을 비롯한 당의 관리들과 마주한 신라 사신은, 우선 문무왕의 관작을 회복시켜준 것에 감사를 표하고, 최근까지 계속되고 있는 당과 신라의 전쟁에 대하여 유감을 표명하였다. 특히 신라 무열왕과 당태종 사이에 맺은 밀약, 곧 두 나라가 힘을 합하여 백제와 고구려를 무너뜨린 뒤 옛 백제 땅과 평양 이남의 고구려 땅은 신라가 갖고 평양 이북은 당이 차지한다는 약속을 상기시키며, 백제의 옛 땅까지 차지하려는 당의 잘못을 지적하였다. 덧붙여 신라 무열왕과 당태종이 한 약속이 잘 지켜진다면, 양국 사이에 전쟁이 일어날 이유가 없다고 역설하였다. 아울러 그러한 내용이 담겨 있는 문무왕의 친서와 선물을 당 왕실에 바쳤다.

사실 당시 당은 신라보다도 토번의 침입을 막는 일이 더 급했다. 신라는 비록 당에 순종하지 않으나 당을 침범할 마음은 없었던 반면 토번은 당나라 땅 깊숙이 들어와 노략질을 하고 있었기 때문이다. 이런 상황에서 당이 서쪽의 토번을 방어하면서 동시에 동쪽의 신라를 친다면, 성과없이 국력만 허비하는 결과를 가져온다는 사실을 당 조정에서 잘 알고 있었다. 그렇다고 하여 천하의 대제국을 자처하던 당이 아무런 명분 없이 신라에서 물러날 수도 없는 상황이었다. 그런데 마침 신라에서 사신을 보내와 당에 잘못을 조아리니 당은 선왕대의 약속을 지킨다는 명분으로 결국 군대를 철수하기로 하였다.

공식 일정을 마친 신라 사신은 틈을 내어 장안성을 돌아보았다. 장안성은 수나라 대흥성大興城을 이어받아, 동서남북을 바둑판 모양으로 구획하고 그 기능에 따라 질서정연하게 배열한 계획도시였다. 장안성 북쪽 중앙에 자리잡고 있는 궁성에서 승천문을 거쳐 주작문을 나서면, 눈앞에 넓고 곧게 남쪽으로 뻗은 주작대로가 나타난다. 이 길을 중심으로

동서 14개, 남북 11개 도로가 만들어져 있는
데, 동서남북 도로로 나눠지는 직사각형 구역
하나하나를 방坊이라 불렀다. 사절단이 묶고
있던 예빈원은 주작대로 동쪽의 숭인방崇仁坊
에 자리잡고 있었다.

장안성의 상주 인구는 1백만 명에 달하고, 세계 각국의 물산이 활발
히 유통되었다. 주작대로 동쪽과 서쪽에 자리잡고 있는 동시東市와 서시
西市에는 실크로드와 남방 해로를 통해 들어온 각종 진귀한 물품들이 가
득하였다. 또한 장안성에는 화려하고 장대한 사찰과 도관道觀이 곳곳에
자리잡고 있었다. 신라 스님 안함이 일시 머물렀던 대흥선사는 정선방靖
善坊 전부를 차지할 정도로 규모가 컸고, 자은사의 대안탑은 장안성 어
디서든지 볼 수 있을 정도로 높게 솟아 있었다.

독실한 불교 신자인 신라 사신은 당에서 이름을 떨치고 있던 원측 스
님을 꼭 한 번 만나보고 싶었다. 신라에서 듣기를, 원측 스님은 장안 연
강방延康坊 서명사에 머물고 있다고 하여 그곳을 찾아갔다. 그러나 원측

스님은 거기에 없었다. 그는 오래 전에 일어난 이른바 현장법사 도강盜講 사건으로 규기窺基 일파의 경계와 질시를 받아오다가 5년 전 이곳을 떠나 종남산 운제사雲際寺로 갔다고 한다. 종남산은 장안성에서 남쪽으로 약 50리 떨어져 있고 산세가 험하여, 일정이 제한되어 있는 신라 사신으로서는 도저히 갈 수 없는 곳이었다. 원측 스님을 만나지 못한 실망감을 안고 신라 사신은 총총히 예빈원으로 되돌아왔다.

며칠 뒤 신라 사신은 궁성에 들어가 황태자 이현을 다시 만났다. 그 자리에서 이현은 고종을 대신하여 지난번 협의한 내용이 담긴 조서를 전해주었다. 조서의 구체적인 내용은 알 수

자은사의 대안탑
현장법사가 인도에서 가져온 불경과 불상을 안치하기 위해 당고종 때 푸른 벽돌로 쌓은 탑이다. 창건 당시는 90미터 높이의 5층탑이었으나 나중에 개축되어 현재는 64미터 높이의 7층탑으로 되어 있다.

원측의 현장법사 도강 사건

16년간의 인도 순례를 마치고 645년 당나라로 돌아온 현장법사가 제자들을 모아 자신이 인도에서 가지고 온 불경을 번역하고 새로운 불교사상을 강의하였다. 한번은 자신의 수제자 규기窺基를 위하여 신유식론新唯識論을 강의하는데, 그 자리에 참석할 수 없었던 원측이 문지기에게 뇌물을 주고 몰래 들어가 강의를 청강한 후 규기보다 먼저 서명사西明寺에서 신유식론을 강의하였다. 그 후 현장법사가 다시 유가론을 강의했을 때에도, 원측은 몰래 현장의 강의를 듣고 규기보다 앞서 유가론을 저술·강설했다고 한다. 이로 인하여 원측은 규기 일파에게 질시와 배척의 대상이 되어, 일시적으로 장안 서명사를 떠나 종남산에 들어가게 되었다. 이러한 이야기는 《송고승전》〈규기전〉과 〈원측전〉, 《신수과분육학승전新修科分六學僧傳》〈원측전〉 등에 수록되어 있다.

1. 돈황의 명사산 언덕에 조성된 막고굴 전경. 마치 벌집을 떠 올릴 정도로 많은 석굴이 촘촘히 만들어져 있다.
2. 새 깃털을 가운데로 모아서 만든 조우관을 쓰고, 검은 피부 에 곱슬머리를 한 토인 왼쪽에 서 있는 한국인의 모습(제 159굴).
3. 왼쪽 뒷줄에 조우관을 쓰고 서로 마주보며 무언가 이야기하 고 있는 한국인 두 사람의 모습(제355굴).

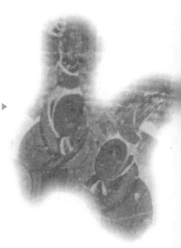

4. 막고굴 제220굴에 그려진 〈유마경변상도〉 속의 한국인 모습. 가운데 앞줄에 두 개의 새 깃을 모자 양측에 꽂고 유마힐의 법문을 듣고 있다.

5. 뒷줄 가운데, 조우관을 쓰고 앞쪽을 응시하는 둥글고 살찐 얼굴의 한국인 모습(제237굴).

없으나, 추측컨대 무열왕과 당태종이 맺은 밀약을 준수한다는 원칙 아래 양국은 전쟁을 그만두자는 내용이었을 것이다. 수십 년 동안 지속되어온 전쟁에 종지부를 찍는 성과를 거두고 돌아가는 신라 사신의 발걸음이 가벼워 보였다.

신라 사신이 귀국 후에 들은 이야기지만, 그들이 장안에서 만났던 황태자 이현이 얼마 후 측천무후의 미움을 사서 황태자 자리에서 쫓겨나 서인이 되었다가, 684년에 자결했다고 한다.

돈황 석굴에서 만난 한국인

장안과 서역을 잇는 고대 교통로 실크로드 어귀에 돈황이라는 도시가 있다.[*] 장안에서 난주를 거쳐, 조셉 니덤Joseph Needham이 프라이팬 손잡이에 비유한 하서회랑河西回廊을 지나 옥문관을 통과하여 서쪽으로 조금 나아가면 나타나는 오아시스 도시가 바로 돈황이다. 실크로드에서 돈황은 이른바 천산남로와 천산북로 그리고 남산북로와 모두 연결되는 곳에 있기 때문에 동서 무역로의 요충지라 할 수 있다. 돈황은 일찍이 흉노의 지배를 받았는데, 한무제가 흉노를 몰아내고 이곳에 군을 설치하였다. 그 뒤 5호16국시대에는 서량·북량·북위의 지배를 받았으며, 당대에 사주沙州로 이름이 바뀌면서 크게 번성하였다.

돈황의 명사산明沙山 언덕에는 마치 벌집을 떠올릴 정도로 많은 석굴들이 촘촘히 조성돼 있다. 366년에 낙준樂僔이라는 승려가 이곳에 석굴을 처음 만든 뒤 원나라 때까지 계속 굴을 조성하여, 현재 발굴 조사된

---

[*] 북방 유라시아의 초원지대를 가로지르는 초원 길, 중앙아시아 사막지대를 가로지르는 오아시스 길, 바다를 통하여 동남아시아와 인도를 거쳐 페르시아 만이나 홍해에 도달하는 남해 길을 통틀어 실크로드라 한다. 그러나 일반적으로 말하는 실크로드는 장안에서 감숙 지방을 거쳐 타림 분지를 지나고, 또 파미르 고원을 넘어 유럽으로 가는 이른바 오아시스 길을 가리킨다. 이러한 실크로드를 통과하는 지점인 돈황과 사마르칸트에 고대 한국인을 그린 그림이 남아 있다.

것만도 490여 개에 이른다. 흔히 막고굴莫高窟
이라 부르는 이들 석굴 가운데 제220굴과 제
335굴에 그려진 〈유마경변상도維摩經變相圖〉
속에 조우관을 쓴 사람이 뚜렷하게 보인다.
제220굴 그림 속에 조우관을 쓴 사람은 옷깃
이 넓은 푸른색 웃옷에 통바지를 입고 두 손
을 앞으로 모으고 있으며, 제335굴 그림에는
조우관을 쓴 두 사람이 서로 쳐다보며 이야
기를 하고 있다. 이 밖에도 최근 돈황을 방문
한 소설가 정찬주 씨가 제159굴과 제237굴의
〈유마경변상도〉에도 조우관을 쓴 사람이 그
려져 있다는 사실을 국내에 소개하였고, 또
명확하지는 않으나 제9굴과 제138굴에서도
조우관을 착용한 듯한 사람을 찾을 수 있다.

  그러면 돈황 석굴의 벽화 속에 조우관을
쓰고 나오는 사람들은 구체적으로 어느 나라
사람일까? 확실한 증거는 없으나, 지금까지
대부분의 학자들은 이들을 고구려 사람으로
여기고 있다. 물론 이들이 신라 혹은 백제 사

**돈황 석굴의 벽화 속에 조우관을
쓰고 나오는 사람들**
대부분의 학자들은 이들을 고구려
사람으로 여기고 있다.

람일 가능성도 전혀 배제할 수 없다. 어쨌든 이들이 고대 한국인인 것
만은 분명한 사실이다. 인도 순례를 마치고 중국으로 돌아가던 중 돈황
에 잠시 머물렀던 혜초 스님도 이들이 자신의 선조라는 사실을 알았을
것이다.

  한편 돈황 석굴 속의 한국인은 일부러 머나먼 서역까지 가서 화공
의 모델이 되었을까? 한 마디로 말하면 그렇지 않다. 그림을 유심히
살펴보면 금방 알아차릴 수 있듯이, 한국인이 등장하는 돈황 벽화는

모두 〈유마경변상도〉이다. 〈유마경변상도〉는 사실적인 기록화가 아니라 유마경의 내용을 그림으로 표현한 하나의 상징적 종교화이다. 따라서 〈유마경변상도〉에 나오는 왕이나 외국 사절들은 유마거사와 문수보살의 대화를 통한 설법을 듣기 위하여 사방 각지에서 몰려온 불특정 다수의 청중으로 해석할 수 있다. 더욱이 이런 변상도는 돈황의 화공들이 창작한 것이라기보다, 장안 등지에서 유명 화가가 그린 그림을 돈황 화공들이 석굴에 재차 모사했을 것으로 보인다.

그렇다고 하여 한반도 삼국의 사절이 돈황 지방에 전혀 가지 않았다고는 말할 수 없다. 다음에 소개할 바와 같이, 한반도에서는 돈황보다 훨씬 서쪽에 있는 사마르칸트에까지 사절을 파견하였기 때문이다. 사마르칸트가 아니더라도 서역의 여러 나라에 가려면 반드시 돈황을 지나야만 했다. 또한 번성한 불교 성지를 순례하기 위하여 혹은 정치·경제적 이유에서도 당시 돈황은 충분히 가볼 만한 가치가 있는 곳이었다. 어쨌든 돈황 석굴에 남아 있는 조우관 사절 그림을 통하여, 멀게만 느껴지는 돈황이 결코 우리 역사와 무관한 곳이 아니라는 사실을 알 수 있다.

사마르칸트로 간 고구려 사신

돈황 석굴의 벽화가 상상적 종교화라면, 우즈베크 공화국 사마르칸트 시 북쪽 교외에 있는 아프라시압 궁전 벽화는 실제 한국인을 모델로 하여 그린 그림이다. 사마르칸트는 옛 소그디아나Sogdiana의 수도였다. 소그디아나는 기원전 4세기 무렵 알렉산더의 침입을 받고 그리스령 박트리아에 편입되었고, 기원전 2세기 무렵부터 기원후 5세기 중엽까지는 대월지국大月氏國, 6세기부터는 터키 계의 지배를 받았다. 그 뒤 다시 주인이 바뀌어 8세기에서 12세기까지는 아랍 인의 속령이었고, 13세기에는 몽골의 침공으로 폐허가 되고 말았다. 아프라시압 궁전은 아

실제 한국인을 모델로 하여 그린 아프라시압 궁전 벽화(위)와 벽화 속 고구려 사신의 모습
두 개의 새 깃을 모자에 꽂고 허리에 칼을 찬 고구려 사신은 다소 앳되어 보이고, 얼굴에는 긴장감이 서려 있다.

랍 인이 이 지방을 정복하기 이전 현지인 소그드 왕의 궁전이었다.

이 궁전이 우리의 관심을 끄는 이유는 궁전 벽화 속에서 조우관을 쓴 사절 그림이 발견되었기 때문이다. 1965년부터 1968년 사이 우즈베크 공화국 과학아카데미 조사단이 대대적으로 발굴한 이 궁전 제23지점 1호실 서쪽 벽에는 소그드 인을 비롯한 각국 사절들이 그려져 있다. 그 가운데 오른쪽 밑부분에 조우관을 쓰고 칼을 찬 두 사절이 있다. 발굴 책임자였던 알리바움은 보고서에서, 이 벽화는 7세기 말에서 8세기 초에 그려진 것으로 조우관을 착용한 두 사람을 '한국의 사절'로 추정하였다.

여러 문헌과 고고학적인 유물로 볼 때 조우관을 쓴 사절에 대한 알리바움의 지적은 매우 타당하다. 그렇다면 그들은 한반도 삼국 가운데 어느 나라에서 파견한 사절일까? 그리고 앳되어 보이기조차 하는 두 젊은이가 한반도에서 수천 킬로미터나 떨어져 있는 사마르칸트에 왜 갔을까?

이러한 의문을 명쾌하게 풀어줄 문헌기록은 어디에도 없다. 그래서 어떤 이는 그들을 신라 사절이라 하고, 또 다른 이들은 고구려 사절이라고도 한다. 그런데 궁전의 서쪽 벽과 남쪽 벽에 새겨진 소그드 어 명문에 따르면, 벽화 속 그림들은 소그드 왕 와르흐만Varkhman 치세에 찾아온 각국 사절들을 묘사한 것으로 추정된다. 와르흐만은 당나라 영휘(650~655) 연간에 당으로부터 강거도독康居都督에 임명되었으므로, 이 그림은 7세기 후반에 일어난 일을 묘사한 것이 틀림없다.

7세기 후반에 멀리 사마르칸트에까지 사신을 파견한 나라라면 고구려였을 가능성이 가장 높다. 우선 고구려는 이전부터 유연, 돌궐, 설연타 등 북방 유목국가들과 이미 여러 차례 교섭한 경험이 있었기 때문에 각 종족의 성격과 통행로를 잘 파악하고 있었다. 둘째, 7세기 후반 고구려는 당의 빈번한 침입으로 위급한 상황에 처해 있었으므로, 당의 후방을 교란시킬 동맹국이 절실하게 필요하였다. 이러한 정세 속에서, 상황에 따라 당에 신속臣屬(신하로 복속함)과 배반을 되풀이하던 북방 유목민이나 중앙아시아의 여러 나라와 동맹을 맺으면 당의 고구려 침공을 둔화시키는 데 큰 효과가 있었을 것이다. 이런 정황을 헤아려 볼 때, 아프라시압 궁전 벽화 속 조우관을 쓴 두 젊은이는 동맹 가능성을 타진하기 위하여 사마르칸트에 급파된 고구려 사절이 아니었을까?

7세기 후반 고구려의 국내외 정세는 급박하게 돌아가고 있었다. 25년에 걸친 연개소문의 독재와 그가 죽은 뒤 일어난 내분, 백제 멸망과 일본 원군의 패배 소식, 쉴새없이 몰아치는 당의 공격으로 고구려의 앞날은 한 치 앞도 보이지 않았다. 게다가 주변 국가들이 이미 모두 당나라에 굴복함으로써 고구려는 고립무원에 빠지게 되었다. 이처럼 절박한 상황에서 벗어나기 위하여 고구려는 중앙아시아 여러 나라들과 동맹을 맺어, 당나라 후방을 교란할 방책을 구상하였다.

고구려 평양성에서 중앙아시아까지는 수만 리에 달하는 먼 거리다. 가까운 나라였다면 으레 나이 듬직한 중신重臣을 보냈겠으나, 이번은 여정이 너무 멀고 상황이 급박했기 때문에 용맹하고 지략을 가진 두 청년을 사절로 임명하였다. 애국심에 불타던 그들은 당의 침공으로 위기에 처한 조국을 구한다는 일념으로, 당의 감시망을 피할 수 있는 초원 길을 통하여 단숨에 사마르칸트까지 달려갔다.

사마르칸트에 다달은 고구려 사신은 곧장 아프라시압 궁전에 들어가 소그드 왕 와르흐만을 만났다. 소그드 사람들은 자식을 낳으면 꿀을 먹이고 아교를 손안에 쥐어준다고 한다. 그 까닭은 그 아이가 커서 입으로는 꿀같이 달콤한 말을 하고, 손에는 돈이 아교를 붙인 것처럼 떨어지지 않기를 바라는 마음에서였다. 소그드 사람들은 장사에 천부적인 재능이 있었고, 이익이 되는 곳이면 어디든지 달려갔다. 소그드 왕은 당나라를 오가며 장사하던 백성들을 통하여 당시 국제 정세를 이미 훤히 알고 있었다. 더욱이 고구려가 오래 버티지 못하리라는 것도 예상하고 있던 터였다. 조그만 이윤을 가지고서도 서로 다툴 정도로 이해타산에 밝은 소그드 사람들인지라, 그들의 왕 역시 기울어져가는 고구려의 제안을 받아들일 리 없었다.

절박한 심정으로 찾아간 사마르칸트에서의 외교적 노력은 실패하고, 고구려는 결국 668년 나당 연합군에 의하여 망하고 말았다. 소그드 왕 와르흐만을 만나 고구려와 동맹을 역설하던 두 청년이 고국으로 돌아왔을 때, 평양성에는 당나라 군대의 깃발이 펄럭이고 있었을 지도 모르겠다.

그림 속 고대 한국인들의 메시지

중국의 강남과 장안, 중앙아시아의 돈황과 사마르칸트에서 만난 조우관을 쓴 사절들은 우리에게 많은 얘기를 해주었다. 〈양직공도〉 속에 나오는 백제 사신은 6세기 전반 무령왕의 고뇌와 양나라 사정을 전해주었고, 이현 묘 벽화 속 신라 사신과 사마르칸트 아프라시압 궁전 벽화 속에서 만난 고구려 사신은, 각각 다른 입장에서 급박하게 전개되던 7세기 중엽의 국제 정세를 생생하게 보여주었다.

천 수백 년 동안 그들은 낡은 화첩 속에서, 어두컴컴한 묘실과 석굴 안에서 그리고 퇴락한 궁전 벽화 속에서 자신들의 이야기를 들어줄 사람을 기다려왔다. 앞에서 우리는 그들의 이야기를 들었다. 하지만 우리가 그들의 이야기를 얼마나 정확하게 알아들었는지 솔직히 의문이 든다. 기회가 된다면, 다시 한 번 그들을 찾아가 이야기를 들어보고 싶다.

— 글쓴이 권덕영

중원고구려비,
선돌에서 한반도 유일의 고구려비로

중원에 남은 고구려의 자취

〈중원고구려비〉가 자리하고 있는 '중원'은 이름 그대로 한반도
의 한가운데에 해당한다. 그만큼 지리적 요충지로서, 고구려도
이곳에 국원성國原城을 두고 남진의 전진기지로 삼은 바 있다.
그래서 이곳에는 고구려의 자취를 드문드문 찾아볼 수 있다.
'건흥建興 5년'이라는 고구려의 연호가 새겨진 불상광배가 출
토되있으며, 중원7층탑 부근에서 나온 막새기와에도 고구려의
색채는 물씬 풍기며, 봉황리 마애불에는 고구려인의 솜씨가 은
근히 스며 있다. 긴가민가하는 이런 유물에 고구려인의 손길이
배어 있음을 확신케 한 것이 바로 〈중원고구려비〉이다.

고구려시대에 건조된 〈중원고구려비〉의 앞면
견고한 화강암에 고졸한 예서풍의 글씨가 새겨져 있다.

〈앞면〉　　　　　　　　　　　　　　　　　　　　　[판독문]

10	9	8	7	6	5	4	3	2	1	
□	德	夷	大	夷	用	向	奴	上	五	1
疏	□	寐	位	寐	者	□	主	下	月	2
□	□	錦	諸	錦	賜	上	簿	相	中	3
奴	境	上	位	遝	之	共	貴	和	高	4
□	□	下	上	還	隨	看	德	守	麗	5
□	募	至	下	來	□	節	細	天	太	6
□	人	于	衣	節	節	賜	類	東	王	7
□	三	伐	服	教	□	太	□	來	令	8
盖	百	城	來	賜	□	霍	安	之	□	9
盧	新	教	受	寐	奴	鄒	聰	寐	新	10
共	羅	來	教	錦	客	教	□	錦	羅	11
□	土	前	跪	土	人	食	去	忌	寐	12
募	內	部	官	內	□	在	□	太	錦	13
人	幢	大	之	諸	教	東	□	子	世	14
新	主	使	十	衆	諸	夷	到	共	世	15
羅	下	者	二	人	位	寐	至	前	爲	16
土	部	多	月	□	賜	錦	跪	部	願	17
內	拔	亏	廿	□	上	之	營	大	如	18
衆	位	桓	三	□	下	衣	天	使	兄	19
人	使	奴	日	王	衣	服	太	者	如	20
□	者	主	甲	國	服	建	子	多	弟	21
動	補	簿	寅	土	教	立	共	亏		22
□	奴	貴	東		東	處	語	桓		23

1,500년의 세월을 기다린 비

충청북도 중원군 가금면 용전리 입석立石마을에는 고구려시대에 건조된 석비石碑 하나가 보호각 아래 서 있다. 이 비를 보통 〈중원고구려비中原高句麗碑〉라고 칭한다.

〈중원고구려비〉가 발견·조사된 것은 지금으로부터 20여 년 전의 일이다. 1979년 4월 5일, 충주의 몇몇 문화재 애호인들의 모임인 예성동호회 회원의 제보를 받고 한국교원대 정영호 교수가 입석마을의 비를 현지 조사하였다. 조사 당시 비는 입석마을 어귀 석축 화단에 이 마을 청석회靑石會에서 만든 '칠전팔기七顚八起의 마을' 이라고 새긴 석주石柱와 나란히 서 있었다. 주민들은 이 입석이 마을을 지켜준다고 믿고 있었다. 즉, 비가 선돌[立石]로서 신앙의 대상이 되어왔던 것이다. 실제 마을의 한 여인은 시할머니 때부터 3대에 걸쳐 이 비를 모셨다고 한다. 이렇게 마을사람들의 신앙의 덕택으로 이 〈중원고구려비〉가 1,500년이란 시간을 뛰어넘어 우리 앞에 모습을 드러낼 수 있었다.

〈중원고구려비〉는 장대한 돌기둥[四角 石柱形]으로, 흡사 집안의 〈광개토대왕릉비〉를 축소해놓은 듯하다. 견고한 화강암에 고졸한 예서풍의 글씨가 새겨져 있다. 비문을 새긴 비면碑面은 돌기둥의 모양대로 다듬었기 때문에 상하의 폭이 같지 않고, 4면의 폭이 각각 다르다. 비의 하단부는 다듬지 않아 자연석 그대로인데, 앞면과 왼쪽 면 모서리 일부가 파손되어 있다.

이렇게 비 자체는 큰 손상 없이 원형을 유지하고 있으나, 비문은 심하게 마멸되어 판독이 쉽지 않다. 우선 오랜 세월 비바람에 노출되어 마멸이 진행되었다. 또한 비가 화단 쪽으로 옮겨지기 전까지는 길 건너 밭머리의 담모퉁이에 서 있었다고 하는데, 이 담모퉁이에는 대장간이 있어 비가 그 벽과 기둥 역할을 하였다고 한다. 비의 뒷면과 오른쪽면이 대장간 안에 면하고 있어 사람들의 손을 타 더 심하게 마멸된 것으로 짐작된다. 그리하여 현재 뒷면과 오른쪽 면에서는 글씨를 새긴 흔적은 확인되나, 글자는 거의 판독할 수 없는 지경이다.

앞면과 왼쪽 면에서는 글자가 비교적 양호하게 확인되는데, 각 행에 대략 23자씩 기록한 것으로 보인다. 앞면은 10행으로 230여 자가, 왼쪽 면은 7행으로 160여 자가 기록되어 도합 400여 자에 이르렀을 것으로 추정되는데, 현재 200여 자만 확인되고 있다.

충북 중원군에 있는 〈중원 고구려비〉
20여 년 전에 발견된 이 1,500년 전의 비는 원형을 유지하고 있으나, 비문은 심하게 마멸되었다.

비문, 그 시작과 끝은 어디?

비의 발견과 더불어 제기된 문제 중 하나는 비문의 시작과 끝이 어디인가 하는 것이었다. 현재 앞면은 글자 수가 가장 많다. 또한 '고려대왕高麗大王'이란 자구字句가 보이고, 고구려와 신라의 관계가 형제 관계임을 보여주는 구절이 있는 등 비문에서 가장 중요한 내용을 담고 있어 제1면 같은 인상이 강하다. 그렇지만 비의 제1면이 반드시 가장 중요한 내용을 담고 있다고 할 수 없으며, 특히 문장이 '五月中'으로 시작된다는 점에서 앞면을 제1면으로 보기 어렵다.

삼국시대 비문에서는 문장의 첫머리에 연대를 밝혀주는 간지干支나 연호年號가 나타나는 것이 일반적이다. 심지어 불상佛像이나 종鍾 등의 명문에서도 연호가 나타난다. 이에 대해, 〈중원고구려비〉 앞면 상단에도 연호가 씌어진 제액題額이 있다고 주장하는 견해가 있다. 물론 제액이 존재한다면, 앞면이 비의 제1면임은 누구도 부정할 수 없다. 그러나 아직까지는 제액의 존재를 확인하기 어렵다.

한편, 왼쪽 면은 '고모루성수사 하부 대형야□高牟婁城守事下部大兄耶□'로 끝나고 그 아래 여섯 자 분량의 공란空欄이 있다. 그래서 이 면이 비의 최종 면일 가능성이 매우 높다. 네 면에 모두 글자를 새긴 흔적이

〈중원고구려비〉 판독문*

〈왼쪽 면〉

7	6	5	4	3	2	1	
□	□	□	□	□	□	□	1
□	□	□	人	□	□	□	2
□	□	□	□	□	□	□	3
于	□	□	□	□	□	□	4
□	□	□	□	□	□	□	5
古	□	□	□	□	□	□	6
牟	方	□	□	□	□	于	7
婁	祖	□	□	□	□	伐	8
城	□	□	□	刺	□	城	9
守	□	上	□	功	□	不	10
事	沙	右	□	□	□	□	11
下	□	□	□	□	□	□	12
部	斯	□	□	十	射	村	13
大	色	□	□	□	舍	□	14
兄	□	□	□	□	□	□	15
耶	大	□	□	□	□	□	16
□	古	□	□	□	□	□	17
□	鄒	□	□	□	□	□	18
□	加	東	□	太	節	□	19
□	共	夷	□	王	人	□	20
□	軍	寐	安	國	□	沙	21
□	至	錦	□	土	□	□	22
□	于	土	□	□	□	□	23

〈오른쪽 면〉

...	2	1	
	□	□	1
	□	□	2
	□	□	3
	□	□	4
	□	□	5
	□	□	6
	□	□	7
	□	□	8
	□	□	9
	□	前	10
	□	部	11
	□	大	12
	部	兄	13
	□	□	14
	□	□	15
	□	□	16
	□	□	17
	□	□	18
	□	□	19
	□	□	20
	□	□	21
	□	□	22
	□	□	23

*_ 비문의 판독에는 아직 많은 이견이 있다. 본 판독문은《중원고구려비연구中原高句麗碑硏究》(고구려연구회 편, 2000) 418쪽에 실린 임기환의 판독문을 거의 전재하였다.

확인되고, 왼쪽 면이 최종 면이라면, 뒷면이 비의 1면이 된다. 그러나 뒷면의 경우 글자를 새기기 위하여 다듬은 부분이 다른 세 면보다 밑으로 덜 내려가 있다는 문제가 있어, 오른쪽 면이 1면이고, 뒷면은 추가적인 사실을 기록한 면이었을 가능성도 있다.

비는 언제 세웠을까?

〈중원고구려비〉와 관련한 두 번째 의문은 비를 언제 세웠냐 하는 점이다. 비문에는 비를 세운 시기를 확정할 만한 결정적인 자료가 없기 때문에 다양한 측면에서 연대 고증 작업이 시도되었다. 그 결과 5세기 전반 광개토왕대부터 6세기 중·후반 평원왕平原王대(559~590)까지 다양한 의견이 제시되었다. 그간 연대 추정에서 주요 쟁점이 되어왔던 몇 가지 문제를 살펴보면 다음과 같다.

먼저 앞면 1·2행의 문구의 해석이 논란거리이다. 그중 문제가 된 것은 1행의 '조왕祖王'을 누구로 보느냐이다. 즉, 조상왕[先祖王]으로 보느냐 혹은 실제 할아버지왕[祖父王]으로 보느냐 하는 것이다. 조상왕으로 보는 쪽에서는 비문에서 '조왕령祖王令'의 내용이 고구려와 신라가 형제 관계였음을 강조하고 있다는 데 주목하고 있다. 형제 관계라는 것은 보통 두 나라가 관계를 맺는 초기 일반적인 역학관계를 보여주는 보편적인 현상으로, 이는 우열이 현저하게 차이가 나고, 한 나라의 지배력이 강화됨에 따라 자연히 군신 관계로 재설정된다.

고구려와 신라 양국 사이에는 신라 구원을 명분으로 출병하여 현지에 자국의 군대를 주둔시켰던 광개토왕대에 이미 군신 관계가 구축되었으므로, '조왕령'에 보이는 형제 관계 운운하는 문구는 광개토왕대 이전으로 보아야 한다는 것이다. 결국 비문에 보이는 형제 관계는 4세기 말 소수림왕대 신라 사신이 고구려 사신을 따라 전진前秦에 파견되던 초기 양국의 교섭 상황을 염두에 둔 서술이며, 따라서 '조왕령'은 소수림왕대 반포된 율령이라는 것이다.

그러나 1행의 '형제처럼[如兄如弟]'라는 표현을 단순히 고구려와 신라 양국의 세력 관계에 기초한 형제 관계를 의미하는 것으로 볼 수 있을까? '여형여제'가 두 나라의 세력 관계를 나타내는 표현임은 틀림없지만, 이는 오히려 양국의 우호 관계에 초점을 맞춘 표현이라고 보아야 할 것이다. 비문에 신라 매금新羅寐錦과 그 신료가 고구려 관인과 더불어 의복을 하사받고 있는 것으로 보아, '여형여제'라는 구절만으로 〈중원고구려비〉에 나타난 두 나라의 관계를 형제 관계로 규정지을 수는 없을 것이다.

다음 '조왕祖王'을 할아버지왕으로 보는 두 번째 견해를 살펴보자. 이는 '조왕'이란 표현이 현왕現王과 혈연관계인 선대先代의 왕을 표현한 것으로 보는 견해이다. 《일본서기》 웅략천황 5년(461)조에 이와 비슷한 표현이 보인다. 곧, 〈백제신찬百濟新撰〉을 인용하여 백제 개로왕의 동생 곤지의 일본행을 서술하고 있는데, 곤지가 형 개로왕을 '형왕兄王'으로 칭한다. 그렇다면 '조왕祖王'을 '할아버지왕'으로 해석해도 큰 무리가 없지 않을까?

비문의 앞면 6행이나 왼쪽 면 3행에 '대왕국토大王國土'라는 표현이 나오는데, 여기의 '대왕大王[太王]'은 고구려 왕 일반에 대한 호칭으로 사용되었음을 알 수 있다. 따라서 '고려대왕高麗大王'이란 현재 재위한 특정한 고구려 왕을 지칭하는 것으로 보는 것이 옳겠다. 그런데 고구려 왕중에서 할아버지의 뒤를 이어 손자가 왕위에 오른 예는 장수왕의 뒤를 이은 문자명왕뿐이다. 결국 고려대왕과 조왕의 관계는 장수왕長壽王과 문자명왕文咨明王 이외에 달리 생각할 수 없다.

그렇다면 앞면 1·2행은 "5월에 고려대왕의 조왕의 영으로 신라매금新羅寐錦과 (더불어) 세세토록 형제와 같이 상하가 서로 화합하여 수천守天하기 위해 동쪽으로 왔다"고 해석할 수 있다. 여기서 동쪽으로 온 주체는 비가 서 있는 지역이 지금의 충주 일대라는 점에서 신라매금이 될 수 없고, 고구려 측 인물이 될 것이다. 또한 '조왕', 즉 장수왕의 명령에 따른 것이니, 장수왕이 죽은 후 왕위에 오른 문자명왕 역시 주체가 될 수 없다. 동쪽으로 온 주체는 아마도 이 구절에서는 보이지 않지만 뒤이은 문구에 보이는 태자공太子共이 아닐까 한다.

이렇다고 할 때, 한 가지 문제점이 발생한다. 비문의 태자는 고구려의 태자, 곧 장수왕의 태자가 된다. 그런데 《삼국사기》에는 장수왕의 아들인 조다助多가 일찍 죽어 그 아들인 문자명왕을 장수왕이 태손으로 삼아 궁중에서 길렀다고만 하였을 뿐 장수왕대에 태자를 책립冊立한 기사는 보이지 않는다.

따라서 왼쪽 면 6행에 보이는 '대고추가공大古鄒加共'이란 기록을 주목할 필요가 있다.

고추가古鄒加는 일종의 직명으로 볼 수 있다. 〈중원고구려비〉의 인명 표기가 '직명＋인명'의 표기 양식을 보이는 점을 고려하면, 앞면의 '태자공'과 왼쪽 면의 '대고추가공'의 '공共'은 인명으로 보아야 하겠다. 그런데 〈중원고구려비〉에서 다른 여러 인물에 대한 인명 표기는 '부명部名＋직명＋인명' 순으로 기록하고 있는데, 유독 '태자공'과 '대고추가공'은 '고려대왕'과 마찬가지로 부명을 기록하지 않는다는 점이 주목된다. 즉, 이들은 '고려대왕'과 같이 부명을 칭하지 않는 자유로운 신분이었다고 할 수 있다. 이러한 최고위 신분의 인물이 같은 시기에 그것

고추가古鄒加란?

여러 귀족보다 우세한 대족장大族長이란 뜻을 가진 칭호로, 고구려대가古鄒大加라고도 한다. 고구려 초기에는 왕비족(絶奴部)의 대인大人, 왕족 내에서도 왕의 동생이나 아들과 같은 막강한 세력을 가진 이들에게 이 칭호가 주어졌으나, 점차 왕권이 강화되고 중앙집권화가 진전됨에 따라 그 지위가 격하되어 귀족의 명예 호칭으로 바뀌었던 것으로 추정된다. 고추가의 칭호는 고구려 말기까지 존재하였다.

도 같은 이름인 공共을 함께 사용하였다고 보기는 어렵다. 결국 '태자공' 과 '대고추가공' 은 한 인물로 보아야 할 것이다.

《삼국사기》에 의하면 장수왕의 아들인 조다가 '고추대가古鄒大加' 였다고 하는데, 이는 비문의 '대고추가大古鄒加' 와 매우 유사하다. 그렇다면 비문의 '태자공' 이나 '대고추가공' 은 장수왕의 아들 조다임이 분명해진다.

그러나 여전히 문제로 남는 것은 사료상에 조다가 태자로 책립된 기록이 보이지 않는다는 사실이다. 이를 단순히《삼국사기》기록의 미비로 보아야 할 것인지는 단정하기 어렵다. 혹 비문에 조다가 태자로 나오는 것이 태손으로서 왕위에 오른 문자명왕이 왕위에 오르지 못하고 죽은 아버지 조다를 높여 불러 표기한 것은 아닐까?

문자명왕의 순수와 비의 관계

비문에 보이는 '태자공' 과 '대고추가공' 을 장수왕의 아들인 조다로 비정한다면, 비문 앞면과 왼쪽 면에 기록된 사건이 일어난 시점은 언제일까? 조다가 일찍 죽었다는 점을 고려하면 장수왕 전반기로 추정된다.

《삼국사기》를 보면, 450년에 고구려 변장이 실직에서 신라 하슬라 성주에게 피살되는 사건이 일어나고, 이를 전후하여 고구려와 신라는 적대적 관계로 변한다. 그 이전까지는 신라 왕실의 왕자〔실성實聖, 복호卜好〕가 고구려에 인질로 보내지거나 신라 눌지왕의 즉위에 고구려가 영향력을 행사하는 등, 양국의 관계는 종속적인 관계를 유지하고 있었다. 그런데 비문에는 신라 영토 내에 고구려군이 주둔한다든지〔新羅土內幢主〕, 고구려 왕이 신라 왕〔寐錦〕에게 의복을 내려주는〔賜寐錦之衣服〕 등 두 나라의 관계가 고구려 우위의 화친 관계로 그려져 있다.

이를 위의《삼국사기》의 기록과 대조해보면, 비문에 그려진 사건이 성립할 수 있는 시점은 450년 이전이 될 것이다. 그 구체적인 시점은 앞면 7행의 '십이월입삼일갑인十二月卅三日甲寅' 이라는 간지와 날짜를 고

려할 때 아마도 449년 무렵이었
을 것이다. 결국 비 앞면과 왼
쪽 면은 문자명왕대에 장수왕
전반기의 사건을 기술한 것이
라고 할 수 있겠다.

　그렇다면 비를 건립한 시기
는 문자명왕대(491~519) 중 구
체적으로 언제로 비정할 수 있
을까? 비문 상에서는 이를 확
정할 만한 어떠한 단서도 찾을
수 없다. 그 가능성을 사료에서
찾아보면《삼국사기》고구려본
기 문자명왕 4년(495)조 "가을
7월에 남쪽으로 순수巡狩하여
바다에 제사지내고 돌아왔다"라

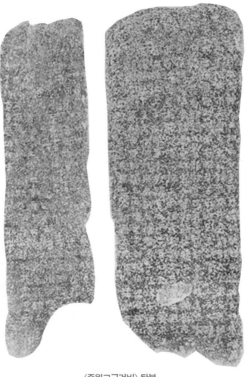

〈중원고구려비〉 탁본
〈중원고구려비〉의 비문은 그 시
작과 끝이 불분명하고, 비를 세운
시기도 아직까지 의문으로 남아
있다.

는 기사가 주목된다. 순수의 대상지가 바다와
연결된다는 점에서 이 기사를 직접적으로 〈중
원고구려비〉의 건립과 연결시키는 데는 문제
가 있을 수 있다. 그러나 당시 고구려의 국경
을 감안하면 이때의 순수지는 한강 하류 일대로 비정될 수 있고, 더욱
이 비가 위치한 충주 지역이 남한강의 수운을 따라 한강 하류 유역과
직접 연결된다는 점에서 가능성이 아주 없는 것은 아니라고 생각된다.

　5세기 말 고구려의 주변 정세를 살펴보면, 북쪽으로는 물길勿吉 세력
과 대립하였으며, 남쪽으로는 신라와 백제 양국 왕실이 혼인을 통해 나
제동맹羅濟同盟을 한층 강화하여 고구려에 대응하였다. 나제동맹 세력
을 하나의 강대한 세력으로 인식하고 있던 고구려에게 이는 결코 간과

할 수 없는 문제였을 것이다.

결국 495년 문자명왕이 남쪽을 순수한 것은 5세기 후반 고구려 남방에 새롭게 긴장 상황이 조성된 데 따른 필연적인 조치였다고 볼 수 있겠다. 순수를 통해 백제의 한강 하류 유역뿐만 아니라 신라의 충주 지역에도 모종의 조치를 취했을 것이다.

최근 〈중원고구려비〉를 정밀 판독한 결과 비 뒷면에서 '순巡' 자와 비슷한 글자를 확인한 것은, 비의 건립이 495년 문자명왕의 순수와 무관하지 않음을 뒷받침한다.

장수왕과 문자명왕을 이어주는 태자 공

현재 판독할 수 없는 글자가 너무 많아 〈중원고구려비〉의 건립 목적을 분명히 알기는 어렵다. 다만 비가 위치한 충주 지역의 지정학적 위치를 고려하고, 또 비가 문자명왕대에 건립되고 두 면에 걸쳐 전왕前王인 장수왕대의 사실을 현왕[文咨明王]의 아버지인 태자 공의 활동을 중심으로 서술하였다는 점 등을 살피면 몇가지 추측이 가능하다.

우선 비가 문자명왕의 남쪽 순수와 관련되었을 것이라는 점이다. 〈중

5세기 말 고구려의 주변 정세

5세기 초반 이후 국제 관계는 당시 가장 강대한 세력이었던 북위北魏를 사이에 두고, 어느 한 나라가 일방적으로 관계를 주도한 것이 아니라 고구려와 북중국, 몽골고원 국가들 사이에 장기간의 평화가 유지되고 있었다. 이러한 국제 정세 속에서 고구려는 한반도 중부 지역으로 진출했다.

475년 고구려의 대대적인 남진은 느슨했던 백제와 신라의 동맹을 강화시켰고, 이후 백제와 신라는 지속적인 관계 강화를 통해 남하하는 고구려 세력을 저지하는 국면을 조성하였다. 한편, 고구려의 북쪽에서는 물길勿吉 세력이 부상하여, 농안 일대를 사이에 두고 고구려와 대립하였다. 고구려에게 물길의 흥기도 문제였지만, 만일 물길이 북위와 연결되면 고구려의 안위에 심각한 위험을 초래할 수도 있었다. 이렇듯 5세기 후반에는 고구려를 둘러싸고 새로운 긴장 관계가 조성되었다.

원고구려비〉가 본래 어디에 건립되었는지는 분명하지 않지만, 그렇게 먼 거리를 이동하지는 않았을 것이다. 따라서 이 비의 존재를 통해 문자명왕이 충주 지역까지 순수하였음을 추정할 수 있다. 고구려 왕이 변경을 순수하는 목적의 하나가 통치 영역의 확인이라는 점을 고려하면, 문자명왕의 충주 순수는 충주 지역을 중심으로 남한강 유역에 대한 지배력 강화에 목적이 있었던 것으로 추정된다.

충주 지역은 지리적으로 남한강 상류에 위치하여 계립령을 통해 낙동강 유역과 연결되는 관문으로 예로부터 남북 교통의 요충지였다. 이처럼 남한강 일대의 주민을 포괄하는 곳에 고구려 왕이 순수하여 신라에 대한 고구려의 우위성을 강조하는 비를 건립한 것은 이 지역 일대에 고구려의 지배력을 강화하려는 의도가 담겨 있을 것이다. 아울러 비에서 신라와의 화친을 강조한 점은 신라 세력을 회유함으로써 당시에 강화되고 있는 나제동맹을 균열시키려는 부수적 목적도 있지 않았을까 추측해봄 직하다.

다음 앞서 이야기한 대로 문자명왕은 아버지 조다가 일찍 죽은 이후, 할아버지인 장수왕에 의해 태손으로 책립되어 궁중에서 길러졌다. 문자명왕이 장수왕에 이어 왕위에 오르는 데는 아마도 할아버지인 장수왕의 힘이 결정적으로 작용했을 것이다. 5세기 초 이래로 고구려에서는 장자에 의한 왕위 계승 원칙이 확립된 것으로 보인다. 장수왕 역시 왕위의 장자 계승을 고집하였을 것이고, 그리하여 자신의 장자인 조다가 왕위를 물려주기 전에 죽자, 그의 장자인 문자명왕을 태손에 책립하여 왕위를 물려줌으로써 장자 계승 원칙을 관철시켰던 것이 아닐까?

《삼국사기》 백제본기에는 472년에 개로왕이 북위北魏에 보낸 표表에 장수왕이 고구려 국내의 대신강족大臣彊族을 무수히 살육하였음을 언급하고 있다. 이는 장수왕이 평양 천도 이후 왕권에 대항하는 유력 귀족을 숙청한 사실을 전하는 기록으로 인정되고 있다. 이러한 왕권 강화

과정에서 귀족 세력들의 불만은 쌓여갔을 것이며, 장수왕이 죽은 후에 억눌렸던 귀족들의 불만이 문자명왕 재위시에 터져나올 수도 있을 것이다. 이러한 점을 감안하면 비문에 태자 공의 활동이 부각되고 있는 점은 혹 고구려 국내 사정을 의식한 정치적인 의도가 깔려 있는 것이 아닐까 하는 추측을 불러일으킨다. 신라 〈진흥왕순수비〉에서도 알 수 있듯, 문자명왕이 순수할 때 고구려의 주요 인물이 수행하였을 것임은 어렵지 않게 추정할 수 있다. 문자명왕은 바로 이들 앞에서 고구려 우위의 화친 관계를 강조하면서 자신의 아버지인 조다[太子共]의 활동을 부각시켰다. 즉, 장수왕과 자신을 이어주는 연결 고리인 아버지 조다를 강조함으로써 자신의 정통성을 확보하고자 했던 것은 아닐까?

한반도 유일의 고구려 비인 〈중원고구려비〉는 결코 적지 않은 역사상을 담고 있다. 글자의 마멸로 판독이 어렵다는 아쉬움이 크지만, 고구려비가 충주 일대에 서 있다는 점만으로도 우리는 여러가지 역사적 추리를 풀어갈 단서를 갖게 되었다.

— 글쓴이 최장열

11

순수비에 담긴
진흥왕의 꿈과 야망

순수巡狩란?

고대 중국에서 천자가 천하를 돌아다니며 천지산천에 제
사지내고, 각 지방의 세력 관계와 민심 동향을 살펴 영토
를 통제·관리하던 정치 관행이다. 우리 나라에서도 삼
국시대 이래 국왕들이 지방을 통제하고 관리하는 순수의
관행이 널리 행해졌다. 그중에서 진흥왕이 행한 순수는
특히 유명하다. 진흥왕은 고구려와 백제를 공략하여 영
토를 크게 넓혔고, 새로 편입된 영토와 거기에 사는 사람
들을 신라 영토와 백성으로 편제하려는 노력을 기울였으
니, 순수는 이러한 목적을 달성하기 위한 수단이었다. 더
욱이 진흥왕은 순수한 곳에 순수비를 세워 자신의 의지
를 현지 주민들에게 주지시키는 방식을 즐겨 썼다. 그중
〈북한산비〉·〈황초령비〉·〈마운령비〉·〈창녕비〉는 오늘
날까지 전해지고 있다.

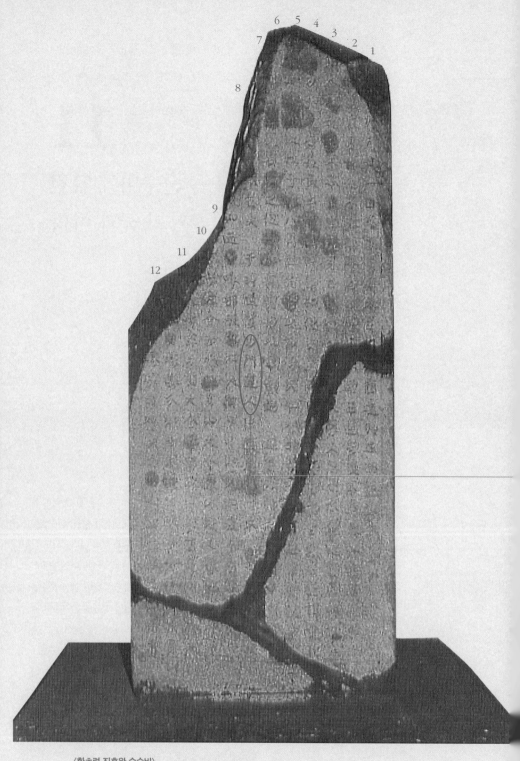

〈황초령 진흥왕 순수비〉
오랜 세월 혹독한 시련을 겪으며 숱한 상처를 입고, 세 조각으로 나누어진 순수비. 지금은 함흥역사박물관으로 옮겨져 안식을 취하고 있다.

12	11	10	9	8	7	6	5	4	3	2	1	
												1
							未	四	紹	世		2
						孖?	有	方	太	道		3
							於	託	祖	乖		4
						國	是	境	之	眞	八	5
						盡	歲	廣	基	旨	月	6
						節	次	獲	纂	化	廿	7
				□	界?	有	戊	民	承	不	一	8
				知	者	功	子	土	王	敷	日	9
				迊	矣	之	秋	隣	位	則	癸	10
				干	于	徒	八	國	兢	耶	未	11
			可?	喙	時	可	月	誓	身	爲	眞	12
			並	部	隨	加	巡	信	自	交	興	13
		公?	大	服	駕	賞	狩	和	愼	競	太	14
		喙	舍	冬	沙	爵	管	使	恐	昌?	王	15
	□	部	沙	知	門	物	境	交	違?	□	□	16
喙	典	与	喙	大	道	以	訪	通	□	以	管	17
部	喙	難	部	阿	人	章	採	府	□	帝	境	18
非	部	大	另	干	法	勳	民	□	以?	王	刊	19
知	分	舍	知	比	藏	效	心	□	蒙	建	石	20
沙	知	藥	大	知	慧	□	以	□	天	号	銘	21
干	吉	師	舍	夫	忍	□	欲	□	恩	莫	記	22
助	之	沙	夷	知	大	□	勞	□	開	不	也	23
人	公	喙	內	及	等	□	勑	□	示	脩		24
沙	欣	部	從	干	□	十	廻	何?	運	己		25
喙	平	篤	人	未	□	四	駕	忠	記	以		26
部	小	兄	喙	知	□	□	碩	信	冥	安		27
尹	舍	小	部	恐?	□	□	行	精	感	百		28
知	□	□	□	□	□	□	□	誠	神	姓		29
奈	末	奈	並	奈	□	□	□	才	祇	然		30
末	買	夫	次	末	夫		□		應	朕		31

발견과 재발견, 그 우여곡절

지금까지 발견된 〈진흥왕 순수비〉는 모두 네 개다. 각각 경남 창녕군 창녕읍, 서울 구기동의 북한산 비봉, 함남 함흥군 하기면 황초령, 함남 이원군 동면의 마운령에서 발견되었기 때문에 흔히 〈창녕비〉·〈북한산비〉·〈황초령비〉·〈마운령비〉라 일컫는다.

〈진흥왕 순수비〉는 마땅히 한국 금석학의 효시라 할 만하다. 이를 처음 기록으로 남긴 이는 실학의 풍을 추구한 역사지리학자 한백겸韓百謙 (1547~1629)이다. 그는 《동국지리지》에서 함흥의 황초령과 이원의 마운령에 각각 진흥왕 순수비가 있음을 확인하고, 이를 신라가 동옥저를 정복하고 현지에 세운 기념비로 추정하였다.

〈황초령비〉와 〈마운령비〉는 발견된 뒤로 혹독한 시련을 겪었다. 먼저 〈마운령비〉는 한백겸 이후에 소재가 묘연해져, 신경준申景濬과 김정희金 正喜 같은 당대의 석학마저도 그 존재를 소문으로만 들을 수 있을 뿐이었다. 그러다 1920년대 최남선崔南善이 현지 답사를 하는 우연한 계기를 통해 그 모습을 드러내게 되었다. 정조正祖대에 현지 지식인이던 강 필동姜必東의 유택遺宅에서 진흥왕 순수비가 있었음을 증언하는 《이성고기利城古記》란 책을 접한 최남선이 그때까지 '남이장군비南怡將軍碑'로 알려진 것이 바로 진흥왕 순수비임을 확인하고 이를 소개해 세상에 다시 알려지게 된 것이다.

〈마운령비〉보다 훨씬 더 혹독한 시련을 겪은 것은 〈황초령비〉이다. 한백겸과 같은 시대에 살던 차천로車天輅가 《오산설림五山說林》에서 "선조대에 신립申砬이 탁본해 왔다"고 기록한 것으로 보아, 선조대까지는 황초령비가 온전히 전해진 것 같다. 그 뒤 인조仁祖대에 낭선군郎善君 오俁가 《대동금석첩》에 〈황초령비〉를 수록하여 널리 알려지게 되었지만, 그 실물은 인조 당시에 이미 몇 조각으로 깨어져 두 조각만이 남아 있었다고 한다. 아마도 임진왜란을 겪는 와중에 깨진 듯싶다.

그런데 이마저도 소재가 묘연해졌다가 1790년 유한돈兪漢敦이 한 조각을 찾아냈지만 다시 묻혀버렸다. 그 뒤 1835년 함경도 관찰사 권돈인權敦仁이 두 조각을 다시 찾아내는 등 숨바꼭질을 거듭하다가, 1852년 윤정현尹定鉉이 각閣을 세우고 조각들을 짜맞추어 안치함으로써 비로소 보존의 계기를 마련한 것이다. 1931년에는 함흥군 하기천면 은봉리 계곡에서 나머지 한 조각을 찾아내어 〈황초령비〉가 겨우 구색을 갖추게 되었지만, 여러 시련을 겪는 동안 깨지고 접합된 부분이 생겨 판독할 수 없는 글자가 꽤 많은 실정이다.

　한편 북한산 비봉碑峰에 세워진 〈북한산비〉는 바로 아래 승가사僧伽寺라는 절이 있어 막연히 불승과 관련된 비로 여겨왔다. 그래서 신라 말의 고승인 도선道詵의 비, 혹은 태조 이성계의 스승인 무학無學의 비로 잘못 알려져 왔다. 그러다가 서유구徐有榘(1763~1845)가 처음 10여 자를 판독하여 '진흥왕 순수비'라 이름 지었고, 그 뒤 다시 이 비를 발견한 김정희가 이끼를 뜯어내고 60여 자를 확인하여 '진흥왕고비'라 명명하면서 비로소 세상에 알려졌다. 그렇지만 북한산 비봉 꼭대기에서 혹독한 풍상을 견뎌 내며 천 수백 년 세월을 버티는 동안 글자가 희미해져 '몰자비沒字碑'라고도 알려져왔던 터라 판독할 수 없는 글자가 많은 것이 흠이다.

　〈창녕비〉는 일본인 학자 토리이 류우죠鳥居龍藏가 1914년 총독부 의뢰로 창녕 지방에 있는 고적을 조사하는 과정에서 발견되었다. 다른 순수비가 조선시대에 이미 알려져 있었고 신라 최북방에 위치하고 있는데 반해, 〈창녕비〉만은 그 존재가 전혀 알려져 있지 않다가 일제시대에 처음 발견되었고 또한 남방에 있다는 점에서 차이를 보인다. 이는 〈창녕비〉를 건립한 시기나 성격 등이 다른 순수비와 다르다는 점과 관련된다.

진흥왕 활동사의 산 증인

우리 역사에서 진흥왕처럼 변경 지역을 두루 순수巡狩(왕이 전국을 돌아다니며 천지산천에 제사하고 지방의 행정·민정을 시찰함)하며 순수비 여러 기를 잇따라 세운 왕은 찾아보기 어렵다. 그만큼 진흥왕 순수비의 건립은 특이한 현상이고, 그만한 사연을 가지고 있다. 천 수백 년 모진 풍상을 견디고 발견과 재발견이라는 우여곡절을 거듭한 끝에 우리 앞에 서 있는 진흥왕 순수비야말로, 삼국통일의 저력을 갈고 닦은 신라 진흥왕이 어떻게 활동했는지를 전하는 산 증인이라 할 만하다.

진흥왕 당대에 건립된 진흥왕 순수비는, 고려시대에 찬술되었다는 이유로 기사의 사실성을 의심받아온 《삼국사기》와 《삼국유사》에 기록된 진흥왕대 기사의 사실성을 재확인해주거나 바로잡아주는 생생한 기준이 된다. 즉, 진흥왕대 역사를 해명하는 확실한 척도인 셈이다. 그뿐만 아니라 진흥왕 순수비에는 사서에서 애매하게 처리되거나 아예 나오지 않는 내용까지도 일부 포함하고 있어, 진흥왕대 역사 이야기를 더욱 풍부하게 해주는 가장 믿음직한 자료원이다. 즉, 진흥왕이 영토를 정복한 방법과 과정, 정복지를 지배하는 방식과 이념, 부部와 관제官制의 조직과 운영 원리, 나아가 삼국간의 관계 등을 새로이 해명하거나 그 내용을 풍성하게 하는 데 없어서는 안 될 자료다.

마운령 진흥왕 순수비
한때 '남이장군비'로 잘못 알려지기도 했다. 지금은 황초령 진흥왕 순수비와 함께 함흥역사박물관으로 옮겨져 당국의 보호를 받고 있다.

진흥왕 순수비의 건립 시기를 보면 〈마운령비〉·〈황초령비〉·〈북한산비〉는 568년(진흥왕 29), 〈창녕비〉는 그보다 7년 전인 563년인 것으로 추정된다. 〈마운령비〉와 〈황초령비〉 첫머리에는 '태창泰昌 원년元年 세차歲次 무자戊子 8월 21일 계미癸未'

라고 되어 있고, 특히 〈마운령비〉 끝부분에 '10월 2일'이라는 기록이 남아 있다. 이로 보아 두 비는 무자년戊子年, 즉 568년 8월 21일에 진흥왕이 현지에 도착하여 건립하라는 명령을 내렸고, 10월 2일까지의 순수 활동을 비문에 새겨넣어 건립한 것으로 볼 수 있다. 〈북한산비〉는 간지干支가 없어 건립 시기를 속단할 수 없으나, 비문에 등장하는 인물과 관등官等 등이 〈마운령비〉·〈황초령비〉와 대체로 일치하고 있어, 역시 같은 해에 진흥왕이 북한산 지역까지 순수하여 건립한 것으로 보인다.

이에 반해 〈창녕비〉는 다른 세 순수비와는 기록 내용이 다를 뿐 아니라 건립 시기도 차이가 난다. 〈창녕비〉 첫 행에 '신사辛巳 3월 1일 입立'이라는 기록이 남아 있고, 《삼국사기》에 555년(진흥왕 16) 하주下州, 즉 비사벌주(오늘의 창녕)를 설치했다는 기록이 나오는 것으로 보아, 〈창녕비〉는 신사년辛巳年인 561년에 건립된 것으로 볼 수 있다.

그렇다면 진흥왕은 왜 변경 지역에 이처럼 순수비를 여럿 세웠을까? 이는 진흥왕이 그때까지 이룬 대대적인 정복 활동의 성과를 점검 혹은 과시하고, 정복민을 통치하는 교화敎化의 이념을 밝히기 위해서라고 여겨진다. 일찍이 진흥왕은 불교를 지원하며 정복왕征服王과 교화왕敎化王의 이상을 실현한 인도 아소카 왕阿育王의 통치 스타일을 본보기로 삼으려 했다. 이것이야말로 진흥왕의 꿈과 야망이 잘 드러나는 대목이라 할 수 있다. 진흥왕은 이러한 꿈과 야망을 내외에 천명하고 자신의 욕구를 발현시키는 방편으로 순수비를 건립했을 것으로 보인다.

진흥왕 순수비는 우리에게 많은 역사적 사실을 전해주지만, 그중에서도 정복왕과 교화왕을 향한 진흥왕의 꿈과 야망을 담고 있다는 점에 우선 주목할 필요가 있다. 이제 진흥왕 순수비를 통해 신라의 중흥을 꾀하고 통일의 기반을 닦아나간 진흥왕의 정신 세계로 들어가보자.

팔월이십일일계미

인도 아소카 왕의 벤치마킹, '정복왕'과 '교화왕'

진흥왕이 인도 아소카 왕을 인민 통치의 모델로 삼은 사실은 잘 알려져 있다. 잠깐 아소카 왕의 면모를 살피고 넘어가자.

아소카 왕은 대정복전을 통해 기원전 3세기 중반 무렵 인도 대륙을 최초로 통일하여 마우리아 왕조(기원전 317~기원전 180)의 전성기를 이끈 인물이다. 정복 과정에서 수많은 사람들이 살상당하는 현장을 직접 본 아소카 왕은 정복전이 끝난 뒤에 속죄하는 뜻으로 불교에 귀의하여 불교의 수호자임을 자처하고 스스로 '천애희견天愛喜見'이라 칭하였다. 또한 불교 교리를 바탕으로 모든 종교를 아우르는 보편 이념인 정법正法(Dharma)을 만들었으며, 정법의 전문가인 법대관法大官(Dharma Mahamatra)을 전국 곳곳에 파견하여 정법을 전파하고 이를 통해 백성들을 교화하는 데 힘썼다. 아소카 왕을 정복왕이자 교화왕이라 하는 것도 이 때문이다.

인도의 불교도들은 불교를 보호하고 널리 퍼뜨리는 데 앞장선 아소카 왕을 추앙해 마지않았고, 인도 신화에서 이상적 제왕으로 전해져오던 전륜성왕轉輪聖王(Chakravarti)의 칭호를 그에게 부여하여 신성시하였다. 이런 불교계의 열기는 더욱 뜨거워져, 급기야 그의 전생담을 묘사한 《아육왕경》을 불교경전의 하나로 찬술하기까지 했다.

아소카 왕을 신성하게 여기는 것이 이처럼 극단으로 달려갔지만, 인도인들은 그를 전륜성왕의 네 등급인 금륜金輪 · 은륜銀輪 · 동륜銅輪 · 철륜鐵輪 중에서 최하위급인 철륜에 배당하였다. 무력 정복의 화신이던 아소카에게는, 덕으로 세계를 정복한 이에게 부여하는 금륜 칭호가 아무래도 어울리지 않는다고 여겼음이리라.

이러한 아소카 왕 이야기는 불교가 전파되면서 중국을 거쳐 삼국까지 전해졌다. 불교의 권위를 통해 왕권 신성화의 불을 당기려 하던 삼국의 왕들에게 아소카 왕은 매우 매력적인 모델이 되었음직하다. 이를 가장 적극적으로 벤치마킹한 왕이 바로 진흥왕이었다.

진흥왕은 아들들을 전륜성왕으로 수식하고자 하였다. 《삼국사기》와 《삼국유사》에 따르면 장남을 동륜으로, 차남을 사륜

황룡사지 전경
진흥왕대에 궁궐을 지으려다 황룡이 나타나자 생각을 바꾸어 불사佛寺로 지었다는 사찰이다. 이곳에는 진흥왕대에 주조했다는 거대한 장륙존상과, 선덕왕대에 조성했다는 9층목탑이 있었다 하나, 현재는 그 터만 남아 있다.

(혹은 금륜)이라 칭했다. 그리고 80년대 말에 발견된 필사본 《화랑세기》에 따르면 자기 딸을 은륜이라 칭했다. 그런데 여기서 한 가지 걸리는 문제가 있다. 진흥왕이 태자로 지목한 장남에겐 동륜이라 한 반면 차남에게는 그보다 두 등급이나 위인 금륜이라 한 것은 아무래도 이해가 가지 않는다. 따라서 많은 사람들이 인정하듯이 사륜舍輪이란 금륜이 아닌 철륜을 의미한다고 봐야 옳다. 그렇다면 진흥왕은 자식들에게 출생 순서에 따라, 은륜·동륜·철륜이라는 전륜성왕의 칭호를 내렸다고 볼 수 있다. 그렇다면 금륜이라는 칭호는 누구에게 배당했을까? 당연히 진흥왕 자신이라고 보는 편이 자연스럽다.

이처럼 진흥왕이 스스로 금륜이라 하고, 자식들에게는 순서에 따라 그보다 아래의 전륜성왕 칭호를 내렸다고 한다면, 그는 아마도 인도에서 최초로 그리고 유일하게 전륜성왕으로 추앙받던 아소카 왕의 고사故事에서 빌려왔을 가능성이 있다. 그것도 스스로 금륜임을 자부한 것으로 보아, 인도 불교도들이 철륜으로 간주하던 아소카 왕보다 자신이 월등히 높은 존재임을 과시하고자 했다고 짐작할 수 있다. 실제로 그 구체적인 흔적이 설화로 전해온다. 《삼국유사》에 전하는 황룡사 장륙존상

의 연기설화가 그것이다.

　먼 옛날 인도의 아육왕阿育王(아소카 왕)은 불타를 기리기 위해 대규모 불상을 조성하려 하였다. 그러나 세 번 시도하여 모두 실패하였다. 이에 태자의 건의에 따라 그동안 모아놓은 재료와 불상의 견본을 배에 싣고 인연 있는 곳에서 이루어질 것을 기원하며 띄워 보냈다. 그 배는 대국大國 16곳과 중국中國 500곳, 소국小國 7,000곳, 그리고 촌락村落 8만 개를 두루 거쳐 신라의 하곡현 사포(오늘의 울주)에 이르렀다. 때는 진흥왕의 치세였다. 진흥왕은 이를 맞아 문잉림文仍林에서 단 한 번 시도로 불상(장륙존상)을 완성하였으니, 이로부터 아육왕은 근심이 없어지게 되었다. 그 불상은 황룡사에 안치하였다.

　인도와 신라는 공간적으로 교류하기 어려울 정도로 멀리 떨어져 있고, 시간적으로도 아소카 왕은 기원전 3세기 중엽, 진흥왕은 6세기 중엽 사람이니, 두 사람이 직접 인연을 맺는 것은 불가능하다. 그런데 진흥왕은 현실에서 만날 수 없는 아소카 왕을 장륙존상의 연기설화를 빌

설화 속의 전륜성왕

전륜성왕轉輪聖王(Chakravarti)은 인도설화상에 전해져오는 존재이다. 설화에 의하면 전륜성왕은 자신이 소유한 전장의 수레바퀴를 굴려서 천하를 정복하고, 히말라야에서 인도양에 이르는 모든 영토의 왕들을 위엄과 덕으로 복종시킨다는 성스러운 왕이다. 그런데 언제부터인가 인도의 불교도들이 전륜성왕 설화를 받아들여 불교의 정법正法(Dharma)과 융합시켜 사용했으며, 불교 중흥에 힘쓴 아소카 왕을 전륜성왕으로 지목했다. 이런 전륜성왕 사상은 불교의 전파에 따라 중국에 전해져 남북조와 수·당의 황제를 신성시하는 정치사상으로 이용되었고, 삼국시대에 우리 나라에도 전해졌다. 이중 특히 신라의 진흥왕은 왕자의 이름이나 황룡사 장육존상의 연기설화 등을 통해서 전륜성왕 사상을 가장 극적으로 수용하여 활용한 것으로 유명하다.

어 관념의 세계에서 불러낸 것이다. 그것도 철륜성왕 아소카가 해내지 못한 일을 자신이 단 한 번에 해냈다고 이야기를 꾸미며, 그보다 월등히 높은 금륜성왕을 능히 칭할 수 있음을 과시하고자 한 것이리라.

과장된 벤치마킹이라고나 할까? 진흥왕은 자신의 꿈과 야망을 실현하기 위해 아소카 왕이 성취한 일을 충실히 따라 행하려 했다. 스스로를 정복왕과 교화왕으로서 자리매김한 것이다. 그 진흥왕의 꿈과 야망이 순수비를 통해서 어떻게 나타났을까.

사방 군주를 적극 활용하여 '정복왕'으로, 〈창녕비〉

신사년辛巳年 3월 1일, 진흥왕은 수많은 대등大等급 고관대작을 거느리고 비사벌(오늘의 창녕)에 순수巡狩 행차하여 대연회를 베풀고 그것을 기념하여 〈창녕비〉를 세웠다. 즉 위 22년 되는 해인 561년의 일이었다. 이 자리에는 비사벌 순수에 나선 국왕을 수행하는 대등을 비롯한 중앙 주요 관리 그리고 정복전의 임무를 띠고 사방의 최전방에 파견된 군단장격인 군주軍主와 부장급에 해당하는 당주幢主, 그 밖에 정복전에 기여한 인물들이 다수 초빙되었다. 이들 명단은 〈창녕비〉에 새겨졌다.

비사벌에 초청된 여러 인사들 중에서 꽃은 단연 군주였다. 〈창녕비〉에 '사방 군주'로 나오는 비자벌 군주比子伐軍主·한성 군주漢城軍主·비리성 군주碑利城軍主·감문 군주甘文軍主 등이 그들이다. 군주에 대한 기록은 《삼국사

창녕 진흥왕 순수비
진흥왕이 창녕 지역으로 순수하여 중앙의 고관대작과 최전방의 군주 등과 함께 정복의 성과를 자축하며 세운 순수비이다. 정복왕 진흥왕의 면모가 잘 나타나 있다.

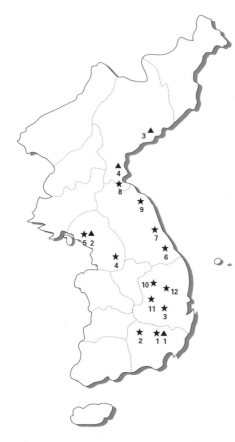

진흥왕 순수비(▲)의 위치와 군사
기지(★)의 위치

▲ 1.〈창녕비〉 2.〈북한산비〉
3.〈마운령비〉 4.〈황초령비〉
★ 1. 비사벌주 2. 대야주 3. 압량
주 4. 남천주 5. 북한산주 6.
실직주 7. 하슬라주 8. 비열홀
주 9. 달홀주 10. 사벌주 11.
감문주 12. 일선주

기〉에도 나오므로 〈창녕비〉와 《삼국
사기》를 비교해보면, 당시 군주가
대외 정복전에서 치른 활동상을 좀
더 구체적으로 살펴볼 수 있다.

《삼국사기》에서 〈창녕비〉의 비자
벌·한성·비리성·감문들에 각각
대응되는 지명을 찾아보면, 비사벌
주比斯伐州·북한산주北漢山州·비열
홀주比列忽州·감문주甘文州가 나온
다. 이들은 표기에서, 그리고 맨 끝
에 '주'라는 칭호가 붙어 있다는 점
에서 〈창녕비〉에 나오는 지명과는
약간 차이가 있지만, 실은 같은 것이
다. 이렇게 두 기록 사이에서 나타나
는 차이점과 공통점은 군주의 성격
을 새롭게 해명하는 데 결정적인 단
서가 될 수 있다.

이제까지는 신라 군주를 《삼국사기》 기록에
전적으로 의존하여, '주'라는 행정구역에 파
견된 지방관으로만 이해하였다. 그러나 〈창녕
비〉에서는 군주와 '주'의 상관관계를 찾아볼
수 없다. 〈창녕비〉에서 '주'를 쓴 사례가 상주
上州와 하주下州뿐인데, 여기에 파견된 자는 군
주가 아니라 두 명의 행사대등行使大等으로 되어 있다. 그렇다면 '사방 군
주'는 '주'라는 지방 행정구역에서 행정사무를 총괄하던 지방관이라기보
다는 진흥왕 전후 시기에 사방에서 대외 정복 활동을 주도한 야전군 사령

《삼국사기》에 나타난 '주'의 이동 현황

방면	'주'의 이동	현 위치	설치 시기
제1방면 (동해안 방면)	실직주(悉直州) ↓	강원 삼척	지증왕 6년(505)
	하슬라주(何瑟羅州) ↓	강원 강릉	지증왕 13년(512)
	비열홀주(比列忽州) ↓	함남 안변	진흥왕 17년(556)
	달홀주(達忽州)	강원 고성	진평왕 26년(604)
제2방면 (소백산맥 방면)	사벌주(沙伐州) ↓	경북 상주	법흥왕 11년(524)
	감문주(甘文州) ↓	경북 개령	진흥왕 18년(557)
	일선주(一善州)	경북 선산	진평왕 36년(614)
제3방면 (한강 하류 방면)	남천주(南川州) ↓	경기 이천	진흥왕 14년(553)
	북한산주(北漢山州) ↓	서울	진흥왕 18년(557)
	남천주 ↓	이천	진흥왕 29년(568)
	북한산주	서울	진평왕 26년(604)
제4방면 (가야 방면)	비사벌주(比斯伐州) ↓	경남 합천	진흥왕 16년(555)
	대야주(大耶州) ↓	합천	진흥왕 26년(565)
	압량주(押梁州) ↓	경북 경산	선덕왕 11년(642)
	대야주	합천	무열왕 8년(661)

관의 성격이 더 강하다고 보아야 한다. 따라서 군주와 관련하여《삼국사기》에서 사용한 '주'라는 칭호는 편의상 그대로 쓴다 하더라도, 그 의미는 후방의 행정구역이라기보다는 최전방 군사기지로 이해해야 한다.

〈창녕비〉《삼국사기》에 나오는 비자벌('비사벌주'), 한성('북한산주'), 비리성('비열홀주'), 감문('감문주')은 각각 오늘날의 경남 창녕, 서울 강북, 함남 안변, 경남 김천의 개령 등에 비정되는 곳으로서 창녕비가 세워진 진흥왕 22년 당시 사방의 최전방에 해당한다. 그뿐만 아니라《삼국사기》에 따르면 정복 활동의 진전에 따라 군주가 파견된 최전방 군사기지('주')가 전진 배치되어간 것으로 나타나고 있다. 따라서 《삼국사기》에 나타난 '주'가 옮겨간 상황을 살펴보면, 사방으로 뻗어나간 신라 정복 활동의 과정과 성과를 일목요연하게 살펴볼 수 있다. 앞의 〈표〉는 이를 '사방四方', 즉 네 방면으로 나누어 정리한 것이다.

이에 따르면 군주제도를 처음 실시한 곳은 동해안 방면이다. 즉, 지증왕 6년(505)에 이사부를 최초로 '실직주' 지역의 군주로 임명한 것이다. 이사부는 군주로 임명된 뒤 동해안 방면으로 정복 활동을 펼쳐 512년 강릉 지역까지 정복하였고, 이에 신라는 군사기지를 강릉 지역으로 전진 배치하고 이사부를 '하슬라주' 지역 군주로 재임명하였다. 그리고 진흥왕대에는 '비열홀주' 지역까지 진출했다가 다시 '달홀주' 지역으로 후퇴하는 우여곡절을 겪게 된다.

두 번째는 소백산맥 방면이다. 법흥왕 11년(524) '사벌주' 지역에 군사기지를 설치하고 군주를 파견한 것이다. 그 뒤 이 방면에서는 '감문주' 지역, '일선주' 지역으로 군사기지를 옮기면서, 백제의 침략을 방어하거나 백제 땅으로 진출하는 임무를 수행하였다.

세 번째 진출 방향은 한강 하류 방면이다. 진흥왕 14년(553) 남한강 남안南岸의 요충지인 '남천주' 지역에 첫 군사기지를 설치하여 군주를 파견한 뒤, 557년에는 한강 하류의 요충지인 '북한산주' 지역까지 진출하여 이곳에 군사기지를 전진 배치하고 군주를 파견하기에 이르렀다. 이는 554년 그 유명한 관산성 전투에서 백제의 성왕을 전사시키고 한강 하류 지역을 쟁취한 뜻 깊은 성과였다. 그러나 이 방면의 군사기지는 그 뒤 상황 변화에 따라 '남천주' 지역으로 후퇴하기도 하고 다시 '북한산주' 지역으로 전진하기도 하는 등 우여곡절을 겪게 된다.

마지막으로 진출한 곳이 가야 방면이다. 진흥왕 16년(555) '비사벌주' 지역까지 진출하여 군사기지를 설치하고 군주를 파견하였으며, 이를 기반으로 가야연맹체를 완전 병탄하였다. 565년에는 백제를 방어하고 또 진출하기 위한 최고의 요충지 '대야주' 지역으로 군사기지를 전진 배치하였다. 그 뒤 '대야주'의 군사기지는 선덕여왕대에 백제의 급습으로 함락되어 '압량주' 지역으로 후퇴하기도 하였으나, 무열왕대에 탈환하여 다시 '대야주' 지역으로 복귀하였다.

이와 같이 본다면, '사방 군주'가 비자벌('비자벌주'), 한성('북한산주'), 비리성('비열홀주'), 감문('감문주')의 군주로 되어 있는 창녕비 기록은,《삼국사기》에 나타난 561년 당시 최전방 군사기지의 배치 상황을 정확하게 반영한다. 그렇다면 561년에 진흥왕이 비자벌('비사벌주'), 즉 창녕 지역에 직접 순수하고 '사방 군주' 등을 이곳으로 초빙하여 대연회를 베푼 것은, 그때까지 사방에서 성취한 정복의 성과를 중간 점검하고 앞으로 추진해갈 정복전을 독려하기 위해서였다고 할 수 있다. 실제 그 뒤로도 진흥왕은 정복전에서 빛나는 성과를 거두었다. 이러한 진흥왕의 정복 활동은, 전설적인 '정복왕'으로 신라에까지 알려진 인도 아소카 왕의 전례에 따라 촉발되고 합리화된 것으로 보인다.

영토 보증서, 〈북한산비〉·〈마운령비〉·〈황초령비〉

진흥왕은 재위 29년(568)에 한강 하류 방면과 동해안 방면을 잇따라 순수하여 순수비 3개를 세웠다. 〈북한산비〉·〈마운령비〉·〈황초령비〉가 그것이다. 그동안 이룩한 정복의 성과를 최종 점검하고, 이를 기정사실로 하기 위한 조치였을 것이다. 그런데 바로 그해에 진흥왕은 한강 하류 방면의 군사기지를 '북한산주' 지역에서 '남천주' 지역으로 후퇴시켰을 뿐만 아니라, 동해안 방면의 군사기지도 '비열홀주' 지역에서 '달홀주' 지역으로 후퇴시키는 조치를 취했다(〈표〉 참조).

같은 시기에 행한 세 개의 순수비 건립과 군사기지 후퇴는 무언가 상관관계가 있을 성싶은데, 서로 상반된 조치여서 그 의미를 쉽게 떠올리기가 어렵다. 즉, 진흥왕이 두 방면을 순수하여 순수비를 세웠다면, 마

북한산 진흥왕 순수비
오랜 세월 풍상에 마모되고 이끼
가 끼어 한때 글자가 없는 비로 오
인받기도 했다. 지금은 국립중앙
박물관에 옮겨져 보존되고 있다.

땅히 그 방면의 군사기지를 더욱 강화하는
조치가 뒤따라야 할 터인데 오히려 이를 후
퇴시켰으니 이해하기 어렵다. 여기에는 무
언가 곡절이 숨어 있는 듯한데, 이를 고구
려와 신라의 '상호불가침 협약' 의 결과로
이해하고자 한다. 그 내막을 전후의 역사적
맥락 속에서 살펴본다.

413년 장수왕이 즉위하면서 고구려의 남
하정책이 본격적으로 펼쳐졌다. 한 세기 동
안 백제·신라·가야·왜와 같은 남쪽의
여러 나라들은 공포의 도가니에 빠졌으
며, 이들은 생존을 위해 서로 힘을 합
쳐 고구려에 대항하기 시작하였다.
그리하여 5세기 말에 장수왕이 죽으
면서, 남쪽 국가들은 고구려와 세력 균형을 이
루었으며, 6세기에 접어들어서는 오히려 고구
려를 반격할 정도까지 되었다. 신라가 지증왕
대에 동해안 방면으로 삼척을 거쳐 강릉 지역까지 진출한 일이 그 대표
적인 예다(〈표〉 참조).

백제와 신라가 고구려에 대한 대반격에 나선 것은 6세기 중반이었다.
군사 동맹을 맺은 두 나라는 551년 동시에 고구려 공격을 감행하였다.
백제는 한강 하류 방면으로, 신라는 죽령을 넘어 철령 방면으로 진군한
것이다. 고구려는 어느 한쪽도 막아내지 못하고 백제와 신라에게 한강
하류 지역과 철령 이남의 땅을 모두 빼앗겼다. 공포의 대상이던 절대무
적 고구려가 쇠퇴의 국면에 접어들었음을 뚜렷이 보여준 일대 사건이
었다.

한편 이때 고구려한테서 철령 이남 땅을 탈취한 신라의 진흥왕은 554
년에는 동맹국 백제로 진격하여 관산성 전투에서 성왕을 전사시키고,
557년에는 백제한테서 한강 하류 지역마저 빼앗았다. 또한 '남천주' 지
역에 있던 군사기지를 한강 하류의 '북한산주' 지역으로 전진 배치하고
군주를 파견하기에 이르렀다.

'북한산주' 지역의 군사기지는 이미 556년 동해안 방면에서 '비열홀
주' 지역까지 진출하여 이곳에 전진 배치한 군사기지와 함께 고구려를
위협하였다(〈표〉 참조). 이에 고구려는 신라의 추가 군사 진출을 저지하
고자 하였지만, 나라 안팎 상황이 최악으로 치달아 북진하는 신라를 막
을 길이 막막하였을 것임이 틀림없다.

그런데 신라 역시 그에 못지않은 부담을 안고 있었다. 성왕이 전사
하고 한강 하류 지역마저 빼앗긴 백제가 즉각 보복전에 나섰고, 적대
국이던 고구려와 제휴도 불사할 기세였기 때문이다. 국경을 맞닿게 된
신라와 고구려는 일단 현상 유지와 안정이 필요하였을 것이다. 바로
이러한 공동의 필요성에서 고구려는 신라가 고구려로부터 탈취해간
영토를 모두 공인해주고, 신라는 고구려를 향해 배치한 최전방 군사기
지를 후방으로 옮김으로써 더 진군할 의사가 없음을 분명히 하는 선에
서 타협을 보았다고 생각한다. 즉, 568년(진흥왕 29) 진흥왕이 직접 두
방면에 있는 세 지역을 순수하여 순수비 세 개(〈북한산비〉·〈마운령비〉·
〈황초령비〉)를 건립한 것은 고구려의 공인 하에 그 이남의 땅이 신라
영토임을 내외에 선언한 의식이었고, 군사기지를 '북한산주' 지역에
서 '남천주' 지역으로, 그리고 '비열홀주' 지역에서 '달홀주' 지역으
로 후퇴시킨 것은 고구려를 추가 공격하지 않겠다는 반대급부 성격을
띤 의사 표시로 보인다.

이런 관점에서 볼 때, 〈북한산비〉·〈마운령비〉·〈황초령비〉는 진흥
왕이 정복한 땅을 고구려한테 공인받은 일종의 '영토 보증서'라 할 만

하다. 〈마운령비〉와 〈황초령비〉에 "사방으로 영토를 개척하여 널리 백성과 토지를 획득하니, 이웃 나라가 신의를 맹세하고 화해를 요청하는 사신이 서로 통하여 오도다"라고 기록한 구절은 신라와 고구려가 일종의 '상호불가침 협약'을 체결하였음을 시사한다.

교화왕으로 민심까지 사로잡다

진흥왕은 '정복왕'과 더불어 '교화왕'으로서 꿈과 야망을 실현하고자 하였다. 이는 인도 아소카 왕을 모델로 한 전륜성왕의 이상을 성취하는 일이기도 하였다. 진흥왕이 교화왕의 이념을 실현하고자 한 의욕은 순수비 곳곳에서 찾아볼 수 있다. 〈북한산비〉·〈마운령비〉·〈황초령비〉에 나오는 구절이다.

① 만약 순풍純風이 불지 않으면 세도世道가 참됨에 어긋나고, 그윽한 덕화德化가 펴지지 않으면 사악한 것이 서로 경쟁하도다. 그러므로 제왕이 연호를 세울 때는 몸을 닦아 백성을 편안하게 하지 않으면 안 된다.

② 아래로 스스로 헤아려 신구민新舊民을 어루만지고 키워주려 하였으나, 오히려 말하기를 왕도王道의 덕화가 고루 미치지 아니하고 은혜가 베풀어지지 않는다고 한다. 이에 무자戊子년 가을 8월에 순수하여 경계와 민심을 살펴서 노고를 위로하고 물건을 내려주고자 한다. 만약 충성과 신의와 정성이 있거나 재주가 뛰어나서 재난의 조짐을 미리 살피고 적에게 용감하고 싸움에 강하며 나라를 위해 충절을 다한 공이 있는 무리에게는 벼슬과 상을 더하고 공훈功勳을 표창하고자 한다.

먼저 ①을 보면 진흥왕은 순풍과 덕화를 펴고 몸을 닦아[修己] 백성을 편안하게[安民] 할 뜻을 밝히고 있다. 그리고 ② 구절에서는 옛 백성[舊

民)뿐만 아니라 신정복지의 백성(新民)까지도 어루만지고 키워줌으로써
(撫育) 왕도의 덕화(道化)를 실현하고 이를 점검하기 위해 몸소 순수하여
국경과 민심을 살피게 되었음을 밝혔다. 곧, 백성을 교화하여 안민을 추구
하고, 이를 실현하는 데 공훈을 세운 이들을 포상할 것을 공약한 것이다.

여기에서 유교 정치 이념의 색채가 느껴지기도 하지만, 그때는 아직
유교가 대민 교화에 그다지 설득력 있는 이념으로 적용될 수 있는 상황
이 아니었다. 따라서 인도의 아소카 왕을 모델로 전륜성왕을 내세운 진
흥왕에게는 불교 이념을 통한 대민 교화가 더욱 매력 있게 비쳐졌을 가
능성이 크다. 아마도 아소카 왕이 불교 교리에 바탕을 둔 정법正法을,
법대관法大官으로 하여금 백성들에게 홍포하게 했던 전례를 참고하였을
것이다.

이와 관련하여 〈마운령비〉와 〈황초령비〉에 나오는 사문도인沙門道人
에 주목할 필요가 있다. 즉, 두 비에 따르면 법장法藏과 혜인慧忍이라는
법호를 가진 두 사문도인이 진흥왕을 수행하였다고 하는데, 이들은 아
마도 동해안 방면 신정복지 주민들에게 진흥왕이 전륜성왕의 신성한
권위를 갖고 있음을 홍포하는 종교적 교화의 임무를 맡았을 가능성이
크다. 이는 불교를 공인하기 이전인 법흥왕 11년(524)에 세워진 〈울진
봉평비〉에 박사博士라는 직함을 가진 자가 종교적 교화를 맡았다는 기
록과도 비교해볼 수 있다.

즉, 불교 공인 이전에 종교 전문가로 추정되는 박사가 반신라 소요를
일으킨 울진 지역 주민들을 모아놓고 "이와 같은 자들은 하늘에서 죄를
받으리라"고 경고한 것이다. 불교를 공인하기 이전의 토착종교식 주민
교화의 한 예를 〈울진 봉평비〉에서 찾아볼 수 있는 것이다. 그런데 527
년 불교가 공인된 뒤 동해안 방면으로 진출하면서 정복민을 교화하는
일을 불교를 통해 했을 것이다. 따라서 〈마운령비〉와 〈황초령비〉에 나
오는 사문도인은 마치 아소카 왕의 법대관처럼 정복민을 불교식으로

교화한 종교 전문가로 봐야 한다.

그런데 〈북한산비〉에는 〈마운령비〉·〈황초령비〉와는 달리 진흥왕을 수행한 사문도인이 나오지 않는 대신 석굴에 사는 도인石窟道人에 대한 이야기가 나온다. 이 석굴을 〈북한산비〉가 서 있던 비봉으로 올라가는 도중에 자리잡은 승가사 근처 석굴이라고 보는 견해가 있다. 그렇다면 진흥왕은 〈북한산비〉를 세우기 전에 그 석굴에 머물던 현지 도인을 찾아서, 현지인들에 대한 종교적 교화를 부탁했을 가능성이 있다. 석굴도인은 진흥왕의 부탁을 받아들였고, 이에 진흥왕은 〈북한산비〉에 그의 행적을 적어 기념하고자 한 것일 수 있다.

그렇다면 진흥왕은 왜 '북한산주' 지역에서는 사문도인 대신 현지에 있는 석굴도인에게 종교적 교화를 맡겼을까? 아마도 민심의 차이 때문이 아닐까 한다. 한강 하류의 '북한산주' 지역은 동아시아 문물이 교류하는 중심지로서, 일찍이 백제 수도였다가 한때 고구려 영토로 편입된 적도 있던 만큼, 어느 지역보다 문화 역량이 컸을 것이다. 따라서 신라 수도에서 온 승려가 현지인들을 교화하려 하면 부작용이 일어날 수도 있음을 감안한 듯싶다. 가능하다면 현지인들에게 존경과 숭배를 한 몸에 받는 현지 불승을 통해 교화하는 것이 가장 좋은 방책이라 판단했을 것이다.

사문도인 혹은 석굴도인에게 피정복민들 교화를 맡긴 것은 신·구민을 차별하지 않는 전륜성왕의 은덕을 깨닫게 함으로써 신라 세력을 넓히는 가장 좋은 수단이었다. 이렇게 '교화왕'이 되고자 한 것은 '정복왕'을 추구하면서 세계의 지배자로 우뚝 서려는 진흥왕이 야망을 실현하는 과정이었다. 네 개의 진흥왕 순수비는 그 구체적 실천 과정을 담고 있다고 할 수 있다.

— 글쓴이 강봉룡

백제 노귀족의 불심, 사택지적비

사택지적비의 발굴

1937년 일제는 충남 부여군 부여읍 부소산 남쪽 기슭, 현재 삼충사가 있는 곳에 한반도에서 가장 큰 신궁을 세울 계획을 세우고, 신궁 진입 도로를 포장하려고 부여군 각지에서 돌을 모아 옛 익생병원 자리에 쌓아두었다. 그러나 일제의 계획은 태평양 전쟁의 패배로 중단되고, 모아둔 돌들은 방치되었다. 그로부터 10년 후인 1948년 미술사학자 홍사준 선생이 불교 미술사학자 황수영 선생을 안내하여 부여를 답사하던 중 이 돌더미에서 비석 하나를 발견하고는 바로 부여박물관으로 옮겼다. 그러나 한동안 그 가치가 밝혀지지 않다가, 문헌사료와 여러 방증 자료를 통해 백제 의자왕 당시를 말해주는 유일한 금석문임이 드러났다.

4 3 2 1
寅年正月九日奈祇城砂宅智積
身日之易往慨體月之難還穿金
以建珎堂鑿玉以立寶塔巍巍慈容
吐神光以送雲峩峩悲貌含聖明以

	1	2	3	4
1	甲	慷	以	吐
2	寅	身	建	神
3	年	日	珍	光
4	正	之	堂	以
5	月	易	鑿	送
6	九	往	玉	雲
7	日	慨	以	汲
8	奈	體	立	汲
9	祗	月	寶	悲
10	城	之	塔	愴
11	砂	難	巍	含
12	宅	還	巍	聖
13	智	穿	慈	明
14	積	金	容	以

백제 노귀족의 〈사택지적비〉

1948년 부여 부소산 남쪽에 쌓아둔 돌더미에서 발견되었다. 내용은 정계에서 은퇴한 사택지적이 늙어가는 것을 탄식하여, 불교에 귀의하고 원찰을 건립했다는 것이지만, 당시 백제 귀족들의 성씨 문제, 백제에서 유행하던 불교 사상이 무엇인지 알 수 있게 하는 귀중한 금석문이다.

돌더미 속에서 발견한 백제 지식인의 수준

〈사택지적비〉는 백제 의자왕 때 정계에서 은퇴한 사택지적砂宅智積이란 사람이 늙어가는 것을 탄식하여 불교에 귀의하고 원찰을 건립했다는 내용을 담은 비이다. 내용은 간단하지만, 이 안에는 백제의 역사를 이해하는 데 중요한 정보들이 담겨 있다.

〈사택지적비〉는 높이 102센티미터, 폭 38센티미터, 두께 29센티미터로, 질 좋은 화강암에 가로 세로로 그은 네모 칸 안에 글자가 새겨져 있다. 네모 칸은 한 변이 7.6센티미터, 글자 크기는 평균 약 4.5센티미터다. 한 행은 14자이며, 남아 있는 것은 앞부분에 해당하는 4행으로 모두 56자. 비 오른쪽 윗부분에는 지름 20센티미터 가량 되는 원 안에 봉황무늬를 새기고 붉은색을 칠한 흔적이 희미하게 남아 있다. 중국에서는 음양설에 따라 비석의 이수螭首(이무기 형상으로 비석 윗부분을 장식하는 조각) 부분에 반룡蟠龍(아직 승천하지 않고 지상에 서려 있는 용)을 새기기 전까지는 주작 또는 봉황을 새겼다는 사실을 고려할 때, 경주의 〈무열왕릉비〉처럼 귀부龜趺(거북 모양의 비석 받침)와 이수를 갖춘 비가 나타나기 이전 형태라 할 수 있다. 문장은 중국 6조시대의 사륙변려체*이며 자체字體는 웅건한 구양순체**로서, 문장이나 글자체가 모두 세련되었다.

〈사택지적비〉는 백제 의자왕 때 정계에서 은퇴한 사택지적이 늙어가는 것을 탄식하여 불교에 귀의하고 원찰을 건립했다는 간단한 내용으로 되어 있지만, 그 안에는 백제 역사를 이해하는 데 중요한 정보들이 담겨 있다. 당시 백제 귀족들의 성씨 문제, 백제 불교가 법화 사상에 근거를 두었다는 점, 절 이름은 불교 경전에 나오는 부처님의 이름을 따

---

* 문장이 4자와 6자를 기본으로 한 대구對句로 이루어져 수사적으로 미감美感을 주는 문체로, '변'은 한 쌍의 말이 마차를 끈다는 뜻이고, '여'는 부부라는 뜻이다.
** 중국 당나라 초의 서예가 구양순의 서체로, 자획字劃과 결구結構 함께 방정方正하고 근엄하여 한 자 한 자를 쓰는 데도 잠시라도 정신적 이완을 불허하는 율법적인 특색을 지니고 있다.

서 지었다는 사실 그리고 백제 불교와 남조 불교의 연관성까지 찾아볼
수 있는 귀중한 금석문 자료다.

백제 지식인의 수준을 가늠케 해주는 〈사택지적비〉의 내용이다.

> 갑인년(654, 의자왕 14년) 정월 9일 내지성奈祇城의 사택지적은, 몸은
> 해가 가듯 가기 쉽고 달이 가듯 돌아오기 어려움을 한탄하고 슬퍼하여,
> 금을 뚫어 진귀한 당堂을 세우고 옥을 깎아 보배로운 탑을 세우니 높고
> 크고 웅장하며 자비로운 모습은 신령한 빛을 토함으로써 구름을 보내는
> 듯하고, 높고 웅장하면서 자비로운 모습은 밝음을 머금음으로써……

위 비문에 등장하는 백제 귀족 사택지적은, 《일본서기》에 '대좌평 지
적'으로 나온다. 따라서 '사택'은 성씨, '지적'은 이름으로, 이를 통해
백제 귀족들이 현재 우리가 흔히 쓰고 있는 김·박·이씨 등과 같이 한
글자 성(단성) 아니라 두 글자 성(복성)을 사용하였음을 알 수 있다. 백
제의 성이 기본적으로 복성이라는 사실은 왕실의 성이 부여夫餘씨라는
점, 《삼국사기》에 나오는 목협만치木荔滿致·조미걸취祖彌桀取·재증걸
루再曾桀婁·고이만년古爾萬年을 놓고 김부식이 세주細注로 "모두 복성
이다"라고 한 점, 백제 말기 인물인 흑치상지黑齒常之의 흑치가 복성이
라는 점 등에서 알 수 있다.

그러나 그 뒤 중국과 접촉이 활발해지면서 그 영향을 받아 백제에서
도 점차 한 글자 성을 쓰게 된다. 백제의 단성은 중국의 대성大姓을 모
방한 경우도 있지만 대개 복성 중 하나를 생략하여 만들었다. 두 글자
성이 한 글자로 바뀌는 과정에는 주로 두 가지 방식이 있다. 하나는 복
성의 끝 글자를 취하는 것으로 부여夫餘씨가 여餘씨로 바뀐 것을 들 수
있다. 또 다른 하나는 복성의 앞 글자를 택한 경우로 진모眞慕씨가 진眞
씨로, 사택沙宅씨가 사沙씨로 바뀌었다. 보통은 앞 글자를 택하였으며,

가문이 나누어지면서 목협木劦씨가 목木씨와 협劦씨로 나누어지기도 하였다. 이 같은 성씨는 귀족 신분을 나타내는 가장 확실한 증거다. 백제뿐만 아니라 고구려, 신라를 통틀어 일반 백성들은 성씨를 갖지 못하고 그저 개똥이·쇠똥이 같은 이름으로만 불렸다.

사택지적의 사씨는 백제 사비시대에 가장 영향력 있는 혈족집단인 대성8족大姓八族 가운데 하나였다. 대성8족은 중국 측 사서인 《수서》 《북사》《신당서》《한원》《통전》 등을 볼 때, 사沙·연燕·목木·협劦· 국國·진眞·해解·백苩씨로 정리된다.

그런데 온조왕이 건국한 뒤부터 700여 년 동안 존속하였던 백제에서 큰 세력을 떨친 부여씨와 대성8족 성씨는 오늘날 별로 찾아볼 수 없고, 대신 신라 지배층이던 김씨·박씨와 조선 왕조 이씨가 한국인의 다수를 차지한다. 이는 백제가 멸망한 뒤 백제의 옛 지배층이 통일신라의 최고 지배층으로 편입 성장하지 못하였음을 의미한다.

법화 사상으로 조화와 평등이 어우러진 국가를 꾀하다

한편 비문에 사택지적이 출신지인 내지성에 있는 성에 '금으로 장식하여 금당을 세우고 옥을 다듬어 보탑을 세웠다'라는 내용은 사택지적의 경제적 기반이 매우 탄탄했음을 암시하며, 또한 지적과 불교의 관계를 살펴볼 수 있는 단서가 된다. 내지성에 세운 법당과 보탑은 사택지적 개인의 원찰이었을 것이다. 그리고 《법화경法華經》에 나오는 '보탑寶塔'이라는 용어가 비문에 나타난 것을 볼 때, 당시 백제에서는 법화 사상이 유행하였음을 추론할 수 있다.

'보탑'이라는 용어는 《법화경》에 다보여래多寶如來의 탑(다보탑)이 생긴 인연을 대요설보살大樂說菩薩에게 설하는 내용에 나온다. 간추려 보면 옛날 보정寶淨이라는 나라에 다보여래가 있었다. 그 다보여래가 서원하기를 "《법화경》을 설하는 곳에 나의 탑이 솟아나 찬양할 것이다"하고, 또 말하기를 "나를 공양하려는 이는 큰 보탑을 세우라" 하였다. 따라서 다보여래가 가진 신통원력으로 《법화경》을 설하는 데가 있으면 보탑이 솟아 나오게 되었다는 것이다. 물론 탑을 숭배하는 사상은 대승불교가 대두하면서 함께 성행하였으며, 《법화경》에서만 강조한 사상은 아니다. 하지만 《법화경》은 대승불교를 대표하는 경전으로, 따로 '견보탑품見寶塔品'을 둘 정도로 탑을 숭배한다. 따라서 사택지적 비문에 나오는 '보탑'은 《법화경》과 관련이 깊다는 것을 보여주는 것이라 하겠다.

사택지적이 법화 사상과 더 직접 관련이 있음은 《법화경》에 나오는 지적보살智積菩薩에서도 알 수 있다.

> 그 부처님께서 아직 출가하시기 전에 아들이 열여섯 있었으니, 첫째 아들 이름이 지적이다. (《법화경》 化城喩品)

> 그때 하방 세계에서 다보세존을 따라온 지적보살이 다보불께 인사하고 본국에 돌아가려 하니 석가모니불께서 지적에게 말씀하셨다. (《법화경》 提婆達多品)

《법화경》에 나오는 지적보살과 관련된 기록을 간단히 요약하면 이렇다. 옛날 호성好城이라는 나라에 대통지승여래大通智勝如來라는 왕이 있었는데, 그 왕에게는 왕자가 16명이 있고 그 맏아들 이름이 지적이다. 대통지승여래의 아버지는 전륜성왕轉輪聖王이라 한다. 나중에 대통지승여래가 깨달음을 얻어 출가하자 왕자들도 출가하여 모두 사미沙彌(막 불문에 든 아직 수행이 미숙한 중)가 된다. 이들은 《법화경》을 설하여 깨달음을 얻고 중생들을 구제하여 지금은 십방十方(사방)에서 성불하여 《법화경》을 설하고 있다고 한다.

사택지적은 이름을 바로 이 지적보살에서 따왔다. 일반 귀족이 불경에 나오는 이름을 쓴 사실을 어떻게 보아야 할까? 답은《삼국사기》〈백제본기〉에서 찾을 수 있다.

성왕은 이름이 명농이고 무령왕의 아들이다. 지혜와 식견이 빼어나고 일을 잘 결단하였다. 무령왕이 죽자 왕위를 이었는데 나라 사람들이 일컬어 성왕이라 하였다. (《삼국사기》)

이 기록에서 백제 성왕聖王은 살아 있을 때에도 성왕으로 불리었음을 알 수 있다. 성왕은 전륜성왕을 줄인 말이다. 나라 사람들이 왕을 성왕으로 부른 것은, 왕 자신이 전륜성왕을 자처했기 때문일 것이다. 이는 성왕이 사상적으로 불교를 왕실과 국왕의 권위를 수식하는 데 적극 활용하였다는 의미다.《법화경》에서 대통지승여래의 아버지로 나오는 전륜성왕은 불교를 통해 세상을 다스린다는 이상적인 전제군주이므로, 성왕 자신이 법화 사상을 통해 국가를 통치하려는 이념을 갖고 있었음을 알 수 있다. 그렇다면 성왕은 왜 전륜성왕을 자처하였을까? 이를 이해하기 위해서는 백제가 처한 국내 정세를 파악할 필요가 있다.

475년 9월 백제는 장수왕이 이끄는 고구려군에게 한성을 함락당하고 개로왕이 전사하는 사실상 패망이나 다름없는 심각한 타격을 입고 웅진으로 천도하게 된다. 따라서 천도 초기에는 국가가 위기 상황에 처하고 왕실의 권위가 땅에 떨어진 상태에서 국가 틀을 유지하는 것이 무엇보다 시급한 문제였다. 이러한 혼란을 수습한 인물이 동성왕과 무령왕이었다. 특히 무령왕은 나라의 안정을 이루고자 많은 노력을 기울였다. 우선 안으로는 경제 기반인 농업 생산력을 높이고자 금강 주변에 제방을 튼튼히 쌓아 수리시설을 확충하고, 유랑민을 귀농시키는 등 여러 가지 농업 진흥 정책을 펼쳤다. 그리고 영산강 유역에 대한 진출을 적극적으로 추진하여 이 지역에 지방관을 파견해 직접 지배하고, 군대를 이끌고 나가 침입해 오는 고구려군을 격퇴시키는 한편 새로 많은 성을 쌓아 고구려 침입에 대비하는 등 국방을 더욱 강화하였다.

또 밖으로는 중국 남조에 여러 차례 사신을 파견하고 신라·가야와도 화친하여, 강성한 고구려의 침입에 따른 국난을 외교로 극복하고 동시에 국가 지위를 높이고자 하였다. 그러한 과정에서 중국의 선진 문물을 많이 받아들여 무령왕릉 유물에서 보는 것처럼 독창적인 백제문화를 꽃피우기도 하였다.

이러한 노력으로 백제는 안정을 찾아갔고 왕도의 규모도 점차 확대

백제의 웅진시대와 사비시대

475년 고구려 장수왕이 한성을 함락시키고, 개로왕이 살해됨으로써 사실상 백제는 멸망했다. 한성이 함락되기 전, 개로왕의 동생 문주는 급히 신라에 구원을 요청하러 갔다. 문주가 신라 원병 1만 명과 함께 돌아왔으나 도성은 이미 유린된 상태였다. 문주는 남은 백성을 이끌고 남쪽으로 내려가, 차령산맥을 넘고 금강을 건너 웅진이라고 불린 지금의 공주 땅에 임시 수도를 마련한 뒤 백제를 다시 일으켰다.

웅진은 차령산맥과 노령산맥 사이에 위치한 지역으로, 하천 유역을 제외하고는 평야가 거의 없는 산지 지형으로 천혜의 요새를 이루고 있다. 문주왕이 웅진을 임시 수도로 택한 것은 바로 고구려의 재침략을 막기에 가장 좋은 곳이라는 판단 때문이다. 따라서 문주왕, 삼근왕, 동성왕, 무령왕을 거쳐 성왕대에 사비로 천도할 때까지를 웅진시대라고 한다.

웅진시대 때 백제는 고구려의 남진을 저지하면서 중국과의 관계를 강화하였다. 특히 동성왕 15년(493)에는 백제와 신라가 혼인동맹을 맺어 고구려의 침입을 상호 협조체제로 대항하였다. 한편 동성왕과 무령왕은 한강 유역의 상실로 인한 경제력을 보충하기 위해 남쪽, 특히 가야 지역으로 진출하기 위해 부단히 노력하였다. 특히 무령왕은 백제가 다시 강국이 되었다고 대내외에 선포할 정도로 부흥의 기틀을 다져놓았다. 무령왕의 정책은 성왕에게 이어졌다. 성왕은 오늘날의 전라도 동부에 해당하는 지역에 대한 영유권을 다진 다음, 소백산맥을 넘고 섬진강을 건너 지금의 경상남도 서부 지역의 함안까지 진출했다. 이렇게 가야 지역을 공략해 큰 성과를 거둔 성왕은 과감한 정치 개혁과 체제 정비에 나섰다. 성왕이 추진한 개혁 조치 가운데 가장 눈에 띄는 것이 수도를 웅진에서 지금의 부여 지방인 사비로 옮긴 것이다.

성왕은 고구려의 위협도 이겨낼 수 있다는 자신감으로 왕위에 즉위한 지 15년이 지난 538년, 3면이 강으로 둘러싸여 있어 방어에 유리하고, 또한 넓은 평지를 끼고 있어 쉽게 고립되지 않는 장점을 가지고 있던 사비에 도읍을 정하였다. 사비는 다섯 구역으로 구분되었으며, 도시계획에 따라 귀족과 백성이 거주하도록 했다. 그리고 새로운 출발을 다짐하며 국호를 남부여로 개칭하였다. 이때부터 의자왕 20년(660)에 나당 연합군에게 백제가 멸망할 때까지를 사비시대라고 한다.

되었다. 그러나 웅진은 이렇게 커져가는 왕도와 팽창하는 귀족 세력을 뒷받침할 수 있는 경제적 · 인적 기반에 한계가 있었다. 또한 웅진은 너무 좁아 남쪽으로 계속 넓혀가는 백제 전 영역을 통제할 중심지로는 아무래도 적절치 못하였다. 따라서 백제 왕실은 풍부한 경제 기반을 갖춘 부여 지역을 주목하게 되었다. 성왕은 백제가 새로운 도약을 하기 위하여 답답하고 비좁은 웅진을 벗어나 사비로 수도를 옮기려고 하였다. 그러나 천도는 왕실과 귀족 세력의 이해관계, 곧 국론이 통일되어야만 추진할 수 있는 아주 중요한 문제였다. 따라서 성왕은 법화 사상을 중심으로 국론을 통일하고 이를 실천해나가고자 한 것이다.

그렇다면 왜 성왕은 법화 사상에 주목하였던 것일까?《법화경》의 '회삼승 귀일승會三乘 歸一乘', 즉 회삼귀일會三歸一이 왕권 강화와 관련이 깊기 때문이다. '일승'이란 가르침은 하나라는 의미로서, 그 근저에는 모든 중생이 부처가 될 수 있다는 인식이 깔려 있다. 이 인식에 바탕을 두고 '자신도 부처의 아들〔佛子〕'임을 깨달아 수행하라는 것이다. 또 일승은 '모든 사람이 성불할 수 있다'는 가르침이므로, 인간의 본질은 평등하다는 인식을 바탕으로 한다. 따라서 성문聲聞 · 연각緣覺 · 보살菩薩이라는 삼승의 차별은 이러한 인식을 강조하기 위한 수단의 하나로써 마침내 하나로 통일되어야 할 입장인 것이다.

《법화경》에 나타난 일승 사상은 대승과 소승 또는 삼승으로 상징되는 사회의 분열 · 반복 · 대립을 해소하여 조화와 평등을 이룬 통일 사회를 실현하는 데 있다. 삼승으로 상징되는 각계각층은 버려야 할 대상이 아니라, 일승이라는 이상을 실현하기 위해 하나로 합쳐져야 할 능력과 가치를 지닌 존재인 것이다.

이와 같이 백제에서 법화 사상이 유행한 이유는 왕을 구심점으로 한 왕권과 귀족 세력 사이에서 정치적 단합과 결속이 중요함을 강조하기 위해서였다. 그리고 이러한 단합과 결속을 통해 백제가 다시 번영의 길로 들어섰음을 과시하고자 하였다.

불심을 담은 시호

이와 같은 법화 사상은 성왕의 뒤를 이은 위덕왕威德王, 혜왕惠王, 법왕法王의 불교에도 크게 영향을 미친 듯하다. 이는 위덕왕과 법왕의 시호와 이름이 불교와 관련 있다는 것에서 짐작해볼 수 있다.

성왕의 아들 위덕왕의 이름은 여창으로 생시에는 창왕으로 불렸다. '위덕왕'은 죽은 뒤 붙인 시호인데, '위덕'은 법화가상소칠法華嘉祥疏七에 "두려운 것을 위威, 사랑스러운 것을 덕德이라 하였다"라는 내용과 관련이 있어 보인다. 또한 위덕왕은 성왕이 관산성에서 패하여 비참하게 살해당하자 출가하여 선왕의 명복을 빌고자 하였으나 신하들이 반대하여 뜻을 이루지 못하게 되자, 대신 100명을 출가시켰을 정도로 불심과 효심이 극진했다. 최근 부여 능산리에서 금동봉래산향로와 위덕왕의 누이인 매형공주가 사리를 공양한다는 내용을 담은 창왕명사리감昌王銘舍利龕이 발견된 것으로 볼 때, 이곳은 위덕왕 때 성왕의 명복을 빌었던 사찰로 추정된다. 이러한 사실로 미루어 짐작할 때 위덕왕의 시호는 불교 용어에서 나온 것이라 하겠다.

한편 법왕法王이라는 시호는 석가모니를 높인 말이다. 《삼국사기》〈백제본기〉에서는 법왕의 이름을 선宣 혹은 효순孝順이라고 언급하고 있다. 효순은 유교와 관련 있는 용어이므로 기존에는 이를 법왕이 유교적 정치 이념을 강조한 사례로 설명하였다. 그러나 법왕이 살생을 금지하고 민가에서 기르는 매를 거두어 놓아주게 하였으

부여 능산리에서 발견된 금동봉래산향로
이런 유물들로 미루어 볼 때 이곳은 위덕왕 때 성왕의 명복을 빌었던 사찰로 추정된다.

며, 고기 잡고 사냥하는 도구들을 태워버리게 하는 등 불교 계율을 적극 지키려고 했다는 사실에 주목한다면, 효순이라는 이름 역시 다르게 보아야 한다. 이럴 경우 《범망경梵網經》이 주목된다.

> 그때 석가모니 부처님께서 보리수 아래에 앉아 위없는 바른 깨달음을 이루시고 비로소 보살의 파라제목차波羅提木叉를 묶어서 부모와 사승師僧 그리고 삼보三寶에 효순孝順케 하였다. 효순은 지극한 도의 법이다. 효를 일컬어 계戒라고 하며 또한 제지制止라고도 한다. (《범망경》敍結戒)

이처럼 《범망경》에서는 효순을 지극한 도의 법이라 하고, 효의 실천을 계율로 규정할 만큼 효를 크게 강조하였다. 《범망경》에서 언급된 효순은 법왕의 이름과 같다. 법왕이란 시호가 계율을 적극 시행하려 한데서 나왔다면, 효순이란 이름 역시 《범망경》에서 비롯되었다고 보아야할 것이다.

이와 같이 백제 왕실에서 불교 경전에 나오는 이름을 사용한 일은 다른 귀족들에게도 많은 영향을 미쳤을 것이다. 이는 성왕 때 많은 귀족들이 불경을 읽었으며, 성왕 자신도 겸익이 가져온 불경을 읽고 '비담신율서毘曇新律序'을 찬하였다는 사실에서도 알 수 있다. 사회 분위기가 이러했기에 사택지적이 《법화경》에서 대통여래의 아들로 나오는 지적보살의 이름을 사용할 수 있었던 것이다.

이에 비해 신라에서는 제24대 진흥왕 이후 제28대 진덕여왕까지 모두 '진眞' 자가 붙은 것이 특징이다. 특히 진흥왕의 맏아들인 동륜태자의 세 아들(진평·진정·진안) 이름에도 모두 '진' 자를 붙였다. 이와 같이 왕명이나 호칭에 '진' 자를 많이 사용한 것은 불교의 '진종설眞種說'과 관련이 있다. 진종이란 '진정한 종족'이라는 뜻으로 '석가모니와 같은 종족'이라는 의미다. 이처럼 신라 왕실이 자신들을 석가모니와 같은

종족이라고 내세운 것은 스스로 더 신성하고 선택받은 족속이라고 주
장함으로써, 다른 왕족(귀족)과는 차별적인 존재임을 부각시키기 위함
이었다. 그러나 백제의 법화 사상은 왕실과 귀족들 사이의 화합과 통일
에 그 목적을 두고 있었으니, 일반 귀족들이 불교 경전에 나오는 이름
을 사용할 수 있었다. 결국 이는 사비시대 백제 지배층이 불교에 깊은
관심을 가지고 정치적으로 잘 활용하였음을 보여준다.

부처님의 이름으로 사찰을 짓다

백제 왕실과 법화 사상이 관련 있다는 것을 보여주는 중요한 유적이
또 하나 있다. 충남 공주시 반죽동에서 '대통'이라는 명문이 새겨진 백
제 기와가 발견된 옛 절터, 곧 대통사지가 그것이다. 백제 성왕 때 창건
된 사찰로 전해지는 대통사는, 유적을 확인할 수 있는 백제 사찰로는
최초다. 우리 나라 사찰 이름은 불교 경전에 나오는 부처님과 관련 있
거나 그 이름을 따서 짓는 것이 일반적인데, 백제시대라고 예외는 아니
었을 것이다. 그렇다면 '대통사'와 《법화경》의 '대통지승여래'는 깊은
관련이 있다고 하겠다.

> 또 대통 원년 정미에는 양제를 위하여 웅천주熊川州에 절을 세우고 그 절
> 이름을 대통사大通寺라 했다.〔웅천은 곧 공주다. 그때 신라에 속해 있었
> 기 때문이다. 그러나 아마 정미丁未년은 아닌 것 같다. 곧 중대통中大通
> 원년 기유己酉에 세운 것이다. 흥륜사를 처음 세우던 정미년에는 아직 다
> 른 군에 절을 세울 겨를이 없었을 것이다.〕 (《삼국유사》 흥법3 原宗興法厭
> 觸滅身)

위 《삼국유사》 기록에 따르면 대통사는 신라 법흥왕이 양나라 무제를
위해 웅진에 세운 사찰이다. 그러나 웅진은 당시 백제 도읍지였으므로

대통명 기와
충암 공주시 반죽동에 자리하고
있는 대통사는 백제 성왕 5년
(527)에 창건된 사찰로 전해진
다. 이곳에서 '대통' 명 기와가 출
토되어 대통사임을 알려주었다.
대통사는 《법화경》의 대통지승여
래와 관련 있는 사찰이다.

이 기록은 역사적 사실과 다르다. 따라서 대통
사는 신라 법흥왕이 아니라 백제 성왕 5년
(527)에 창건되었다고 보아야 한다. 이렇게
기록이 잘못된 것은 《삼국유사》를 쓴 일연이 대
통사를 잘 알지 못해 '대통'이 양무제의 연호
에서 따온 것으로 속단하여, 대통사가 양나라
무제를 위해 창건되었다고 생각한 때문인지
모르겠다. 그래서 대통 원년에는 흥륜사가 창
건되었기 때문에 겨를이 없을 것이므로 중대
통 원년(529)에 창건했으리라는 사족을 달고
있다. 기존 연구에서는 이 기록을 그대로 받아들여 대통사가 양무제의
연호에서 비롯되었다고 보는 것이 일반적이었다.

그러나 백제가 양나라와 아무리 밀접한 관계라 해도 상대국의 연호
를 따서 절 이름을 지었다는 것은 어딘가 어색하다. 이러한 문제를 풀
기 위해서는 양무제가 어떠한 이유로 대통이라는 연호를 사용하게 되

중국 남경 동태사
백제 불교에 많은 영향을 끼친
양무제가 창건한 사찰이다. 무제
는 동태사에서 많은 숭불 행위와
더불어 사신공양捨身供養을 행
하였다.

었는지를 살펴볼 필요가 있
다.

중국 남조의 불교는 양무
제 때 가장 융성했다. 불교
를 숭상한 양무제가 한 행
위는 중국사에서 가장 특이
하다고 할 수 있다. 무제는
불교에 빠져 나라를 망쳤다고 할 만큼 불교에
심취했다. 무제는 불교 계율을 몸소 지키고 실
천하려 하였다. 불교에 심취한 만년에는 고기
도 먹지 않고, 콩죽과 현미밥만으로, 그것도

하루에 한 끼만 먹었다.
쉰 살이 되자 규방 출입
을 끊었고 검소한 옷을
입었으며, 술을 마시지
않고 음악을 듣지도 않았
으며, 종묘 제사가 아니
면 음악을 사용하는 일이 없었다.

정림사지와 5층 석탑
정림사는 백제가 사비 천도와 더
불어 국가 차원에서 심혈을 기울
여 창건한 대표적인 사찰로 지금
은 5층 석탑만 남아 있다. 정림사
는 중국 남경에 있는 상·하 정림
사와 깊은 연관을 가지고 있는 사
찰로 여겨진다. 5층 석탑은 단아
하면서도 정제된 아름다운 자태
를 보여주고 있다.

또한 무제는 경전을 많이 번역하게 하였으
며, 본인이 직접《법화경》《열반경》등을 주석
하였다. 그리고 광택사光宅寺, 대지도사大智度
寺, 동태사同泰寺, 개선사開善寺 등 많은 사찰을
건립하였다. 그 가운데서도 무제가 가장 많이
찾아 숭불 행위를 행한 곳은 동태사였다. 527
년 무제가 동태사를 건립했을 때였다. 동태사에 가기 위해 대통문大通門
을 열어 궁성에서 사찰로 가는 남문으로 삼았기 때문에 이 대통문의 이
름을 연호로 삼았다고 한다. 양무제는 대통지승여래가 어떤 인물인지
를 알고 있었기에 연호를 대통으로 한 듯하다.

한편 웅진 천도 이후 남조의 양과 밀접한 교류를 지속하던 백제는 무
제가 대통지승여래를 받들어 연호를 대통으로 한 사실을 알았을 것이
며, 무제를 본받아 대통지승여래를 모시는 대통사를 창건하였다고 할
수 있다.

중국 남경에도 정림사라는 절이 있는데, 양무제와 밀접한 관련이 있
다. 부여의 정림사도 마찬가지 경우이다. 이름이 같은 두 사찰의 관계
를 어떻게 설명해야 할까?

재위 16년(538)에 수도를 부여로 옮긴 성왕은, 19년(541) 양에 사신을
보내 공장工匠과 화사畵師 등을 요청하였다. 성왕이 양나라에 공장과 화

사를 청한 이유는 무엇일까? 당시 성왕이 왜倭에 불상과 불경을 전해주고, 또 겸익이 인도에서 가지고 온 경전을 번역하는 등 불교를 번성케 하고 교단을 정비하려고 노력한 것으로 미루어볼 때, 공장과 화사 등을 초빙한 것은 사찰과 장엄한 불상을 세우기 위해서였다고 본다. 이렇게 해서 세운 절이 바로 정림사다.

정림사는 부소산을 정점으로 해서 궁남지를 잇는 남북의 중심축에 자리했다는 이점이 있다. 또한 백제가 멸망한 뒤 소정방의 전승기념문이 5층 석탑에 새겨진 점, 중국과 직접 교류했음을 드러내는 도용陶俑이나 자기 등 중국제 유물이 다량 출토되는 점으로 보아 국가가 직접 주도하여 조영·운영했던 사찰임이 틀림없다. 백제는 양나라 공장과 화사를 초빙하여 정림사의 권위를 돋보이게 하였으며, 동시에 절 이름도 받아들인 것으로 보인다. 이와 같은 사실에서 백제 불교는 남조 불교 특히 양나라 영향을 많이 받았음을 알 수 있다.

〈사택지적비〉는 우연히 발견되었지만, 백제사에 대한 자료가 매우 영세한 현실에서 이 비에 담긴 내용들은 6세기 이후 새롭게 도약 발전하는 백제의 다양한 모습을 전해주는 귀중한 자료이다.

— 글쓴이 문동석

13

기와 조각에서 찾아낸
백제 문화, 인각와

인각와印刻瓦란?

사비 시기의 백제 기와 중에는 기와의 한쪽 면에 지름 2~3센티미터의 원형이나 타원형, 사각형의 테두리를 두르고, 1~4자의 음각 혹은 양각 명문이 있는 기와들이 다수 확인된다. 이러한 기와를 도장기와·인장와·인각명와·인각와·각인와 등으로 부르는데, '도장을 찍은 듯한 기와' 라는 의미에서 '인각와' 라 총칭한다. 백제의 인각와와 형태가 유사한 명문기와는 고구려의 대성산성이나 발해의 상경성, 일본의 헤이쇼교 등지에서 발견된 예가 있기는 하지만, 출토 양상이나 수량, 내용에 일정한 차이가 있다. 사비 시기에만 생산되던 인각와는 또한 사비나 익산의 절이나 관청 등 제한된 유적에서만 출토되고 있어 일정한 역사성을 띠고 있다. 인각와의 내용에는 기년紀年이나 행정구역명을 비롯해서 기호나 문양과 같은 것도 포함되어 있는데, 그 생성 과정을 복원하고 그 속에 담긴 의미를 추적하면 당시 백제의 전문적인 기와 제작자인 와박사瓦博士의 일면도 엿볼 수 있다.

다양한 인각와
인각와는 원형이나 타원형 구역 안에 1~4자의 글자를 찍었다. 을축乙丑, 정해丁亥 등의 간지와 부部의 명
칭, 부호나 문양 등이 찍혀 있다.

백제 문화의 단편, 명문 기와

최근 들어 전국에 걸쳐 고고학 발굴이 활발해지면서 《삼국사기》와
《삼국유사》, 몇몇 금석문 자료 등에 한정되었던 고대사 연구에서 사료
의 범주가 넓어졌고, 이는 새로운 역사 해석을 가능케 하는 원동력이
되었다. 특히 목간을 비롯한 토기·기와 등에서 발굴된 문자자료는 역
사학의 영역을 크게 넓혔을 뿐만 아니라, 역사학이 고고학과 같은 인근
학문과 활발하게 교류하는 데 중요한 계기로 작용하였다.

이 가운데 명문 기와는 유적의 성격이나 명칭, 편년 등을 밝히는 데
중요한 역할을 한다. 특히 최근 부여 부소산성의 동문터에서 발굴한
'대통大通' 명 명문 기와는 조그만 기와 조각 하나가 역사 연구에서 얼마
나 중요한지를 잘 보여준다.

최근까지도 사비 시기 도성 연구에서 아주 중요한 부소산성扶蘇山城
의 형식을 대체로 복합식 산성으로 보고 있었다. 부소산 동·서 양쪽에

부여 부소산성
사비 시기 왕궁의 배후에 위치한
중심 산성으로 흙과 돌을 혼합하
여 쌓았는데, 동서남북에 각기 문
자리가 남아 있고, 성 안에서는 절
터·움집터 등 생활의 흔적이 발
견되었다.

있는 큰 봉우리에서 군창지軍倉址와 사비루泗
泚樓를, 바로 아래쪽에서 똬리를 틀어놓은 것
같은 성벽을 각각 확인하였는데, 이러한 형식
을 가진 산성을 테뫼식〔山頂式〕 산성이라고 한
다. 한편 테뫼식 산성과 주변 계곡을 모두 포

함하는 좀더 넓은 지역에서 부소산을 감싸안은 듯한
성벽도 함께 발견하였다. 이러한 형식의 산성은
'포곡식包谷式' 산성이라고 한다. 이처럼 부소
산에서 서로 다른 두 형식의 산성을 발견
하자, 대부분의 연구자들은 초기에 테
뫼식 산성이 축조되었다가, 사비 시
기 어느 때인가 그 규모를 넓혀야
하니까 가까운 지역까지 포괄하는
포곡식 산성을 축조하여, 복합식 산
성 구조가 완성되었다고 이해했다.

그런데 1991년 부여문화재연구소
에서 부소산성을 발굴한 결과 포곡
식 산성의 일부분으로 보아온 동문
지 일대에서 '대통大通'이라는 명문
이 찍힌 기와 조각이 나왔다. 테뫼식
산성의 축조 연대가 포곡식 산성보
다 이르다는 기존 학설에 의문을 던
지는 새로운 유물이 나타난 것이다.

명문 기와
부여 정림사지에서 출토된 '정림
사' 명 기와(위)는 이전까지 사원
의 명칭을 알지 못했던 유적의 명
칭을 알려주는 결정적인 자료가
되었다.
부여 부소산성에서 출토된 '儀鳳
二年'(의봉 2년, 677) 기와(아
래)는 백제 멸망 직후에 신라가
이곳에 어떤 건물을 세웠음을 시
사한다.

대통은 중국 남조 양梁나라 무제武帝가 서기 527년부터 529년까지 쓴
연호로, 이와 형태와 크기가 같은 명문 기와 조각이 이미 공주 지역에
서 출토된 적이 있다. 즉, 공주 반죽동에서 연꽃 문양이 새겨진 돌로 만
든 물통[石槽]을 비롯하여 통일신라시대 때 당간지주幢竿支柱와 기와 조
각이 많이 출토되었는데, 그 가운데 '대통' 명 명문 기와도 있었다. 따라
서 공주 반죽동 일대가 《삼국유사》에 나오는 "대통 원년에 양나라 무제
를 위해 대통사大通寺를 세웠다"는 그 '대통사'로 알려지게 되었다.

그렇다면 부소산성 동문터에서 발견한 '대통' 명이 씌어진 기와는 공

'대통大通'명 기와
위는 부여 부소산성, 아래는 공주 대통사지 출토. 이 기와를 통해 백제가 공주에서 부여로 천도하기 전에 이미 부소산 외곽에 포곡식 산성을 축조하는 등 도성 방어 시설을 정비하는 작업을 진행하고 있었음을 확인할 수 있다.

주에서 출토된 기와와 어떤 관계가 있을까? 먼저 동문東門을 건립하기 시작한 연대가, 양나라에서 '대통'이라는 연호를 사용하던 527년에서 529년 사이 어느 한때라고 짐작할 수 있게 되었다. 또한 동문에 연접해 있는 포곡식 산성도 이와 비슷한 시기에 축조되었다고 미루어 짐작할 수 있다. 그렇다면 테뫼식 산성을 축조한 연대가 포곡식 산성보다 앞선다는 지금까지 견해와는 정반대의 결론에 이르게 된다. 나아가 백제 성왕대인 538년에 공주에서 부여로 천도하기 이전에 이미 부소산 외곽에 포곡식 산성을 축조하는 등 도성 방어 시설을 정비하는 작업을 진행하고 있었음을 확인할 수 있었다. 그 뒤 부소산성을 여러 차례 거듭 발굴한 결과 사비 시기에는 복합식 산성이 아닌 포곡식 산성만 축조했음이 분명해졌다.

이처럼 명문 기와는 건물터의 명칭이나 유적의 성격, 연대를 이해하는 대단히 중요한 실마리가 된다. 그렇지만 발굴을 통해 드러난 문자 자료는 거의 모두 해독하기가 어렵고, 한 글자나 한 단어만 있는 등 단편적이고 단속적인 것이 많다. 또한 건물터의 명칭이나 기년紀年이 찍힌 같은 명문들만 한꺼번에 많이 나오는 예도 있어 실제 역사 자료로 활용하는 데는 한계가 많다. 사비 시기의 많은 건물터에서 확인된 명문 기와들도 예외는 아니다. 하지만 이 시기의 명문 기와들은 문자를 써넣는 과정이나 형태가 일정한 정형성과 공통성을 띠면서 제한된 지역에서만 출토되어 새롭게 해석해볼 여지가 있다.

도장을 찍은 듯한 기와, 인각와印刻瓦

사비 시기의 기와 가운데 한쪽 면에 지름 2~3센티미터 되는 원형이나 타원형, 사각형 테두리를 두르고 글자 1~4자 정도를 음각 혹은 양각으로 새긴 기와가 자주 출토된다. 이러한 기와를 인장와印章瓦·인각명와印刻銘瓦·인각와印刻瓦·각인와刻印瓦 등이라 하는데, '도장을 찍은 듯한 기와'라는 뜻에서 보통 '인각와'라 부른다. 이러한 형태를 가진 명문 기와는 고구려의 대성산성大成山城이나 발해의 유적, 일본의 헤이죠교平城京 등지에서 발견된 예가 있는데, 나라마다 출토 양상이나 수량, 형태에 일정한 차이가 있다.

백제 지역에서 인각와가 출토된 유적으로는 왕궁지로 추정되는 부여 관북리 유적을 비롯하여 부소산성, 정림사지定林寺址, 익산의 미륵사지彌勒寺址와 왕궁리王宮里 유적 등 사비 시기의 도성과 관련 있는 유적이나 절터가 많다. 익산 미륵사지의 경우에는 2차 조사에서만 인각와가

고대의 성곽

오늘날 우리 나라에는 수많은 성곽이 남아 있다. 높은 산에는 산성山城이 있고, 야트막한 산에는 토성土城이 있으며, 평지나 바닷가에는 읍성邑城이 있다. 삼국의 성곽 시설은 각기 처한 상황에 따라 차이가 있지만, 처음에는 간단한 나무기둥을 엮어 세운 목책木柵 시설물에서 시작하여, 차츰 흙을 다지거나 삭토하여 쌓은 토성土城으로 발전해으며, 그 다음 단계에는 많은 인력과 경비가 동원된 석성石城을 쌓았다.

삼국시대의 성곽은 산성이 대부분을 차지하며, 초기에는 주로 낮은 구릉을 이용한 토성을 쌓다가 후기로 갈수록 대규모의 산성으로 바뀌었다. 산성은 형태에 따라 산봉우리를 중심으로 정상 부근에 테를 두른 듯한 테뫼식과 골짜기를 둘러싸는 포곡식으로 구분되는데, 부소산성의 경우 넓은 범위의 포곡식 산성을 먼저 쌓고 소규모의 테뫼식 산성을 후대에 쌓은 것으로 밝혀졌다.

산성은 다른 유적과 달리 한번 축성된 후 여러 세대에 걸쳐 계속해서 사용되는 특징이 있어, 성 안의 출토 유물과 실제 성곽의 축성 시기가 다른 경우가 많다. 초기의 지표 조사를 중심으로 이루어지던 성곽 연구가 본격적인 성벽 조사나 성 안 발굴로 바뀐 지금까지도 산성의 축조 시기나 주체에 대한 논란이 빚어지는 것은 이러한 이유에서다. 따라서 지속적인 발굴과 다양한 사례 분석을 통해서 성곽의 입지와 구조, 축조 기법, 출토 유물 등에 대한 종합적인 비교·분석이 뒤따라야 할 것이다.

50여 종류 1,160여 점이 출토되었다고 하니, 그 전체 규모를 짐작할 만하다.

인각와에 찍힌 글자는 한 글자만 찍힌 것, 두 글자가 찍힌 것, 두 글자 이상이 찍힌 것 등 다양하다. 그 내용도 갑甲·을乙·병丙·사巳·모毛 등을 비롯하여 사도巳刀·오지午止·미사未斯 등의 글자들, 혹은 작은 연꽃 문양이나 태극 문양, ß·dB와 같은 부호 등 내용을 파악하기 어려운 것들이 많다. 하지만 을축乙丑·정사丁巳·임술壬戌 등 간지干支나, 전부前部·중부中部 등 사비 시기 5부의 명칭이 찍힌 것도 일부 포함되어 있어 역사 자료로서 활용 가치가 많다. 간지가 찍힌 인각와는 출토지의 연대를 짐작하는 데, 부명部名이 찍힌 인각와는 사비 시기 도성 운영을 밝히는 단서를 제공한다.

부명 인각와의 경우에는 상부을와上卩乙瓦·전부갑와前卩甲瓦·중부을와中卩乙瓦·하부갑와下卩甲瓦·후부을와後卩乙瓦와 같이 사비 시기 5부의 명칭이 모두 나온다. 즉, 사비 시기에는 도성의 행정 구역이 《주서》등에 기록된 대로 상부·전부·중부·하부·후부 등 5부로 나누어져 있었음이 유물을 통해 다시 한 번 증명된 것이다. 특히 후부는 그동안 그 존재 자체가 논란이 되었는데, 후부명 인각와가 출토되어 실제

사비 시기의 백제 문화

538년 사비 천도, 국호를 남부여南扶餘라 함.
554년 성왕이 관산성에서 죽고 위덕왕이 즉위함.
567년 능산리 절터의 창왕명 석조사리감 제작.
588년 일본에 사신을 보내 아스카데라 창건.
600년 법왕이 죽고 무왕이 즉위함.
634년 전후 익산 미륵사가 준공됨.
641년 의자왕이 즉위함.
660년 나당연합군에 의해 백제가 멸망함.

백제의 사비 시기는 금동대향로로 상징되는 화려하고 세련된 귀족문화가 꽃핀 시기다. 정형화되고 규격화된 새로운 형태의 고분과 화려하면서도 근엄함을 잃지 않은 불교미술, 새로운 토목·건축 기술이 응집된 사원 등은 기술적·예술적으로 성숙한 백제 문화의 단면을 잘 보여주며, 백제 멸망 이후에도 통일신라에 계승되어 오늘날에까지 이어지고 있다.

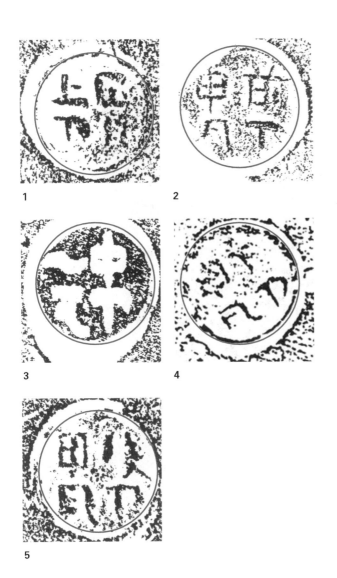

1

2

3

4

5

사비 시기의 5부가 새겨진 인각와

사비도성의 행정구역은 다섯 개의 부部로 나누어졌고, 각 부는 다섯 개의 항巷으로 구분되었다. 궁남지에서
출토된 목간에는 '서부후항西□後巷'이라는 글씨가 있었는데, 이것은 오늘날의 종로구 삼청동과 같은 의미
로 생각된다.

1. 상부갑와 2. 전부갑와 3. 중부을와 4. 하부갑와 5. 후부갑와

낙랑 출토 봉인과 도장

1. 봉인은 대바구니 등에 문서를 넣고 끈으로 묶은 다음 보안을 유지하기 위해 점토 덩어리를 붙이고 도장을 찍은 것으로 흔히 봉니封泥라고 한다. 평양 출토 봉니 일괄.

2. 낙랑 무덤의 껴묻거리 중에는 옥이나 동으로 된 다양한 형태, 문구를 가진 인장이 출토되고 있다. 평양 석암리 9호분(永壽康寧이라는 글자가 새겨짐).

3. 경북 영일군에서 수집된 것으로 3세기 후반 진나라가 예의 우두머리를 회유하기 위해 내려준 관인으로 생각되고 있다. 전 영일군 신광면 마조리(晉率善薉 佰長이라는 글자가 새겨짐).

로 행정구역 구실을 했을 가능성이 높아졌다. 하지만 고구려나 신라의 기와에서는 볼 수 없는 독특한 형태를 가진 인각와를 생산한 까닭과 그 기능이 무엇인지 아직 명확한 답이 나오지 않았다. 이러한 의문을 풀기 위해 먼저 도장에 사용된 도구나 도장을 기재하게 된 시점 등 그 제작 과정을 복원할 필요가 있다.

기와에 명문이 남는 경우는 크게 두 가지를 생각해볼 수 있다. 하나는 기와를 만드는 과정에서 사용하는 도구들, 예를 들면 모골[瓦桶]이나 회전대, 기와 틀[瓦笵] 등에 문자나 기호를 조각한 뒤 그것을 가지고 만드는 경우다. 이때는 이 도구로 만든 모든 기와에 동일한 문자나 기호가 들어가게 된다. 다른 하나는 어느 정도 완성한 뒤에 도장이나 붓, 빗치개, 손끝 등으로 문자나 기호를 써넣는 경우다. 이때에는 특정 개체에만 문자가 표현된다. 이 가운데 인각와에 명문을 넣은 도구는 뒤의 경우로 보이는데, 누군가가 의도적으로 찍은 곳에만 문자가 나타나게 된다. 특히 도장을 사용하면 붓이나 빗치개, 손끝 등과는 달리 빨리 찍고 또 찍은 모양이 다 같게 나온다.

도장은 대개 그 기능으로 볼 때 귀속인歸屬印 · 봉인封印 · 인증인認證印 · 검정인檢定印 등이 있으며, 또는 권위의 상징으로서 기능하는 경우도 있다. 귀속인은 소유자나 제작자가 상표명과 같이 일정한 의지를 분명히 드러내 보이기 위해 찍은 것으로, 상표인商標印 · 낙인烙印 · 장서인藏書印 등이 여기에 속한다. 봉인은 요즘 현금 서류 등에 자주 사용하는 것으로, 물건이나 문서 등을 전달할 때 비밀을 지키기 위해 뜯지 않았음을 증명하는 도장이다. 낙랑樂浪 지역에서 나오는 흙으로 만든 봉인이 대표적인 예다. 공문서 등에 자주 사용한 인증인이나 검정인은 요즘 도장을 찍거나 서명을 하는 것과 같은 의미다. 권위의 상징으로서의 인은 중국 한대漢代의 통관인通官印이 대표적이다. 보통 허리에 차고 다니는 통관인은 금 · 은 · 동 등 재질이나 형태, 색채 등에 차이를 두어

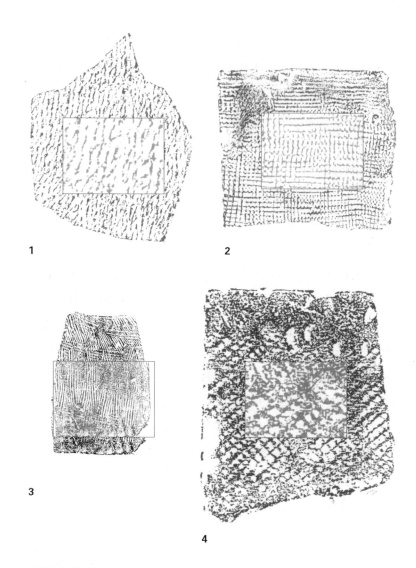

다양한 암키와 무늬
1. 삿무늬 2, 4. 문살무늬 3. 굵은 금무늬

권위를 표현한 듯하다.

그러나 도장의 형태나 유형만으로 이러한 네 가지 기능을 구별할 수는 없으며, 같은 도장이라 해도 때에 따라 다른 의미를 담고 있기도 하다. 그렇다면 기와를 만드는 과정에서 도장을 찍는 시점과 그것을 찍은 주체 사이에는 어떤 관련이 있을까? 우선 기와는 점토 준비(흙을 채취하고 반죽하는 것)→기와의 성형과 조정→기와 건조→기와 굽기, 이 네 단계를 거쳐 만들어진다. 이 가운데 점토를 준비하고 굽는 처음과 마지막 단계에는 도장과 같은 도구로 문자를 집어넣을 수 없다. 따라서 문자를 넣을 수 있는 시점은 두 번째 단계나 세 번째 단계 직전에 속할 것이다. 물론 기와를 굽고 난 뒤에 붓으로 먹이나 붉은 글씨를 써넣을 수도 있지만, 문자가 새겨진 제작 도구로 문자를 집어넣는 것은 두 번째 단계에서만 가능하며, 도장이나 빗치개 등은 두·세 번째 단계에서 모두 사용할 수 있다.

그렇다면 이런 작업은 누가 하는 것일까? 먼저 기와 모양을 만들고 조정하는 두 번째 단계에 문자를 적어넣는 주체는 특별한 경우를 제외하면 기와를 제작하는 기와 공인〔瓦工〕일 것이다. 하지만 건조 단계에는 기와 모양을 직접 만드는 기와 공인 이외에도 다른 사람이 이 일에 관여할 가능성이 크다. 또한 마지막 단계를 끝낸 뒤, 즉 가마에서 기와를 꺼낸 뒤에 먹이나 붉은 글씨로 문자를 집어넣을 경우에도 마찬가지다.

인각와의 기능과 성격을 추적해보다

사비 시기에 만들어진 인각와는 암키와와 수키와 모두 있지만, 대체로 암키와가 많다. 그리고 도장을 찍은 위치는 기와의 양 끝쪽이 많고 특히 백제의 다른 기와에서 흔히 보이는 삿자리무늬나 굵은금무늬, 문살무늬 등 두드림 문양이 잘 보이지 않는다. 이는 모양을 만드는 단계에서 기왓등에 있는 두드림 문양을 물 손질을 하여 일부러 지운 결과

수키와와 암키와
1. 수키와 2. 암키와

다. 따라서 사비 시기 인각와에 도장을 찍은 시점은 적어도 문양을 두드리고, 물 손질로 두드림 문양을 지운 뒤부터 기와를 건조장으로 옮기기 전 어느 시점일 것이다. 건조장으로 옮겨진 다음에 도장을 찍으면 기와에 흠이 생길 우려가 있기 때문이다. 그렇다면 사비 시기 인각와의 성격을 어떻게 규정할 수 있을까? 사비 시기에 생산된 암키와에 찍힌 도장은 봉인이나 권위의 상징이라기보다는 귀속인 또는 인증인·검증인 중의 하나였을 것이다.

먼저 인증인 혹은 검증인일 가능성에 대해 검토해보자. 사비 시기 인각와가 검인檢印(검사한 표시로 찍는 도장)의 기능을 하였다면, 기와 제작 공정 중에 어떤 권한을 가진 검사관 같은 사람이 있었을 것이다. 즉, 기와 모양을 만들어 건조장으로 가져가는 도중에 기와의 생산량이나 기술 수준을 인정해주는 절차로써 도장을 찍었을 것으로 생각된다. 사실 5부명 인각와만 놓고 보면 이럴 가능성은 충분하다. 백제 조정이 국가 차원에서 중요한 사업을 수행하기 위해 왕도의 행정구역인 5부에 기와 생산에 필요한 노동력을 동원하고, 정해진 할당량을 파악하여 이를 검증하기 위해 도장을 찍었다고 볼 수 있다. 나아가 5부의 입장에서 보면 국책 사업에서 할당받은 노동력을 제공한 사실을 문자로 증명을 받아 책임 한계를 분명히 해둘 수 있었을 것이다. 따라서 사비 시기 인각와를 인증인이나 검증인으로 파악할 경우, 인각와는 국가에 기증하거나 진상하기 위해 만든 기진와寄進瓦로서 성격이 강하게 포함되어 있다고 하겠다.

하지만 사비 시기 인각와를 기진와로 파악할 때도 문제가 있다. 먼저 같은 유적에서 5부명 인각와와 함께 출토되는 명문 인각와들, 예를 들면 사도已刀·오지午止·미사未斯 등과 같이 의미를 알 수 없는 인각와나 연꽃 문양이나 태극 문양, dB 등 부호 같은 인각와들을 어떻게 보아야 하는가다. 전부, 후부 등과 같이 부명이 찍힌 것이나 그렇지 않은 것이나 모두 같은 공정에서 같은 의도를 가지고 찍었을 가능성이 크다. 또한 왕도의 행정구역인 5부에서 국가 사업을 수행하기 위해 기와를 생산하고 이를 확인해주었다면, 왜 하필 암키와에만 도장을 찍었을까 하는 의문도 남는다. 사비 시기 인각와는 대부분 암키와와 수키와에 한정되며 특히 암키와에 집중해서 나타난다. 당시 생산 공정이나 제작 기술을 고려할 때 연화문 등이 부조된 막새 기와나 연목와 등 장식 기와들이 암키와나 수키와보다 다양한 기술과 절차가 더 필요했을 텐데, 유독 암키와에 도장이 몰려 있는 현상에는 아무래도 여러 의문이 뒤따른다.

다음으로 귀속인일 가능성이다. 사비 시기 인각와가 귀속인으로서 성격을 갖는다면, 이때 문자들을 기와 제작처나 공급처, 제작 연호, 인명 등 다양한 의미로 해석할 수 있다. 이 가운데 제작 연대를 알려주는 연호는 발견되지 않았으나, 간지干支를 확인할 수 있으니 생산 연도를 표시하기 위한 귀속인일 가능성도 조심스럽게 내놓게 된다. 하지만 인각와에 찍힌 도장이 모두 귀속인이라고 하기는 어렵다. 또한 도장이 귀속인으로 쓰였다 해도, 의미를 알 수 없는 부호나 문양과 같은 기호도 들어 있기 때문에 기와의 제작처나 공급처를 표시하기 위해서였다고는 할 수 없다.

끝으로 귀속인 가운데서도 특히 사람 이름일 가능성이다. 물론 이때 사람 이름은 기와 생산에 직접 관여한 기와 공인의 이름일 수도 있고, 기와 공인 집단을 가리키는 것일 수도 있다. 하지만 인각와의 개념을 이렇게 설정한다고 해서, 이것이 인증인 혹은 검증인으로서 기능과 어굿나지는 않는다. 즉, 5부명 인각와만을 놓고 볼 때, 그것이 각 부에서 차출·파견된 공인이나 고용된 공인의 이름일 가능성은 충분하며, 이 때 도장은 집단 이름을 의미하는 동시에 검인의 의미도 함께 포함할 수 있기 때문이다. 나아가 기와 공인 집단의 명칭이라고 볼 때, 'ㅁ'이나 'dB'와 같이 의미를 알 수 없는 부호나 뜻이 모호한 도장의 의미도 5부와는 다른 별도의 기와공인 집단을 표시한 것으로 이해할 수 있기 때문에, 인각와 전체를 일반적으로 검증인이라 할 때 나타나는 어려움을 해결할 수 있다. 따라서 현 단계에서 인각와는 인증인이나 검증인으로서의 성격도 조금 있지만, 더 넓은 의미에서 기와 제작 집단이나 기와 공인의 이름일 가능성이 크다고 생각할 수 있겠다.

토착 기술과 새로운 기와 제작 기술의 만남

그렇다면 사비 시기 인각와는 왜 암키와에 주로 찍혔을까? 이는 암키와가 막새 기와(처마 끝을 잇는 수키와)나 장식용 기와보다 구별하기가 힘들었기 때문일 것이다. 당시에는 한 가마에 수키와와 암키와, 수막새, 연목와 등을 동시에 구웠을 텐데, 기와 1,000여 장을 한 가마에서 일정한 형태로 쌓아서 구운 뒤 꺼낼 때 어떤 식으로든 기와를 구분할 무언가가 필요했을 것이다. 그중에서도 물 손질로 두드림 문양이 지워진 암키와는 제작자를 구분하기가 더욱 어려워서 이를 구분하기 위해 기와 공인 집단의 기호로서 문자나 부호, 문양을 찍게 된 것이 아닐까.

이러한 예는 일본 오사카의 스에무라陶邑 가마터에서도 확인할 수 있다. 8세기대 가마인 스에무라 TK321호(가마터)에서는 스에키須惠器* 토기들 450여 점이 가마 안에 쌓여 있는 상태로 발견되었다. 그중 가장 많

---

*__ 이 토기는 '질 좋은 토기' 혹은 '쇠처럼 단단한 토기'라는 의미에서 붙여진 이름으로, 기존의 연질軟質토기와 대비된다. 스에무라 가마군에는 현재 1,000여 기의 가마 유적이 남아 있다.

이 나온 뚜껑접시에는 그릇 뚜껑이나 접시에 '─', '+', '×', 'O' 등의 간단한 기호가 새겨져 있었는데 출토될 때부터 일정한 규칙이 있는 것을 확인하였다. 연구 결과 토기에 적힌 기호들은 같은 가마에서 토기를 구운 후 꺼내는 단계에

영산강 유역의 부호가 있는 토기들
영산강 유역에서는 사비 시기 백제 토기 중 뚜껑이나 접시에 대칼 같은 뾰족한 도구를 이용하여 '+' 또는 '×' 기호를 새기거나 붉은색 칠을 한 것이 출토되고 있다.

서 다른 공인들 것과 섞일까봐 이를 피하기 위해 사용하였다는 사실이 밝혀졌다. 토기에 새겨진 이러한 기호들은 한 가마를 동등한 입장의 여러 공인이 함께 썼기 때문에 나타난 결과로써, 짧은 시간 안에 토기를 많이 생산하고자 한 데서 비롯된, 대량 생산과 분업의 산물이다.

그렇다면 이러한 인각와는 어느 시기에 주로 생산되었을까? 인각와는 웅진 시기(475~538) 말기나 사비 시기 초기로 추정하는 공주 정지산 유적이나 능산리 절터, 용정리 절터 등지에서는 거의 출토되지 않았다. 오히려 7세기 전반을 중심 연대로 하는 익산 미륵사지나 왕궁리 유적, 부여 관북리 유적, 동남리 건물터, 부소산성 등지에서 출토되고 있다. 인각와가 백제 멸망(660) 이전에 생산되었다는 것을 전제로, 간지가 찍힌 인각와 연대를 추정해보면, 부여 정림사와 미륵사에서 출토된 을축乙丑년 인각와는 605년이나 665년, 미륵사지 출토 정해丁亥년 인각와는

627년, 기축己丑년은 629년, 갑오甲午는 634년, 정사丁巳는 597년 또는 657년에 해당한다. 따라서 사비 시기 인각와는 대체로 600년을 전후한 시기에 나타나 백제가 멸망할

정암리 가마터 전경
부여 읍내를 감싸 안고 도는 백마 강변의 언덕에 위치한 사비 시기의 대규모 가마터로 가마의 중심 연대는 6세기 중반에서 후반으로 추정된다.

때까지 생산된 것으로 보인다.

인각와를 생산하던 유적으로는 부여 쌍북리 가마터와 정동리 가마터, 청도 왕진리 가마터 등지가 알려졌다. 그런데 이들 가마터보다 약간 앞선 부여 정암리 가마터에서는 인각와가 단 한 점도 출토되지 않았다. 정암리 가마터는 반지하식 가마 구조로 화구火口, 연소실燃燒室, 소성실燒成室, 배연구排煙口(굴뚝) 등을 갖춘 가마 10여 기가 몰려 있는 대규모 요업窯業 단지였다. 이 가마터에서는 한 가마에서 기와와 토기, 전돌 등이 함께 출토되었다는 점이 주목된다. 이렇듯 한 가마에서 토기와 기와를 함께 만들어내는 가마를 와도겸업요瓦陶兼業窯라고 하는데, 인각와를 생산하던 가마들도 마찬가지다. 물론 이때 '기와와 토기를 함께 생산하였다'고 해서 한 가마에서 토기와 기와를 동시에 구웠다고는 생각하지 않는다. 다만 토기를 굽던 공인 중 일부가 점차 기와를 굽는 공인으로 바뀌면서 수요의 증감에 따라 토기도 함께 생산하였을 것으로 짐작한다.

《삼국사기》에는 백제 성왕 19년(541) '양나라에 모시박사毛詩博士와 열반경涅槃經 등 경전과 함께 공장工匠과 화사畵師를 요청'한 기록이 나온다. 541년은 사비 천도(538) 직후로 당시 백제에서 정치·사회의 안정을 위해 유교와 불교를 적극 받아들였을 뿐 아니라 기술 공인을 데리고 오는 데 적극적이었음을 짐작할 수 있다. 그런데 양나라에서 온 기술 공인이 백제에서 활동할 때는 백제의 토착 공인들을 활용하였을 것이고, 기와 공인은 토기 공인을 적극 이용하였을 가능성이 크다.

이러한 사실은 웅진 시기에 왕실의 제사 유적으로 추정되는 공주 정지산 유적에서 출토된 수키와의 제작 기법에서 확인된다. 정지산 유적에서 출토된 유단식 수키와 언강(유단식 기와 끝에 있는 낮은 단段) 부분의 제작 기법은 당시 병 모양 토기의 목 부분 제작 기법과 같다.[*] 또한 사비 시기 한 가마터에서 토기와 기와가 섞인 상태로 출토되는 것을 보아도 기와와 토기 생산은 밀접한 관계가 있다고 미루어 짐작할 수 있다. 사비 시기에 기와 생산은 한성~웅진 시기의 기와 제작 기술을 바탕으로 양나라의 새로운 기와 제작 기술을 받아들이면서 발전하였다. 부여 정암리 가마터에서 활발하게 기와가 생산되던 6세기 중·후반에는 아직 기와 공인과 토기 공인이 완전하게 분업화되지 않은 것으로 보인다.

그렇다면 기와 공인과 토기 공인이 나뉘고 기와 공인이 전업화되는 시기는 언제일까? 변화가 생길 조짐은 먼저 토기에서 확인할 수 있다. 부여의 왕궁터나 주요 사찰터에서는 늦어도 7세기 초반이 되면 정선된 태토(질그릇의 밑감으로 쓰는 흙)에 회백색을 띠며 모양과 크기가 정형성을 보이는 전 달린 토기, 받침대 있는 사발, 접시 등 고급 생활

양관와(?)위사의

'양관와위사의' 명 전돌
공주 송산리6호 벽돌무덤에서 출토된 전돌로 '梁官瓦(品?)爲師
矣' 라는 말은 '양나라 관영공방의 기와를 모범으로 삼았다' 로 해석된다. 웅진 시기의 기와·전돌 제작에 양나라가 큰 영향을 미쳤음을 단적으로 보여주고 있다.

---

[*] __ 수키와 끝에 언강이라는 낮은 단을 두어 기와들이 서로 연결될 수 있도록 한 부분을 미구라고 한다. 언강과 미구가 있는 것을 유단식 기와, 언강과 미구가 없는 것을 무단식 기와라고 부른다.

공주 정지산 출토 연화문 수막새
와 유단식 수키와
공주 정지산 유적은 웅진 시기 왕
실의 제사 유적으로 연화문 수막
새의 문양은 무령왕릉에서 출토
된 전돌의 연화문과 유사하다. 함
께 출토된 수키와는 원주상의 모
골에 마포를 씌우고 점토판을 붙
인 다음 그 끝을 병목처럼 조금 얇
은 점토대를 붙여 마무리하였다.

용기들이 한 덩어리로 출토되고 있다. 이들 토
기는 회색 계통의 고운 점토를 사용하여 높은
온도에서 구운 것으로, 물레와 성형틀 등을 써
서 같은 규격으로 대량 생산되었다. 혹자는 이
토기를 '와기瓦器'라고 부르는데, 색깔과 강
도, 성형틀을 이용하는 점 등이 기와 생산과
비슷하다는 의미에서 붙여졌을 것이다.

　　기와도 7세기대가 되면 백마강 서쪽에 왕흥
사王興寺가 창건되는 등 도성 안팎에 기와 건물이 많이 세워지고, 익산
미륵사지와 왕궁리 유적, 보령 성주사, 논산 황산성 등과 같이 지방에
서도 기와 건물이 축조되기 시작하면서 그 수요가 급증하였다. 이러한
추세에 맞추어 기와의 종류도 훨씬 다양해지는데, 대형 호壺의 입술 부
분과 흡사한 암막새, 치미鴟尾(전각·문루와 같은 큰 건물의 지붕 대마루
양쪽 머리에 얹는 기와. 망새라고 한다)와 같은 장식용 기와, '녹유연화문
연목와'와 같은 고급 기와가 새롭게 등장하였다. 이처럼 기와 수요가
늘어나고 종류가 다양해지면서 기와 생산은 대량생산과 전업화로 나아

갔고, 이러한 시대적 배경에서 인각와도 생산
되었으리라 짐작된다.

부여 지역 출토 회백색 토기
사비 시기의 왕궁 터나 절터에서
는 전달린토기, 접시, 사발 등이
함께 출토되고 있다. 이러한 회백
색 토기는 물레와 성형틀을 이용
하여 동일한 규격으로 대량생산
된 것으로 생각된다.

전문적인 기와 공인, 와박사瓦博士

백제에서 인각와와 같이 독특한 기와가 나
타날 수 있었던 배경 가운데 주목할 만한 사건은 일본으로 와박사瓦博士
를 파견한 일이다.《일본서기》에 따르면, 민달천황敏達天皇 원년(588)에
백제가 불사리佛舍利와 승려 여섯 명, 노반박사露盤博士 한 명, 와박사
네 명, 화공畵工 한 명 등 사원 건설에 필요한 기술자를 일본에 파견하
었다고 한다. 일본 최초의 불교사원인 아스카데라飛鳥寺의 건립이 시작
된 것이다. 아울러 아스카데라의 창건은 추고천황推古天皇의 섭정攝政으
로 불교를 중심으로 국가를 운영한 쇼토구聖德 태자의 시대, 화려한 불
교문화를 꽃피운 아스카 시대*의 서막을 알리는 것이었다. 아스카데라
조영에서 더욱 주목할 만한 것이 승려와 사공寺工, 노반박사, 와박사,

---

* _ 7세기 전반을 중심으로 하는 일본의 시대 구분 용어로서, 당시 정치의 중심이 나라
분지 남쪽 아스카 지방에 있었기 때문에 이런 명칭이 붙었다. 아스카 문화의 특징은
① 중국 육조六朝문화를 한반도를 경유해 섭취한 문화, ② 불교를 기조로 한 문화,
③ 수도가 위치한 아스카 지방을 중심으로 기나이(畿內)와 그 주변의 좁은 지방에
발달한 문화 등을 들 수 있다.

녹유연화문연목와와 치미
백제의 기와 생산은 7세기가 되면 수량이 급증하고 종류가 다양해지며 장식성이 강해진다. 부소산 절터에서는 벽사辟邪의 의미를 가진 대형 치미가 출토되었고, 미륵사지에서는 녹유가 곱게 발린 연화문의 연목와가 출토되었다.

화공 등이 백제로부터 파견되어 사원 조영에 직접 관여했다는 점이다. 《원홍사연기》에는 마나문노麻那文奴, 양귀문陽貴文, 포릉귀布陵貴, 석마제미昔麻帝彌 등 와박사의 이름까지 남아 있다.

하지만 백제에서 건너온 기술자만으로 사찰을 건립할 수 있었던 것은 아니다. 일본에 있는 토착 토기 공인이나 석공 등도 직·간접적으로 동원되었다는 것이 고고학적 연구를 통해 밝혀지고 있다. 예를 들면 아스카데라에서 출토된 초창기 암키와 안쪽 면에는 공통적으로 동심원 문양의 흔적이 보인다. 이러한 동심원 문양은 같은 시기의 스에키, 특히 옹甕의 바닥에도 확인할 수 있는데, 토기를 성형할 때 생긴 내박자*의 흔적이다. 즉, 옹을 만들던 토기 공인들이 기와를 제작할 때에도 같은 제작 도구와 기술을 사용하였음을 보여준다. 따라서 백제에서 건너

---

* _ 토기를 성형하거나 문양을 낼 때 두드림 판으로 토기 바깥 면을 두드리게 되는데, 모양이 흐트러지지 않도록 안쪽에 대는 것을 말함.

간 와박사들은 당시 스에키를 만들던 토기 공
인들을 지도·감독하여 일본에서 기와를 생
산하였던 것 같다. 이처럼 그 지역 토기 공인
을 활용하여 기와 제작 기술을 전수하는 것은
백제 성왕대에 이미 백제 국내에서 경험한 일로써, 그 역사적
경험을 일본에서 그대로 되살리고 있는 점이 흥미롭다.

한편 와박사로 나오는 마나문노 등은 단순히 인명이 아
니라 기와를 생산하는 공인 집단의 대표자로 이해되고
있다. 이는 아스카데라 창건기 연화문 수막새의 기술적
전통이 하나가 아닌 두 개 이상이 관여된 점에서 미루어
짐작할 수 있다. 아스카데라의 연화문 수막새는 연꽃잎
모양이 하트형인 기와 그룹과 연꽃잎 끝이 점点으로 된 기와
그룹으로 나뉜다. 앞의 기와 그룹은 기와의 두
께가 얇고 편평하며 무단식 수키와와 결합
되는데 반해, 뒤의 것은 중앙이 약간 볼록
하고 물 손질한 흔적이 있으며 유단식 수
키와와 결합되고 있다. 일본 학계에서는 이
러한 차이에 주목하여 둘을 화조花組와 성조星
組로 구분한다. 이를 통해 아스카데라의 기와
제작에는 두 개 이상 서로 다른 기와 제작 집
단이 관여하였다고 짐작할 수 있고, 더 나아가
와박사의 이름이 공인 집단의 대표자일 가능
성을 생각할 수 있는 것이다.

백제에서 박사 칭호는 특정한 기술을 가진
전문 장인에게 주는 것으로, 사비 시기에 기술
공을 우대하는 사회 분위기를 반영하고 있다.

1

2

3

일본 아스카데라의 연화문
수막새
일본 최초의 사원인 아스카데라
는 백제의 직접적인 지원으로 건
립되었다. 이곳에서 출토된 막새
기와는 연꽃잎이 하트 모양인 화
조(1)와 연꽃잎의 끝이 점으로 된
성조(2)로 구분된다. 화조 계열은
부여 금성산에서 출토된 것(3)과
계통상 서로 연결된다.

동아시아 3국의 연화문 수막새
비교
1. 중국 남경 출토
2. 부여 정림사 출토
3. 일본 나라 정림사 출토

특히 와박사는 6세기 후반에 기와를 전문적으로 생산하던 기와 공인의 존재를 확인시켜준다. 600년을 전후하여 본격적으로 생산된 인각와는 이렇듯 기와를 전문으로 생산하던 집단이 분업화와 전문화, 분지화되면서 나타난 것이다. 국가사업을 수행하기 위해서 그리고 일정한 노동의 대가를 확보하거나 자신의 노동을 검증받기 위해서 집단 명칭이나 부호를 찍은 것으로 생각한다. 하지만 백제 지역에서는 아직까지 기와만을 전문으로 생산하는 기와 가마터가 발견되지 않아, 기와 생산이 전문화와 분업화되는 데 어느 정도 한계가 있었음을 짐작할 수 있다.

웅진 · 사비 시기에 백제 왕실은 중국과 교류하면서 정치 · 군사 · 외교적인 실리를 추구하고 동시에 선진 문물을 전해주는 데에도 적극적이었다. '와박사'는 중국 남조에게서 배운 기와 제작 기술을 백제 자체에서 소화한 다음 이를 적극 일본에 전해준 사실을 단적으로 보여주며, 이러한 기술자 집단이 있었다는 것은 사비 시기에 기와 생산이 상당히 전문화되었음을 잘 보여준다. 6세기 후반부터 급격히 늘어나는 기와 건물들은 기와를 전문적으로 그리고 대량으로 생산할 수 있는 바탕이 있어 가능하였다. 부여 · 익산 등지에서 출토되는 인각와는 이러한 과정에서 생겨난 공인 집단의 명칭이나 부호일 가능성이 크고, 그렇게 생산된 기와는 점차 상품으로서 가치가 높아졌을 것이다.

이처럼 사비 시기에 특징적인 명문 기와인 인각와의 성격을 통해서도 우리는 화려하고 세련된 문화를 누리던 백제 국가의 기술적 토대뿐 아니라, 새로운 문화를 받아들이고 발전시키는 데 충실했던 백제인의 개방성과 국제인으로서 위상을 새롭게 만날 수 있게 된다.

— 글쓴이 이병호

14

목간에 기록된 신라 창고

목간木簡이란?

신라 말인 886년(헌강 12) 북진北鎭에서 '북쪽 오랑캐들이 들어와 나무 조각을 나무에 걸어놓고 돌아갔다'고 보고하고 그것을 바쳤는데, 거기에는 '보로국과 흑수국 사람들이 신라와 화통하고 싶다(寶露國與黑水國人 共向新羅國和通)'는 열다섯 글자가 씌어 있었다. 이처럼 표면에 문자를 기록하여 의사를 전달하는 데 쓰인 나무 조각을 목간이라 부른다. 목간은 고대의 기록 매체이자 의사소통 수단으로, 파피루스·양피지처럼 종이가 발명되어 널리 보급되기 전까지 주로 사용되었다. 중국은 죽간竹簡이라 하여 대나무를 쓰기도 했으며, 이집트·로마·유럽 대륙에서도 목간이 많이 발견된다. 우리 나라와 일본도 예외가 아니어서 다양한 용도와 형태의 목간이 있었다. 내용에 따라서는 문서용과 운송물품 내역 기복용, 제사나 의례용, 기타 용도로 크게 나뉜다. 목간은 그 용도와 내용, 보관 및 운송 방법에 따라 다른 형태로 만들었다. 예를 들어 헌강왕대에 발해나 그 휘하에 있던 말갈 부족이 신라에 건넨 목간은 길쭉한 사각형 나무 조각에 글씨를 쓰고 한쪽 끝에 낸 구멍에 실을 꿰어 나무에 걸어놓았을 가능성이 크다. 물품 운송에 쓰인 목간은 한쪽 끝을 뾰족하게 깎아서 짐을 묶은 끈 사이에 끼워넣기도 했다. 목간은 다른 고고학 유물처럼 출토 상황과 형태를 통해 과거를 말해줄 뿐 아니라, 기록된 문자로써 과거를 증언한다는 점에서 고대 세계와 직접 대면할 수 있는 타임캡슐과도 같다.

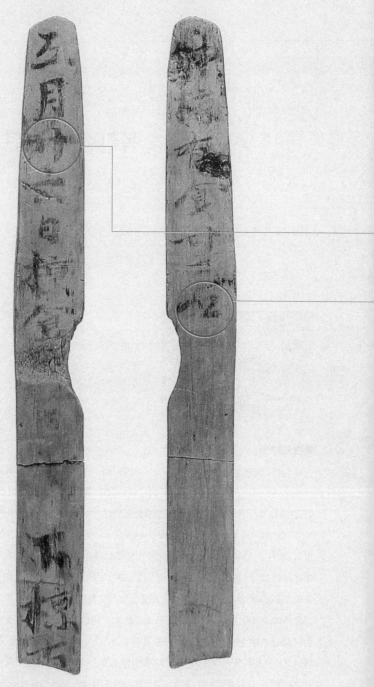

황남동 376유적에서 나온 통일신라기 목간 1의 앞면(왼쪽)과 뒷면

仲椋有食廿三石

五月廿六日椋
食△內△

下椋
有

【판독문】

〈뒷면〉 仲椋有食廿三石*

〈앞면〉 五月廿六日椋食△內*△ 下椋有*

* △는 형태를 알 수 없는 글자
*가 붙은 것은 추정되는 글자

고대사를 생생하게 전하는 일급 사료

삼국과 통일신라에서는 종이가 널리 쓰이지 않아 대신 나무, 천〔布〕, 금속, 돌 등에 기록을 남겼다. 특히 간단한 행정 문서와, 물품을 옮길 때 확인을 위해 쓰는 표찰 등은 주로 나무로 만들었다.

이렇게 잣대 혹은 막대 모양으로 깎은 나무 조각에 문자를 기록한 것을 목간木簡이라고 한다. 목간은 후 대인들이 기록한 2차 사료가 아닌 동시대 자료로서, 고대인의 문서 행정과 수취, 생활 모습 등을 구체적이고 생생하게 전해주는 일급 사료다. 더욱이 국외자나 후대인을 의식하지 않고 작성했기 때문에 작성자의 의도가 굴절 없이 드러난다는 특징이 있다.

백제와 신라 지역에서는 지금까지 200여 점을 헤아리는 목간이 발견되었고 앞으로 더 늘어날 것으로 보인다. 고구려는 목간이라고 확정할 만한 유물이 출토되지 않아 형태와 쓰임새를 잘 알 수는 없지만 다른 나라들과 비슷하리라고 추정한다.

경주 황남동皇南洞 376유적 출토 목간('황남동 목간'으로 줄여 부름)은 통일신라 때 수공업장 혹은 그 관할 관부의 창고체계와 재정 운영을 보여주는 자료로서 주목할 만하다.

황남동 376유적은 동국대학교 경주캠퍼스 박물관이 1994년 3월부터 6월 말까지 발굴했다. 경주 월성月城에서 서쪽으로 약 500미터 떨어진 곳에 있으며, 황남동 고분군, 교동 고분군, 전傳 재매정택, 계림 등이 인근에 있다.

유적은 네 개 층으로, 이 가운데 2층에 거의 모든 유구와 유물이 포함되어 있다. 2층에는 수혈 유구(유적을 구성하는 단위로서 주로 토목건축의 구조와 양식 등을 알 수 있는 실마리가 되는 잔존물) 다섯 기가 발견되었고, 목간 · 활석제 도장 · 돌추錘 · 빗 · 유리제 굽은옥 · 유리 도가니 · 골각기·각종 목기·인화문 토기·기와·씨앗·동물 뼈 등 많은 유물이 출토되었으며, 3층에서는 철과 구리 도가니(쇠붙이 같은 광물질을 녹이는 그릇), 흑유도기 등 각종 토기, 동식물 유체가 출토되었다.

목간은 2층에 있는 1호 수혈에서 발견되었다. 1호 수혈은 원형에 가까운 유구로 크기는 긴지름이 280센티미터, 짧은지름 250센티미터, 깊이 60센티미터이고, 안에는 여러 번 반복된 유기물층으로 채워져 있다. 그리고 바닥에 깔린 토기·기와 조각들은 이들을 일부러 폐기한 흔적으로 보인다. 1호 수혈은 8세기 전후에 형성되었다.

한편 2층에 형성된 6·7호 수혈에서는 화덕 자리 네 개가 발굴되었고 내부에서 유리 덩어리, 광물 찌꺼기가 붙은 자갈, 토기 조각들이 나왔다. 유리 도가니와 철·구리를 녹이던 도가니, 이들 광물의 찌꺼기 그리고 도장, 추 등이 출토된 것으로 보아 이 유적이나 혹은 주위에 유리와 철·구리 제품을 만들던 관영 공방이 있었다고 생각된다. 그렇다면 목간이 출토된 1호 수혈(아래로 곧게 파 내려간 구덩이)의 용도는 무엇일까?

황남동 376유적에서 나온 목간의 현상과 판독

목간은 모두 석 점이 발견되었는데, 한 점은 아래 4분의 1 정도가 떨어져 나갔고 나머지 두 점은 조각만 남아 있다. 이를 각각 목간 1, 2, 3으로 부르겠다. 목간 1은 가운데 부분의 폭이 약간 넓은 완만한 주형舟形(배 모양)으로, 중간에 파인 홈부터 아랫부분은 윗부분보다 폭이 줄어드는 비율이 작다. 목간의 상단부는 두 모서리를 깎아낸 형태다. 이를 규두형圭頭形이라고 하는데, 경남 함안의 성산산성에서 발견한 목간 가운데도 이러한 모양의 목간이 있다. 주로 물품에 매달아 보내는 물품 명세서로 이용하였다지만 예외도 있다. 일본 고대 목간도 규두형을 따로 분류하고 있긴 하나 이것이 어떤 기능이나 기록 내용과 반드시 관계가 있지는 않은 듯하다. 또 하단부에 홈이나 구멍이 있었을 가능성도 있으나 잘라져 확인할 수 없다.

남아 있는 목간 1의 크기는 길이 17.5센티미터, 폭 2센티미터, 두께 0.6센티미터. 목간 2, 3이 목간 1에서 떨어져 나온 부분일 가능성도 있지만, 현 상태에서 줄어드는 비율을 고려할 때 목간 폭이 차이가 있고 기재하는 형식도 달라 다른 목간으로 생각한다.

목간 2와 3의 판독문이다.

목간 2   石* 又米
목간 3   上ㄱ*

* *가 붙은 글자는 추정되는 글자임.

 목간 1에서 '食' 자와 그 아래 형체를 알 수 없는 글자 오른편에 반달 모양 홈이 파여 있고 이에 연결되어 확인할 수 없는 불명자 부분도 목간 면이 오목하게 파여 있다. 그런데 '食' 자의 크기를 보면 오른편 홈을 의식하여 작게 쓰지 않았고, 홈 바로 왼편 글자는 훼손된 부분 때문에 보이지 않는다. 이는 기록이 끝난 뒤에 홈이 파이고 훼손 부분이 생겼음을 뜻한다. 일부러 홈을 판 것이라면 기록이 훼손되는 것을 막기 위해 다른 부분, 예를 들어 두 번째 불명자와 '下' 자 사이 공간이나 하단부에 만들었을 것이다. 따라서 반달 모양 홈과 목간 면의 훼손 부분은 의도적으로 그리 했다기보다는 나중에 파손 혹은 부식된 듯하다.

 그리고 '有' 자 중간부터 아랫부분은 목간이 떨어져 나갔는데, 이를 수습하던 당시에는 그 단면의 목질 상태를 뚜렷하게 확인했다고 하니 발굴 작업 중에 훼손된 것으로 보인다.

목간 2에서 추정한 '石' 자의 윗부분과 '米' 자의 아랫부분은 떨어져 나갔고, 목간 3의 '上' 자 윗부분도 파손되었다. 그리고 추정한 'ㄱ' 자

주변과 뒷면에 그을린 흔적이 있어 이 부분이 목간의 하단부인지는 명확하지 않다.

1호 수혈 유구와 椋의 정체

목간 석 점은 모두 8세기 전후의 수혈 유구에서 출토되었고 같은 층에 형성된 6, 7호 수혈의 노지(화덕이 있던 자리)에서 유리 도가니, 유리 덩어리와 그 찌꺼기가 출토되었다. 따라서 이곳에는 8세기를 전후하여 유리 공방이 있었고 목간의 '椋' 자도 이와 관련한 창고 시설을 가리키는 것으로 보인다.

그러나 목간을 발견한 1호 수혈을 창고 시설로 보기는 어렵다. 그 까닭은 바닥에 깔린 토기와 기와 조각들이 인위적으로 버려진 것이고, 북쪽 부근에 부속 시설인 도랑[溝]이 설치되어 있기 때문이다. 그렇다면 이 수혈은 창고라기보다는 폐기된 주거지일 가능성이 크고, 목간에 언급된 下椋, 仲椋은 이와는 다른 건물이라고 생각한다.

椋은 중국 한자에는 없는 글자이고 현재는 그 발음도 알 수가 없다. 원래는 '京'으로 썼으며 목재를 짜서 만든 평면 사각형의 다락식[高床式] 창고를 뜻한다. 따라서 잠정적으로 이를 '경'으로 부르도록 하자. 《삼국지》 〈고구려전〉에 나오는 부경桴京이 이것인데, 이는 당시 중국인이 직접 목격한 것으로 경京 중에서 개별 가옥들이 소유한 소형 창고 시설을 고구려인들이 '부경'이라고 했음을 전해준다. 안악3호분 벽화에 그려진 '경옥京屋', 덕흥리 고분 묵서명에 나오는 '食一椋'의 기록과 다락 창고, 팔청리나 마선구1호 고분에 그려진 다락 창고의 모습에서도 고구려에서 경京 혹은 경椋이라고 한 창고 시설을 확인할 수 있다.

고구려에서 경椋을 창고의 의미로 사용한 까닭은 분명치 않지만, '목木' 변을 붙인 것은 이것이 목재를 연결하여 만든 창고이고, 또 '경京'의 의미가 바뀌어 수도를 뜻하게 되면서 이와 혼동을 피하기 위한 의도도

다락식 창고가 그려진 팔청리 고분벽화
평안남도 대동군 팔청리에 있는 5세기 전반의 고구려 고분벽화에는 다락식 창고에 물건을 수납하거나 빼내는 장면이 그려져 있다.

작용했을 것이다. '경京' 자의 가운데 부분인 '口'에 가로 획을 그어 구분한 것도 같은 의도라고 생각한다. 이리하여 京과 椋, 椋(양. 나무의 이름)은 고구려에서 다락식 사각형 목제 창고를 가리키는 글자로 널리 쓰였을 것으로 본다.

백제도 중앙 관서에 내·외 양부部를 설치한 것으로 보아 이러한 창고 시설이 있었음을 알 수 있다. 신라와 가야의 토제품 가운데서도 다락식 창고를 찾아볼 수 있고, 통일신라에서도 위 목간에 仲椋, 下椋이 보이므로, 삼국과 가야 모두 다락 창고 시설을 이용하였다고 보는데 이는 나라간 교류의 결과라고 생각한다.

따라서 경은 평면 사각형의 다락식 목제 창고를 가리키는 일반 명사로 보이는데, 그렇다면 경은 왕실, 관부뿐 아니라 귀족, 사찰, 부유한 백성도 소유할 수 있었을 것이다. 무주 주치州治의 배후 산성인 무진고성의 9세기 후반 건물지에서 명문銘文이 새겨진 기와가 많이 출토되었는데, 그중에는 '경椋', '화禾' '관성官城' '사沙' '사훼沙喙' 등이 들어간 명문이 있어 산성도 경 시설을 갖추었음을 보여준다.

가야(추정)의 다락 창고형 토기
창고를 다락식으로 만들면 방습·통풍의 효과는 물론 쥐 등의 접근을 막고, 특수 건물의 위용을 과시할 수 있다.

한편 왕실의 경 시설과 관련해서는 안압지에서 발견한 '경사椋司' 명 벼루가 주목된다. 이 벼루는 동궁 소속 관사 가운데 창고 업무를 맡은 곳에서 쓰였던 것으로 추정한다. 이로써 《삼국사기》 〈직관지〉 등 문헌 기록에는 나타나지 않은 신라의 관사를 새롭게 확인한 셈이다. 그렇다면 목간에 보이는 중경, 하경은 이 경사와 어떤 관계가 있는 것은 아닐까?

창고 업무의 기초 장부로 쓴 목간

목간 1의 뒷면은 '석石' 자 뒤에 이어지는 묵흔이 보이지 않는 것으로 보아 이로써 문장이 완결되었다. 그리고 앞면의 하경 밑으로는 뒷면의 중경 부분과 같은 구성으로 보아도 무리가 없으므로, 앞면에서 떨어져 나간 부분에는 뒷면의 중경 이하 부분과 마찬가지로 하경의 곡물량이 적혀 있었을 것이다. 그리고 '식食'은 구체적인 곡물 종류는 보이지 않지만, '석石'이라는 계량 단위가 나오므로 식용 곡물 일반을 가리키는 용어라고 생각한다.

그리고 앞면의 첫 번째 '椋'은 그 앞에 일자가 적혀 있어 하경과 중경을 포괄한다고 보아야 할 것이다. 즉, 목간 1의 내용은 '일자 – 어떤 사실의 요지 – 세부 내역'으로 구성되어 있다. 이러한 이해를 기초로 목간 1을 해석해본다.

5월 26일 경椋의 곡물을 ……했다. 하경의 (곡물은 몇 석).
중경의 곡물은 23석.

앞면 첫 구절의 불명자 때문에 내용을 연결하기 어렵지만, 뒤에 하경과 중경에 나오는 세부 내역을 고려하면 첫 구절은 '경의 곡물을 조사했다' 혹은 '경에 곡물을 수납했다'는 내용이라고 짐작할 수 있다. 두 불명자 사이 글자를 '내內' 자로 보면 이러한 추정은 더욱 확실해진다.

그런데 재고량 조사 결과를 적었다고 보면, 목간에서 하경, 중경만

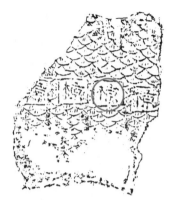

무진고성 '경(椋)' 명 기와
광주광역시의 무등산 자락에 있는 통일신라기 산성 내부 건물지에서 '경' 자가 새겨진 암키와가 발견되었다. 이 기와는 산성 안에 있던 창고 지붕에 올렸을 것이다.

안압지 출토 묵서명 벼루
경주 안압지에서 발견된 벼루 바닥에, 이를 사용한 관청 이름인 '椋司'가 씌어져 있다.

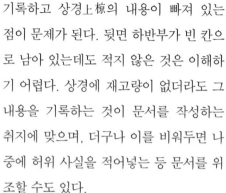

기록하고 상경上椋의 내용이 빠져 있는 점이 문제가 된다. 뒷면 하반부가 빈 칸으로 남아 있는데도 적지 않은 것은 이해하기 어렵다. 상경에 재고량이 없더라도 그 내용을 기록하는 것이 문서를 작성하는 취지에 맞으며, 더구나 이를 비워두면 나중에 허위 사실을 적어넣는 등 문서를 위조할 수도 있다.

그렇다면 상경과 중경, 하경은 그 쓰임새가 달랐다고 볼 수 있다. 상경에는 곡물이 아닌 다른 물품, 예를 들어 수공업 생산에 필요한 원료, 반제품, 공구 등이 보관되어 있었다는 것이다. 5월 26일에 곡물이 들어 있는 창고, 즉 중·하경에 대해서만 어떤 조치가 취해졌다고 본다면, 목간에 상경이 등장하지 않는 것은 당연하며 빈 칸을 이용한 위조 가능성도 원천적으로 불가능하다.

이 창고의 행정 담당자는 중경과 하경이 갖고 있는 곡물량을 조사하거나 수납량을 기록하여, 나중에 기간별 합계를 내고 상부에 보고하기 위한 기초 자료로 활용했을 것이다. 그리고 용도가 다한 후에는 잘라서 버렸을 것이다.

목간 2와 3은 조각만 남아 있어 내용을 추정하기 어렵지만 목간 1과 같은 유구에서 나왔으니 역시 창고 시설과 관련이 있을 것으로 생각한다. 목간 2는 '우미又米'가 기록된 것으로 보아 앞부분에도 쌀과 관련된, 혹은 쌀을 가지고 하는 일과 관련된 내용이 적혀 있었던 듯하다. 이는 목간 1에 구체적인 곡물 이름이 나타나지 않은 점과 서로 비교된다. 따라서 목간 2는 쌀을 포함하여 창고에 보관된 여러 곡물의 관리 혹은 출납과 관련이 있는 것으로 볼 수 있다.

황남동 유적에서 출토된 활석제 인장
목간이 발견된 1호 수혈에서 같이 나왔다. 날인한 글자는 '官印'으로 읽을 수 있다.

목간에 보이는 경椋 시설은 폐기장 가까이에 있는 공방이나 공방을 관리하던 수공업 관사 소속이라 짐작한다. 그리고 이 창고는 주변에 있던 다른 수공업장 혹은 유리 수공업장을 관장하던 관부에서 공용으로 사용했을 가능성도 있다. 이 공방이 관영(왕실 수공업장을 포함하여)인지, 진골 귀족의 사영 공방인지는 분명하지 않지만, 상·중·하의 조직적인 창고체계를 갖추고 있었고 날짜까지 밝혀 관련 사실을 기록한 점으로 보아 관영 공방일 가능성이 크다.

1호 수혈에서 발견한 활석제 도장도 그 증거가 될 수 있다. 신라는 675년 뭇 관부와 주, 군에 동인銅印을 나눠주었는데, 하위 기구에서는 활석제 관인을 사용했을 가능성이 있기 때문이다.

이 공방과 동궁 소속 창고 기구인 경사椋司의 관계가 궁금한데 현재로서는 알기 어렵다. 경이 평면 사각형의 다락식 목제 창고를 일컫는 일반 명사이므로 관영 공방이나 그 관할 관부도 자체에서 경 시설을 갖출 수 있고 이를 경椋으로 표기했을 것이다. 또한 이 공방이 동궁 소속이라면 그 창고 시설 역시 경사의 통제를 받았을 것이다.

여하튼 황남동 목간을 통해 통일신라시대 관영 공방 혹은 그 관할 관부의 창고 가운데 상·중·하 3경체제로 되어 있는 예를 확인할 수 있었고, 아울러 수납품이 창고에 따라 달랐을 가능성이 크며 그것을 관리하기 위해 재고량 혹은 출납 상황을 기록하였음을 알 수 있다. 그리고 목간 1에 창고의 소속 기관이 밝혀져 있지 않은 걸로 보아, 이러한 기록은 창고를 갖고 있는 해당 기관에서 직접 맡은 듯하다. 해당 기관이 자기 소속 창고를 조사했기 때문에 굳이 기관명을 써넣을 필요가 없었던 것이다.

또한 일정 기간이 되면 목간을 모아 통계를 내고 실제 재고 현황과 비교한 뒤 따로 문서를 작성하여 관부의 장長에게 보고했을 것이다. 이때 먼저 작성한 목간은 그 시효를 다하게 되고, 이들은 표면을 깎아내어 다시 쓰거나 여의치 않을 경우 폐기한다.

신라의 창고체계

창고는 잉여 생산물이나 생산 도구, 원료 등을 보관하기 때문에 국가로서도 중요한 기간 시설물이다. 특히 고대 사회에서는 국왕이 초월적 존재로 성장하는 과정에서 지배 영역의 잉여 생산물을 거두어 보관하고, 이를 중앙에 있는 지배세력들에게 나눠주기 위한 기반 시설로서 중요하게 여겼다. 이런 까닭에 고대 국가에서는 창고를 강력한 권력을 과시하기 위한 상징물로 활용하기도 했다.

3세기 이후 신라에서는 창고가 다양한 명칭으로 나타난다. 보관 시설을 가리키는 용어로 대개 창倉·창고倉庫·창름倉廩·부고府庫 등이 빈번하게 등장하고, 이와 더불어 장빙고藏氷庫·남고南庫·물장고物藏庫·창예창唱翳倉 등 특정한 쓰임새와 고유 명칭을 가진 창고들도 보인다. 이는 창고 시설이 양적으로 늘어나고 보관 품목과 기능에 따라 나눠졌음을 시사한다.

이 가운데 물장고는 왕실 직속 창고인 듯하다. 물장고와 관련된 관부로 보이는 물장전物藏典이 진평왕대 설치된 왕실 기구인 내성內省 소속이기 때문이다. 여기에는 곡물이나 각종 수공업품 등 왕실 운영에 필요한

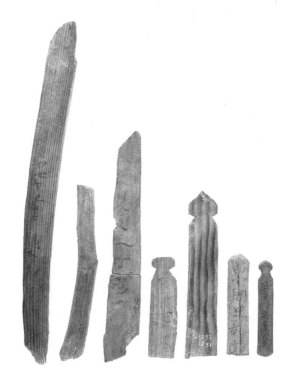

물품을 보관하였으며, 보관 품목마다 하위 창
고들이 따로 있었을 것이다. 창예창 같은 왕실
의 곡물 창고도 물장고 관할이었으리라 본다.

왕실 소속의 보고寶庫로는 세오녀의 비단을 보관했다는 어고御庫(귀
비고貴妃庫), 옥대玉帶를 보관한 남고南庫, 신문왕대에 만파식적을 보관
한 천존고天尊庫(내고內庫)를 들 수 있다. 이는 왕실 최고의 보물을 보관
한 시설이니 따로 관리했을 테지만, 물장고 운영과도 긴밀한 관계를 맺
었을 것이다.

당시 중앙에 왕실 직속 창고만 있었던 것은 아니다. 나해니사금대의
무고武庫는 백제의 침입을 예고했다고 하니 국가 차원에서 운영한 무기
고일 가능성이 높다. 진한辰韓의 소국들을 병합해가던 사로국의 중심
세력은 날로 늘어나는 전리품과 공납물을 보관·관리하기 위해 창고
시설을 크게 넓혔고, 그 과정에서 일부가 국왕의 사유물이라는 성격에
서 벗어나 공적인 성격을 강화해간 듯하다. 전쟁을 치르기 위해서는 무

기 등 군수품을 조달해야 하고 초보적인 관부 조직을 유지하기 위해서도 운영 경비가 필요하기 때문이다.

왕실 창고인 물장고 책임자로 핵심 지배집단 출신이 아닌 한기부韓祇部 사람을 임명하고 관등을 준 것도 창고의 공공성이 증대하는 전반적인 추세를 반영한다. 이 시기는 국왕 개인의 경제 기반이던 중앙 창고가 왕실 직속 창고와 국가 창고로 나뉘고, 왕실 창고도 국왕의 자의적인 운영을 배제하고 제도화해가는 과도기라 할 수 있다. 즉, 창고제의 맹아가 싹튼 것이다.

이후 품주稟主가 설치되면서 창고 제도는 전기를 맞았다. 품주는 651년(진덕 5) 집사부로 개편되고 창부倉部가 나누어지면서 폐지되는데, 이를 통해 품주가 가진 기능 중 창고 관리가 중요한 업무의 하나였음을 알 수 있다. '품稟' 자가 창름倉廩, 즉 곳집이라는 뜻을 가진 늠稟의 속자라는 것도 이를 간접적으로 증명한다.

그런데 흥미롭게도 품주는 '조주祖主'라고도 불렸다. '조祖' 는 원래 조상에게 제사지내는 사당이라는 의미를 갖고 있으므로, 조주는 국조신國祖神 또는 전통적인 천신을 제사지내고 제당을 관장하던 존재일 가능성이 있다. 그리고 조주라고도 불렸다는 것은 품주가 조주의 제사 관련 직임과 관계를 맺었던 사실을 반영한다.

즉, 주요 제사지에서 활동하던 샤먼 중 제물 조달과 관리 재분배를 관장하던 이들이, 세속 왕권이 나타나 통치 기구를 강화해가는 과정에서 왕권에 흡수되어 조주로 바뀌고, 이후 창고·포상 등 재정 업무를 주관하게 되면서 품주라는 이름이 같이 쓰이고, 이것이 곧 관부명으로 굳어진 것이다. 따라서 품주의 직임은 상고기에 이미 나타났을 가능성이 크며, 초기 정무 조직 가운데 중요한 위치를 차지하였다고 보인다.

이후 여기서 조부調府와 상사서賞賜署가 나뉘어 나가면서 기능이 줄어든 품주 조직은 결국 651년 집사부로 개편되면서 폐지되고, 종래 수행하던 곡물 수취, 보관과 지출 업무는 창부를 창설하여 전담하게 했다. 창부는 품주의 다양한 업무 중 재정의 일부 분야를 특화하여 맡은 것이다. 전담 부서를 설치하여 곡물 수취와 창고 업무를 전문적으로 해 나갈 수 있게 되었고, 소속 창고를 정비하여 체계화할 수 있는 제도적 기반을 마련한 것이다.

그리고 문무왕 초에는 좌·우창 체제를 갖췄다. 좌창은 천은사天恩寺 서북쪽, 우창은 경주 남산 신성에 있었으며 장창長倉이라고도 불렸다. 《삼국유사》에 실린 장창의 크기를 미터법으로 환산하면 길이가 약 89.1 미터, 너비가 약 26.7미터로 면적만 2,379제곱미터, 약 720평에 달한다. 따라서 남산 장창은 건물 하나가 아니라, 창고가 여러 개 줄지어 서 있는 대형 창고군이었다. 신라인들이 이를 장창이라 한 것도 규모가 큰 창고가 나란히 서 있었기 때문인 듯하다. 여기에는 미곡과 병기를 보관했다고 한다. 남산 장창은 대규모 국가 창고로서 곡물을 보관한 것으로 보아 창부 직속 창고로 보인다.

창부는 전국의 군현 조직을 통해 거두어들인 곡물을 소속 창고에 나눠 보관하고, 국가 재정 운영에 따라 지출을 요구해 오면 이에 응했다. 장창의 곡물을 강수強首나 김유신의 미망인 같은 국가 유공자 가족에게 지급한 것은 이를 단적으로 보여준다. 녹읍을 얻기가 어려운 이들에게 지급하던 세조歲租와 신문왕대에 녹읍을 폐지하고 지급한 축년사조逐年賜租의 재원도 장창에서 나왔을 것이다.

이에 비해 좌창은 군수용이나 진휼 등 비상사태에 대비해 예비 비축용으로 운영한 듯하다. 고려 전기에 중앙에서 지출하는 것 가운데 녹봉은 좌창, 각종 제사와 빈객 접대, 국왕의 하사물 등은 우창, 진휼은 의창, 군수품은 용문창이 각각 분담하여 관장했다. 신라의 우창, 좌창도 단순한 위치 구분이 아니라, 보관품의 쓰임새에 따라 구분했다고 본다.

한편 지방통치체제가 정비되면서 행정 단위별로 지방 창고가 설치되

목간이 발견된 하남의 이성산성
목간은 대부분 유적 발굴을 통해
출토된다.

고 각급 창고 사이에 계통도 세워졌다. 지방제도 개편은 수취체제와 밀접하게 진행될 수밖에 없다. 특히 중앙 정부가 군현제를 실시해 지방 토지와 인민에 대한 직접 지배를 한층 강화해나가면서 7세기 이후 현 단위 이상 각급 행정 단위에 지방 창고를 설치해간 것이다.

이들 치소에 설치된 창고는 단순히 수취물을 보관하는 장소에 그치지 않고 중앙의 창부와 조부 조직과 긴밀한 관련을 맺어 관할 지역의 수취와 지출, 그리고 중앙으로 나르는 일까지 담당하는 등 지방 재정 운영에서 중심 역할을 수행했다. 이들은 원래 소국小國 단계의 중심 읍락에 있던 창고로서 전통적인 수장의 권위를 상징하던 건물이었으나, 이제는 중앙 정부에 흡수되어 관할 지역에서 거두어들이는 조세를 총괄하고 이를 중앙과 연결하는 중개 기구가 되었다. 유통의 관점에서 보면 이들 지방 창고는 하나의 중간 물류기지라고 할 수 있다.

현·군·소경·주는 각기 관내에 있는 수취물을 보관하는 창고를 갖추고 그 일부를 영속 관계에 따라 상부에 납부했지만, 지방 통치와 관부를 운영하는 데 필요한 재원은 창고에 남겨두고 사용했다. 지방 관사의 경우 수취물을 왕경으로 수송했다가 다시 관아 소재지로 분배하는 것은 비효율적이기 때문이다. 그러나 이를 지방행정 조직이 독립적으로 운영하는 창고로 볼 수는 없으며 엄연히 국가 재정 운영 구조 속에 자리잡고 있었다.

지방 창고는 국가 창고의 지방 분소라고 할 수 있고, 그 중심에 왕경의 창부와 그 관하의 창고들이 자리잡고 있었다. 이러한 지방과 중앙 창고의 그물망은 우역제郵驛制와 조운제로 연결되었다. 이를 통해 중앙으로 집적된 각지의 물산을 보관하기 위해 대형 창고를 건설했고 이는 지배 기구를 운영하는 물질적 기반이 되었다.

수공업장과 창고

경주 황남동 376유적에는 8세기 전후 관영 혹은 동궁 소속의 유리 수공업장이 있었다. 이 공방은 노지를 중심으로 창고, 수혈 주거, 우물(5호 수혈) 등 부속 시설이 딸렸으며, 창고는 목간이 발견된 1호 수혈이 아니라 가까운 곳에 따로 있었던 듯하다.

이 창고는 상·중·하 3楝으로 되어 있어, 중경과 하경은 곡물, 상경은 수공업 생산에 필요한 원료·반제품·공구 등을 보관했던 것으로 보인다. 하지만 이 창고는 주변에 있던 다른 수공업장 혹은 유리 수공업장을 관장하던 관부에서 공용으로 사용했을 가능성도 있다.

유리 수공업장 혹은 이를 관장하던 관부는 정기적으로 부속 창고의

목간의 발굴 현황

목간은 종이처럼 가볍지도 않고 작은 부피에 많은 양의 정보를 기록할 수도 없지만, 내구성이 우수하고 물에 젖어도 쉽게 훼손되지 않기 때문에 널리 오랫동안 사용되었다. 대대로 전해 내려오는 목간도 있지만, 대부분 유적 발굴을 통해 출토되었다. 중국에서는 20세기 초에 처음 발견된 이래 주로 서쪽 감숙성 지방, 그리고 여러 지역의 무덤에서 목간이 발견되고 있다. 일본은 1920년대 최초의 발견을 시작으로 현재까지 약 20만 점의 목간이 출토되었으며, 평성궁平成宮 같은 궁궐터에서 많은 양이 나왔다. 우리 나라는 1970년대 중반 경주 안압지雁鴨池 바닥에서 50여 점의 통일신라 목간이 최초로 발견되었다. 그 후 경주의 월성 해자, 황남동, 하남의 이성산성, 부여의 궁남지, 쌍북리, 능산리 절터, 함안의 성산산성, 김해 봉황동 등지에서 속속 목간이 발견되었다. 우리 고대 조상들도 목간을 널리 쓰고 있었던 것이다. 특히 봉황동에서 출토된 목간처럼 학습 혹은 교육용으로 《논어》 문장을 기록한 예도 있다. 이처럼 다양한 용도로 활용되었기 때문에 앞으로도 목간의 출토는 계속 이어져 문헌자료가 적은 고대사 연구에 활력을 불어넣어주리라 기대한다.

재고량을 조사하거나 물품을 수납하고 그 결과를 목간에 날짜별로 기록했다. 이는 수납·보관·지출 등 창고 업무에서 기초 장부 역할을 했으며, 일정 기간이 되면 통계를 내 따로 만든 문서에 적어 상급 주무관에게 보고했을 것이다.

이렇듯 관영 수공업장 혹은 이를 관리하던 관부가 일정한 창고 체계를 갖추고 문서와 기록을 바탕으로 재정을 운영할 수 있었던 것은 군현제에 입각한 지방통치체제와 중앙의 창부·조부 조직 그리고 이를 연결하는 교통로를 통해 미숙하나마 전국을 포괄하는 유통체제를 갖추었기 때문이다. 목간에 나타난 창고에 비축된 곡물과 원료 등은 이러한 창고체계에 따라 창부, 조부 혹은 동궁의 경사椋司에서 지급되었던 것이다.

— 글쓴이 김창석 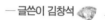

백제 유민의 숨결,
계유명아미타삼존불비상

불비상(佛碑像)이란?

불비상은 말 그대로 불상과 비석을 합쳐 부르는 말로 두 가지 특성을 아울러 지니고 있다. 중국에는 여럿 존재하지만, 우리 나라에서 발견된 대표적인 불비상은 계유명아미타삼존불비상(국보 106)과 계유명삼존천불비상(국보 108호)이 있다.

내용상으로 부처나 보살 등이 조각되어 있어 불상이라 할 수 있다. 일부분에 명문이 새겨져 있어 비석이라 할 수 있으며, 특히 형태상으로 비석이 일반적으로 취하는 대좌(귀부)·비신·개석(이수)의 세 부분으로 구성되어 있다. 대좌는 비신을 고정시키는 역할을 하며, 개석은 비신을 비바람에서 보호하는 역할을 한다. 아미타삼존불비상의 경우는 대좌와 개석이 남아 있지 않지만, 대좌에 끼웠을 법한 돌출물이 아랫부분에 만들어져 있다. 삼존천불비상에는 개석의 일부가 남아 있다.

계유명아미타삼존불비상 앞면
백제 멸망 후 만들어졌고 명문 가운데 백제
관등인 달솔이 보여 백제 유민의 숨결을 느
끼게 한다. 국보 106호, 국립청주박물관.

(좌측면 탁본)

5	4	3	2							1	

右→左 세로쓰기 (열 단위):

1: □ □ 癸 酉 年 四 月 十 五 日

　 兮 乃 首 □ □ 道 □ 發 願

　 敬 □ 供 爲 □

　 口 弥 次 乃 □

　 □ 正 乃 末

　 全 氏 三 □ 等 □ 五 十 人 智 識

　 共 國 王 大 臣

2: 及 七 世 父 母 含 靈 發 願 敬 造 寺 智 識 名 記

3: 達 率 身 次 願

4: 眞 武 奢

5: □ □ 奢 願

（행 번호: 1 2 3 4 5 6 7 8 9 10 11 12 13 14 15 16）

(뒷면 탁본)

右→左 세로쓰기 (열 단위):

1: 上 次 乃 末

2: 三 久 知 乃 末

3: 兎 奢 願

4: 奢 願

5: 夫 信 奢

6: 大 □

7: 乃 末 願

8: 久 奢 願

9: 惠 信 師

10: 夫 乃 末 願

11: 林 乃 末 願

12: 惠 明 法 師

13: 道 師

（행 번호: 1 2 3 4 5）

【판독문】

(우측면)

6	5	4	3	2	1	
□	使	道	諸	日	歲	1
□	眞	作	佛	爲	□	2
願	公	公	□	諸	□	3
		願	□	□	□	4
				敬	年	5
				造	四	6
				此	月	7
				石	十	8
					五	9

(앞면 탁본)

14	13	12	11	10	9	8	7	6	5	4	3	2	1	
十	內	此	佛	願	上	□	世	像	阿	同	二	述	全	1
六	外	石	像	敬	爲	道	至	觀	彌	心	兮	況	氏	2
□	十	佛	□	造	□	□	□	像	陀	敬	□	□	□	3
□	方	像	□	□	□	□	□	大	佛	造	木	□	□	4

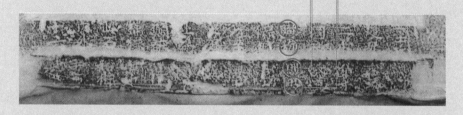

절망을 불심으로 뛰어넘어

부여 백마강은 역사의 흔적을 아는지 모르는지 유유히 흐르고 있다. 나라가 망하면서 겪었을 백제인의 절망과 회한이 1,300년 세월을 훌쩍 뛰어넘어 한 불비상으로 우리 앞에 나타났다. 이 불비상은 우연히 세상에 알려졌다. 1960년 9월 한 대학생이 자기 고향인 충청도 연기에 있는 비암사에 명문이 새겨진 돌이 있다는 보고서를 숙제로 제출하였다. 이것이 한때 백제의 수도였으며 백제부흥운동이 활발하던 웅진 관할의 연기 지방에서 발견된 계유명아미타삼존불비상(아미타불비상 혹은 불비상으로 줄여 부름)이다. 연기 지방에서는 이 아미타불비상 말고 불상 여섯 기가 잇달아 발견되었다. 특히 아미타불비상이 만들어진 연대가 백제가 멸망한 이후로 여겨지는데도 달솔이란 백제 관등이 새겨져 있어 더 큰 관심을 끌었다. 나라가 망하고 20여 년이 지났는데도 미련을 버리지 못하는 백제 유민의 숨결을 묵묵히 말해주고 있다.

국보 106호로 지정된 아미타불비상은 형식으로 보아도 특별하다. 불보살상이 네 면에 걸쳐서 조각되어 있고 각 면에는 명문이 새겨져 있다. 앞면의 좁은 하단 가로 부분을 비롯해서, 나머지 3면의 경우도 조각하고 남은 부분을 따라 명문을 새겨놓았다. 보통 돌판에 불상을 조각하면 불석상佛石像, 불석상에 덧붙여 명문을 새기면 불비상佛碑像이라 한다.

불석상이나 불비상은 중국에 다수 존재하지만 우리 나라에서는 드물다. 비는 대개 비신을 받치는 대좌와 비신, 비신을 받치고 있는

계유명아미타삼존불비상이 발견된 비암사 전경
계유명아미타삼존불비상은 발견 당시 절 앞의 3층석탑 위에 얹혀져 있었다. 삼한고찰로 불릴 만큼 오래된 절이지만 남아 있는 유물과 건물은 고려(3층석탑)·조선 시대 후기로 추정된다. 주전각인 극락보전은 아미타불을 모신 전각이다.

개석의 세 부분으로 구성되어 있는데, 후대에 대좌는 귀부로, 개석은 이수로 양식화되었다. 아미타불비상은 현재 대좌와 개석이 없고 비신에 해당되는 비상만 남아 있다. 불비상 아랫부분에 돌출부가 나와 있어 이곳에 대좌를 끼었음을 유추할 수 있다. 연기에서 발견한 국보 108호 계유명삼존천불비상(계유명천불비상으로 줄여 부름)에는 개석의 형태가 일부 남아 있다. 아미타불비상은 높이가 43센티미터, 앞면의 폭은 26.7센티미터, 측면의 폭은 17센티미터다. 다음은 아미타불비상의 명문이다.

계유명삼존천불비상
삼존불과 천불을 상징하는 많은 불상이 조각되어 있는 불비상으로 계유명아미타삼존불비상과 더불어 백제 유민들이 조성한 것으로 생각된다. 불비상 아랫부분에 명문이 새겨져 있다. 국보 108호, 국립공주박물관.

② 좌측면[*]

□□계유년 4월 15일에 혜 내말…… 발원하여 삼가 지어 바치니, 미차내□, □정 내말, 전씨 삼□ □ 등 □50인 지식과 함께 국왕·대신 및 칠세부모 등의 함령들을 위하여 발원하여 삼가 절을 지었다.

지식의 이름을 기록하면, 달솔達率 신차身次가 원했고, 진무대사가 원했고, □□대사大舍가 원했다.

③ 뒷면

상차 내말과 삼구지 내말, 토대사가 원했고, …… 대사가 원했고, 부신대

---

[*]__ 아미타불비상을 보는 사람의 입장에서 ①앞면 ②좌측면 ③뒷면 ④우측면을 말한다.

사가 (원했고), …… 내말이 원했고, 혜신사가 (원했고), 부 내말이 원했고, 임 내말이 원했고, 혜명법사가 (원했고), 도사가 (원했다).

④ 우측면

674년[**] 4월 15일에 여러 □를 위하여 삼가 이 돌로 된 여러 제불(보살)을 만들었다. 도작공이 원했고, 사진공이 (원했고) □□가 원했다.

① 앞면

전씨 □□ …… 술황 …… 이혜 …… 한마음으로 아미타불상, 관음상, 대세지상을 삼가 만들었다. …… 원컨대 삼가 만든 이 석불상이 내외 시방과 십육(방을 비추소서).

아미타불비상에 새겨진 명문에는 불비상을 조성하는 데 참여한 사람과 불비상을 봉안할 절의 조성에 참여한 사람들이 함께 언급되어 있다. ②좌측면과 ③뒷면의 명문은 절 조성, ④우측면과 ①앞면의 명문은 불비상의 조성에 관한 내용이다.

불사佛事에서는 대개 불상과 절을 동시에 조성하지만 반드시 그렇다고 볼 수도 없다. 아미타불비상도 불비상과 불비상을 봉안할 절이 같은 시기에 조성되었다고 볼 수도 있겠지만 달리 생각해보고자 한다.

절을 지은 조성 연대를 알 수 있는 단서는 ②의 좌측면에 보이는 계유년이다. 전근대에는 연대를 표기할 때 10간 12지의 간지를 사용하지만 간지는 60년마다 돌아오므로 구체적인 연대를 알기 위해서는 또 다른 방증 자료를 덧붙여야 한다. 달솔이란 백제 관등이 있어 백제가 멸

<hr/>

[**] 혹은 672년. 통상 계유년(673)으로 보고 있으나 따르지 않는다. 673년은 절의 조성 연대이고, 674년은 불비상의 조성 연대이다.

망한 660년 이전의 계유년으로 볼 수 있지만 내말이나 대사 등 신라 관등도 보여 섣불리 단정할 수 없다. 그래서 백제가 멸망한 뒤로부터 멀지 않은 계유년일 가능성이 높다.

660년 이후 계유년에 해당하는 해는 673년과 733년 등이다. 그러나 733년은 백제 멸망 때 달솔 신차의 나이를 20살 전후로 보았을 때 적어도 그의 나이가 아흔셋이 넘어 백제 멸망 후 73년이 지나서도 백제 관등을 사용한 꼴이 되므로 가능성이 별로 없다. 따라서 불비상 명문에 보이는 사찰 조성 연대를 673년으로 추정한다. 이는 아미타불비상에 보이는 불상이나 보살을 미술사적으로 추정하는 연대와도 부합한다.

한편 아미타불비상 ④우측면 '歲□□□年四月十五'에서 미상인 연대를 ②좌측면의 계유년과 같은 간지로 보아 불비상의 조성 연대를 673년으로 추정하고 있지만 여기에는 의문의 여지가 있다. 동일한 불비상의 명문에 계유라는 같은 간지를 사용해서 같은 연대를 겹치게 표기했다고 볼 수 있을까? 더욱이 아미타불비상은 명문을 새길 만한 여유 공간이 매우 부족하기에 더욱 그렇다. 앞면은 불비상 아랫부분 마감 부분에, 옆면이나 뒷면도 조각상 사이사이에 명문이 새겨져 있다.

④우측면에서 미상인 연대가 계유년이 아니라면 불비상과 절의 조성 연대가 다르게 되며 둘 사이에 앞뒤 관계도 검토해봐야 한다. 앞뒤 관계는 불비상 4면에 새겨진 명문을 판독하는 차례와도 밀접한 관련이 있다. 현재 불비상을 판독하는 차례는 ①앞면-②좌측면-④우측면-③뒷면, ①앞면-②좌측면-③뒷면-④우측면, ②좌측면-③뒷면-④우측면-①앞면 등의 의견이 나와 있다. 이 견해들은 판독하는 차례에 대해서는 다른 의견을 보이고 있으나, 모두 불비상과 절이 673년에 조성된 것으로 보고 있다.

하지만 ④우측면의 연대가 계유년이 아닐 경우 아미타불비상을 조성한 연대를 놓고 네 가지 해석이 가능하다.

첫째, 판독 차례를 기존 견해와 다르게 ④우측면-①앞면-②좌측면-③뒷면의 순서로 파악할 때다. 판독 차례는 시간의 선후와 밀접한 관련이 있으므로 ④우측면의 미상인 연대는 ②좌측면의 계유년(673)보다 앞선 연대인 672년, 671년, 670년,……이 된다. 그런데 가장 가능성이 있는 연대는 672년이다. ④우측면의 연대는 모르지만 날짜는 4월 15일이며 ②좌측면도 4월 15일로 우연인지 날짜가 겹치고 있다. 이를 우연으로 돌리기보다는 의미 있는 4월 보름이나 4월 초파일 등으로 볼 수 있으며 이럴 경우 1년 차이가 가장 무난하지 않을까.

④의 도작공, ①의 전씨 등은 672년 4월 15일에 아미타불비상을 조성했지만 바로 명문은 새기지 않았다. 이듬해 ②의 673년 4월 15일 전씨·달솔 신차·진무대사 등은 불비상을 안치할 절을 조성하고 이를 기념하여 불비상과 절의 조성에 참여한 선지식(도반)을 함께 명문에 남겨놓았다고 볼 수 있다. 다시 말해서 아비타불비상을 만든 시기와 명문을 새긴 시기가 다르다는 것이다. 672년 아미타불비상을 만들고 673년 명문을 새긴 셈이 된다. 불비상과 명문 가운데 중요한 것은 불비상을 조성한 연대이므로 결국 아미타불비상이 만들어진 연대는 기존 견해와 달리 672년이 된다.

둘째, 첫째 견해에 따라 아미타불비상을 조성한 연대를 672년으로 보

백제의 관등, 달솔

달솔達率은 '계유명아미타삼존불 '에 나오는 백제 유민 신차身次가 가지고 있던 백제의 제2관등이다. 백제의 관등체계는 총 16관등으로, 제1관등인 좌평佐平을 필두로 제2관등인 달솔·은솔·덕솔·한솔·나솔·장덕·시덕·고덕·계덕·대덕·문독·무독·좌군·진무·극우로 되어 있다. 《삼국사기》에는 16관등을 고이왕대 실시한 것으로 되어 있으나, 실제 실시 시기에 대해서는 이론이 분분하다. 좌평은 6좌평이나 상좌평의 예에서 보듯이 백제의 최고 지배층이었지만 달솔 또한 그 인원이 30명으로 제한되었다는 데서 최고 지배층에 속했음을 알 수 있다.

면서도 명문을 새긴 연대를 달리 볼 수도 있다. 672년 4월 15일 아미타불비상을 만들고 불비상의 조성과 관련된 내용의 명문을 ④우측면과 ①앞면에 새기고, 673년 4월 15일 아미타불비상을 안치할 절이 조성되자 이와 관련된 내용의 명문을 ②좌측면과 ③뒷면에 새겼을 수도 있다. 즉, ④우측면과 ① 앞면의 명문은 672년, ② 좌측면과 ③ 뒷면의 명문은 673년에 새긴 것이다.

그러나 첫째와 둘째 견해는 몇 가지 문제점을 안고 있다. 먼저 명문이 여러 면에 새겨졌을 경우 ④우측면을 명문의 출발점으로 하여 ①앞면-②좌측면-③뒷면으로 돌아가는 판독 차례가 일반적인 경향이 아니라는 점이다. 또한 현재 우측면부터 시작하는 구체적인 용례가 알려져 있지도 않다. 다만 아미타불비상과 같은 경우 명문이 위주가 아니고 불비상 자체가 고식이기 때문에 차례에 연연하지 않았을 가능성은 남아 있다. 둘째의 견해와 관련해서는 ④우측면 · ①앞면과 ②좌측면 · ③뒷면에 새긴 연대가 적어도 1년 이상 차이가 있으므로 새긴 사람이 다를 수도 있다. 다르다면 명문의 필체가 달라야 하는데 아직 이에 대한 확신을 갖고 있지 못하다. 다만 앞면과 다른 3면의 필체가 다를 수도 있다는 견해는 나온 적이 있다.

셋째, 기존 견해 가운데 가장 타당성이 있다고 여겨지는 ②좌측면-③뒷면-④우측면-①앞면의 판독 차례에 따르면 다음과 같이 설명할 수 있다. 판독 차례는 자연 시간의 추이와 관련되므로 ②좌측면 · ③뒷면에 나오는 절의 조성이 계유년인 673년 4월 15일이며, ④우측면 · ①앞면의 아비타불비상의 조성이 673년 이후인 674년, 675년, 676년, 677년, ……등의 4월 15일이 된다. 4월 15일 날짜가 같으므로 바로 계유년 1년 뒤인 갑술년인 674년이 가장 유력하다.

앞서 두 견해에 따르면 아미타불비상이 조성되고 절이 뒤에 조성되었지만, 셋째 경우는 절을 조성하고 나중에 불비상을 만들고 명문을 새

아미타불비상 조성 연대에 관한 견해들

판독 차례	아미타불비상 조성 연대	절 조성 연대	명문 새긴 연대	
			②③(불비상)	④①(절)
1) ④①②③	672	673	673	673
2) ④①②③	672	673	672	673
3) ②③④①	674	673	674	674
4) ②③④①	672	673	673	673
5) ②③④①	673	673	673	673
6) ①②③④	673	673	673	
7) ①②④③	673	673	673	

보는 사람의 입장에서 ①앞면 ②좌측면 ③뒷면 ④우측면.

1)2)3)4)는 앞서 언급한 네 가지 견해. 5)김창호 · 김정숙 · 곽동석, 6)김주성, 7)황수영의 견해.

②좌측면   ③뒷면   ④우측면

①앞면

겠다. 674년 아미타불비상을 조성하고 불비상 조성에 관한 명문을 새길 때 1년 전인 673년 절을 세운 내용을 함께 새긴 것이다.

넷째, 셋째 판독 차례인 ②좌측면-③뒷면-④우측면-①앞면을 따르지만 ②좌측면 · ③뒷면을 673년, ④좌측면 · ①앞면을 672년으로 볼 수도 있다. 이에 따르면 672년 아미타불비상을 조성하였지만, 이때는 명문을 새기지 않고 673년 절을 세운 다음 한꺼번에 명문을 새긴 셈이 된다. 그러나 이 견해는 시간의 추이를 드러내는 판독 차례와 달리 673년에서 672년으로 시간이 거슬러 올라간다는 문제가 있다.

지금까지 아미타불비상의 조성 시기와 관련하여 언급한 네 가지 견해를 언급하였는데 다소 복잡한 감이 있어 이를 표로 제시하여보았다.

앞서 언급한 네 가지 견해 가운데 현재까지는 세 번째가 가능성이 더 크지만 어느 견해를 취하든 아미타불비상의 조성 연대는 계유년(673)이 아니라는 결론이다. 계유명아미타삼존불비상을 줄여 아미타불비상이라 하여 계유년을 생략한 까닭도 이 불비상이 계유년에 만들어지지 않았다는 점을 염두에 두었기 때문이다. 하지만 제목에 계유명아미타삼존불비상이라 한 것은 현재 이 이름이 널리 통용되고 있어 편의상 붙인 것이다.

신라 관등을 받은 백제 유민

다음 불비상의 내용 검토에 들어가기 전에 백제 멸망의 전후 과정을 잠시 살펴보자. 660년 김유신이 이끄는 신라군과 소정방이 이끄는 당나라군이 연합하여 백제를 공격하였다. 신라군은 황산벌에서 백제 계백 장군이 앞장선 결사대와 처절한 전투를 치른 이후 일사천리로 사비성(부여)으로 진격하였고, 당나라군은 금강 기벌포에서 백제군을 물리치고 계속 거슬러 올라가 사비성을 쳤다. 백제 의자왕은 이렇다 할 저항을 못하고 웅진성(공주)으로 도주했지만 결국 항복하고 말았다. 의자왕과 왕자들, 대신·장군과 사졸 등 88명과 1만 2,000여 백성들이 당나라로 끌려갔고 그들의 생사는 알려진 바가 없다.

그러나 이에 굴하지 않고 백제 부흥 운동이 멸망 후 10여 년 동안 줄기차게 이어졌다. 복신과 승려 도침, 흑치상지 등이 활약한 부흥 운동 초기에는 200여 성을 회복할 정도로 그 기세가 등등하였다. 665년 신라·당·백제가 웅진의 취리산에서 서로 피를 마시며 맹약 의식을 치렀지만 백제 유민의 저항은 간헐적으로 계속되었다. 신라는 670년 남은 백제의 무리들이 배반할까 의심하여 웅진을 공격하여 82성을 빼앗기도 하였다. 신라가 백제 지역 지배권을 확실하게 장악하게 된 계기는 671년 당을 사비성(부여)에서 몰아내고 소부리주를 설치하면서부터였다. 물론 당을 한반도에서 완전히 몰아낸 것은 몇 년 뒤인 676년이었다.

670년 웅진, 671년 사비를 장악하면서 자신을 얻은 신라는 673년 백제인을 회유하는 방책으로 그들에게 신라 경관과 외관의 관등을 수여하였다. 백제 지배층을 우대하여 백제 유민들이 갖고 있는 불만을 잠재우기 위한 조치였다. 674년 조성된 아미타불비상에 백제 유민들의 신라 관등이 나오는 것은 이런 까닭에서였다.

불비상을 조성하는 데 참여한 인물은 도작공·전씨 등 여섯 명이며, 절의 조성에 참여한 인물은 달솔 신차·진무대사·전씨 등 50여 지식智識이다. 이들 가운데 일부는 불비상과 절 조성에 모두 참여하였을 것이다.

지식은 본래 선지식善知識으로 부처의 깨달음을 얻기 위해 정진하는 데 서로 격려하는 도반이란 의미지만, 여기서는 절 조성에 참여한 사람을 말한다. 향도香徒도 원래는 부처님께 향을 공양하는 무리라는 뜻이지만 넓은 의미로 절이나 탑, 불상을 만드는 데 참여한 사람을 의미하는 것과 같은 맥락이다. 계유명삼존천불비상의 경우 비상을 만드는 데 참여한 인물로 향도 250명을 들고 있다. 아미타불비상의 명문에 보이는 지식은 크게 달솔 신차 등 백제 관등을 갖고 있는 무리, 진무대사 등 신라 관등을 갖고 있는 무리, 전씨 등 관등을 갖고 있지 않는 무리, 승려 무리 등 넷으로 나뉜다.

달솔은 백제 16관등에서 좌평 다음으로 높은 제2관등이다. 아미타불 비상에는 백제 관등을 가진 인물로 달솔 신차 한 명만 나오지만 신라 관등보다는 백제 관등에 미련을 갖는 이들도 있었으리라 생각한다.

신라 관등을 갖고 있는 이는 진무대사, 상차 내말 등이다. 이들이 신라 관등을 갖고 있어서 신라 사람이라고 쉽게 단정할지도 모르지만, 673년 백제인에게도 신라 관등을 준 사실을 염두에 둔다면 꼭 신라 사람으로 볼 필요는 없다. 특히 진무는 성씨가 진씨眞氏로 여겨지는데, 진씨는 백제의 대표적인 귀족 가문으로 대성8족大姓八族 가운데 하나다. 진씨는 백제 한성 시대 왕비족으로 행세하였고, 웅진·사비 시대에도 여전히 세력을 형성하고 있었다. 진무가 대사라는 신라 관등을 갖고 있지만 이는 신라에게서 받은 것이다. 진무와 달리 상차 내말처럼 성씨를 알 수 없는 인물들도 신라인이기보다는 백제 유민일 가능성이 높다. 진무대사나 상차 내말 등 백제 유민으로서 신라 관등을 받은 이들은 달솔 신차와 달리 과거의 백제에 미련을 두기보다는 현실의 신라에 기울어진

당으로 끌려간 의자왕과 유민의 행방

660년 백제가 멸망하고 의자왕과 왕자들, 대신, 장군과 사졸 등 88명과 1만 2,000명의 백성들이 당나라로 끌려갔다. 의자왕은 그해 죽음을 맞이하였고, 나머지 유민들의 행방은 대부분 알 수 없다. 의자왕의 아들 부여융扶餘隆의 묘지명이 낙양洛陽 북망北邙에서 발견되었는데, 682년 68세의 나이로 생을 마감하였다고 한다. 백제의 귀족 가운데는 흑치씨가 주목되는데, 이들은 주로 군사적 활동으로 알려졌으며 이들의 행방은 흑치상지黑齒常之나 흑치준黑齒俊의 묘지명을 통해서 알 수 있다. 또 다른 기록에 의하면 흑치상지의 딸이 산서성 천룡산 석굴에 삼세불상三世佛像을 조성하였다 하는데, 아마도 죽어간 백제 유민들의 넋을 기렸을 것으로 생각된다.

것으로 보인다.

백제나 신라 관등을 갖고 있지 않은 전씨는 ②좌측면과 ①앞면에 모두 등장하고 있어 절과 아미타불비상의 조성에 모두 적극 참여한 인물로 보인다. 전씨는 아미타불비상이 발견된 연기 지역에 있던 토착 성씨의 하나로, 연기 인근의 전의全義란 지명과 관련이 있는 듯하다. 전씨의 경우도 그가 신라인이나 백제인이라는 증거는 없지만 달솔 신차나 진무대사, 상차 내말처럼 백제 유민일 가능성이 높다.

전씨는 달솔 신차처럼 백제 관등을 갖고 있지 않고, 진무대사처럼 신라 관등을 갖고 있지도 않다. 전씨 등이 관등을 갖고 있지 않은 까닭이, 관등을 가질 만한 자격이 없어서인지, 아니면 백제나 신라 관등 어느 쪽에도 선뜻 나서지 못하는 중간자 입장에서 그런 것인지는 알 수가 없다. 달솔 신차가 백제에 대해 미련이 남아 있고, 진무대사나 상차 내말이 신라에 기울어졌다면, 전씨는 그 중간에 위치했다고 볼 수 있다. 그러나 통일신라라는 현실의 권력 앞에서는 심정적으로 백제에 미련이 남아 있다 하더라도 이미 그들의 처지는 미련 이상의 의미를 띨 수는 없었다.

불교 안에서 진정한 삼국통일 이루다

마지막으로 혜신사나 혜명법사 등의 승려 그룹이다. 이들은 달솔 신차, 진무대사, 전씨 등 선지식의 불사에 참여한 정신적 후원자들이다. 승려 그룹도 백제 유민일 가능성이 높다. 백제 승려들 가운데 일부는 도침처럼 백제 부흥 운동에 참여하였거나 도장처럼 제3국인 일본으로 건너가거나, 경흥처럼 신라에 적극 가담한 이들도 있었겠지만 대부분은 백제 지역에 그대로 남아 있었던 것으로 보인다. 속세의 인연에 초연한 승려의 입장에서 저마다 처한 처지가 다른 아미타불비상의 3그룹들을 정신적으로 하나로 묶는 역할을 했을 것이다.

백제는 한성 시대 왕실과 귀족이 적극 후원하는 가운데 불교를 받아들였다. 불교 수용기에 다소 갈등이 있었지만 웅진과 사비 시대를 거치면서 전성기를 맞았다. 백제 불교는 법화신앙과 미륵 신앙 그리고 계율을 중심으로 발전하였는데, 의자왕대 후기에 이르면 유교와 갈등을 일으켜 대표적인 법화 신앙자인 대좌평 사택지적이 일선에서 물러나게 된다. 고구려가 멸망한 원인 가운데 하나가 도교와 불교의 갈등이었다면, 백제의 경우는 유교와 불교의 갈등이었다고 볼 수 있다.

백제가 멸망한 뒤 불교계는 조국이 멸망한 현실을 받아들이면서 새로운 모색을 하였다. 이는 물론 삼국 간의 전쟁에서 초래되는 현실 조건을 반영한 것이기도 하다. 법화 신앙과 미륵 신앙은 현세적이며 미래 희망적인 불교였다. 백제는 이 땅에 법화의 세계를 구현하기 위해 대통사를 짓고, 미륵의 세계를 구현하기 위해 미륵사를 창건하였다. 그러나 이제는 전쟁 과정에서 죽어간 중생들을 위한 아미타 신앙에 관심을 두게 되었다.

석가는 깨달음을 얻어 부처가 된, 역사상 존재한 한 인물이지만 중생들은 그를 역사에서 끌어내 여러 부처를 만들어내었다. 시간적으로 석가 이전의 부처인 과거 연등불, 미래의 부처인 미륵불을 만들어내고, 공간적으로 동쪽에 아촉불, 서쪽에 아미타불 등 사방불을 만들어냈다. 특히 아미타불은 죽어서 가는 서방정토의 구세주로 인식되어 항상 죽음과 맞닿아 있는 중생들에게 위안을 주었다. 이제 현실적으로 미래가 없는 백제 유민의 처지에서 아미타 신앙이 더 절실하게 다가왔을 법하다.

아미타삼존불비상도 그 연장선상에서 조성되었을 것이다. 아미타삼존이란 주불이 아미타불이고, 양쪽에 협시보살인 관세음보살과 대세지보살을 뜻한다. 아미타불의 왼쪽 협시인 관세음보살은 보살 이름—관세음觀世音—그대로 세상 중생들이 내지르는 고통스런 소리를 듣고 자

비를 베푸는 보살이며, 오른쪽 협시인 대세지보살은 지혜의 보살이다. 불교에서는 무명無明을 벗어난 참된 지혜가 있어야 진정한 믿음과 자비가 생긴다고 보고 있다.

관세음보살은 법화 신앙에서 강조하는 보살인데, 이미 백제에서 법화사상이 성행한 적이 있어 관세음보살의 주불인 아미타불도 친근하게 느꼈을 것이다. 아미타불 신앙은 3국 전쟁기를 거치며 통일신라 이후 급속히 퍼졌다. 흔히 '나무아미타불'이라고 염불하곤 하는데, 곧 아미타불에 귀의한다는 의미다.

아미타불비상을 조성한 지식들은 자신들뿐만 아니라 국왕·대신과 칠세부모 등 함령含靈들을 위해 기원하였다. 칠세부모는 선대의 죽은 부모들을 말하며 함령은 죽거나 살아 있는 모든 중생을 의미한다. 그런데 계유명삼존천불비상에 나오는 국왕대신급칠세부모법계중생國王大臣及七世父母法界衆生에 보이는 법계중생의 용례를 들어, 함령을 단지 살아 있는 중생으로만 보기도 하나, 죽은 중생의 영혼으로만 한정할 필요는 없을 것 같다. 법계중생의 법계는 삶과 죽음이라는 시간의 선후와 정토의 예토와 공간을 떠난 의미로 보아야 한다. 따라서 국왕·대신도 살아 있는 신라의 국왕·대신으로만 보거나 백제의 죽었거나 생사를 모르는 국왕·대신으로만 볼 필요는 없을 것 같다.

아미타불비상의 조성에 참여한 지식들이 명복을 비는 국왕·대신과 칠세부모 등 함령에 백제 멸망이나 백제 부흥 운동 과정에서 죽고 핍박받았던 중생들을 포함되는 것은 물론이다. 당나라에 끌려간 1만 2,000명 중에는 자기 부모형제들이 있고, 생사를 모르는 의자왕과 대신들 그리고 숱한 불안에 떠는 일반 백성들이 있었다. 그러나 그들은 마음속으로만 기원할 뿐 현실에서 그들을 지배하고 보호해주는 신라의 국왕과 대신을 무시할 수는 없었다. 대외적·표면적인 면에서 아미타불비상 조성은 신라의 국왕·대신을 위한 것이었고, 심정적으로는 백제의 국왕·대신을 위해서였다. 특히 백제 관등을 갖고 있는 달솔 신차의 경우는 더욱 그렇다.

이제 아미타불이 구제해야 할 대상은 종래의 죽은 이들뿐만 아니라 살아 있는 이들을 포함해야 했고, 아미타불의 정토는 죽은 이만이 아니고 산 이도 갈 수 있는 곳이 되었다. 삼국통일을 전후하여 불교 대중화를 전개하면서 서방정토는 죽어서 가는 세계가 아니라 바로 자신이 살아 있는 땅 신라가 정토라는 관념이 원효와 의상 등에 의해 제기되었다는 점을 유념할 필요가 있다.

죽은 백제의 국왕·대신과 칠세부모를 비롯한 함령들이 서방정토에서 왕생할 것을 빌면서, 살아 있는 백제 유민들과 현실의 신라 국왕·대신과 함령들도 통일된 이 땅 정토에서 아미타불의 가호를 받고자 하였다. 백제에 미련을 둔 달솔 신차, 신라에 기운 진무대사, 중간자 전씨 등 입장 차이가 있어도 다들 새로운 아미타불 신앙으로 흡수되어 간 것이다. 이제는 백제, 신라가 대립 구도를 벗어나 이 땅 불국토에서 하나 되는 선지식으로 만났다. 아미타삼존불비상은 백제 유민의 숨결을 벗어나 정치·군사적으로 이룬 삼국통일이 비로소 불교 안에서 정신적인 통일로 가고 있음을 전해주는 의미 깊은 고대로부터의 통신이다.

— 글쓴이 조경철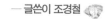

정혜·정효공주 묘지,
발해사를 이야기하다

묘지墓誌란?

묘지란 죽은 사람을 추모하기 위해 그의 생애와 업적을 기록하여 무덤 안에 묻은 글을 가리킨다. 보통 돌에 글을 새겼기 때문에 묘지석墓誌石 또는 지석誌石이라고도 하지만, 정식 명칭은 묘지명墓誌銘이다. 전체 문장이 지誌와 명銘으로 되어 있기 때문이다. 지는 죽은 사람의 생애를 기록한 산문이고, 명은 그를 추도하는 운문이다. 4·6구의 화려한 변려문을 사용한 묘지명은 당나라 때 크게 유행하였다.

묘지명은 사람이 죽고 나서 바로 씌어졌기 때문에 그 사람의 가족 관계나 관직, 행적 등 구체적인 사실에 대한 사료적 가치가 높다. 그러나 글을 작성한 목적이 죽은 사람을 찬양하고 애도하는 데 있기 때문에 과장이나 윤색이 없지 않다. 묘지명을 통해 과거 사실을 추적할 때에는 이 점에 특히 주의해야 한다.

정효공주 묘지명

높이 105, 너비 58, 두께 26센티미터의 화강암에 해서 728자가 새겨져 있다. 공주의 일생을 4·6구의 화
려한 변려문으로 기록하였다. 정혜공주 묘지명과 함께 발해의 문화 수준을 엿볼 수 있는 중요한 유물이다.

〈서문의 둘째 단락〉

公主 …… 生於深宮 幼聞婉嬺

瓌姿稀遇

曄似瓊樹之叢花

瑞質絶倫

溫如崑崙之片玉……

辨慧獨步 雅性自然

□□好仇 嫁于君子

標同車之密義

叶家人之永貞

柔恭且都 履愼謙謙……

琴瑟之和 蓀蕙之馥

〈서문의 넷째 단락〉

粤以大興五十六年

夏六月九日壬辰終於外第

春秋三十六

諡曰貞孝公主

其年冬十一月廿八日己卯陪葬於染谷

之西原

禮也

오랜 잠에서 깨어나다

발해가 멸망한 지 1,080여 년. 그런데 새삼 현대에 들어 발해사는 그 역사가 어느 나라에 귀속되느냐가 최대의 국제적 논란거리가 되고 있다. 발해가 고구려를 잇고 있다고 당연하게 여기는 한국(북한)과 달리, 중국과 러시아는 발해를 고구려와 상관 없는 말갈계 국가로 규정하고 있다. 특히 중국은 발해를 속말말갈족이 중심이 된 당나라의 지방 봉건 정권으로 잘라 말하고 있다.

이렇게 발해사를 놓고 여러 나라가 다른 견해를 보이는 것은 발해의 건국 시조인 대조영大祚榮의 출신에 대한 애매한 기록 때문이기도 하다. 발해사의 기본 사료인《구당서》〈발해말갈전〉과《신당서》〈발해전〉에서는 대조영을 각각 '고려별종高麗別種'과 '속말말갈粟末鞋鞨 출신으로 고구려에 복속된 자'라고 서로 다르게 기록하고 있다. 그러나 일본 측 기록인《속일본기》등에서는 발해가 고구려를 계승한 나라라고 밝히고 있다. 그런데 이런 기록들은 발해와 교섭하던 나라들의 입장에서 씌어진 것이기 때문에, 구체적인 발해의 모습을 전하는 데는 아무래도 한계가 많다. 정작 발해인이 직접 남긴 기록이 전혀 없기 때문에, 그 귀속 문제를 놓고 가타부타 말이 많은 것이다.

이런 상황에서 정혜貞惠공주와 정효貞孝공주의 무덤이 발견되었고, 더욱 거기에서 나온 묘지명은 지금까지 알려지지 않은 여러 사실을 전해주는 발해인이 직접 남긴 기록이었다.

정혜공주 무덤은 1949년 돈화의 계동중학과 연변대학 역사과가 길림성吉林省 돈화시敦化市 육정산六頂山에서 발굴하였다. 일설에 따

정혜공주 무덤에서 출토된 돌사자상
화강암으로 만들어졌으며, 높이가 64센티미터이다. 부릅뜬 눈에 머리를 들고, 혀를 만 채 입을 벌리고 있는 모습에서 주인을 위해 무덤을 지키는 사자의 모습이 생생하게 전해진다.

정효공주 무덤의 벽화(위)와 동벽 부분도

정효공주 무덤에는 연도의 좌우와 현실玄室의 세 벽에 모두 열두 명의 인물이 그려져 있다. 그림 맨 왼쪽 두 사람이 있는 곳이 현실의 북벽이고, 오른쪽의 네 사람이 있는 곳이 동벽이다. 북벽에 있는 두 사람은 시종으로 등 뒤에 활을 메고 있고, 동벽의 오른쪽 첫 번째 사람은 시위병으로 어깨에 철퇴를 메고 있다. 나머지 세 사람은 공주의 시중을 드는 내시이다.

르면 돈화의 중학교 교장이 학교 운영자금을 마련하기 위해 고심하던 중 근처에 있는 옛날 무덤들에 혹시 보물이 있지 않을까 하는 생각에 파헤쳤다고 한다. 그러다가 글자가 새겨진 돌조각들을 발견하면서 세상에 알려지게 된 것이다.

한편 정효공주 무덤은 1980년 길림성 화룡현和龍縣 용두산龍頭山에서 발견되었다. 문화대혁명 당시 이곳에 하방下放했던 학생이 소꼴을 먹이다가 벽돌탑을 발견하였고, 이어 연변박물관이 탑을 조사하는 과정에서 그 밑에 위치한 무덤을 발굴하였다.

두 무덤에서 발견된 가장 중요한 유물은 무덤의 주인공이 누구인지를 알려주는 묘지명이다. 이를 통해 무덤 주인은 발해 제3대 왕 문왕의 둘째 딸 정혜공주(738~777)와 넷째 딸인 정효공주(757~792)임이 밝혀졌다. 그 밖에도 정혜공주 무덤에서는 힘차고 생동감 넘치는 돌사자 두 마리를 찾아냈고, 정효공주 무덤에는 화려한 벽화가 그려져 있어 처음으로 발해인의 모습을 볼 수 있었다.

한편 두 무덤은 무덤 양식에서 차이를 보이고 있다. 정혜공주 무덤은 석실봉토분으로서 고구려 양식을 잘 잇고 있다. 반면에 정효공주 무덤은 기본적으로 중국식이다. 재료가 벽돌이고 지하에 무덤칸을 만든 것

고구려의 석실봉토분

석실봉토분이란 판석을 이용하여 널을 안치하는 방(돌방, 석실)을 만들고, 한쪽 벽에 외부로 통하는 출입구를 마련한 뒤 봉토를 씌운 무덤을 가리킨다. 석실분, 석실묘, 돌방무덤이라고도 한다. 보통 남쪽 벽에 연도羨道가 있고, 천장 구조가 다양한 점에서 돌덧널무덤(石槨墓)과 큰 차이가 난다. 고구려의 무덤은 초기에 돌무지무덤(積石冢)이 발달하다가 평양 천도 이후에 석실봉토분이 주류를 이루었다.

고구려 석실봉토분의 특징 가운데 하나는 돌방의 네 벽을 반듯하게 쌓아 올리되, 각 단마다 모서리를 죽여가다가 마지막으로 한 개의 커다란 판석을 올려서 천장을 만든다는 것이다. 또한 판석으로 사방 벽을 만들었기 때문에, 벽면과 천장에 그림을 그린 벽화가 적지 않다.

도 그렇고, 벽화도 당나라 양식을 따르고 있다. 다만 사방을 평행고임한 뒤 그 위에 큰 판석을 덮는 천장 양식은 고구려를 계승하고 있다. 즉, 발해는 고구려의 전통을 이어받으면서도 후대로 갈수록 당나라 문화도 활발하게 받아들인 것이다.

정혜공주 묘지명은 발굴 당시 연도羨道에서 일곱 조각으로 깨진 채 발견되었다. 재질은 화강암이며 위가 뾰족하고 아래는 네모진 형태를 하고 있으며, 크기는 높이 90센티미터, 너비 49센티미터, 두께 29센티미터다. 발굴 당시에는 앞면에 단정한 해서체로 새겨진 21행 725자 중 491자만 식별할 수 있었는데, 나중에 그 내용이 거의 비슷한 정효공주 묘지를 통해 나머지도 추정할 수 있게 되었다. 묘지명은 전형

정혜공주 묘지명
현재 중국 길림성박물관에 소장되어 있는 이 묘지는 그 내용이 정효공주 묘지와 거의 비슷하다.

적인 변려문駢儷文(넉자와 여섯 자로 된 구절을 중심으로 대구법을 사용하는 화려한 문장)으로, 서문 13행과 명문 6행 그리고 건립일을 적은 마지막 행으로 구성되었다. 현재 중국 길림성 장춘시에 있는 길림성박물관에 소장되어 있다.

정효공주 묘지는 정혜공주 묘지와 달리 발굴할 때 완전한 모습이었다. 재질이나 모양은 정혜공주 묘지와 같다. 크기는 높이 105센티미터, 너비 58센티미터, 두께 26센티미터이고 앞면에 해서체로 18행 728자가 새겨져 있다. 이 역시 변려문으로 서문 12행과 명문 6행으로 구성되었다. 현재 중국 길림성 연변조선족자치주 박물관에 소장되어 있다.

한 떨기 꽃이며 한 조각 옥이라

묘지墓誌란 죽은 사람을 추모하기 위해 그의 생애와 업적 등을 돌에 새겨놓은 글을 말한다. 이와 비슷한 것으로 무덤 앞에 세우는 묘비墓碑를 들 수 있다. 묘비가 무덤 앞에 세워진 것이라면, 묘지는 무덤 속에 묻힌 것을 가리킨다. 묘비는 중국 한나라 때 처음 등장하였다. 그런데 위진남북조시대에 묘비를 세우지 못하게 했기 때문에, 그 대신 비문을 줄이고 형태를 작게 한 네모꼴 판석을 무덤 안에 함께 묻은 묘지가 나타나게 되었다. 묘지는 당나라 때 크게 유행하였다. 연개소문의 아들 천남생을 비롯한 많은 고구려 유민과 흑치상지 등 백제 유민의 묘지명이 중국 낙양에서 발견되는 까닭도 여기에 있다.

묘지는 묘지명墓誌銘의 줄임말로, 여기서 '지誌'는 죽은 사람의 이름과 생애를 기록한 산문이고, '명銘'은 죽은 사람을 찬양하거나 추도하는 운문이다. 이는 묘비도 마찬가지다. 흔히 우리가 보는 비문은 전면에 '○○碑銘 幷序'라고 되어 있다. 여기서 병서幷序란 비를 세워 죽은 사람을 추도[銘]하기에 앞서 그 사람의 생애와 업적을 머리말처럼 써둔다는 뜻으로, 이것이 바로 지에 해당한다. 원래는 죽은 사람의 이름과 관직 등을 간단하게 기록하고 그의 인품이나 업적 등을 추상적으로 찬양하거나 애도하는 것이 주목적이었지만, 후대로 갈수록 앞뒤가 바뀌어 그의 생애나 관직·업적 등을 장황하게 적는 쪽으로 나아갔다. 묘비나 묘지는 사람이 죽고 나서 바로 쓴 기록이어서 사료적 가치가 높지만 과장이나 윤색이 있다는 점을 그냥 지나쳐서는 안 된다.

두 공주의 묘지는 똑같이 서문 네 단락과 명문 여섯 단락으로 구성되어 있다. 서문의 첫째 단락은 부녀자의 덕을 중국 고사에서 빌려와 전체 문장을 이끌고, 둘째 단락은 공주의 조상과 부왕이 세운 위대한 업적을 찬양하여 공주가 고귀한 출신임을 밝혔다. 셋째 단락은 공주가 태어나고 시집 가서 남편과 아이를 먼저 보내고 수절하다가 세상을 떠난 생애를 그렸고, 넷째 단락은 공주의 장례식을 적어놓았다. 그리고 서문을 줄여서 운문으로 표현한 명문의 첫째 단락은 출신, 둘째 단락은 지혜로움과 아름다움, 셋째 단락은 출가, 넷째 단락은 수절, 다섯째 단락은 장례, 여섯째 단락은 애도문으로 구성되어 있다.

묘지명에 나타난 두 공주의 삶은 의외로 간단하다. 문왕의 둘째 딸 정혜공주는 남편과 어린 아들을 여의고 수절하다가 777년 마흔 살에 죽었고, 문왕의 넷째 딸 정효공주 역시 남편과 어린 딸을 잃고 792년 서른여섯에 사망하였다. 그런데 두 공주의 생애가 비슷했기 때문인지, 묘지명은 몇 가지 구체적인 사실만 빼고는 내용이 똑같다. 즉, 정혜공주와 정효공주가 각각 문왕의 둘째 딸과 넷째 딸이라는 점, 각각 아들과 딸을 낳았다는 점 그리고 사망한 해와 당시 나이, 시호, 장례일과 장지 등 인적 사항만 다르고, 공주의 인품이나 행실 등을 적은 대부분의 내용은 같은 문장으로 표현했다. 이는 발해에서 국가 의례와 관련된 문장을 담당하는 문적원文籍院이 묘지가 갖고 있는 정형적인 격식을 바탕으로 상황에 따라 필요한 부분만 고치고 나머지는 그대로 사용했기 때문으로 추정된다.

여기서 잠시 묘지명의 서문에서 어떻게 죽은 사람의 용모나 성격, 행동, 부부 관계 등을 찬송하고 있는지 살펴보자.

공주는 …… 궁중에서 태어나 어려서부터 유순하기로 이름이 났다. 용모는 보기 드물게 뛰어나 경수瓊樹(옥이 열린다는 전설의 나무)에 핀 한 떨기 꽃처럼 아름다웠고, 품성은 비할 데 없이 두드러져 곤륜산崑崙山에서 난 한 조각 옥처럼 온화하였다. …… 총명한 지혜는 비할 바 없고 우아한 품성은 타고난 것이었다. 공주는 훌륭한 배필로서 군자에게 시집갔다. 그리하여 한 수레에 탄 부부로서 친밀한 모습을 보였고, 한집안 사람으로서 영원한 지조를 지켰다. 공주는 부드럽고 공손하고 또한 우아하였으며, 신중하게 행동하고 겸손하였다. …… 부부 사이는 거문고와 큰 거문고처럼 잘 어울렸고, 창포와 난초처럼 향기로웠다. ―서문의 둘째 단락

이런 공주의 모습을 명문에서는 이렇게 줄여놓았다.

공주가 태어나매 어려서부터 진실로 아름다웠네.
매우 총명하고 슬기로워 널리 듣고 높이 본다네.
궁궐의 모범이며 동궁의 누이라네.
옥 같은 얼굴 무궁화만이 견줄 수 있네. ―명문의 2행

이처럼 아름답고 훌륭한 딸들이 일찍 세상을 떠났으니 그 아버지의 심정은 어떠했을까? 묘지명에 적힌 글이다.

황상은 조회를 파하고 크게 슬퍼하여 침소에 들지 않고 음악도 중지시켰다. 장례 치르는 의식을 차질없이 준비하도록 관청에 명하였다. 상여꾼의 목메어 우는 소리 발길 따라 머뭇거리고, 수레 끄는 말의 슬피 우는 소리 들판 따라 오르내리는구나. ―서문의 넷째 단락

이처럼 화려하고 세련된 문장을 통해 당시 발해의 문화 수준을 엿볼 수 있다. 그러나 그 내용은 죽은 이에 대한 찬양과 추도로 가득 차 있을 뿐, 정혜공주나 정효공주만이 갖고 있는 특징이나 개성이 나타나 있지 않아 아쉬움이 많이 남는다. 그렇지만 발해에 관한 기록이 이웃 나라에서 단편적으로 남긴 것밖에 없는 까닭에, 묘지명에 담긴 기록 한 자 한 자가 그만큼 소중할 수밖에 없다. 이 점에서 묘지명을 작성한 당시 발해인의 의도와는 무관하게 구체적인 사실을 전하는 다음 몇 구절에 주목할 필요가 있다.

보력 4년(777) 여름 4월 14일 을미에 궁궐 바깥에서 죽었으니, 나이는 40세였다. 정혜공주라고 시호를 내렸다. 보력 7년(780) 겨울 11월 24일 갑신에 진릉의 서쪽 평원에 배장하였으니, 예에 맞게 한 것이다. ─정혜공주 묘지명 서문 넷째 단락

대흥 56년(792) 여름 6월 9일 임진에 궁궐 바깥에서 죽었으니, 나이는 36세였다. 정효공주라고 시호를 내렸다. 이해 겨울 11월 28일 기묘에 염곡의 서쪽 평원에 배장하였으니, 예에 맞게 한 것이다. ─정효공주 묘지명 서문 넷째 단락

두 공주의 묘지명 사이에는 13년이란 시간 차이가 난다. 여기에 보이는 보력寶曆과 대흥大興은 모두 문왕이 사용한 발해의 연호다. 777년에 죽은 정혜공주는 3년상을 치르고 진릉珍陵 근처에 묻힌 반면에 792년에 죽은 정효공주는 1년상을 치르고 염곡染谷 근처에 묻혔다. 이를 통해 문왕이 두 개의 연호를 쓴 사실과, 같은 공주 신분인데도 상장喪葬 기간과 장지葬地가 서로 다른 사실을 알 수 있다. 이것은 어떤 의미를 지닌 것일까.

두 공주가 서로 다른 곳에 묻힌 까닭은

주지하듯이 대조영은 고구려 유민과 말갈족을 이끌고 698년 당의 토벌군을 천문령(지금의 길림성 길림합달령)에서 격파하고 발해를 건국하였다. 당나라는 계속 대조영 집단을 토벌하려고 하였으나, 돌궐과 거란이 도로를 차단하였기 때문에 실행하지 못하였다. 이로 인해 발해는 건국 직후 당나라와 대립하던 돌궐 및 신라와 통교함으로써 밖으로는 안정을 확보하고 주변으로 세력을 넓혀나갔다. 대조영이 처음 동모산(지금의 길림성 돈화 부근)에서 건국하였을 때에는 진振이라 자칭하였으나,

713년 발해와 당나라가 국교를 수립하고 대조영이 그로부터 발해군왕에 책봉됨으로써 국호를 발해로 칭하게 되었다. 따라서 엄밀하게는 698년부터 713년까지는 진이라고 불러야 하지만, 편의상 발해로 통칭하기로 한다.

고왕高王 대조영의 뒤를 이어 왕위에 오른 무왕武王 대무예大武藝는 동북쪽으로 영역을 확장하였다. 이에 위협을 느낀 흑수말갈黑水靺鞨이 당나라와 결탁하여 발해를 앞뒤에서 위협하였다. 이 때문에 무왕은 흑수말갈을 공격하려고 하였고, 무왕의 동생 대문예大門藝는 그에 반대하여 당나라로 망명하는 등 발해 지배층 내부에서 분열이 발생하였다. 732년 장문휴張文休가 수군을 이끌고 당나라의 등주登州(지금의 산동성 봉래시)를 공격한 사건은 바로 발해가 나라 안팎에서 처한 위기를 타개하려는 의도에서 나왔다. 무왕의 뒤를 이어 즉위한 발해의 3대왕이 바로 두 공주의 아버지인 문왕文王 대흠무大欽茂(737~793)다. 문왕은 밖으로는 당나라와 악화된 관계를 개선하고 안으로는 지배 체제를 정비해야 하는 시급한 과제를 떠안고 있었다.

문왕은 당나라와의 관계를 개선하고 당의 선진 문물을 받아들이면서 57년 동안 지배체제를 정비하는 데 힘을 기울였다. 그 결과 정당성政堂省 같은 중앙 관청이나 남해부南海府나 약홀주若忽州 같은 지방 행정조직이 나타나기 시작하였다. 따라서 3성省 6부部나 5경京 15부府 62주州로 대표되는 해동성국 발해의 통치제도는 그 기반이 문왕 때에 마련되었음을 알 수 있다. 그런데 지방제도는 중앙에 대해 독자적인 지방 세력을 복속시키고 부단히 지배하기 위한 제도적 장치이다. 이는 단순한 물리적 정복만으로 되는 일이 아니다. 이 점에서 정혜공주와 정효공주의 묘지명에 나타난 장지의 차이는 한 가지 단서를 제공한다.

정혜공주 무덤은 발해의 첫 수도였던 동모산 부근의 길림성 돈화시 육정산에서 발견되었다. 반면 정효공주 무덤은 발해의 두 번째 수도였던

중경中京으로 비정되는 길림성 화룡시 서고성 부근의 용두산에서 발견되었다. 정효공주 묘지명에 보이는 염곡은 바로 용두산으로 추정된다.

그런데 두 공주의 장지가 서로 다른 까닭은 무엇일까. 이와 관련하여 묘지명에서 두 공주가 배장陪葬되었다고 한 점이 주목된다. 배장이란 신하나 처첩의 운구를 임금이나 남편의 무덤 옆에 묻는다는 뜻으로, 여기서는 두 공주가 각각 남편과 함께 묻혔음을 뜻한다. 즉, 두 공주는 먼저 죽은 남편과 함께 각각 육정산과 용두산에 묻힌 것이다. 따라서 두 공주가 서로 다른 곳에 묻힌 것은 남편의 무덤이 다른 데서 비롯되었다. 이 점에서 다시 공주의 남편들에 주목할 필요가 있다.

정혜공주가 묻힌 육정산 고분군은 발해 초기의 왕실과 귀족들이 매장된 곳으로 알려져 있다. 따라서 정혜공주 묘지명에 보이는 진릉은 할아버지 무왕의 무덤으로 추정되며, 문왕의 무덤도 이곳에 있을 가능성이 높다. 이렇게 볼 때, 그 남편은 발해 건국 집단에 속하는 핵심 지배층의 일원이었을 것이다. 반면 정효공주가 묻힌 중경은 발해의 두 번째 수도로, 지방 지배의 거점인 5경 가운데 하나였다. 따라서 이곳에 중앙과 밀접한 관계를 가진 인물을 배치할 필요가 있었다. 이 때문에 중경에는 왕의 부마駙馬가 파견되었고 정효공주도 남편의 임지에서 죽었을 가능성이 높다는 견해도 있다. 그런데 정혜공주 부부와 달리 정효공주 부부가 육정산이 아닌 용두산에 묻혔던 사실로 보아 정효공주의 남편이 중앙에서 파견되었다 하더라도 이 지역에 일정한 연고를 가졌던 것으로 추정된다.

발해는 732년 무렵 동모산에서 중경으로 천도하였고, 756년 무렵에는 상경上京(흑룡강성 영안시 동경성), 그리고 785년 무렵 다시 동경東京 (길림성 훈춘시 팔련성)으로 옮겼다. 발해 전반기에 이처럼 자주 수도를 옮긴 사실은 그 자체가 지방 지배의 일환이었음을 반영한다. 수도가 되었다는 것은 그 지역의 토착 세력을 복속시켰음을 의미한다. 그리고 이들이 중앙 지배층으로 편입됨으로써 다른 곳으로 천도할 수 있었다. 이 때문에 정효공주의 남편은 이 지역 출신일 가능성이 있다. 그렇다면 문왕은 상경으로 수도를 옮긴 뒤에도 중경 지역을 계속 지배하기 위하여 이곳 출신으로 중앙 지배층에 편입된 세력에게 정효공주를 시집보냈던 것으로 파악할 수 있다.

한편 정혜공주는 3년상, 정효공주는 1년상을 치렀다는 것도 주목할 만한 사실이다. 고구려나 백제도 3년상을 치른 점에서 볼 때 정혜공주의 경우 발해가 이러한 전통을 계승하였음을 알 수 있다. 이는 정혜공주 무덤이 고구려 양식을 계승한 석실봉토분으로 만들어졌다는 점에도 잘 드러나 있다. 반면 1년상을 치른 정효공주 무덤은 당나라의 영향을 많이 받았음을 참고로 생각해볼 때, 발해가 당나라 문물을 적극적으로 받아들인 데 따른 변화로 보인다.

통치 방침을 상징하는 표현, 연호

두 공주의 묘지명에서 특히 관심이 가는 부분이 바로 연호 사용이다. 발해에서는 국왕이 사망하면 시호를 올리고 다음 왕이 즉위하면서 새로운 연호를 사용하였다. 이를 《신당서》에서는 '제멋대로 시호를 올리고[私諡]', '제멋대로 연호를 고친다[私改年]'고 표현하였는데, 이는 발해 스스로 시호와 연호를 사용한 것을 당나라가 못마땅하게 여겼기 때문이다.

문왕은 737년 즉위하여 '크게 흥한다'는 뜻을 지닌 대흥大興이라는 연호를 사용하였다. 연호에는 그 시대가 갖고 있는 정치적 이상과 포부가 집약되어 있다. 즉, 연호는 통치 방침을 상징하는 표현이다. 57년 동안 왕위에 있으면서 지배체제를 확립하는 데 힘쓴 문왕은 국정 지표를 발해의 국세를 크게 일으키는 것으로 삼았던 모양이다. 그런데 정혜공주 묘지명에는 공주가 보력 4년 4월 14일 을미에 죽어 3년상을 치르고 나서 보력 7년 11월 24일 갑신에 장사지냈다고 적혀 있다. 이는 문왕이 처음에는 대흥이라는 연호를 사용하다가 나중에 보력으로 고쳐 사용하였음을 얘기해준다. 묘지명에 적힌 날짜의 간지를 헤아려본 결과, 보력 4년과 7년은 각각 777년과 780년으로 밝혀졌다. 따라서 보력으로 연호를 고친 해는 774년으로, 대흥 38년에 해당한다.

당나라는 고왕 대조영이 발해를 건국하였을 때 그를 나라[國]보다 작은 군[郡]의 우두머리라는 뜻에서 '발해군왕渤海郡王'으로 책봉하였다. 무왕이나 문왕의 경우도 마찬가지였는데, 문왕은 대흥 26년(762)에 발해국왕渤海國王으로 승격되었다. 또한 문왕은 일본과 외교 관계에서 스스로 하늘의 자손[天孫]이라 하여 외교적인 마찰을 겪기도 하였다. 이러한 사실들은 문왕대에 발해의 국력이 커졌음을 보여준다.

이러한 와중에 연호가 대흥에서 보력으로 바뀐 것은 무엇을 의미할까? 대흥이라는 연호에 크게 국세를 일으키려는 의지가 담겼다면, 보력은 어떤 뜻일까? 보력은 왕이 새해에 신하들에게 나누어주는 달력을 말한다. 그런데 달력을 나누어주는 것은 제왕이 가진 고유 권한이므로, 보력은 왕위 자체를 의미하기도 한다. 결국 보력이라는 연호를 사용한 데에는 왕권을 더욱 강화하겠다는 의도가 깔려 있다고 볼 수 있다.

이는 묘지명에 나타난 '대흥보력효감금륜성법대왕大興寶曆孝感金輪聖
法大王'라는 문왕의 존호에서도 엿볼 수 있다. 대흥과 보력은 모두 연호
이고, 효감은 유교 용어이며, 금륜과 성법은 불교 용어다. 특히 금륜은
무력이 아닌 불법으로써 세상을 다스리는 이상적인 왕을 뜻하는 전륜
성왕轉輪聖王 이념에서 나온 것이다. 또한 문왕은 앞에서 인용한 문장에
서 보듯이 황상皇上, 즉 황제로 불리기도 하였다. 이처럼 문왕의 호칭도
왕권이 강화되었음을 보여준다.

왕위 계승을 놓고 정치적 격변기에 돌입하다

보력 연호를 사용한 정혜공주 묘지명과 달리 정효공주 묘지명에서는
다시 대흥 연호를 사용하였다. 즉, 정효공주는 대흥 56년(792) 6월 9일
사망하여 그해 11월 28일 장사를 치렀다고 적혀 있다. 과거 연호를 다
시 쓰는 일은 역사에서 드문데, 이는 무엇을 뜻하는 것일까?

문왕은 57년 동안 재위하면서 체제를 정비하고 왕권 강화에 힘썼지
만 그가 죽고 나서 발해는 왕위 계승을 둘러싸고 정치적 격변기에 휩싸
이게 된다. 문왕이 죽은 뒤 25년 동안 일곱 왕이 번갈아 등장한 것이다.
이에 대해 《신당서》는 다음과 같이 전한다.

정원 연간(785~805)에 수도를 동남쪽에 있는 동경으로 옮기고 나서 흠
무가 죽으니 (발해에서) 멋대로 시호를 문왕이라 하였다. 아들 굉림이 일
찍 죽어 족제인 원의가 즉위하였는데, (그는 성격이) 의심 많고 포악해서
1년 만에 국인이 그를 살해하고 굉림의 아들 화여를 추대하여 왕으로 삼
고 다시 상경으로 환도하였다. 연호를 중흥으로 고치고는 죽었으니 시호
는 성왕이다. 흠무의 어린 아들 숭린이 즉위하여 연호를 정력으로 고쳤으
니, (당나라는) 조서를 내려 우효위대장군을 제수하고 왕위를 잇게 하였
다. (나중에) 죽으니 시호는 강왕이다.

문왕의 뒤를 이어 왕위에 오른 이는 문왕의 족제인 대원의大元義였다. 족제는 원래 팔촌을 가리키는 말이지만 여기서 문왕과 대원의는 육촌 사이로 추정된다. 문왕이 너무 오래 살아서인지 문왕의 아들 대굉림大宏臨은 아들 대화여大華璵만 남기고 일찍 죽었다. 그렇다면 왕위는 직계 손자인 대화여에게 넘어가야 정상일 텐데 그렇지 못하고 방계인 육촌 동생 대원의에게 넘어갔다. 이처럼 비정상적으로 왕위에 오른 대원의는 성격도 의심 많고 포악하여 국인國人들이 그를 죽이고 대화여를 왕으로 추대하였으니, 그가 바로 성왕成王이다. 반면 대원의는 조선시대의 연산군이나 광해군처럼 반정으로 왕위에서 내쫓겨 시호가 없기 때문에, 후대 역사가들이 편의상 폐왕廢王이라고 부른다.

그런데 문왕 말기인 785년 무렵에 발해는 수도를 상경에서 동경으로 옮겼는데, 성왕은 즉위하자마자 상경으로 환도하고는 곧바로 사망하였다. 그의 재위 기간은 1년도 채 안 된다. 문왕의 죽음에서 시작해 폐왕의 즉위와 피살, 성왕의 즉위와 상경 환도 및 사망 그리고 강왕의 즉위까지 모두 1년 남짓한 기간에 일어났다. 이때가 얼마나 혼란기인지 알려주는 또 하나의 기록이 있다. 발해와 일본의 교섭을 전하는 《속일본기》에 따르면 793년 3월에 사망한 문왕의 부고가 일본에 알려진 것은 3년 뒤인 796년인데, 여기서는 문왕이라는 시호 대신 대행대왕大行大王이라고 표현하고 있다. 대행은 왕이 사망하여 시호가 정해지기 전까지 임시로 부르는 칭호다. 임시 호칭을 3년 동안 사용하였다는 것은 그만큼 발해 내부에 복잡한 사정이 있었음을 암시한다.

성왕 다음에 즉위한 강왕康王 대숭린大嵩璘은 15년 동안 재위했지만, 그 뒤 10년 남짓한 기간 동안 정왕定王 대원유大元瑜, 희왕僖王 대언의大言義, 간왕簡王 대명충大明忠이 잇달아 즉위하였다. 이 세 왕은 형제 사이다. 그리고 간왕 다음에 왕위에 오른 사람이 바로 선왕宣王 대인수大仁秀로, 발해가 해동성국海東盛國이라고 불리던 때가 대체로 이 무렵부터다. 그런데 선왕 전까지 왕들은 모두 고왕 대조영의 후손인 데 반해, 선왕은 고왕의 동생인 대야발大野勃의 후손이다.

이처럼 문왕이 죽고 나서 선왕이 즉위하기(818)까지 25년 동안을 발해사에서 내분기라고 한다. 내분이 일어난 원인은 아무래도 문왕 말기에서 그 실마리를 찾아야 할 것이다. 즉, 문왕 말기에 상경에서 동경으로 천도하고 문왕이 죽은 뒤 폐왕 대원의가 즉위했다는 사실은 문왕 말기에 동경 천도를 주도하고 권력을 장악한 이들이 바로 대원의와 그 지지 세력일 가능성을 시사한다. 반면 국인이 폐왕을 죽이고 성왕을 추대한 후 다시 상경으로 환도한 사실로 미루어 볼 때, 국인은 상경에 기반을 둔 대원의의 반대 세력이라는 것을 알 수 있다. 그리고 국인이 왕위 계승에서 절대적인 역할을 했다는 점에서 문왕 말기에 왕권이 그만큼 약화되었음을 짐작할 수 있다. 그러나 문왕 말기에 왜 지배층이 분열되었는지, 그리고 사태가 구체적으로 어떻게 전개되었는지 등에 대해서는 자세히 알 수 없다.

두 공주의 묘지명에서 알 수 있듯이 문왕대에 연호가 대흥에서 보력으로, 후기에 다시 대흥으로 바뀐 것 역시 정국 주도 세력이 교체되었을 가능성을 시사한다. 연호는 통치 방침을 상징하기 때문이다. 따라서 문왕이 즉위한 지 38년째인 774년에 연호를 대흥에서 보력으로 고침으로써 왕권 강화를 추진했다면, 그 과정에서 소외된 귀족 세력들이 반발하는 것 또한 충분히 예상할 수 있는 일이다. 따라서 문왕 말기에 다시 대흥으로 연호를 고친 것은 국왕이 중심이 된 권력 강화에서 한 발 뒤로 물러난 상황을 반영하는 것이 아닐까 추측된다.

또한 문왕 말기에 동경으로 천도한 사실도 이와 관계가 있다. 천도에는 국가의 중심인 수도의 이동을 통해 국정을 쇄신하려는 의미가 있으므로 통치 방침의 상징인 연호도 당연히 바뀌었을 것이다. 이렇게 본다면 동경 천도와 연호 복구를 통해 정국 주도세력이 교체되었기 때문에 대원의가 문왕의 손자인 대화여를 제치고 왕위에 오를 수 있었던 것이다.

정혜공주와 정효공주가 죽고 나서 문왕의 명령으로 묘지명을 지은 사람은 공주를 추모하려는 의도에서 장황하고 추상적으로 미사여구를 나열하였다. 그러나 묘지명에서 별다른 뜻 없이 삽입된 몇 구절은 오히려 문왕대의 체제 정비와 그를 둘러싼 정치적 갈등 과정을 이해할 수 있는 실마리를 제공하였다. 이는 오늘날 일생생활에서 무심코 내뱉은 말에 의외로 중요한 의미가 내포되어 있는 것과 같다.

두 공주는 남편과 아이를 여읜 개인적인 불행을 제외한다면, 공주의 신분으로 부귀영화를 누리며 살았다고 할 수 있다. 그런데 묘지명을 통해 볼 때, 정혜공주는 문왕이 한창 왕권을 강화하고 지배체제를 정비하는 도중에 죽었다. 반면 정효공주는 귀족 세력의 반발 속에 왕권이 약화될 때 세상을 떠났다. 어쩌면 정효공주는 노쇠한 아버지와 어린 조카를 걱정하며 숨을 거두었는지도 모를 일이다.

— 글쓴이 김종복

압수한 벽돌판과
사라져버린 토지문서

- 9세기 말의 신라 사회를 보는 '바늘 구멍'

묘길상탑은?

진성여왕 9년(895)에 전란으로 사망한 원혼의 명복을 빌기 위해 해인사 경내에 세운 탑이 '묘길상탑(보물 제1242호)'이다. 여기에 최치원이 찬한 글이 '묘길상탑기'이다. 이 탑을 세울 당시 신라는 농민반란과 후삼국의 성립으로 극심한 혼란에 휩싸여 있었다. 이 혼란은 사찰과 승려들까지 위협하여, 전쟁 때 수많은 승병들이 목숨을 잃었다. 묘길상탑은 구체적으로는 이 승병들의 원혼을 달래주기 위해 세웠다. '묘길상'은 본래 문수보살을 한문으로 번역한 말로, 문수보살은 우리가 바른 길을 가는 데 필요한 지혜를 상징한다. 최치원은 탑기에서 '전쟁과 흉년 두 재앙이 서쪽(중국)에서는 멈추었고 동쪽(신라)으로 건너왔으니…… 굶어서 죽고 전쟁으로 죽은 시체가 들판에 별처럼 널려 있었다'고 슬퍼했다.

海印寺妙吉祥塔記　崔致遠撰

唐十九帝中興之際　兵凶二災西

歇東來　惡中惡者無憂無也　餓莩

戰歇原野　星排粤有海印寺別大

德僧訓蠱　傷之心各捨一科

之力誘衆　傷之心各捨實一科道也

共戍玟　秩三級為其顛輪之戒道也

大較以護國為先就是中特用挺

扱寃橫沉淪之魂　識綸祭受福不

扨在茲時　亂寧二年申月既望記

최치원이 쓴 〈해인사 묘길상탑기〉

벽돌판 앞 면에 최치원이 지은 문장을 새겼고, 뒷면에는 탑을 세우는 데 든 비용을 적었다.

11	10	9	8	7	6	5	4	3	2	1		
朽	拔	大	共	之	德	戰	歇	唐	海	1		
在	寃	較	成	力	僧	骸	東	十	印	2		
兹	沈	以	珉	誘	訓	原	來	九	寺	3		
時	淪	護	甃	矛	盡	野	惡	帝	妙	4		
	之	國	三	衆	傷	星	中	中	吉	5		
大	魂	爲	級	之	痛	排	惡	興	祥	6		
匠	識	先	其	心	于	粤	者	之	塔	7		
僧	禴	就	願	各	是	有	無	際	記	8		
蘭	祭	是	輪	捨	乃	海	處	兵		9		
交	受	中	之	芧	用	印	無	凶	崔	10		
	福	特	戒	實	施	寺	也	二	致	11		
	不	用	道	一	導	別	餓	災	遠	12		
		拯	也	科	師	大	殍	西	撰	13		

닫힌 문에 뚫린 작은 구멍, 금석문

국내의 여러 고을에서 세금을 바치지 않아 창고가 비고 재정이 궁핍해졌다. 왕이 사람을 보내 독촉하니 이로부터 도적이 벌떼처럼 일어났다. 이때 원종元宗과 애노哀奴 등이 사벌주沙伐州(상주)에서 반란을 일으켰다. 왕이 나마奈麻(17관등 중 11등급) 영기令奇에게 붙잡으라 시켰더니 영기는 적의 보루를 보고 겁을 먹어 나아가지 못했으나 촌주村主 우련祐連은 힘껏 싸우다 전사하였다. 왕은 영기를 목 베라 명령하고, 10여 살 된 우련의 아들로 하여금 촌주 자리를 잇게 하였다. (《삼국사기》〈신라본기〉 진성왕 3년)

이 기록이 알려주듯이, 신라 사회는 889년(진성왕 3) 이후 농민 반란으로 인하여 걷잡을 수 없는 혼란에 휩싸이며 멸망의 나락으로 떨어져 갔다. 중앙정부가 통제력을 거의 잃어버리자 지방 호족들이 할거하였고, 궁예와 견훤이 이들을 아우르며 독자 정권을 세움으로써 후삼국시대가 열렸다. 널리 알려진 신라의 멸망 과정이다.

그러나 이런 대략적인 이해를 넘어서서 '도적이 벌떼처럼 일어나던' 당시 지방 사회의 실상을 좀더 구체적으로 알고자 하면, 《삼국사기》를 비롯한 문헌 기록들은 곧 한계를 드러내고 만다. 호족이 등장하는 과정을 전해주는 기록도 별로 없는 편이다. '과거'라는 방 문 앞에 섰지만, 문이 닫혀 있어 안을 들여다볼 수 없는 것이다.

이럴 때, 방문 창호지에 나 있는 조그마한 구멍이라도 찾아낸다면 얼마나 반가운 일이랴. 비록 작은 구멍일지라도 눈을 갖다대고 이리저리 살피면 방의 구조와 안에 놓인 물건들의 일부라도 파악할 수 있을 것이다. 우연히 발견되는 금석문들이 이런 행운을 가져다주는 경우가 가끔 있는데, 여기서 신라 말기의 사회상에 관한 이야기를 풀어갈 실

마리 역할을 하게 될 금석문이 그에 해
당한다.

압수품 속에서 발견한 최치원의 흔적
1966년도 신문을 보면, 문화재 밀반출
과 관련된 기사들이 유달리 자주 눈에 띤
다. 주로 우리 문화재를 일본으로 밀반출
하려다 적발된 사건 기사들, 그리고 문화재 관련 법규를
강화해야 한다는 주장 등이다. 전문 도굴꾼들이 전국적
으로 설치면서 이들이 파낸 토기와 도자기 등 갖가지 유
물들이 지하에서 흔히 암거래되던 시절이었다.

바로 이해 여름, 수년간 전국의 석탑을 돌며 사리장엄舍利
莊嚴(사리 용기)을 훔쳐온 도굴범들이 검거된 적이 있다. 그들
이 미처 처분하지 못한 유물들이 검찰에 압수되었는데, 그중
에는 벽돌판 네 개와 흙을 빚어 구운 작은 탑
한 무더기가 포함되어 있었다. 범인들의 자백
에 따르면 해인사 부근의 석탑에서 꺼낸 것이
라 하였다. 그런데 그 벽돌판 중 하나에 최치
원崔致遠의 이름이 선명히 새겨져 있어 눈길을
끌었다. 편의상 학계에서 흔히 붙여 쓰는 번호대로, 최치원의 문장부터
한글로 옮겨 소개하면 다음과 같다.

① 〈해인사海印寺 묘길상탑기妙吉祥塔記〉–최치원 찬撰
당나라 제19대 황제께서 중흥할 즈음, 병란兵亂과 흉년이라는 두 가지 재
앙이 서쪽에서 다하여 동쪽으로 왔다. 악惡 중의 악惡이 없는 곳이 없고,
굶어 죽은 시체와 전란戰亂으로 사망한 해골들이 들판에 별처럼 흩어져

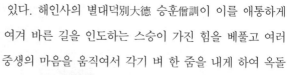

있다. 해인사의 별대덕別大德 승훈僧訓이 이를 애통하게 여겨 바른 길을 인도하는 스승이 가진 힘을 베풀고 여러 중생의 마음을 움직여서 각기 벼 한 줌을 내게 하여 옥돌로 3층탑을 함께 쌓았다. …… 때는 건녕乾寧 2년 7월 기망旣望에 쓰다.

건녕은 당나라 제19대 소종昭宗 때의 연호로, 그 2년은 895년(진성왕 8)이다. 농민 반란이 걷잡을 수 없이 번지기 시작한 889년으로부터 7년째 되

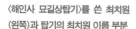

〈해인사 묘길상탑기〉를 쓴 최치원 (왼쪽)과 탑기의 최치원 이름 부분

던 해다. 그리고 기망旣望은 음력 16일을 뜻한다. 지금 쓰는 양력 날짜로 계산해보면 8월 10일이 된다. 아마 이 날짜는 벽돌판에 새길 문장을 지은 날일 것이며, 그 뒤 벽돌을 굽고 탑 속에 넣는 데는 며칠이 더 걸렸을 지도 모른다. 또 "옥돌로 3층탑을 쌓았다"는 표현은 탑을 쌓는 데 그만큼 정성을 들였다는 뜻으로, 실제로 옥돌을 사용하여 탑을 만들었다는 것은 아니라는 점도 지적해두자.

이 문장은 해인사 부근에서 일어났던 수년 동안의 극심한 사회적 혼란을 생생하게 전해준다. 즉, 당시는 "악 중의 악이 없는 곳이 없고, 굶어 죽은 시체와 전란으로 사망한 해골들이 들판에 별처럼 흩어져 있는" 상황이었다. 최치원은 이러한 사태를 "병란과 흉년이라는 두 가지 재앙이 서쪽에서 다하여 동쪽으로 왔다"고 표현하고 있다. 여기서 '서쪽'이란 당나라를 가리키며, 동쪽은 말할 것도 없이 신라이다.

최치원은 일찍이 열두 살의 어린 나이에 당나라에 유학하여 17년 가량을 머물다가 29살 되던 해인 885년(헌강왕 11) 초에 신라로 돌아와서 활동한 인물이다.

그는 당에서 빈공과賓貢科(외국인을 위한 과거 시험)에 합격하여 율수현溧水縣 현위縣尉라는 하급 관직을 맡은 적이 있다. 그러나 여기에 만족하지 못했던지 곧 사직서를 던지고 더 높은 등급의 과거 시험을 준비하던 중 경제적인 문제를 비롯한 여러 가지 어려움에 부딪쳐 중도에 포기하였다. 그리고 자신을 받아줄 사람을 찾아나선 끝에 '황소黃巢의 난' 토벌에 나선 고변高騈이란 인물의 휘하에 들어가서 활동하게 되었다.

유명한 '토황소격문討黃巢檄文'은 이때 쓴 것이다. 당시 그는 당나라의 중견 시인들과 어울리면서 고변에게도 각별한 대접을 받았다. 그러던 그가 왜 귀국을 결심하게 되었을까? 황소의 난 토벌에서 이렇다 할 공을 세우지 못한 고변이 신선술神仙術에 빠져 세월을 보내는 것을 보고 더 이상 기대할 것이 없다고 판단했을 수도 있겠다. 그러나 고향에 대한 그리움이라는 가장 큰 이유를 빼고 생각하기는 어려울 것 같다. 어쨌든 그는 당나라 황제가 보내는 사신의 자격으로 금의환향하는 기분을 갖고 신라로 돌아왔다.

최치원이 쓴 '토황소격문討黃巢檄文'

격문檄文은 여러 사람들의 행동을 촉구하거나 죄를 성토하기 위해 작성하여 돌리는 글을 말한다. 국가에서 지방 군사를 급히 동원할 때 격문을 보내기도 했다. 흔히 '토황소격문'이라고 알려진 최치원 글의 정식 제목은 '격황소서檄巢巢書'인데, 880년 7월 8일(음력)에 지은 것이다. '황소의 죄를 묻기 위해 띄우는 글'이라는 뜻이다. 황소는 당나라 말기에 대규모 농민반란을 이끌던 인물로서 한때 장안을 점령하며 기세를 떨쳤다. '격황소서'는 황소를 토벌할 임무를 맡고 있던 고변 휘하에 있던 최치원이 대필한 글 가운데 하나이다. 이 글에서 "무릇 천하의 사람들이 너를 죽일 것을 생각할 뿐 아니라, 땅속의 귀신들도 몰래 죽이려고 이미 의논하였다"는 구절에 이르러 황소가 깜짝 놀라 의자에서 떨어졌다는 이야기가 전한다. 아마도 최치원의 문장을 높이던 사람들이 지어낸 이야기일 것이다.

그러나 고국에서의 생활은 기대에 미치지 못했다. 부모는 이미 세상을 뜨고 없었고, 그의 행동반경도 국왕 가까이에서 외교 문서를 작성하거나 유명한 승려들의 비문을 짓는 정도에 그쳤다. 정책을 수립하고 실행하는 핵심 직책에는 끼어들지 못했던 것이다. 진골 신분이 아니라는 한계 때문이었다. 《삼국사기》에는 "장차 뜻한 바를 행하려 하였으나 신라가 쇠퇴해가던 때라 시기하는 자들이 많아 용납되지 못하고" 지방의 태수 직을 떠돌았던 것으로 기록되어 있다. 그는 대산군大山郡(충남 부여 홍산) · 부성군富城郡(충남 서산) 태수 등을 역임하였다.

또 그가 해인사 승려 희랑希朗에게 지어준 시에 '방로태감防虜太監 겸 천령군天嶺郡(경남 함양) 태수'이라는 직함을 쓴 것으로 보아, 이곳 태수로도 재직했던 것 같다. '방로태감'이란 '도적을 막는' 군사 지휘관을 뜻한다. 893년 무주武州(광주)에서 후백제 견훤 정권이 성립할 무렵, 접경 지역인 천령군 태수가 방어 임무까지 겸했던 것으로 생각된다. 시간상 벽돌판이 만들어진 때와 그리 멀지 않은 시기이며, 지리적으로도 해인사에서 가까운 곳이 함양이다.

최치원은 귀국하기 직전까지 5년 가량을 고변 밑에서 보내면서 당나라의 농민 반란과 사회 혼란상을 알고 있었다. 물론 그가 머문 지역은 황소 군의 피해를 직접 입은 곳이 아니었고, 그 자신이 직접 전투를 경험한 적도 없었다. 그러나 장안長安을 일시 점령했다가 쫓겨난 황소가 진주陳州를 포위 공격하던 중 식량이 떨어지자 인육을 조달하여 많은 고을이 피해를 입었다는 소문쯤은 듣고 있었을 것이다. 그는 황소가 잡혀 죽은 직후에 귀국했지만, 그 이후에도 당나라의 중심부는 연이은 농민 반란으로 "멀리 천 리를 보아도 굴뚝에 연기 나는 곳이 없었다"고 할 만큼 황폐한 상황이었다.

귀국한 뒤에도 그는 당나라의 사정을 접할 기회가 종종 있었던 것 같다. 신라에서 보내는 사절이 이어지고 있었기 때문이다. 앞서 소개한 벽돌판 ①의 문장에서 드러나듯이, 그는 888년에 소종 황제가 즉위하면서부터 당나라가 일시적인 안정을 찾고 있음을 알고 있었다. 그리하여 "병란과 흉년이라는 재앙이 서쪽에서 그치고 동쪽으로 왔다"고 인식하였다. 당연한 일이지만, 이런 인식은 그와 가까이 교류하고 있었던 해인사의 승려들에게서도 발견된다. 또 다른 벽돌판에 새겨진 승훈僧訓의 문장에서도 "혼탁한 운세가 서쪽으로부터 신라에 미쳤다"는 구절이 보이는 것이다. 이들은 당시의 혼란을 '천하의 중심'인 당나라에서 발생하여 주변으로 퍼져 온 재난처럼 여겼던 것이다.

895년 여름, 해인사에서 행한 건탑공양

그런데 최치원을 비롯한 해인사 승려들이 벽돌판을 만든 이유는 무엇이었을까? 당시의 상황을 기록하여 전해줄 목적이었을까? 네 개의 벽돌판은 앞면에만 글자가 새겨진 것이 있는가 하면, 앞뒷면 모두에 글자를 새겨넣은 경우도 있다. 대략 다음과 같은 내용이다.

① 이미 소개한 대로 최치원의 문장이 새겨진 것. 그 뒷면에는 〈운양대雲陽臺 길상탑기吉祥塔記〉라는 제목을 달고 석탑을 세우는데 든 비용, 관계한 기술자, 승려들의 이름을 적었음.

③ 〈해인사에서 나라와 삼보三寶를 지키다 사망한 승려와 속인의 명단〉이라는 제목 밑에 56명의 명단을 적어놓았음. 앞면에만 글자가 있음.

④ 〈백성산사百城山寺 앞의 길상탑에 넣은 법보法寶〉라고 하여 〈무구정광대다라니경〉·〈유마경〉·〈금강반야경〉 등의 경전과 부처사리, 흙으로 빚은 작은 탑들 등 많은 물품의 목록을 적었음. 앞면에만 글자가 있음.

최치원의 글과 함께 당시의 사회상을 적은 것으로 주목되는 것은 ②

번인데, 이는 해인사 승려였던 승훈이 지은 문장이다. 한글로 옮겨보면 다음과 같다.

②〈오대산사五臺山寺 길상탑사吉祥塔詞〉
―사문沙門 승훈僧訓 찬撰
기유년(889)에서 을묘년(895)까지 7년간 하늘과 땅이 온통 어지러워지고 들판은 전쟁터가 되었다. 사람들이 향배를 잊고 행동하는 것이 마치 이리나 들개 같았으며, 나라가 곧 깨어질 듯하고 재앙이 사원에까지 미쳤다. 나라와 삼보三寶를 지키려는 법중法衆이 바라는 바가 같아서, 도적과 칼날을 부딪치며 바위 틈에서 목숨을 잃었다. …… 건녕乾寧 2년 7월에 세움.

여기에 따르면, '도적'들이 해인사를 습격한 적이 있고, 해인사 측에서 승려를 포함한 신도들을 동원하여 이를 물리치는 과정에서 많은 희생이 따랐음을 알 수 있다. "도적과 칼날을 부딪치며 바위 틈에서 목숨을 잃었다"는 표현은 그러한 상황을 말한다. 벽돌판 ③의 앞면에는 이때 목숨을 잃은 사람들의 명단을 일일이 새겨놓았고, 뒷면에는 승훈이 지은 추도문을 적었다. 그 추도문의 제목은 〈곡치군哭緇軍〉, 즉 '승군僧軍을 애도함'이라고 되어 있다. 해인사를 둘러싸고 제법 격렬한 전투가 있었고 희생자도 많이 발생했던 것이다.

앞서 최치원의 글에서도 드러나듯이, 해인사의 승훈이 이를 애통하게 여겨 희생자의 원혼을 위로하고 명복을 빌기 위해 중생의 마음을 움직여 3층탑을 세우기로 뜻을 모았다. 895년 여름의 무더위가 한풀 꺾이기 시작할 무렵, 해인사 입구에서는 성속聖俗이 함께 모여 숙연한 분위기에서 건탑공양建塔供養이 행해졌던 것이다. 네 개의 벽돌판은 이 때 석탑 안에 모셔진 것들이다.

그런데 벽돌판에 나오는 사원의 이름이 해인사에만 국한되지 않고

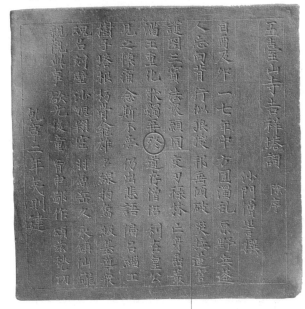

〈오대산사 길상탑사〉
해인사 승려 승훈이 찬한 이 벽돌판 문장에는 탑을 세우게 된 배경이 담겨 있다.

【판독문】

11	10	9	8	7	6	5	4	3	2	1	
	親	魂	樹	見	滿	護	人	自		五	1
	觀	名	子	之	王	國	忘	酉		臺	2
	此	刻	塔	懷	重	三	向	及		山	3
	事	壁	根	痛	化	寶	背	卯		寺	4
	欲	沙	朽	念	厭	法	行	一		吉	5
	光	魄	骨	斯	觸	衆	似	七	沙	祥	6
	後	翔	龕	不	再	願	狼	年	門	塔	7
	童	空	雄	夢	終	同	獷	中	僧	詞	8
	肯	羽	多	仍	道	交	邦	方	訓		9
乾	申	層	線	出	存	刃	垂	圓	撰	除	10
寧	鄮	岳	拘	悲	僧	祿	傾	濁		序	11
二	作	久	薦	語	侶	林	破	亂			12
年	頌	永	級	偏	利	亡	災	原			13
夷	玆	鎮	基	召	在	身	接	野			14
則	斃	仙	導	工	皇	岶	蓮	兵			15
建	功	籠	衆		公	叢	宮	蓬			16

'백성산사'·'오대산사' 등으로 다양한 점이 눈에 띈다. 이 점에 대해, 일찍이 이를 분석했던 이홍직 선생은 "당초에는 각처에 길상탑을 세우고자 한 것이 실현할 수 없게 되어 해인사 경내 한 곳에만 건탑공양을 하고, 예정된 탑기를 한곳에 안장安藏한 것이 아닌가" 추정하였다. 설득력 있는 의견이라 할 것이다. 나머지 두 절이 어디에 있었는지는 알 수 없지만 대략 해인사 부근이었으리라 짐작된다. '오대산사'도 지금의 오대산에 있던 절이라고 보기는 어렵다.

해인사는 802년(애장왕 3)에 신라 왕실의 후원을 받아 창건된 절이었다. 비단 해인사 뿐아니라 대부분의 신라 절들은 왕실이나 귀족의 후원을 받고 있었고, 백성들 또한 두터운 신앙심을 지니고 있었다. 따라서 사원의 권위를 부정하거나 사원을 습격하는 일은 상상조차 하기 어려운 것이었다.《삼국유사》에는 이런 분위기를 짐작할 수 있는 설화가 하나 전한다.

망덕사望德寺 승려 선율善律이《반야경》을 간행하려다 이루지 못하고 죽자 저승에서 "과업을 이루라"고 살려 보냈다. 돌아오는 길에 만난 웬 여자가 울면서 "저도 신라 사람인데, 부모가 금강사金剛寺 논을 몰래 훔친 죄로 끌려와 고초를 겪고 있습니다. 스님께서 돌아가시면 빨리 돌려주라고 전해주십시오" 하였다. 이렇게 해서 깨어난 선율은, 땅속에서 사흘이나 관을 두드리던 끝에 그 소리를 들은 목동이 망덕사에 알려주어 구출되었다. 선율이 주위 사람들에게 그 이야기를 하고 여자의 부모를 찾아갔더니 죽은 지 15년이 지났다고 하였다. 그리고 여자가 일러준 대로 조치하고 명복을 빌었더니 혼魂이 찾아와서 "은혜를 입어 이미 고초를 벗어났음"을 알렸다고 한다.

이 설화를 보면, 사회가 평안한 시절에도 사원의 토지를 몰래 훔치는 일이 아주 없지는 않았던 것 같다. 그러나 이 설화는 '그런 짓을 하면 결국에는 업보가 따른다'는 식의 은근한 교훈을 깔고 있다. 대부분의 백성들이 독실한 불교 신자였던 상황에서 이러한 교훈은 실제로 제구실을 하고 있었을 것이다. 다만 그것은 지배체제가 안정된 시절에나 해당되는 일이었다.

일단 지배체제가 무너져 사회 전체가 혼란에 빠져들자 사원도 전란의 피해에서 비껴나기 어려웠다. "재앙이 사원에까지 미쳤다"는 표현은 그러한 상황을 말한다. 예전 같으면 불상 앞에서 공손히 머리를 조아리던 사람들이 '향배를 잊고' 마치 '이리나 들개처럼' 행동하였고, 이런 상황이 승려들에게는 '나라가 깨어질 것 같은' 위기감으로 다가왔던 것이다. 앞서 인용한 부분에 이어지는 승훈의 문장에서는 "이차돈이 다시 죽었다"는 표현도 나온다. 당시 승려들에게는 그만큼 절박한 사태가 벌어지고 있었던 것이다.

그런데 이렇게 사원이 도적의 피해를 입는 경우가 해인사와 그 부근에 국한된 일이었을까? 그렇지는 않았다. 신라 말에서 고려 초에 걸친 시기, 저명한 선종 승려들의 비문들을 살펴보면 더러 비슷한 상황을 찾아볼 수 있다.

문경 봉암사鳳巖寺에서는 지증대사智證大師 도헌道憲이 입적한 882년(헌강왕 8) 이후 몇 년이 지나자 산골 백성으로 도적[野寇]이 된 자들이 감히 법륜法輪에 맞선 적이 있었다. 강릉의 굴산사崛山寺에 머물던 낭원대사朗圓大師 개청開淸은, 889년에 스승 통효대사通曉大師가 죽은 이후 절을 지키다가 몇 번인가 도적을 만나 골짜기에서 꾸짖으며 막았다는 기록이 있다. 그리고 삭주朔州(춘천)에서 선종 사원을 세우고 활동하던 낭공대사朗空大師 행적行寂은, 재난이 미칠 것을 우려하여 894년 무렵에 신라 왕경으로 가서 머물기도 하였다.

600여 년 뒤의 또 다른 함양군수가 남긴 글

왜 불교 사원이 도적들의 습격 대상이 되었는지를 묻는다면 대답은 간단하다. 약탈하거나 훔칠 물건들이 많았기 때문이다. 고려 초기의 최승로崔承老는 성종에게 올린 건의문에서 사원의 사치를 언급하던 중에 "신라 말기에 불경과 불상에 모두 금·은을 쓰고 사치가 지나쳐서 끝내 멸망했으며, 장사치가 불상을 훔쳐와서 부수어 팔아먹으며 살았다"고 지적한 바 있다.

또한 사원은 많은 토지를 갖고 있었던 만큼, 굶주린 백성들이 도적이 되어 곡식을 얻을 목적으로 사원을 습격하는 것도 상상하기 어려운 일은 아니다. 신라 말의 금석문들에서 왕실이나 귀족, 또는 지방 부호들이 사원에 토지를 시주한 사실은 흔히 확인된다. 해인사의 경우도 예외

신라촌락문서

가 아니다. 설화적인 색채가 있기는 하지만, 《가야산해인사고적伽倻山海印寺古籍》에는 해인사를 창건하면서 신라 애장왕이 직접 행차하여 2,500결結의 토지를 시주했다는 기록이 있다. 〈신라촌락문서〉에 보이는 네 개 촌락의 논과 밭을 모두 합쳐 564결 정도라는 사실은, 2,500결이 얼마나 큰 규모인지 가늠하는 데 도움이 된다.

농업 사회에서 부의 최대 원천이 토지였음은 새삼 강조할 필요가 없을 것이다. 그런데 9세기 후반에 해인사가 토지를 집중적으로 확대하고 있었음을 보여주는 직접적인 자료가 있다. 〈해인사전권田券〉, 즉 해인사의 토지문서가 그것이다. 신라시대 토지문서라면 당연히 국보로 지정되어 있어야 하겠지만 국보 목록에서는 이런 이름을 찾을 수 없다. 지금까지 보존된 문서가 아니기 때문이다. 우리가 접할 수 있는 것은, 수백 년 전에 〈해인사전권〉을 직접 본 조위曺偉라는 사람이 남긴 짧막한 글뿐이다.

> 〈해인사전권〉의 말미에 붙이는 글
>
> 이 43건의 문서는 경술년(성종 20, 1490) 봄에 학조화상學祖和尙이 인수대비仁粹大妃의 뜻을 받들어 비로전毗盧殿을 중창할 때 도료장都料匠 박중석朴仲石이 들보와 문도리 틈새에서 얻은 것으로, 이 절에서 전장田庄을 매입한 문서이다. …… 문서 속의 문자는 지금의 이두와 자못 달라서 이해되지 않는 곳이 여러 군데 있다. 건부乾符 무술년(878)에서 지금까지 610여 년 동안 인간 세상의 흥망성쇠가 얼마나 거듭되었는데도 이 낡은 종이쪽들이 병화兵火와 좀벌레를 피해 온전히 남은 것을 홀로 소중히 여기며 어찌 감개무량하지 않으리오 …….

1491년(성종 22)까지에 이르는 몇 해 동안 해인사에서는 팔만대장경을 보관하는 장경판당을 비롯하여 무려 160칸에 달하는 건물들을 해체 수리하거나 새로 짓는 등 창건 이래 가장 대규모의 중창이 이루어지고 있었다. 성종의 어머니인 인수대비가 왕실 재원으로 이 불사佛事를 후원하고 있었는데, 박중석도 이때 해인사로 내려보낸 인물이었다. 그가 비로전을 해체하여 새 재목을 써서 수리하던 중에 수백 년 된 토지문서를 발견했던 것이다. 당시 해인사에서 불사를 지휘하던 학조화상은 이 문서들을 조위에게 보냈고, 조위가 이를 보고 글을 남기게 되었다.

조위(1454~1503)는 어떤 사람인가? 그는 호를 매개梅溪라 하였고, 도 승지 · 호조참판을 거쳐 충청 · 전라감사 등을 지낸 인물이었다. 일찍이 김종직金宗直에게 수학한 문인門人이었는데, 김종직이 죽은 뒤에 성종 의 명령으로 그의 시문詩文을 모아 간행한 적이 있었다. 훗날 유자광柳 子光 등이 김종직의 문집에 〈조의제문弔義帝文〉이 들어 있는 것을 빌미 로 무오사화를 일으켰을 때 "문집을 간행한 자까지 처벌하자"고 주장하 는 바람에 1498년(연산군 4) 명나라에 사신으로 갔다가 돌아오던 중에 체포되었다. 그리고 서울로 압송되었다가 의주로 유배되었고, 순천으 로 옮긴 지 4년 만에 죽었다.

조위가 해인사 토지문서를 직접 본 것은 발견된 지 조금 시간이 지난 1491년 무렵으로 짐작된다. 당시 그는 해인사에서 가까운 함양에 있었 다. 1484년(성종 15) 그가 노부모 봉양을 이유로 사직을 청하자, 성종은 그를 고향에 가까운 함양군수로 임명하였다. 그리하여 그는 부친상을 마치고 상경하는 1491년까지 8년 가까이 이곳에 머물렀다. 이 기간 동 안 그는 해인사를 방문하여 승려들에게 융숭한 대접을 받기도 했으며, 그 인연으로 중창 불사가 마무리된 뒤에 승려들의 부탁을 받고 〈해인사 중창기海印寺重創記〉를 써주기도 했다. 그가 신라시대 해인사의 토지 문 서를 입수하게 된 배경은 이러하였다.

그가 이 토지문서들을 한 번 보고 나서 깊숙한 곳에 넣어두었다면, 우리는 아무것도 알 수 없었을 것이다. 그러나 그는 〈해인사전권〉의 말 미에 붙이는 글〉이라는 제목의 짧은 글을 남겼고, 이것이 후손들이 1718년(숙종 44)에 간행한 그의 문집《매계집梅溪集》에 실렸다. 앞서 인 용한 글이 바로 그것이다.

조위는 43건의 토지문서 중 연호가 틀린 곳이 있음을 여러 군데 지적 하였다. 용기龍紀라는 연호는 889년에만 사용되다가 곧 대순大順으로 바뀌었는데, '용기 3년'으로 연도를 기록한 문서가 있다는 등이다. 그리고 그 이유를 "신라가 멀리 떨어져 있어서 연호가 바뀐 것을 나중에 알았기 때문"일 것이라고 추정

해인사 대적광전大寂光殿
1490년에 비로전을 수리한 뒤에 대적광전으로 이름을 바꾸었다. 대적광은 비로자나불의 다른 이름이다.

하였다. 또 43건의 문서들 가운데 "경술년(890) 이전의 것들은 단순히 '북궁北宮 해인수海印藪'라고만 했으나, 그 이후부터 '혜성대왕惠成大王 원당願堂'을 칭하기 시작했다"는 언급도 하고 있다. 진성여왕이 자신의 숙부 위홍魏弘과 사통하다가 위홍이 죽은 뒤에 혜성대왕이라는 시호諡號를 내렸다는 것, 이후부터 방탕한 생활을 했다는 것 등은 《삼국사기》를 통해서도 알 수 있는 내용이다. 그러나 해인사를 위홍의 명복을 비는 원당願堂으로 삼았다는 것은 조위의 언급을 통해서 처음 알게 되는 사실이다.

조위는 해인사에서 가져온 토지 문서를 보고서 '이 절에서 전장田庄을 매입한 문서'라는 것을 금방 파악하였다. 신라 이두가 조선시대 것과 달라 이해하기 어렵다고 하면서도 이렇게 단정한 것은, 토지문서 자체에 '매매買'・'전장田庄'이라는 표현이 들어 있었기 때문일 것이다. 전장이란 당시 대토지를 가리키는 용어로서, 때로는 여러 곳에 분산되어 있는 토지들을 하나의 전장으로 간주하기도 했다.

이 글에서는 중간 부분을 생략했지만, 조위가 언급한 내용을 잘 분석하면 43건의 문서는 모두 878년(헌강왕 4)에서 894년(진성왕 8) 사이에 작성된 것임이 드러난다. 당시 해인사는 토지를 집중적으로 확대하고 있었던 것이다. 그 가운데는 사원의 권위를 업고 일반 백성들에게 뺏다

시피 헐값에 사들인 경우도 없지 않겠지만, '전장'이라는 표현을 쓸 정도의 대규모 토지가 있었던 것으로 보아 귀족이나 왕족에게 사들인 것들이 많았으리라 짐작된다. 이들이 왜 사원에다 토지를 팔았을까 하는 점은 잠시 뒤에 다시 거론하기로 하자. 어쨌든 이렇게 부유한 사원이 도적들의 습격 대상이 된 것은 당연한 일이었는지도 모른다.

894년에서 895년 무렵, 언제 도적이 습격하여 약탈을 자행할지 모르는 상황에서 해인사 내부의 누군가가 토지문서를 대들보 위에 몰래 숨겨놓았던 것 같다. 혼란이 가라앉은 뒤에라도 문서가 있으면 소유권을 행사할 수 있었기 때문일 것이다. 그러나 감춘 사람이 난리통에 죽었는지, 아니면 다른 곳으로 떠나버렸는지, 43건의 문서는 까맣게 잊혀진 채 한참이 지나서야 발견되었다. 천령군(함양) 태수를 지냈던 최치원이 벽돌판에 글을 남긴 지 600여 년이 지난 시점에, 같은 곳에 재임한 함양군수 조위가 남긴 글은 신라 말의 해인사를 둘러싼 또 다른 이야기를 해주고 있는 것이다. 아쉽게도 토지 문서 자체는 현재 남아 있지 않다.

신라 말의 초적과 호족

흉년으로 인한 경우든 권력자에게 농토를 뺏겼든, 농민들이 벼랑 끝에 몰려 약탈자, 즉 '초적草賊'이 되는 것은 어느 때나 발생할 수 있는 일이었다. 그러나 신라 중앙정부가 지방 사회를 효과적으로 통제할 수 있던 시기에는 초적의 등장이 심각한 체제 위기로까지 이어지지는 않았다. 제한적이나마 빈민 구제 정책을 시행할 수 있었고, 중앙정부나 지방관이 초적을 토벌하는 것도 가능하였기 때문이다.

그러나 9세기 들면서 빈발한 자연재해는 떠돌이 농민의 숫자를 증가시키고 있었던 반면, 822년(헌덕왕 14) 김헌창의 난 이후 신라 중앙정부의 지방 사회에 대한 통제력은 약화일로를 걷고 있었다. 점점 늘어난 초적의 무리는 신라의 집권체제를 더욱 약화시켰을 것이다. 그리하여 9

세기 말이 되면 신라 지배체제는 심각한 위기를 맞는다.

전국에 흩어져 있는 전장에서 생기는 수입에 의존하던 귀족들이 입은 타격도 컸을 것이다. 대토지를 잘 경영하여 그 수확물을 왕경으로 수송해오기 위해서는 지배체제가 안정되어 있어야 하는데, 그렇지 못할 경우는 경영 능력을 잃어버리기 쉽다. 9세기 중반, 무열왕의 먼 후손이었던 김흔金昕은 낭혜화상朗慧和尙 무염無染에게 대규모 토지를 시주하였다. 권력 쟁탈전에 밀려 소백산에 숨어 살던 그가 정상적인 경영을 하기 어려웠던지, 그 땅은 반쯤 황폐화된 상태였다. 그러나 낭혜화상은 이를 기반으로 성주사聖住寺(충남 보령)를 크게 일으켰다. 이렇게 사원은 몰락한 귀족의 빈 자리를 대신하여 대토지 경영의 주체가 되기도 하였다.

충남 보령시 성주면 성주리에 있는 통일신라 말의 고승 낭혜화상 무덤의 탑비(위)와 성주사 터 낭혜화상은 무열왕의 후손인 김흔이 시주한 토지를 기반으로 성주사를 일으켰다.

앞서 살펴보았듯이, 해인사가 왕족·귀족에게 사들인 토지들은 매매의 형식을 빈 사실상의 시주가 많지 않았나 짐작된다. 집권력의 약화와 도적의 봉기로 인하여 멀리 떨어진 지방의 대토지를 경영할 능력이 약해지고 있었기 때문이다. 반면에 지방의 사원들은 주변의 대토지를 경영하기가 상대적으로 쉬웠다. 성주사의 낭혜화상처럼 높은 종교적 신망을 얻고 있었다면 더욱 그랬을 것이다.

9세기 말로 접어들면 초적은 폭발적으로 증가하고 있었다. 신라 국가의 지배체제를 결정적으로 무력화시킨 요인이 이들이었다는 점에는 논란의 여지가 없을 것이다. 889년부터 수년 동안 전국 각지에서 초적의 무차별적인 약탈이 횡행했다. 사원에 대한 습격은 그 대표적 사례라 할 수 있다. 다만, 해인사를 비롯한 사원은 초적의 습격에 대비한 무장력을 갖추고 있었다. 국가권력이 이들을 보호해줄 수 없는 상황에서 아무런 대책 없이 초적의 습격을 받는다면 앉아서 죽음을 기다리는 것과 다름없었기 때문이다.

그런데 지방 사회의 부호富豪들도 습격과 약탈의 대상에서 비껴날 수 없었다. 촌주를 비롯한 지방 사회의 유력자들도 스스로가 보유한 노비나 그의 영향권 내에 살고 있는 주민을 무장시켜 대처하는 것이 자연스런 추세였을 것이다. 그것은 자신의 생활 기반이 파괴되는 것을 막는 대책인 한편, 그를 통해 자신의 영향력을 더욱 넓히는 수단이기도 했다. 신라 말 벽진군碧珍郡(경북 성주)에서 도적이 횡행할 때 무장력을 갖추어 성을 굳게 지킴으로써 "백성들이 편안히 의지하였다"고 하는 이총언李悤言과 같은 인물은 그 대표적 사례일 것이다.

이렇게 신라 중앙정부의 무기력함을 대신하여 일정한 지역을 거점으로 지배권을 확립한 자들 중 성주城主·장군將軍을 칭하며 더 많은 세력을 규합하는 경우도 나타났다. 우리가 흔히 '호족'이라 부르는 세력은 이들을 일컫는 표현이다. 한편, 이들과 달리 처음에는 일정한 거점이 없이 여러 곳을 휩쓸고 다니며 세를 규합하던 무리들도 있었다. 궁예弓裔가 그런 경우에 속한다. 이런 무리들의 일부는 초적과 같은 수준에서 출발하기도 했을 것이다. 그러나 조직을 갖추고 활동 반경이 넓어질수록 이전과 같은 약탈자적 성격을 벗어날 필요가 있었다. 지방 사회에 토착한 부호들을 보호하는 역할까지 자처하지 않으면 장기적인 지지를 이끌어내기 어려웠기 때문이다. 사원을 대하는 태도도 마찬가지였다. 일정한 조직체계를 갖춘 뒤에는 사원의 권위를 배경으로 삼는 것이 권력 안정에 도움이 되었을 것이다.

대략 이 즈음이 되면 초적의 활동이 수그러들기 시작했던 것으로 짐작된다. 지역에 따라 약간의 차이는 있었겠지만, 해인사 부근 지역은 895년 무렵을 고비로 초적의 활동이 잦아들고 있었다. 이해 7월 해인사에서 건탑공양을 행한 것도 초적의 습격이 소강 상태에 접어들고 안정을 찾았기 때문으로 생각된다. 즉, 과거와 같은 재난이 앞으로도 계속되거나 더욱 심해질 수밖에 없는 전망이라면, 길상탑을 세워 희생자들을 위로하려는 생각을 가질 여유가 없었을 것이다. 이를 뒷받침하듯이, 해인사에서는 897년(진성왕 11)에 건물을 지을 것을 계획하고 사원 경계를 새로 정비하고 있었던 사실이 최치원이 남긴 다른 글을 통해 확인된다.

골품제를 기반으로 운영되던 신라 지배체제는 여러 취약점을 지니고 있었다. 최치원과 같은 6두품 신분은 정책을 결정하는 고위직을 얻을 수 없었고, 특히 지방인은 중앙 관직에 나아갈 여지가 원천적으로 막혀 있었다. 지방인은 왕경에서 파견되는 지방관을 보좌하는 역할에 머물러야 했던 것이다. 그러나 빈발한 권력 쟁탈전을 거치며 중앙정부의 권위가 약해지면서, 지방 사회에서 이들이 차지하는 비중은 점점 높아질 수밖에 없었다. 마침내 농민 봉기가 봇물처럼 터지고 초적이 횡행하는 시점이 되자 이들은 독립하였다. 이들이 자신의 사회 경제적 위상에 걸맞는 정치적·신분적 지위를 누리기 위해서는 신라를 부정하는 길밖에 없었다.

신라가 멸망하는 마지막 수십 년의 과정은 이러하였다. 그중에서 가장 결정적인 계기가 되었던 것은 약탈자로 변한 농민들, 즉 초적의 활동이었다. 문헌기록이 다 이야기하지 못하던 당시의 정황은 우연한 기회에 압수된 해인사의 벽돌판을 통해 알려졌다. 그리고 해인사가 초적의 습격 대상이 된 배경은 조선 초기의 한 인물이 남긴 짧은 글을 통하여 미루어 짐작할 수 있는 것이다.

— 글쓴이 하일식

18

100년 동안의 논쟁, 광개토왕릉비

광개토왕릉비를 세운 까닭은?

광개토왕쯤 되면 이렇게 큰 비를 세워 기릴 만하지만, 그래도 이 비를 세운 가장 절실한 목적은 무엇이었을까? 비문의 내용은 크게 세 부분으로 나뉘어진다. 1부는 시조 추모왕의 건국설화로 시작하여 광개토왕의 업적에 대한 칭송으로 마무리한다. 2부는 태왕의 정복활동을 남은 훈적이 연대순으로 기록되어 있으며, 3부는 태왕의 능을 지키는 수묘인에 대한 기록이다. 이렇게 보면 비는 어느 한가지 목적으로만 세운 게 아니다. 훈적비, 신도비, 수묘비의 성격을 두루 갖추고 있다. 그 외형에서 내용까지, 그 유례가 없는 모습에서 고구려인의 독자적 개성을 엿볼 수 있다.

〈1면 부분〉

… 6

5

4

3

2

1

1: 惟昔始祖鄒牟王之創基也出自北夫餘天帝之子母河伯女郎剖卵降世生而有聖□□□□□命駕

2: 巡幸南下路由夫餘奄利大水王臨津言曰我是皇天之子母河伯女郎鄒牟王爲我連葭浮龜應聲即爲

3: 連葭浮龜然後造渡於沸流谷忽本西城山上而建都焉不樂世位因遣黃龍來下迎王王於忽本東罡履

4: 龍頁昇天顧命世子儒留王以道興治大朱留王紹承基業遝至十七世孫國罡上廣開土境平安好太王

5: 二九登祚號爲永樂大王恩澤洽于皇天武威振被四海掃除□庶寧其業國富民殷五穀豐熟昊天不

6: 弔有九寁駕棄國以甲寅年九月廿九日乙酉遷就山陵於是立碑銘記勳績以示後世焉其詞曰

광개토왕릉비와 탁본

몸돌은 사각 기둥 모양으로, 4면의 형태와 크기도 각각 조금씩 차이가 있다. 그리고 4면에 모두 글자를 새겼다.

'동방의 피라미드', 장군총에서

고구려의 400년 고도故都 국내성國內城. 지금은 중국 땅 길림성吉林省 집안시集安市이다. 심양을 거쳐 허위허위 돌다가 통화에서 기차나 자동차를 타고 집안으로 향한다. 고구려 옛 도읍을 향한 가득한 열망으로 노령고개를 숨가쁘게 넘어서면 눈앞에 아스라이 집안평야가 펼쳐진다. 두근거리는 가슴으로 집안에 들어서는 문턱에서 처음 마주치는 감동은 장군총將軍塚이다.

장군총은 흔히 집안의 상징물로 꼽힐 만큼 그 모습이 장중하다. 사실 집안에는 장군총보다 규모가 더 큰 무덤이 많다. 크기로만 따지면야 열 손가락 안에 겨우 들 정도지만, 직접 가서 보면 장군총은 본래 크기보다 훨씬 장대하게 느껴진다. 아마도 거의 온전한 모습으로 완만한 구릉지대 가장 높은 곳에 홀로 우뚝 솟아 있기 때문일 터이다. 직접 눈으로 보아야 비로소 장군총이 왜 '동방의 피라미드'라고 불리우며, 고구려 유적의 첫째 자리를 차지하게 됐는지 그 까닭을 알 수 있다.

장군총 위에 올라서면 집안 일대를 한눈에 굽어볼 수 있다. 장군총 뒤편으로는 용산龍山이 손에 잡힐 듯이 솟아 있고, 오른쪽에는 우산禹山의 산줄기가 병풍처럼 둘러쳐 있으며, 왼쪽으로는 압록강과 그 건너 산줄기가 눈을 가로막는다. 오직 서쪽으로만 평지가 아득하게 펼쳐져 눈길이 시원하다. 멀리 집안 시가지를 바라보며 고구려의 옛 도성인 국내성이 어디쯤인지 가늠해보다가, 다시 눈길을 가까이 모아오면 고구려 왕릉 중 두 번째로 크다는 태왕릉이 눈에 들어오고, 다시 그 앞으로는 낯설게 느껴지는 비각이 언뜻 비친다. 바로 〈광개토왕릉비〉다.

거기 비가 있음을 알면 한달음에 달려가보지 않을 수 없다. 고구려 제19대 임금인 광개토왕의 업적을 기리기 위하여 그 아들인 장수왕이 414년(장수왕 3년)에 세운 비석이 그 의연한 자태를 드러내고 서 있다. 〈광개토왕릉비〉와 마주하면 고구려의 옛 도읍에 들어와 있음을 더욱 실감하게 된다. 문득 눈을 감아본다. 마음과 몸이 1,500여 년 세월을 거슬러 올라가는 감동이 밀려든다.

태왕릉
태왕릉은 〈광개토왕릉비〉에서 서북쪽으로 300미터 거리에 있다. 태왕릉 부근에서 이 능의 안위를 기원하는 벽돌이 발견됐다.

〈광개토왕릉비〉에서 눈을 들어 주변을 둘러보면 서북쪽으로 300미터 거리에 태왕릉太王陵이 작은 언덕처럼 솟아 있고, 다시 동북쪽으로 눈을 돌리면 1.3킬로미터 정도 떨어진 구릉지대에 방금 거쳐왔던 장군총이 장중한 모습으로 자리하고 있다. 〈광개토왕릉비〉 주변의 대형 고분이라곤 태왕릉과 장군총 둘뿐이기 때문에, 둘 중 하나가 광개토왕의 무덤으로 추정되고 있다. 과연 어느 것일까?

태왕릉 부근에서는 '願太王陵 安如山 固如岳(원컨대 태왕의 무덤이 산악처럼 안전하고 튼튼하기를)'이란 글자가 새겨진 벽돌이 발견된 바 있다. 태왕릉이란 이름도 여기서 비롯한 것이다. 그리고 비문에 보이는 '호태왕'이란 칭호와 연관시켜 태왕릉을 광개토왕의 무덤이라고 주장한다. 게다가 비와 거리도 가까우니 개연성이 더욱 크다고 할 수 있다. 그러나 태왕이란 칭호는 반드시 광개토왕에 한정하는 것은 아니다. 광개토왕의 할아버지 고국원왕도 태왕으로 칭해진 자료가 있다. 또 무엇보다 비의 4면의 방향과 태왕릉 4면의 방향이 맞지 않는다. 하나의 세트로 보기에는 어딘가 어색하다.

그러면 장군총은 어떤가? 태왕릉과 달리 비의 4면 방향과 장군총의 4면 방향은 일치한다. 그러나 비에서 너무 거리가 멀다. 물론 비와 장군총 사이에는 어떠한 무덤도 없으니, 하나의 거대한 묘역으로 볼 수도 있겠다. 그런데 하필이면 비를 본 무덤보다 태왕릉 가까이 세웠는지 의

장군총의 전경(위)과 장군총에서 바라본 광개토왕릉 비각과 태왕릉 가장 완전하게 남아 있는 장군총의 전경이다. 장군총은 왕릉이기 때문에 그 이름을 바꾸어야 한다는 주장도 있다. 멀리 왼쪽으로 광개토왕릉 비각과 그 오른쪽으로 태왕릉이 보인다.

문이 생긴다. 따라서 아직은 그 어느 것이 광개토왕릉이라고 섣부른 결론을 내리기 어렵다. 당분간은 장군총과 태왕릉 둘 중 하나로 여지를 두는 편이 옳다.

다만 필자는 개인적으로 장군총을 광개토왕릉으로 보는 견해에 더 무게를 두고 있다. 뭐 타당한 이유가 있어서가 아니라, 장군총에 서서 국내성을 굽어볼 때 든 소감이다. 장군총은 축조 법도 그렇지만, 그 무덤이 자리잡은 위치에서도 국내성 최후의 무덤이라는 생각이 든다. 즉, 장수왕대 평양으로 천도했음을 염두에 두면, 국내성 최후 지배자의 무덤으로 매우 계획적으로 장군총의 위치를 선택하여 조영했으리라는 느낌이다. 〈광개토왕릉비〉나 장군총은 국내성을 떠나 천도하려는 장수왕의 야심과 비전을 은밀히 드러내고 있는 것은 아닌지? 심증은 있지만 물증이 없는 셈이니 더 이상 거론하지는 말자.

생김새부터 남다른 비

〈광개토왕릉비〉는 우선 생김새부터 남다르다. 비석은 받침돌[臺石]과 몸돌[碑身] 두 부분으로 되어 있는데, 받침돌과 몸돌의 일부가 땅속에 묻혀 있다. 몸돌은 사각 기둥 모양으로, 4면의 형태와 크기도 각각 조금씩 차이가 있다. 그리고 4면에 모두 글자를 새겼다. 이런 모양은 충북 중원군에서 발견된 〈중원고구려비〉도 마찬가지로, 아마도 당시 고구려인들이 비를 만드는 공통된 방식이었던 모양이다.

몸돌의 재질은 자갈돌이 중간중간 박혀 있는 응회암으로 알려져 있었는데, 한국의 어느 지질학자가 중국과 수교한 이후 처음으로 집안을 방문하여 비를 보고 화산암질 현무암이라고 주장하여 세간에 화제가 된 적이 있다. 그런데 아직까지 누구 견해가 맞는지는 확인되지 않았다. 아주 간단하고 단순한 일인데도 말이다. 〈광개토왕릉비〉를 둘러싸고 벌어지고 있는 현실이란 게 이렇게 씁쓸하다.

몸돌의 높이는 6.39미터, 밑에서 올려다 보고 있노라면 우선 그 높이에 압도된다. 너비는 1.3~2.0미터로 윗면과 아랫면이 약간 넓고 허리 부분이 약간 좁은 형태이다. 일부러 그런 모양으로 만들지 않았겠지만, 채석採石하고 난 몸돌을 적당히 여기저기 다듬었을 뿐, 굳이 네모반듯하게 만들지 않은 마음새가 왠지 친근하게 다가온다.

전체 모습만 그런 것이 아니라, 글자를 새긴 비면조차 판판하고 매끈하게 다듬지 않았다. 울퉁불퉁한 비면은 글씨 새기기조차 만만치 않았

광개토왕의 시호명은?

우리가 흔히 부르는 '광개토왕'이란 이름은 《삼국사기》 〈고구려본기〉에 보이는 왕명이고, 비문에 보이는 광개토왕의 정식 시호는 '국강상광개토경평안호태왕國 上廣開土境平安好太王'이다. 왕의 시호를 전하는 금석문은 더 있다. 경주 호우총에서 나온 청동 호우에는 '國岡上廣開土地好太王'으로 되어 있고, 집안의 모두루총의 묵서에는 '國岡上大開土地好太聖王'으로 되어 있다. 약간의 차이가 있지만, 이렇게 긴 시호는 여러 뜻과 상징을 담고 있다.

'국강상'은 왕의 무덤이 위치한 지명에서 따왔다. 이는 당시까지 고구려 왕호를 짓는 일반적인 방식이었다. 예컨대 고국원왕이니 미천왕이

니 하는 시호가 그것이다. 다음 '광개토경'은 영토를 널리 개척한 업적을 강조한 명칭이다. '평안'은 왕의 태평성대에 대한 칭송인 듯하고, '호태왕'은 그런 위대한 업적을 쌓은 왕에 대한 최대한의 존칭이라고 할 수 있다. 즉, 왕중의 왕 '태왕'인 것이다. 이런 식의 시호를 받은 왕은 광개토왕이 처음이니, 아마도 당시 고구려인들의 왕에 대한 애정이 각별했던 듯하다. 고구려를 고구려답게 만든 왕, 그가 광개토왕이며, 당대 고구려인들도 그렇게 생각하고 찬양하였다. 그 우렁찬 칭송으로 만든 것이 오늘날 전하는 〈광개토왕릉비〉이다.

국내 지역 전경
왼쪽 원 안이 국내성이고, 오른쪽
원 안이 장군총이다.

을 것이란 걱정이 절로 들 정도로 굴곡져 있
다. 우리 생각에는 비면이란 으레 반반해야 하
고, 비 모양도 반듯해야 하지만, 〈광개토왕릉
비〉는 이런 데 전혀 개의치 않는 심성을 드러내 보인다.

그런데 〈광개토왕릉비〉는 그 비문의 내용이 워낙 중요하고 논쟁거리
가 많아서인지, 그 독특한 생김새에 대해서는 누구도 그리 주의를 기울
이지 않는다. 그렇지만 고구려인들이 비의 생김새를 이렇게 만든 것도
아무 생각없이 한 일이라고는 볼 수 없다. 거기에도 뭔가 뜻하는 바가
있지 않을까. 그런 속내를 찬찬히 읽어내지 못하는 것이 오늘날 우리가
고구려인과 제대로 만나기 어려운 까닭이다. 혹시 고구려인들의 마음
을 읽어내지 못하면, 비문의 수수께끼도 영원히 풀지 못할 지도 모른다
는 걱정도 앞선다.

몸돌을 지탱하고 있는 받침돌은 화강암을 다듬어 만든 길이 3.35미
터, 너비 2.7미터 크기의 네모진 모양으로, 여기에 홈을 파서 비를 세웠
다. 사실 몸돌의 무게만도 37톤에 이르기 때문에, 여간 단단하게 지탱
해주지 않으면 1,500년 세월의 모진 비바람에도 우뚝 서서 굳건히 견뎌
왔을 리가 없다. 그런데 받침돌을 들여다보면 남아 있는 부분이 세 조
각으로 깨져 있다. 아마 비를 세우는 과정에서 워낙 무거운 비를 감당
치 못하여 깨진 것이 아닌가 짐작한다. 그러면 왜 새로 받침돌을 다듬
어 교체하지 않고 깨진 돌을 그대로 사용하였을까?

광개토왕릉비 기대석
일제시대 수리할 때의 〈광개토왕
릉비〉. 기대석이 세 조각으로 나
뉘어진 모습이 보인다.

그 까닭이야 알 도리가 없지만, 여기서 문득 경주 석굴암의 천장석이 세 토막으로 깨져 있는 모습이 떠오른다. 여기에는 설화가 전해진다. 김대성이 석굴암을 조성할 적에 큰 돌 한 개를 다듬어 석굴 뚜껑을 만들다가 갑자기 돌이 세 토막으로 갈라지는 바람에 너무도 분통하여 잠을 이루지 못했는데, 밤중에 천신이 내려와 다 만들어놓고 돌아갔다고 하던가(《삼국유사》 권9). 석굴암처럼 인간의 손으로 만들어졌다고는 믿기지 않는 걸작품에는 이 같은 설화가 곳곳에 배어 있기 마련이다.

사실 〈광개토왕릉비〉도 그럴 자격이 충분하다. 마치 석굴암 천장석과 같은 설화 한 토막쯤은 전해졌을 법하다. 우선 이렇듯 거대한 비를 일으켜 세우는 일 자체가 결코 간단하지 않았을 터이니, 시간이 흐르면서 우뚝 서 있는 거대한 비를 경탄의 눈으로 바라다보는 고구려인의 입과 입을 통해서 "천신이 내려와서 어쩌구저쩌구" 하는 신비한 이야기 한 대목쯤은 마땅히 만들어졌으리라. 그런데 오늘날 오직 검은 돌비만이 우두커니 서 있는 모습에서, 고구려의 역사와 설화가 패망과 더불어 모든 이의 기억 바깥으로 사라져버린 서글픔을 새삼 느끼게 된다.

이제 비면을 한번 들여다보자. 비의 4면에 모두 글자를 새겼는데, 각

광개토왕릉비 비면
비의 네 면에 모두 글자를 새겼는데, 각 면에는 비문이 들어갈 윤곽을 긋고, 다시 그 안에 다시 세로로 길게 선을 그어 각 행을 구분하였다.

면에는 비문이 들어갈 윤곽을 긋고, 다시 그 안에 다시 세로로 길게 선을 그어 각 행을 구분하였다. 워낙 거대한 비인지라 눈대중으로 글씨 줄을 맞추어 새길 수는 없었으리라. 그러나 단지 이런 실용적인 이유로만 줄을 긋지는 않았으리라. 똑바르게 내려 그은 행선은 반듯반듯한 품격을 보이고 있어, 있는 그대로 자연스러운 비의 모습과 적절히 어울린다. 직선의 인공미와 곡선의 자연미, 절묘한 어울림이다.

동남을 향한 1면에는 11행 449자, 서남향의 2면이 10행 387자, 서북향의 3면이 14행 574자, 동북향의 4면이 9행 369자이니, 4면을 합하여 총 44행, 1,775자가 남아 있다. 다만 이 중 150여 자는 훼손되어 읽을 수가 없음이 안타깝다. 그것도 단지 세월의 풍상 속에서 저절로 흐려진 것이라면 어쩔 수 없겠지만, 근대에 탁본을 뜨기 위해 비문의 이끼를 태우다가 그랬다니…… 한순간의 어리석음과 탐욕으로 무너진 1,500년의 역사가 새삼 가슴을 친다.

잊혀지고 잘못 알려지고
〈광개토왕비〉는 고구려 멸망과 더불어 서서히 잊혀지기 시작했을 것이다. 고구려인이 아니라면 비가 거대하다는 감탄 말고는 별다른 감흥이 없었으리라. 애정이 없으면 마음에 담길 리 없고, 마음에 담겨 있지 않으면 금방 뇌리에서 사라지는 법. 그렇게 1,200년 시간이 흘렀다.

그러다가 1880년 무렵 〈광개토왕릉비〉는 다시 세상에 그 존재를 드러냈다. 물론 이렇게 거대한 비가 땅속에 파묻혀 있었던 것도 아닌데, 비석의 존재조차 몰랐을 리는 없다. 우리 옛 기록을 보면 이 비에 대한 기록이 적지 않다. 현재 전해지는 우리 나라 문헌 중에 〈광개토왕릉비〉를 처음 언급한 문헌은 《용비어천가》(1445)이다.

평안도 강계부 서쪽에 강을 건너 140리에 너른 평야가 있다. 그 가운데 옛 성이 있는데 세간에는 금나라 황제의 성이라고 한다. 성의 북쪽 7리 떨어진 곳에 비가 있고, 또 그 북쪽에 돌로 만든 고분 2기가 있다〔中有古城 諺稱大金皇帝城 城北七里有碑 宇其北有石陵二〕.

이런 기사가 《용비어천가》에 실리게 된 배경은 1369년(공민왕 18) 12월에 이성계가 동녕부를 공격하여 압록강을 건너 우라산성于羅山城을 장악하였기 때문이다. 우라산성은 지금의 환인현에 있는 웅장한 위용을 자랑하는 오녀산성五女山城을 가리키는 것으로 짐작된다. 오녀산성은 고구려의 첫 도읍지다. 당시 이성계는 우라산성으로 가기 위해 집안 일대를 통과하였는데, 《고려사高麗史》에서는 이곳을 '황성皇城'이라고 기록하고 있다. 여기서 황성은 금나라 황제의 성이란 뜻으로 《용비어천가》의 내용과 서로 통한다. 당시 이성계는 고구려의 첫 번째 수도 우라산성과 두 번째 수도 국내성을 모두 지나친 셈이다. 그러나 이성계는 자신이 얼마나 중요한 역사의 현장에 있었는지를 미처 알지 못했다.

이렇게 조선 초기에는 집안集安의 고구려 유적을 금나라의 유적으로 생각하고 있었음을 알 수 있다. 비碑의 존재는 이미 알려져 있었으나 이를 금나라의 비로 여긴 것이다. 《용비어천가》 기사에 나오는 금황제 성은 곧 고구려 국내성을 가리키며, 석릉石陵 2기는 아마 지금도 그 위용

광개토왕릉비의 현재(왼쪽)와 과거
비 중간에 갈라진 자국은 발견 직후
탁본을 뜨기 위해 이끼를 불태우다
가 훼손된 것이다.

을 자랑하고 있는 태왕릉과 장군총으로 짐작
된다.

　　그 뒤 1487년(성종 18)에 평안도 관찰사로
재임하면서 국경 지대를 시찰한 성현成俔은 압록강 건너에 서 있는 거
대한 비를 바라보고 시 한 수를 남겼으니, '황성을 멀리 바라보며〔望黃
城郊〕'이다. 그는 "천 척의 비가 홀로 우뚝 서 있도다. …… 글자를 읽을
수 없음이 한스럽다〔然惟有千尺碑 …… 恨不讀字摩蛟〕"라고 읊었다.

　　이로부터 다시 100년 뒤인 1595년에 후금(청)의 누루하치를 방문한
신충일申忠一이 당시의 여행 기록으로 남긴《건주기정도기建州紀程圖記》

---

* ＿ 1595년에 누르하치의 사신인 여을고女乙古 등이 와서 통교를 요청하자, 조선은 그 답사
　　로 신충일을 누르하치 성에 보냈다. 신충일은 그해 12월 만포진에서 압록강을 건너 누르
　　하치가 머무는 건주까지 가면서 경유한 산천과 지명, 촌락의 다소, 군비의 유무를 기록한
　　지도를 작성하였으며, 이듬해 1월 귀국하여《건주기정도기》를 작성하여 올렸다.

에도 황성皇城(국내성)·황제묘皇帝墓(장군총)와 비의 존재가 그려져 있다. 이후 조선 후기의 여러 지도에도 집안 일대를 황성평黃城坪으로 기록하고 있다.

이처럼 〈광개토왕릉비〉는 그 거대한 모습 때문에 그 존재를 숨길 수 없었지만, 누구도 그 비문을 정색하고 읽지 않았기 때문에 막연히 금나라 황제비라고만 알려지게 되었던 것이다. 조선시대에 어느 누구 한 사람이라도 비에 대한 강렬한 호기심을 가진 사람이 있었다면, 오늘날 비문의 글자를 둘러싸고 끊임없이 이어지는 진위 논쟁이 쉽게 해결의 실마리를 찾을 수 있었을 텐데…… 부질없는 아쉬움을 떨치기 어렵다.

17세기 들어 집안 일대에는 갑자기 사람들이 자취를 감추게 된다. 만주족이 청나라를 세우고 중국을 차지하게 된 후, 이곳을 시조의 탄생지라고 하여 사람을 살지 못하게 하는 이른바 봉금封禁 정책을 취하였기 때문이다. 이런 봉금 정책은 200년 이상이나 계속되었다. 이제 비의 존재는 완전히 잊혀지게 되었다.

그러나 농경지를 찾아 압록강 일대로 이주해 오는 가난한 농민들을 막을 수는 없었다. 그 수가 점점 늘어나자 마침내 청나라 정부도 1876년에 봉금을 해제하고 회인현懷仁縣을 설치하여 주민들을 다스렸다. 사람들이 밀려들어오면서 비가 다시 세상에 알려지는 것은 시간 문제였다. 1880년 무렵에 개간을 하던 한 농부가 비를 발견하였는데, 당시 지사였던 장월章樾이 막료 관월산關月山을 시켜 비를 조사하게 하였다. 발견 당시 비는 온통 이끼와 넝쿨로 뒤덮여 있어서 일부 이끼를 제거하고 탁본을 한 뒤에야 겨우 알아볼 수 있었다고 한다. 이 부분 탁본이 북경의 금석학계金石學界에 소개됨으로써 비로소 〈광개토왕릉비〉는 다시금 세상에 알려지게 된 것이다. 그러나 이때만 해도 비는 단지 세상에 자신을 선보인 것에 불과하였다. 이 비가 장차 두고두고 국제적인 논쟁거리가 되리라고는 아무도 예상하지 못하였다.

광개토왕릉비 탁본
일제 시기에 만들어진 탁본 1면과 2면.

비문은 변조되었다

1972년 10월, 이른바 '10월 유신'의 찬바람에 온 사회가 얼어붙어 있을 때였다. 그래서인지 일본 동경에서 출판된 책 한 권에 온 나라가 흥분하기 시작하였다. 재일교포 사학자 이진희 씨가 내놓은《광개토왕릉비의 연구》란 책이었다. 사실 이 책의 내용이 충격적인 것은 분명하였다. "일본 육군 참모본부가 광개토왕비를 변조하였다"고 주장하고 있었기 때문이다.

그가 주장하는 변조의 전말은 이렇다. 1880년 가을 육군 참모본부는 사카오酒勾景信 중위를 중국에 파견하였다. 그는 북경에서 중국어를 배운 뒤 신분을 감추고 북중국과 만주 일대에서 밀정 임무를 수행하였다. 그러다 1883년 4~7월 무렵에 집안 일대에 들어가게 되었는데, 이곳에서 〈광개토왕릉비〉를 보게 되었다. 그는 비의 이용 가치가 큰 것을 알고는 현지인을 조수로 고용하여 탁본을 만들었고, 이때 일본에 유리하도록 이른바 신묘년辛卯年 조 기사 등 25자를 변조하였다. 1883년 10월에 귀국하여 131장이나 되는 쌍구가묵본雙鉤加墨本*을 육군 참모본부에 제출하였다. 이 탁본을 토대로 비밀리에 연구를 진행하던 육군 참모본부는 마침내 1889년에《회여록會餘錄》5집을 고구려고비高句麗古碑 특집호로 발간하여 그간의 연구 내용을 세상에 공표하였다. 여기서 비문의 이른바 신묘년 조 기사를 임나일본부설의 근거로 주장하였다. 그 사이 육군 참모본부는 여러 차례 스파이를 파견하여 능비를 조사하였으며, 1899년 이전 어느 해에 사카오의 비문 변조를 은폐하기 위하여 비면에 석회를 발랐다. 따라서 현재 남아 있는 모든 탁본은 그들이 석회칠로 변조한 이후에 제작된 것이므로 가치가 없다고 주장하였다.

* 탁본이 아니라 비문에 종이를 대고 문자 둘레에 선을 그린 다음(이를 雙鉤라고 한다), 그 여백에 묵을 넣어 탁본처럼 보이게 만든 것(이를 加墨이라고 한다)으로, 둘을 합하여 쌍구가묵본이라고 한다. 따라서 제작 과정에서 원 글자를 잘못 판독하여 오류가 생길 가능성이 높다.

광개토왕릉비 쌍구가묵본
1883년 일본의 사카오 중위가 일본 육군 참모본부에 제출한 것이다. 이때 사카오는 '신묘년 조' 기사 25자를 일본에 유리하도록 변조하였다고 이진희는 주장하였다.

비문 변조 여부의 타당성을 떠나서 이진희 연구는 〈광개토왕릉비〉 연구에서 새로운 전환점이 되었다. 비문에 대한 새로운 관심을 환기시킨 것은 물론, 근대 일본 역사학의 제국주의적 양태에 대해 반성을 촉구하기도 하였다. 즉, 〈광개토왕릉비〉에 대한 과학적이고 실증적인 접근을 촉발하는 계기가 된 것이다.

그 후 1981년 왕건군王健群이란 중국 학자가 오랜 기간의 현지 조사를 통해 얻은 결과를 《호태왕비연구好太王碑研究》란 책으로 발간하였다. 그는 현지의 중국인 탁본공이 탁본을 쉽게 하기 위하여 비문의 여기저기에 회칠을 하여 보강한 적은 있으나, 비문 발견 초기부터 조직적인 비문 변조가 있었던 흔적은 없다고 하여, 이진희의 육군 참모본부 변조설을 정면 부정하였다. 그리고 현 비문에 대한 면밀한 조사를 통하여 새로운 판독문을 발표하였다. 불확실한 탁본보다는 현지에서 비문을 직접 보면서 작성한 왕건군의 판독문은 비문 연구를 더욱 활성화시켰다. 다만 누구에 의해서든지 비문이 석회칠을 통하여 변조되었다면, 비문의 본래 글자를 확인해야 한다는 생각은 더욱 커지게 되었다.

사실 비가 알려진 초기에는 비면의 상태가 나빠 단편적인 탁본이나 쌍구가묵본이 유행하였을 뿐이며, 정교한 탁본은 1887년 경부터 만들어지기 시작하였다. 이렇게 석회를 칠하여 비문이 변조되기 이전에 만들어진 탁본을 원석原石 탁본이라고 하는데, 오늘날 비문 연구의 주 자료로 주목받고 있다. 그러나 원석 탁본 자체가 얼마 남아 있지 않고, 또 과연 어느 것이 원석 탁본인지 새로운 논란거리가 되고 있는 실정이다.

그런데 이런 모든 논란의 근원은 바로 이른바 '신묘년' 기사에 모아진다. 왜냐하면 그 문장에는 고구려와 백제·신라 그리고 왜가 맺고 있는 국제관계가 20자란 아주 짧은 문장에 담겨 있는데, 이 문장을 어떻게 해석하느냐에 따라 고대 한·일 관계가 아주 달라져버리기 때문이다. 이것은 단순히 어떤 역사적 사실을 밝히는 문제에 그치는 것이 아니라, 한국과 일본인들의 자존심이 달린 '민족'과 '민족사'의 문제인 것이다.

신묘년 기사를 어떻게 해석할 것인가

비를 세운 고구려인들은 전혀 의도하지 않았겠지만, 〈광개토왕릉비〉가 논란의 한가운데에 서게 된 핵심은 일본 참모본부가 〈광개토왕릉비〉의 '신묘년' 기사를 임나일본부설의 주 근거로 삼으면서부터 시작되었다. 매우 짧은 문장이지만, 이에 대한 해석은 가지가지다. 단락을 어떻게 끊어 읽을 것인가, 보이지 않는 글자를 무슨 자로 볼 것인가, 위조된 글자의 존재를 인정할 것인지 아닌지에 따라 몇 가지로 나뉜다.

우선 변조설이 등장하기 이전에는 신묘년 문장을 이렇게 판독하였다.

而倭以辛卯年來渡海破百殘□□□〔斤〕羅以爲臣民

일제 시기에 일본 관학자들은 이 문장을 으레 이렇게 해석하였다.

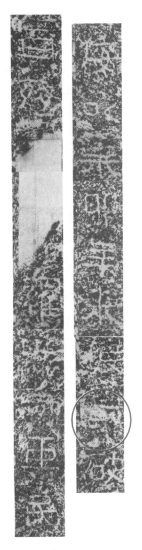

신묘년 조 부분 탁본
일본이 임나일본부설의 근거로 주장하는 〈광개토왕릉비〉의 신묘년 조 기사 탁본이다. 이 짧은 21자 안에 고대 한·일 관계의 쟁점이 담겨 있다.

왜가 신묘년에 바다를 건너와서 백잔(백제)과 □□□〔斤〕羅(가라, 신라)를 격파하고 신민臣民으로 삼았다.

이렇게 볼 때 당연히 임나일본부설의 근거가 되었다. 더욱이 《일본서기》처럼 후대에 일본인이 만든 사서가 아니라, 5세기 초 당대 고구려인이 만든 자료라는 점에서, 그 어느 누구도 결코 부인할 수 없는 객관적이고도 결정적인 근거가 되는 셈이다. 이러한 해석은 식민지시대만이 아니라 해방 이후 70년대까지 일본 학계의 정설이었다. 다만 해방 이후에는 임나일본부설은 부정하되, 백제와 가야 및 왜의 관계는 어느 정도 현실적으로 존재한다는 견해를 내놓고 있다.

한편 위당爲堂 정인보 선생은 1930년 말에 일본의 주장을 비판하는 새로운 견해를 제시하였으나 공표하지는 못하였고, 1955년에 비로소 발표하였다. 한국의 입장에서 내놓은 광개토왕릉비문에 대한 최초의 주장이었다. 정인보는 신묘년 문장의 주어는 고구려인데, 주어가 생략된 것으로 보았다. 그의 해석은 이렇다.

왜가 신묘년에 오니, (고구려가) 바다를 건너가 (왜를) 격파하였다. 백잔이 (왜와 연결하여) 신라를 (침략하였다. 신라는 고구려의) 신민臣民이었기에, 〔영락6년 병신에 왕이 군대를 이끌고 백잔을 토벌하였다〕.

정인보는 당대 한학漢學의 최고 대가였다. 그런데 위의 해석은 좀 궁색해 보인다. 짧은 문장에서 주어가 너무 자주 바뀌어 문맥이 자연스럽지 못해 대가의 해석답지 않다. 민족애가 한학의 독법을 가로막은 것일까? 그렇지만 이 해석은 일본의 학설에 대한 한국 측 최초의 문제 제기라는 점에서 그 뒤에 많은 영향을 끼쳤다. 북한의 박시형과 김석형의 해석이 대표적이다.

왜가 신묘년에 오니, (고구려가) 바다를 건너가 (왜를) 격파하였다. 백잔이 (왜와 연결하여) 신라를 (침략하여) 신민臣民으로 삼았다.(박시형)

왜가 신묘년에 건너왔다. (고구려가) 바다(패수)를 건너 백잔 □□ 신라를 격파하여 신민臣民으로 삼았다.(김석형)

이 중 김석형의 견해는 정인보의 해석을 넘어서 얼핏 보면 문맥과 뜻이 순조로와 많은 지지를 얻었다. 그러나 신묘년 기사만이 아니라 앞뒤 문장 전체를 고려해보면, 신묘년 문장은 앞뒤와 논리적으로 연결되지 않는 고립된 문장이 되는 셈이다.

그 뒤를 이어 한국의 학자 정두희, 이기백도 또 다른 해석법을 제시하였다. 즉, 문장 서두의 왜倭를 목적어로 보고 또 '이신묘년래以辛卯年來'를 '신묘년 이래'로 해석한 것이다.

(고구려가) 왜를 신묘년 이래로 바다를 건너가 격파하였다. 그런데 백제가 (왜를 불러들여) 신라를 침공하여 신민으로 삼았다.

이런 해석은 앞뒤 문장의 논리적 연결이란 점에서 문맥이 잘 통하지만, '도해파渡海破'의 주어를 고구려로 보고 그 목적어가 문장 서두에 도치되었다고 보는 것은 지나치게 작위적이다. 과연 고구려인들이 이렇게 부자연스러운 문장을 구사하였을까?

이른바 고구려 주어설이라고 할 수 있는 이러한 견해들은 당시 상황에서 볼 때 결코 왜가 백제나 신라를 신민으로 삼을 수 없었음을 전제로 하는 것이다. 그러나 비문의 내용이 반드시 '사실'만을 말하고 있다는 보장도 없다. 적어도 비문에서 백제와 신라가 고구려의 오랜 속민屬民이라고 기록하고 있지만, 결코 백제는 고구려의 속민이 된 적이 없었다. 신라도 겨우 광개토왕대에 들어 고구려에 신하로 예속되는 수준이었던 것이다. 어차피 비문의 기록이 전부 사실만을 말하고 있지 않다면, 당시 상황론에 입각한 위의 해석은 또 다른 선입관을 드러내는 것이라고 할 수 있다.

어쨌든 앞의 두 견해는 모두 위의 판독문이 옳다는 것을 전제로 해석하고 있다. 그러나 이진희의 비문 변조설이 제기된 이후에는 위의 판독문 자체를 부정하여 해석을 유보하거나, 또는 새로운 판독에 입각한 해석도 시도되고 있다.

변조된 것으로 추정되는 '해' 자
신묘년 글자 중에서도 기왕에 '해 海 자로 판독되던 글자는 '氵'가 세로선에 걸쳐 있으므로 변조된 것임이 틀림없다.

이진희는 '래도해파來渡海破'의 넉 자가 일본의 참모본부에 의해 조작된 글자이므로 기존 해석은 모두 타당치 않으며, 글자의 판독이 원상으로 복구되기 전에는 이를 해석할 수 없다고 주장하였다. 사실 변조되었을 가능성이 높다면 우선 본래의 글자를 파악하는 것이 시급하다. 신묘년 글자 중에서도 기왕에 '해 海' 자로 판독되던 글자는 변조된 것임이 틀림 없다. 1982년에 중국의 주운대周雲台가 찍은 탁본에서도 선명하게 나타나는데, 다른 글자와 칸이 맞지 않고 글자 규격이 다르며 지나치게 왼쪽으로 치우쳐 '氵'자가 비문의 행을 구분하는 세로선 밖으로 삐져나와 있다. 분명 여기에는 변조의 혐의가 있다. 따라서 오늘날에는 이 글자의 판독을 유보하는 입장이 적지 않다.

그런데 글자를 정확히 알 수 없다고 문장 전체 해석을 마냥 내버려둘 수는 없는 실정이다. 이에 원석 탁본이나 혹은 문맥에 따라 몇 자를 달리 고쳐서 보고 또 빈 칸을 채워서 해석한 견해들도 나오고 있다. 몇몇 대표적인 견해를 살펴보자 왜가 신묘년 이래로 바다를 건너 (백제로) 왔다. 고로 백제가 신라를 침략하여 (신라를) 신민으로 삼으려고 하였다而倭以辛卯年來渡海 〔故〕百殘 〔將侵〕新羅 以爲臣民. (천관우)

그 후 (백잔과 신라가) 신묘년부터 조공을 바치지 않으므로, 백잔·왜구·신라를 격파하여 신민으로 삼았다而〔後〕以辛卯年〔不貢〕〔因〕破百殘〔倭寇〕新羅 以爲臣民. (이형구)

(백제의 책동으로) 왜가 신묘년에 왔으므로 (고구려)는 패수를 건너 백잔을 치고 동쪽으로 신라를 초유하여 신민으로 삼았다而倭以辛卯年來 渡〔浿〕破百殘 〔東〕□新羅 以爲臣民. (손영종)

이외에도 나름대로 새로 글자를 판독하고 새로운 해석을 시도한 사례가 적지 않다. 특히 앞서 지적한 '解海' 자는 '매每', '사泗', '패浿' 등여러 글자로 판독하고 있다. 그러나 위에서 살펴본 바와 같이 이쯤 되면 비문의 해석이라기보다는, 새로운 비문의 창작이라고 해도 지나치지 않다.

고구려를 주어로 하는 해석이든 혹은 새로운 판독에 따른 해석이든여전히 문제는 남아 있다. 그래서 기왕의 판독문을 인정하고 또 문장해석도 왜가 백제와 신라를 신민으로 삼았다고 해석하지만, 이는 고구려 측에서 백제 정벌의 명분으로 내세우기 위하여 과장한 것이라는 견해도 나왔다. 즉, 신묘년 기사는 '사실'이 아니라 당대 고구려인의 비문의 필법에 따른 허구적인 내용이라는 것이다. 한편 비문의 전쟁 기사 문장 구조를 면밀히 분석하여, 신묘년 조를 그 아래에 기술한 전쟁기사 대부분의 내용을 정리한 대전치문大前置文으로 이해하는 견해도나왔다. 이를 통해 비문이 매우 정교한 문장 구성을 갖고 있음이 밝혀졌다.

고구려인의 관념에서 보아야

이렇듯 신묘년 기사는 일부 문자의 변조 여부를 의심받고 있으며, 그 문장 해석이나 역사상에 대한 이해도 매우 다양하다. 신묘년 기사를 올바르게 해명하기 위해서는 무엇보다 원석 탁본이나 현지 연구를 통하여 비문을 정확하게 판독하여야 할 것이다. 그러나 무엇보다 비문을 당대 고구려인의 관념에서 접근하려는 시각이 필요하다.

그 하나가 '신민臣民'이란 개념이다. 요컨대 위에서 장황하게 살펴본 논쟁의 핵심은 신민의 주체와 대상이 누구냐 하는 것이다. 즉, 신민의 주어가 고구려인지 왜인지를 비문 내에서 당대 고구려인의 필법으로 판가름하는 방법을 생각해봄 직하다. 우선 비문에는 속민屬民·신민臣民·민民·구민舊民 등의 용례가 보인다.

그런데 이들 민의 용례는 내용으로 보아 크게 둘로 나뉜다. 하나는 국제관계에서 국가간에 설정된 민, 즉 속민·신민·민 등의 용례로 2부의 정토 기사에 보이고, 다른 하나는 고구려국 내부의 민에 한정하여 사용한 구민·민 등의 용례로써 3부 수묘인연호守墓人烟戸 기사에서 찾아볼 수 있다. 광개토왕대의 정토기사를 서술한 부분에 보이는 민의 용례는 '속민屬民' '신민臣民' '민民'이 있는데, 이는 모두 고구려와 타국 사이의 관계, 즉 국가간의 관계를 설명하는 개념으로 사용하고 있다.

이때 비문에서 속민, 민으로 파악한 대상은 백제와 신라, 그리고 동부여東扶餘다. 비문에는 정벌의 결과로 상대국에 대한 고구려측의 조처를 담고 있는데, 그것은 모두 태왕의 은덕을 베푸는 형태다. 백제에 대해서는 "태왕太王은 잘못을 은혜로 용서하고 순종해온 정성을 기특히 여겼다〔太王恩赦□迷之愆 錄其後順之誠〕"하였고, 또 신라 왕이 구원을 청하자 "태왕은 은혜롭고 자애로와 신라 왕의 충성을 가륵히 여겼다〔太王〔恩慈〕矜其忠〔誠〕〕"하였다. 동부여에 대해서도 "태왕의 은덕이 두루 미치게 되었다〔太王恩普覆〕"라는 표현을 하고 있다.

비문에는 일곱 건의 정벌 전투 기사가 서술되어 있지만, 그중 태왕의 은덕을 베푼 대상은 곧 과거에 속민이었다고 밝힌 국가, 즉 백제·신라·동부여에 한정되었다. 나머지 대상들인 비려碑麗·왜倭·후연後燕 등에 대해서는 태왕이 은덕을 베푸는 것이 전혀 고려되지 않았다. 조공朝貢이라는 복속의례에 의해 맺어지는 국가들을 '속민屬民', 즉 '민民'으로 표현한 것은 바로 태왕의 지배력이 미치는 대상으로 인식하기 때문이다. 이렇게 비문에 보이는 '민'의 용례를 보면, 모두 고구려의 태왕과 연관되어 기술되고 있다.

따라서 신묘년 조의 신민은 곧 고구려 태왕의 신민일 수 밖에 없다. 적어도 비문 내에서는 태왕을 제외하고는 그 어느 누구도 민을 거느릴 수 없게 된 것이다. 왜냐하면 민에 은택을 베풀 수 있는 존재는 천제天帝의 자손인 고구려 태왕뿐이기 때문이다. 신민의 주체는 고구려이며, 그 대상도 백제와 신라가 된다. 아직 판독의 문제가 남아 있기 때문에 신묘년 기사 전체의 해석이 구체적으로 어떻게 될지는 자신할 수 없지만, 적어도 신라를 신민으로 삼은 주체는 고구려가 분명하다고 할 수 있다.

1,750자가 담은 역사

비문에는 1,775자의 글자가 씌어 있다. 그런데 지금까지 겨우 20자에 불과한 문장을 놓고 얼마나 많은 논란이 있었고, 또 지금도 여전히 계속되고 있음을 스쳐 지나가듯 살펴보았다. 사실 나머지 1,755자가 보여 주는 너무도 많은 역사상이 그 신묘년 기사에 가려 아직 제 빛을 보지 못하고 있는 셈이다. 그것은 1,500년 전 고구려인이 쓴 광개토왕비문을 근대 한·일 관계의 역사를 구성하는 텍스트로 이용한 결과이다.

이 점에서는 과거 일본 제국주의자들만을 비판할 수 없다. 현재의 일본은 물론이고, 남·북한 역시 자국 중심의 논리에서 결코 벗어나 있지 않기 때문이다. 일본은 지금도 여전히 틈만 나면 임나일본부설의 그림자 아래에서 〈광개토왕릉비〉를 해석하고 있고, 우리는 우리대로 고구려의 영광과 왜의 미개함을 대비시키려고만 애쓰고 있으니 말이다. 게다가 최근에는 중국까지 나서서 고구려사를 중국의 변방사로 거두어들일 의도를 노골적으로 드러내고 있다. 이래저래 〈광개토왕릉비〉를 둘러싼 논쟁은 쉽게 그치지 않을 모양이다.

1,500년 전 고구려인의 역사를 담은 〈광개토왕릉비〉가 현대 한·중·일 3국이 가담한 '역사 만들기'의 증언자가 된 셈이다. 이제 고구려사의 복원을 위해서는 탐욕을 거두어야 한다. 겸손한 마음으로 역사에서 교훈을 얻고자 할 때, 역사가 스스로 말한다고 했던가…….

─ 글쓴이 임기환

광개토왕릉비문 전문*

惟昔始祖鄒牟王之創基也, 出自北夫餘, 天帝之子, 母河伯女郞, 剖卵降世, 生〔而*〕有聖
□□□□□. □命駕,」巡幸南下, 路由夫餘奄利大水. 王臨津言曰, 我是皇天之子, 母河
伯女郞, 鄒牟王, 爲我連葭浮龜. 應聲卽爲, 連葭浮龜. 然後造渡, 於沸流谷, 忽本西, 城
山上而建都焉. 不樂世位, 因遣黃龍來下迎王. 王於忽本東罡, 〔履*〕龍頁昇天.
顧命世子儒留王, 以道興治, 大朱留王紹承基業.〔遝*〕至十七世孫國罡上廣開土境平安好
太王」二九登祚, 號爲永樂大王. 恩澤〔洽*〕于皇天, 武威〔振〕被四海, 掃除□□, 庶寧其
業. 國富民殷, 五穀豊熟. 昊天不〔弔〕, 卅有九, 寔駕棄國, 以甲寅年九月卄九日乙酉遷就
山陵. 於是立碑, 銘記勳績, 以示後世焉. 其詞曰,」
永樂五年歲在乙未, 王以稗麗不□□〔人*〕,   躬率往討. 過富山〔負〕山, 至鹽水
上, 破其三部洛六七百營, 牛馬群〔羊〕, 不可稱數. 於是旋駕, 因過襄平道, 東
來□城, 力城, 北豊, 五備□, 遊觀土境, 田獵而還.
百殘新羅, 舊是屬民, 由來朝貢. 而倭以辛卯年, 來渡□破百殘□□〔新〕羅以爲臣民.
以六年丙申, 王躬率□軍, 討伐殘國. 軍□□〔首〕攻取寧八城, 曰模盧城, 各模盧
城, 幹氐利〔城◌〕, □□城, 閣彌城, 牟盧城, 彌沙城, □舍蔦城, 阿旦城, 古利城,
□〕利城, 雜珍城, 奧利城, 勾车城, 古〔模〕耶羅城, 〔頁〕□□□□城, □而耶羅
〔城◌〕, 〔瑑*〕城, 於〔利〕城, □□城, 豆奴城, 沸□□利城, 彌鄒城, 也利城, 太山
韓城, 掃加城, 敦拔城, □□□城, 婁賣城, 散〔那〕城, 〔那〕旦城, 細城, 牟婁城,
于婁城, 蘇灰城, 燕婁城, 析支利城, 巖門□城, 林城, □□□□□□□〔利〕城,
就鄒城, □拔城, 古车婁城, 閏奴城, 貫奴城, ﾀ穰城, 〔曾〕□〔城〕, □□盧城,
仇天城, □□□□, 其國城. 殘不服義, 敢出百戰, 王威赫怒, 渡阿利水, 遣刺迫
城. □□〔歸穴*〕□便〔圍〕□城, 而殘主困逼, 獻出男女生口一千人, 細布千匹, 跪王
自誓, 從今以後, 永爲奴客. 太王恩赦□迷之愆, 錄其後順之誠. 於是得五十八城
村七百, 將殘主弟幷大臣十人, 旋師還都.
八年戊戌, 敎遣偏師, 觀帛愼土谷, 因便抄得莫□羅城加太羅谷, 男女三百餘人.
自此以來, 朝貢論事.
九年己亥, 百殘違誓與倭和〔通〕, 王巡下平穰. 而新羅遣使白王云, 倭人滿其國境, 潰
破城池, 以奴客爲民, 歸王請命. 太王〔恩慈〕, 矜其忠〔誠〕,」遣使還告以□計.
十年庚子, 敎遣步騎五萬, 往救新羅. 從男居城, 至新羅城, 倭滿其中. 官軍方至,
倭賊退. #□□背急追至任那加羅從拔城, 城卽歸服. 安羅人戍兵□〔新〔羅〕城□城,
倭〔寇大〕潰. 城□#□□盡□□□安羅人戍兵〔新〕□□□□〔其〕□□□□□□□□
言」□□□□□□□□□□□□□□□□□□□□□□辭□□□□□□□□□
□□□□□潰」□□□□安羅人戍兵. 昔新羅寐錦未有身來〔論事〕, □〔國罡上廣◌〕
開土境好太王□□□□寐〔錦□□□〔僕〕勾」□□□□朝貢.
十四年甲辰, 而倭不軌, 侵入帶方界. □□□□□石城□連船□□□, 〔王躬〕率□

* 본 판독문과 글자 대교는 노태돈의 판독문을 전재한 것이다(이하 판독문의 범례는 다음과 같다.)
　〔*〕은 拓本上으로 명확하지 않으나 字劃이 남아 있어 추정되는 字를 표시함.
　〔 〕는 字劃이 보이지 않으나 문맥상으로 추정되는 자를 표시함.

·□,〔從〕平穰□□□鋒相遇. 王幢要截盪刺, 倭寇潰敗. 斬煞無數.

十七年丁未, 教遣步騎五萬, □□□□□□□□師□□合戰, 斬煞蕩盡. 所獲鎧鉀一萬餘領, 軍資器械不可稱數. 還破沙溝城, 婁城, □〔住〕城, □城, □□□□□,□城.

廿年庚戌, 東夫餘舊是鄒牟王屬民, 中叛不貢. 王躬率往討. 軍到餘城, 而餘□國駭□□□□□□□,」□王恩普覆. 於是旋還. 又其慕化隨官來者, 味仇婁鴨盧, 卑斯麻鴨盧, 椯社婁鴨盧, 肅斯舍〔鴨盧〕, □□□,鴨盧. 凡所攻破城六十四, 村一千四百.

守墓人烟戶. 賣句余民國烟二看烟三, 東海賈國烟三看烟五, 敦城」民四家盡爲看烟, 于城一家爲看烟, 碑利城二家爲國烟, 平穰城民國烟一看烟十, 訾連二家爲看烟, 俳婁」人國烟一看烟卌三, 梁谷二家爲看烟, 梁城二家爲看烟, 安夫連廿二家爲看烟, 〔改〕谷三家爲看烟, 新城三」家爲看烟, 南蘇城一家爲國烟. 新來韓穢, 沙水城國烟一看烟一, 牟婁城二家爲看烟, 豆比鴨岑韓五家爲」看烟, 勾牟客頭二家爲看烟, 求底韓一家爲看烟, 舍蔿城韓穢國烟三看烟廿一, 古〔模〕耶羅城一家爲看烟,」〔炅〕古城國烟一看烟三, 客賢韓一家爲看烟, 阿旦城, 雜珍城合十家爲看烟, 巴奴城韓九家爲看烟, 臼模盧城四家爲看烟, 各模盧城二家爲看烟, 牟水城三家爲看烟, 幹氐利城國烟一看烟三, 彌〔鄒〕城國烟一看烟,」# 七也利城三家爲看烟, 豆奴城國烟一看烟二, 奧利城國烟一看烟八, 須鄒城國烟二看烟五, 百」殘南居韓國烟一看烟五, 太山韓六家爲看烟, 農賣城國烟一看烟七, 閏奴城國烟二看烟廿二, 古牟婁」城國烟二看烟八, 瑑城國烟一看烟八, 味城六家爲看烟, 就咨城五家爲看烟, 彡穰城廿四家爲看烟, 散那」城一家爲國烟, 那旦城一家爲看烟, 勾牟城一家爲看烟, 於利城八家爲看烟, 比利城三家爲看烟, 細城三」家爲看烟.

國罡上廣開土境好太王, 存時教言, 祖王先王, 但教取遠近舊民, 守墓洒掃, 吾慮舊民轉當嬴劣.」若吾萬年之後, 安守墓者, 但取吾躬巡所略來韓穢, 令備洒掃: 言教如此, 是以如教令, 取韓穢二百卅家. 慮」其不知法則, 復取舊民一百十家. 合新舊守墓戶, 國烟卅看烟三百, 都合三百卅家.

自上祖先王以來, 墓上, 不安石碑, 致使守墓人烟戶差錯. 唯國罡上廣開土境好太王, 盡爲祖先王, 墓上立碑, 銘其烟戶, 不令差錯.」又制, 守墓人, 自今以後, 不得更相轉賣, 雖有富足之者, 亦不得擅買, 其有違令, 賣者刑之, 買人制令守墓之.

■ 참고 문헌(주석)

1. 신라 왕족의 로맨스, 그 현장을 찾아서

• 황수영 · 문명대, 《반구대》, 동국대학교, 1984.
• 한국고대사회연구소 편, 《역주 한국고대금석문》 제2권, 가락국사적개발연구원, 1992.
• 이기백, 〈신라시대의 갈문왕〉, 《신라정치사회사연구》, 1974.
• 김용선, 〈울주 천전리서석 명문의 연구〉, 《역사학보》81, 1979.
• 이문기, 〈울주 천전리 서석 원 · 추명의 재검토〉, 《역사교육논집》4, 1983.
• 김창호, 〈신라중고금석문의 인명표기(I)〉, 《대구사학》22, 1983.
• 문경현, 〈울주 신라 서석명기의 신검토〉, 《경북사학》10, 1987.
• 이희관, 〈신라상대 지증왕계의 왕위계승과 박씨왕비족〉, 《동아연구》20, 1990.
• 타케타 유키오, 〈울주서석곡에 있어서의 신라 · 갈문왕일족〉, 《동방학》85 (일문), 1993.
• 주보돈, 〈울주천전리서석명문에 대한 일검토〉, 《석오윤용진교수정년퇴임기념논총》, 1996.
• 이우태, 〈울주 천전리서석 원명의 재검토〉, 《국사관논총》78, 1997.
• 강종훈, 〈울주 천전리서석 명문에 대한 일고찰〉, 《울산연구》1, 1999.
• 강종훈, 《신라상고사연구》, 서울대출판부, 2000.

2. 고구려 건국설화가 모두루무덤에 묻힌 까닭은

• 池內宏, 〈车頭婁塚〉, 《通溝》上 · 下, 日滿文化協會, 1938.
• 勞榦, 〈跋高句麗大兄 冄墓誌兼論高句麗都城之位置〉, 《歷史言語研究集刊》11, 1944.
• 佐伯有清, 〈高句麗车頭婁墓誌の再檢討〉, 《史朋》7, 1977.
• 武田幸男, 〈车頭婁一族と高句麗王權〉, 《朝鮮學報》99-100 합집, 1981;《高句麗史

と東アジア》, 岩波書店, 1989.

• 吉林省文物志編委會, 〈车墓〉, 《集安縣文物志》, 1983.

• 耿鐵華, 〈高句麗貴族 车墓及墓誌考釋〉, 《遼海文物學刊》1987-2, 1987.

• 盧泰敦, 〈扶餘國의 境域과 그 變遷〉, 《國史館論叢》3, 1989; 《고구려사 연구》, 사계절, 1999.

• 盧泰敦, 〈车頭婁墓誌〉, 《譯註 韓國古代金石文》I, 한국고대사회연구소, 1992.

• 余昊奎, 〈3세기 후반~4세기 전반 고구려의 교통로와 지방통치조직〉, 《한국사연구》91, 1995.

• 여호규, 〈4세기 동아시아 국제질서와 고구려 대외정책의 변화〉, 《역사와현실》36, 2000.

3. 고대 한일 관계사의 민감한 화두, 칠지도

〈주석〉

1 __ 星野恒, 〈七枝刀考〉, 《史學雜誌》37, 東京, 1892.

2 __ 菅政友, 〈任那考〉; 1907. 《菅政友全集》, 1893.

3 __ 木村誠, 〈百濟史料としての七支刀銘文〉, 《人文學報》第306號, 東京都立大學人文學部, 2000.

4 __ 村山正雄, 《石上神宮七支刀銘文圖錄》, 吉川弘文館, 1996.

5 __ 菅政友, 〈大和國石上神宮寶庫所藏七支刀〉, 《菅政友全集》雜稿 1, 1907.

　 __ 高橋健自, 〈京畿旅行談〉, 《考古學雜誌》5-3, 1914.

　 __ 喜田貞吉, 1918. 〈石上神宮の神寶七枝刀〉, 《民族と歷史》1-1, 1918.

　 __ 大場磐雄, 《石上神宮寶物誌》, 吉川弘文館, 1929.

　 __ 末永雅雄, 〈象嵌銘文を有する 一七支刀〉, 《日本上代の武器》, 弘文堂, 1941.

6 __ 末松保和, 《任那興亡史》, 大八洲出版; 1956. 再版, 吉川弘文館, 1949.

7 __ 福山敏男, 1951. 〈石上神宮の七支刀〉, 《美術研究》158; 〈石上神宮の七支刀 補考〉, 《美術研究》162; 1951. 〈石上神宮の七支刀 再補〉, 《美術研究》165; 1952. 앞의 세 논문 모두 《日本建築史研究》1969. 재수록; 《論集日本文化の起源》第二卷, 平凡社 재수록. 1971.

8 __ 李道學, 〈百濟 七支刀 銘文의 再解釋〉, 《韓國學報》60. 1990.

9 __ 李丙燾, 〈百濟七支刀考〉, 《震檀學報》38, 서울: 진단학회; 1974. 《韓國古代史研究》, 博英社, 재수록. 1976.

10 __ 金錫亨,〈삼한 삼국의 일본열도 내 분국에 대하여〉,《력사과학》1963-1 1963.
: 《초기조일관계연구》. 1966.

11 __ 손영종,〈백제 7지도의 명문해석에서 제기되는 몇 가지 문제〉(1),《역사과학》
1983-4. 1983.

12 __ 延敏洙,〈七支刀銘文の再檢討 -年號の問題と製作年代を中心に-〉,《年報 朝
鮮學》第4號 1994.

13 __ 宮崎市定,〈七支刀銘文試釋〉,《東方學》64; 1982.《謎の七支刀 -五世紀の東
アジアと日本-》, 中央公論社; 1983.《謎の七支刀》(文庫版), 中央公論社.
1992.

14 __ 李進熙,〈古代朝日關係史の步み〉, 江上波夫, 上田正昭編《日本古代文化の成
立》; 1973.〈七支刀研究の步み〉,《好太王碑の謎》, 講談社; 1973.《廣開土王碑
と七支刀》. 1980.

15 __ 李進熙,〈日本にある百濟の金石史料〉,《馬韓百濟文化研究の成果と課題》(第
九回馬韓百濟文化國際學術會議), 圓光大學校 馬韓百濟文化研究所. 1987.

16 __ 福山敏男, 앞 논문. 1951.

17 __ 榧本杜人, 1952.〈石上神宮の七支刀と其銘文〉,《朝鮮學報》3, 天理: 朝鮮學
會.

18 __ 栗原朋信, 1970.〈七支刀の銘文よりみた日本と百濟東晋の關係〉,《歷史教育》
18-1.

19 __ 西田長男, 1956.〈石上神宮の七支刀の銘文〉,《日本古典の史的研究》, 理想社.

20 __ 三品彰英, 1962. 앞 책.

21 __ 鈴木靖民, 1983.〈石上神宮七支刀銘についての一試論〉,《坂本太郎頌壽記念
日本史學論集》上.
   __ 木村誠, 2000. 앞 논문.

22 __ 金昌鎬, 1989.〈百濟 七支刀 銘文의 再檢討 -일본학계의 임나일본부설에 대
한 반론(3)-〉,《歷史教育論集》13,14合(서연 김영하교수 정년퇴임 기념 사학
논총).

23 __ 宮崎市定, 1992. 앞 책.

24 __ 延敏洙, 1994. 앞 논문.

25 __ 村山正雄, 1979.〈七支刀銘字調査の一端〉,《三上次男頌壽記念 東洋史 考古學
論集》; 1979.〈七支刀 銘字一考 - 榧本論文批判を中心として-〉,《朝鮮歷史

論集》上, 龍溪書舍; 1996. 앞 책.

26 __ 山尾幸久, 1982. 〈七支刀の銘について〉, 《村上四男博士和歌山大學退官記念
朝鮮史論集》, 開明書院; 1989. 《古代の日朝關係》, 書房.

__ 木村誠, 2000. 앞 논문.

27 __ 宮崎市定, 1992. 앞 책.

28 __ 東京國立博物館, 1988. 《特別展 日本の考古學 -その歩みと成果-》, 226쪽.

29 __ 古谷毅, 〈ヤマト(倭)政權の成立〉, 東京國立博物館編 《日本の考古 ガイドブ
ック》, 85~87쪽. 1999.

30 __ 上田正昭, 《歸化人》, 中公新書, 47쪽. 1965.

31 __ 古谷毅, 앞 논문. 1999.

32 __ 韓永熙・李相洙, 〈昌寧 校洞 11號墳 出土 有銘圓頭大刀〉, 《考古學誌》 2.
1990.

33 __ 早乙女雅博・東冶治之, 〈朝鮮半島出土の有銘環頭大刀〉, 《MUSEUM》 467.
1990.

34 __ 埼玉縣敎育委員會, 《埼玉稻荷山古墳》. 1980.

35 __ 東京國立博物館編, 《江田船山古墳出土 國寶 銀象嵌銘大刀》, 吉川弘文館.
1993.

4. 무늬와 그림에 담긴 청동기인들의 메시지

• 한국역사민속학회, 《한국의 암각화》, 한길사, 1996.

• 임세권, 《한국의 암각화》, 대원사, 1999.

• 황수영・문명대, 《반구대-울주 암벽각화》, 동국대학교, 1984.

• 한국생활사박물관 편찬위원회, 《한국 생활사 박물관》1 선사생활관, 사계절,
2000.

• 한국생활사박물관 편찬위원회, 《한국 생활사 박물관》2 고조선생활관, 사계절,
2000.

• 송호정, 《아! 그렇구나 우리 역사》① 원시시대・② 고조선, 고래실, 2002.

• 부산광역시립박물관, 《유물에 새겨진 古代文字》특별전 도록, 1997.

• 국립중앙박물관, 《한국의・청동기문화》특별전 도록, 1993.

• 울산대학교박물관, 《울산 반구대 암각화》, 2000.

• 국립경주박물관, 《문자로 본 신라》특별전 도록, 2002.

- 이형구,《한국 고대 문화의 기원》, 까치, 1991.
- 조선유적유물도감 편찬위원회,《조선 유적 유물 도감》1 · 2권, 평양, 1989.
- 국립중앙박물관,《한국의 선 · 원사 토기》, 1993.
- 이형구 엮음,《단군과 고조선》, 살림터, 1999.
- 국립청주박물관,《한국 고대의 문자와 기호유물》, 2000.

5. 역사의 블랙홀, 동수 묘지

- 蔡秉瑞,〈安岳近方 壁畵古墳 發掘手錄〉,《亞細亞研究》2-2, 1959.
- 李進熙,〈朝鮮考古學界 1959年度の成果〉,《考古學研究》27, 1960.
- 金元龍,〈高句麗古墳壁畵의 起源에 대한 研究-古墳美術에 끼친 中國美術의 영향〉,
  《震檀學報》21(1987《韓國美術史研究》, 一志社), 1960.
- 金貞培,〈安岳3號墳 被葬者논쟁에 대하여 : 冬壽墓說과 美川王陵說을 중심으로〉,
  《古文化》16(韓國大學博物館協會), 1978.
- 孔錫龜,〈安岳3號墳의 墨書銘에 대한 考察〉,《歷史學報》121, 1989.
- 盧泰敦 · 徐永大,〈墨書銘 : 安岳3號墳 墨書銘〉(韓國古代社會研究所 編,《譯註 韓
  國古代今昔文》第1卷(高句麗 · 百濟 · 樂浪 篇)), 1992.
- 김용준,〈안악3호분의 년대와 그 주인공에 대하여〉,《문화유산》1957-3(金瑢俊 中
  譯, 1958〈關于安岳三號墓壁畵的墓主及其年代〉,《美術研究》1958年4期), 1957.
- 김용준,《고구려 고분벽화 연구》(과학원 고고학 및 민속학연구소 예술사연구총
  서1집), 과학원출판사(金瑢俊 譯, 1959《美術研究》1959-4), 1958.
- 황욱,《안악제3호분발굴보고》(《유적발굴보고》3, 과학원고고학및민속학연구소),
  과학원출판사, 1958.
- 토론 :〈안악3호분의 연대와 그 피장자에 대한 학술토론회〉,《문화유산》1957-2,
  1957.
- 전주농,〈안악 '하무덤(3호분)'에 대하여 : 그 발견 10주년을 기념하여〉,《문화유
  산》1959-5, 1959b.
- 박윤원,〈안악3호분은 고구려 미천왕릉이다〉,《고고민속》1963-2, 1963.
- 전주농,〈다시 한 번 안악의 왕릉을 논함 : 미천왕릉설의 타당성을 증명함〉,《고고
  민속》1963-2, 1963d.
- 주영헌,〈안악제3호무덤의 피장자에 대하여〉,《고고민속》1963-2, 1963b.
- 박황식,〈미천왕무덤(안악제3호)의 건축구성에 대하여〉,《고고민속》1965-1,

1965.

- 사회과학원 고고학 및 민속학연구소 고고학연구실,《미천왕무덤》, 사회과학원출판사, 1966.
- 천석근,〈안악제3호무덤벽화의 복식에 대하여〉,《조선고고연구》1986-3, 1986.
- 손영종,〈동아시아 고대사, 특히 5세기를 전후한 시기의 역사연구에서의 문제점〉,《東アジアの再發見-五世紀を中心に-》(讀賣新聞社.アジア史學會주최 학술토론회 발표요지), 1990.
- 손영종,《고구려사》1, 과학백과사전종합출판사, 1990.
- 류렬,《《안악3호무덤》의 주인공과 4세기 고구려의《남평양》에 대한 언어학적 고찰〉,《력사과학》1992-2, 1992.
- 朴時亨,〈安岳第三號墳の主人公について〉,《謎の五世紀を探る》讀賣新聞社(東京), 1992.
- 洪晴玉,〈關干冬壽墓的發現和硏究〉,《考古》1959年1期, 1959.
- 岡崎敬,〈安岳3號墳(冬壽墓)硏究〉,《史淵》93(福岡), 1964.

6. 고구려는 정말 유주를 지배했는가-유주자사 진묘지

- 金元龍,〈高句麗壁畵古墳의 新資料〉,《歷史學報》81, 1979.
- 盧泰敦·徐永大,〈墨書銘:德興里古墳 墨書銘〉,(韓國古代社會硏究所 編,《譯註 韓國古代今昔文》第1卷(高句麗.百濟.樂浪 篇), 1992.
- 孔錫龜,〈德興里壁畵古墳의 主人公과 그 性格〉,《百濟硏究》21, 1990.
- 김용남,〈새로 알려진 덕흥리 고구려벽화무덤에 대하여〉,《력사과학》1979-3(日譯, 1979《統一評論》175(79.12), 辛澄惠 日譯, 1980〈新レく發掘された德興里高句麗壁畵古墳について〉,《朝鮮學報》95), 1979.
- 사회과학원 력사연구소,《조선전사》3 중세편 고구려사, 과학백과사전출판사, 1979.
- 박진욱 외,《덕흥리고구려벽화무덤》, 과학백과사전출판사(朝鮮畵報社 編, 高寬敏 日譯, 1986《德興里高句麗壁畵古墳》講談社(東京)), 1981.
- 박진욱,〈덕흥리벽화무덤의 유주에 대하여〉(《덕흥리고구려벽화무덤》과학백과사전출판사, 朝鮮畵報社 編, 高寬敏 日譯, 1986《德興里高句麗壁畵古墳》講談社(東京)), 1981.
- 주영헌,〈덕흥리벽화무덤의 주인공에 대하여〉(《덕흥리고구려벽화무덤》과학백과

사전출판사; 朝鮮畵報社 編, 高寬敏 日譯, 1986《德興里高句麗壁畵古墳》講談社
(東京)), 1981.

- 손영종, 〈덕흥리벽화무덤의 주인공의 국적문제에 대하여〉,《력사과학》1987-1,
  1987.
- 손영종, 〈덕흥리벽화무덤의 피장자망명인설에 대한 비판(1)(2)〉,《력사과학》
  199-1.2, 1991.
- 劉永智, 〈幽州刺史墓小考〉,《朝鮮史通信》1982-4(1983〈幽州刺史墓考略〉,《歷史
  研究》1983年2期(北京)), 1982.
- 康捷, 〈朝鮮德興里壁畵墓及其有關問題〉,《博物館研究》1986年1期(松田昌治 日
  譯, 1986〈朝鮮德興里壁畵古墳の諸問題〉,《考古學の世界》5), 1986.
- 佐伯有淸, 〈德興里高句麗壁畵古墳の墓誌〉,《日本古代中世史論考》, 吉川弘文館,
  1987.
- 武田幸男, 〈德興里壁畵古墳の被葬者の出自と經歷〉,《朝鮮學報》130, 1989.

7. 지석에 새겨진 무령왕 부부의 삶과 죽음
- 이병도, 〈백제 무령왕릉 출토 지석에 대하여〉,《학술원논문집》11, 1972.
- 문화재관리국,《무령왕릉》, 1973.
- 정구복, 〈무령왕 지석 해석에 대한 일고〉,《송준호교수 정년기념논총》, 1987.
- 성주탁, 〈무령왕릉 출토 지석에 관한 연구〉,《백제문화》21, 공주대학교 백제문화
  연구소, 1991.
- 강인구, 〈무령왕릉의 장법과 묘제〉,《백제무령왕릉》, 공주대학교, 1991.
- 권오영, 〈고대 한국의 상장례〉,《한국고대사연구》20, 한국고대사학회, 2000.
- 이기동, 〈무령왕대의 국내외 정세〉,《무령왕릉과 동아세아문화》, 국립부여문화재
  연구소 외, 2001.
- 김길식, 〈빙고를 통해 본 공주 정지산유적의 성격〉,《고고학지》12, 한국고고미술
  연구소, 2001.
- 권오영, 〈상장제를 중심으로 한 무령왕릉과 남조묘의 비교〉,《백제문화》31,
  2002.

8. 신라사의 새로운 열쇠, 냉수리비와 봉평비
- 권오영, 〈고대 한국의 상장의례〉,《한국고대사연구》20, 2000.

• 김기홍, 《천년의 왕국 신라》, 창작과 비평사, 2000.

• 김재홍, 〈신라 중고기 촌제의 성립과 지방사회구조〉, 서울대학교 박사학위논문,
2001.

• 노태돈, 〈울진봉평신라비와 신라의 관등제〉, 《한국고대사연구》 2, 1989.

• 안병우, 〈영일냉수리신라비와 5~6세기 신라의 사회경제상〉, 《한국고대사연구》
3, 1990.

• 이명식, 〈울진지방의 역사·지리적 환경과 봉평신라비〉, 《한국고대사연구》 2,
1989.

• 이우태, 〈신라 중고기의 지방세력 연구〉, 서울대학교 박사학위논문, 1991.

• 이우태, 〈영일냉수리신라비의 재검토〉, 《신라문화》 9, 1992.

• 이형우, 〈영일지방의 역사·지리적 고찰〉, 《한국고대사연구》 3, 1990.

• 전덕재, 《신라육부체제연구》, 일조각, 1996.

• 주보돈, 〈영일냉수리신라비의 기초적 검토〉, 《신라문화》 6, 1989.

• 주보돈, 《신라 지방통치체제의 정비과정과 촌락》, 신서원, 1998.

9. 조우관을 쓴 사절 그림 이야기

• 권영필, 《중앙아시아 미술》, 국립중앙박물관, 1986.

• 나가사와 가즈도시(이재성 역), 《실크로드의 역사와 문화》, 민족사, 1990.

• 정찬주, 《돈황 가는 길》, 김영사, 2001.

• 조지프 니덤(이석호 외 3인 역), 《중국의 과학과 문명(1)》, 을유문화사, 1985.

• 榎一雄, 〈梁職貢圖ミついて〉, 《東方學》 26, 1963.

• 金理那, 〈唐美術에 보이는 鳥羽冠飾의 高句麗人〉, 《이기백선생고희기념 한국사
학논총(상)》, 일조각, 1994.

• 金元龍, 〈唐 李賢墓壁畵의 新羅使(?)에 대하여〉, 《考古美術》 123·124 합집,
1974.

• 金元龍, 〈사마르칸드 아프라시압 宮殿壁畵의 使節圖〉, 《考古美術》 129·130합
집, 1976.

• 金維諾, 〈職貢圖的時代與作者〉, 《文物》 1960-7.

• 盧泰敦, 〈高句麗·渤海人과 內陸아시아住民과의 交涉에 관한 一考察〉, 《大東文
化硏究》 23, 1989.

• 文明大, 〈실크로드상의 新羅使節像〉, 《실크로드 학술기행 中國大陸의 文化(1)-古

都 長安》, 한국언론자료간행회, 1990.

- 深津行德, 〈高句麗라는 存在-이미지의 形成과 世界觀〉, 《강인구교수정년기념 동북아고대문화논총》, 2002.
- 李求是, 〈談章懷, 懿德兩墓的形制等問題〉, 《文物》1972-7.
- 李弘稙, 〈梁職貢圖 論考〉, 《韓國古代史의 硏究》, 신구문화사, 1971.
- 穴澤和光・馬目順一, 〈アフラシャブ都城址出土の壁畵にみられる朝鮮人使節について〉, 《朝鮮學報》80, 1976.

10. 중원고구려비, 선돌에서 한반도 유일의 고구려비로
- 단국대학교 사학회, 《사학지》13(중원고구려비 특집호), 1979.
- 고구려연구회, 《중원고구려비 연구》, 2000.
- 篠原啓方, 〈중원고구려비의 석독과 내용의 의의〉, 《史業》51, 2000.

11. 순수비에 담긴 진흥왕의 꿈과 야망
- 노용필, 《신라진흥왕순수비연구》, 일조각, 1996.
- 강만길, 〈진흥왕비의 수가인명 연구〉, 《사총》1, 1955.
- 강봉룡, 〈신라 중고기 주제州制의 형성과 운영〉, 《한국사론》, 1987.
- 강철종, 〈마운령 진흥왕순수비의 발견경위에 대한 일관견〉, 《전북사학》3, 1979.
- 김영하, 〈신라시대 순수의 성격〉, 《민족문화연구》14, 1979.
- 주보돈, 〈신라 중고의 지방통치조직에 대하여〉, 《한국사연구》23, 1979.
- 최남선, 〈신라진흥왕의 재래 삼비三碑와 신출현의 마운령비〉, 《청구학총》2, 1930 ; 《육당최남선전집》2, 현암사, 1973.

12. 백제 노귀족의 불심, 사택지적비
- 김수태, 〈백제 법왕대의 불교〉, 《선사와 고대》15, 한국고대학회, 2000.
- 김주성, 〈7세기 백제 불교와 그 정치적 확대〉, 하와이 한국학 학술대회 한글 원문, 2000.
- 노중국, 〈백제의 귀족가문 연구〉, 《대구사학》48, 1994.
- 문동석, 《4~6세기 백제 지배세력의 연구》, 경희대학교 박사학위논문, 2000.
- 이홍직, 〈백제인명고〉, 《한국고대사의 연구》, 신구문화사, 1971.
- 조경철, 〈백제의 지배세력과 법화사상〉, 《한국사상사학》12, 1999.

- 홍사준, 〈백제 사택지적비에 대하여〉, 《역사학보》 6, 1954.
- 鎌田茂雄, 《중국 불교사 – 남북조의 불교(상)–》, 장승, 1996.
- 국립부여박물관, 《陵寺》, 부여 능산리사지 발굴조사 진전보고서, 2000.
- 이병호, 〈백제 사비도성의 조영과정〉, 《한국사론》 47, 2002.
- 신종원, 〈삼국 불교와 중국의 남조문화〉, 《강좌 한국고대사》 9, 2002.

13. 기와 조각에서 찾아낸 백제 문화, 인각와

- 上原眞人, 《瓦を讀む》 歷史發掘 11, 講談社, 1997.
- 上原眞人, 〈天平 12·13年瓦工房〉《硏究論集》Ⅶ, 奈良國立文化財硏究所, 1984.
- 李다운, 〈百濟五部名刻印瓦について〉《古文化談叢》 43, 九州古文化硏究會, 1999.
- 李炳鎬, 〈百濟 泗沘都城의 造營過程〉《韓國史論》 47, 서울대 국사학과, 2002.
- 국립중앙박물관, 《백제(百濟)》 특별전 도록, 1999.
- 국립청주박물관, 《한국고대의 기호와 문자》 특별전 도록, 2000.
- 국립경주박물관, 《신라와전》 특별전 도록, 2000.
- 부산시립박물관 복천분관, 《유물을 통해 본 한국고대의 문자》 특별전 도록, 1997.

14. 목간에 기록된 신라 창고

- 稻葉岩吉, 〈百濟の椋 及び椋部〉, 《釋椋》, 1936.
- 李基白, 〈稟主考〉, 《新羅政治社會史研究》, 一潮閣, 1963.
- 金元龍, 〈新羅家形土器考 – 古代韓國에 있어서의 南方的 要素〉, 《金載元博士華甲記念論叢》, 乙酉文化社, 1969; 《韓國美術史研究》, 一志社, 1987.
- 李基東, 〈雁鴨池에서 出土된 新羅木簡에 대하여〉, 《新羅骨品制社會와 花郎徒》, 一潮閣, 1984.
- 佐原康夫, 〈戰國時代の府 庫について〉, 《東洋史研究》 43-1, 1984.
- 積山洋·南秀雄, 〈ふたつの大倉庫群 – 大阪市法圓坂の五世紀代倉庫群と前期難波宮內裏西方官衙〉, 《クラと古代王權》, ミネルブァ書房, 1991.
- 平野邦雄·鈴木靖民 篇, 《木簡が語る古代史》 上·下, 吉川弘文館, 1996.
- 李成市, 〈韓國出土の木簡について〉, 《木簡研究》 19, 1997.
- 大庭 脩 編著, 《木簡 – 古代からのメッセージ》, 大修館書店, 1998.
- 尹善泰, 〈咸安 城山山城 出土 新羅木簡의 用途〉, 《震檀學報》 88, 1999.

• 金昌錫, 〈신라 倉庫制의 성립과 租稅 運送〉, 《韓國古代史硏究》 22, 2001.

15. 백제 유민의 숨결, 계유명아미타삼존불비상
• 곽동석, 〈연기지방의 불비상〉, 《백제의 조각과 미술》, 공주대학교박물관, 1992.
• 김수태, 〈신라 문무왕대의 대복속민 정책–백제유민에 대한 관등수여를 중심으로–〉, 《신라문화》 16, 1999.
• 김정숙, 〈계유명 아미타삼존사면석상〉, 《역주 한국고대금석문–신라가야편》, 한국고대사연구회 편, 가락국사적개발연구원, 1992.
• 김주성, 〈연기 불상군 명문을 통해 본 연기지방 백제유민의 동향〉, 《선사와 고대》 15, 2000.
• 김창호, 〈계유명 아미타삼존불상의 명문〉, 《신라문화》 8, 1991.
• 조경철, 〈백제의 지배세력과 법화사상〉, 《한국사상사학》 12, 한국사상사학회, 1999.
• 조경철, 〈백제를 빛낸 승려〉, 《백제를 빛낸 인물》, 부여군, 2001.
• 土居邦彦, 〈삼국시대의 선지식과 지식의 기초적 검토〉, 《한국고대사연구》 16, 1999.
• 황수영, 〈충남연기석상조사〉, 《황수영전집1 한국의 불상(상)》, 혜안, 1998.

16. 정혜 · 정효공주 묘지, 발해사를 이야기하다
• 송기호, 《발해를 찾아서》, 솔, 1993.
• 왕승례(송기호 역), 《발해의 역사》, 한림대학 아시아문화연구소, 1988.
• 임상선 편역, 《발해사의 이해》, 신서원, 1990.
• 최무장 역, 《고구려 · 발해문화》, 집문당, 1985.
• 최무장 편역, 《발해의 기원과 문화》, 예문출판사, 1988.
• 한국고대사회연구소 편, 《역주 한국고대금석문 Ⅲ(신라 2 · 발해 편)》, 가락국사적개발연구원, 1992.
• 송기호, 《발해정치사연구》, 일조각, 1995.
• 임상선, 《발해의 지배세력연구》, 신서원, 1999.
• 한규철, 《발해의 대외관계사》, 신서원, 1994.
• 김종복, 〈발해 폐왕 · 성왕대 정치세력의 동향〉, 《역사와 현실》 41, 한국역사연구회, 2001.

• 가와카미 히로시(임상선 역), 〈발해의 교통로와 오경〉, 《국학연구》 3, 국학연구
소, 1990.

17. 압수한 벽돌판과 사라져버린 토지문서

• 今西龍, 〈伽耶山海印寺の新羅時代の田券に就いて〉, 《新羅史研究》, 近澤書店,
1933.
• 李弘稙, 〈羅末의 戰亂과 緇軍〉, 《史叢》 12·13合 ; 1968 《韓國古代史의 硏究》, 新
丘文化社, 1971.
• 하일식, 〈해인사전권田券과 묘길상탑기妙吉祥塔記〉, 《역사와 현실》 24, 1997.

18. 100년 동안의 논쟁, 광개토왕릉비

• 박시형, 《광개토왕릉비》, 사회과학원출판사, 평양. 1966.
• 王健群, 《好太王碑研究》, 1984; 林東錫 譯, 《廣開土王碑研究》, 역민사, 1985.
• 韓國古代社會研究所編, 《譯註 韓國古代金石文》, 1992.
• 高句麗研究會, 《廣開土好太王碑研究 100년》, 1996.
• 朴性鳳, 〈廣開土好太王 高句麗 南進의 性格〉, 《韓國史研究》 27, 1979.
• 朴性鳳, 〈廣開土好太王期 內政整備에 대하여〉, 《千寬宇環曆紀念論叢》, 1985.
• 盧泰敦, 〈5세기 금석문에 보이는 高句麗人의 天下觀〉, 《韓國史論》 23, 1989.
• 徐榮洙, 〈廣開土王陵碑文의 征服記事 再檢討〉上下, 《歷史學報》 96. 119, 1982.
• 鄭杜熙, 〈廣開土王陵碑文 辛卯年條記事의 再檢討〉, 《歷史學報》 82, 1979.
• 千寬宇, 〈廣開土王陵碑再論〉, 《全海宗華甲紀念論叢》, 1979.
• 林起煥, 〈광개토왕비에 보이는 民의 성격〉, 《廣開土好太王碑研究100년》, 1996.
• 金賢淑, 1989, 〈廣開土王碑를 통해 본 高句麗守墓人의 社會的 性格〉, 《韓國史研
究》 65, 1996.
• 조법종, 〈廣開土王陵碑文에 나타난 守墓制研究〉, 《韓國古代史研究》 8, 1995.
• 손영종, 〈광개토왕능비를 통해서 본 고구려의 영역〉, 《력사과학》 1986-1, 1986.

고대로부터의 통신

⊙ 2004년 1월 5일 초판 1쇄 발행
⊙ 2020년 3월 31일 초판 10쇄 발행
⊙ 글쓴이   한국역사연구회 고대사 분과
⊙ 발행인   박혜숙
⊙ 펴낸곳   도서출판 푸른역사
　 우) 03044 서울시 종로구 자하문로8길 13
　 전화: 02) 720-8921(편집부) 02) 720-8920(영업부)
　 팩스: 02) 720-9887
　 전자우편: 2013history@naver.com
　 등록: 1997년 2월 14일 제13-483호

· 잘못 만들어진 책은 교환해드립니다.